METODOLOGIAS DA PESQUISA QUALITATIVA EM EDUCAÇÃO
Teoria e Prática

Dados Internacionais de Catalogação na Publicação (CIP)
(Câmara Brasileira do Livro, SP, Brasil)

Metodologias da pesquisa qualitativa em Educação / Wivian Weller, Nicolle Pfaff, (organizadoras). 3. ed. – Petrópolis, RJ : Vozes, 2013.

9ª reimpressão, 2025.

Bibliografia.
ISBN 978-85-326-3994-3

1. Antropologia educacional 2. Ciências sociais Pesquisa – Metodologia 3. Educação 4. Pesquisa – Metodologia 5. Pesquisa educacional 6. Pesquisa – qualitativa I. Weller, Wivian. II. Pfaff, Nicolle.

10-01540   CDD-370.78

Índices para catálogo sistemático:
1. Pesquisa qualitativa em Educação   370.78

WIVIAN WELLER
NICOLLE PFAFF
(organizadoras)

METODOLOGIAS DA PESQUISA QUALITATIVA EM EDUCAÇÃO

Teoria e Prática

EDITORA VOZES

Petrópolis

© 2010, Editora Vozes Ltda.
Rua Frei Luís, 100
25689-900 Petrópolis, RJ
www.vozes.com.br
Brasil

Esta publicação teve o apoio do
Decanato de Pesquisa e Pós-Graduação
Universidade de Brasília

Todos os direitos reservados. Nenhuma parte desta obra poderá ser reproduzida ou transmitida por qualquer forma e/ou quaisquer meios (eletrônico ou mecânico, incluindo fotocópia e gravação) ou arquivada em qualquer sistema ou banco de dados sem permissão escrita da editora.

CONSELHO EDITORIAL

Diretor
Volney J. Berkenbrock

Editores
Aline dos Santos Carneiro
Edrian Josué Pasini
Marilac Loraine Oleniki
Welder Lancieri Marchini

Conselheiros
Elói Dionísio Piva
Francisco Morás
Teobaldo Heidemann
Thiago Alexandre Hayakawa

Secretário executivo
Leonardo A.R.T. dos Santos

PRODUÇÃO EDITORIAL

Anna Catharina Miranda
Eric Parrot
Jailson Scota
Marcelo Telles
Mirela de Oliveira
Natália França
Priscilla A.F. Alves
Rafael de Oliveira
Samuel Rezende
Verônica M. Guedes

Editoração: Elaine Mayworm
Diagramação e capa: WM design

ISBN 978-85-326-3994-3

Este livro foi composto e impresso pela Editora Vozes Ltda.

À Dirce Margareth Grösz...
que, em tempo,
fotografou-se com o seu método.
in memoriam

Sumário

Apresentação, 9

PARTE I PESQUISA QUALITATIVA EM EDUCAÇÃO, 11

1 Pesquisa qualitativa em Educação: origens e desenvolvimentos, 12
   Wivian Weller e Nicolle Pfaff

2 A relevância dos métodos de pesquisa qualitativa em Educação no Brasil, 29
   Bernadete Gatti e Marli André

3 A relevância dos métodos de pesquisa qualitativa em Educação na Alemanha, 39
   Heinz-Hermann Krüger

PARTE II GRUPOS DE DISCUSSÃO E MÉTODO DOCUMENTÁRIO, 53

1 Grupos de discussão: aportes teóricos e metodológicos, 54
   Wivian Weller

2 O método documentário na análise de grupos de discussão, 67
   Ralf Bohnsack e Wivian Weller

3 A transição de jovens-mulheres da escola para o mundo do trabalho: uma abordagem multicultural, 87
   Karin Schittenhelm

4 Percepções de gênero entre estudantes brasileiros e alemães da área tecnológica: um estudo comparativo, 100
   Marília Gomes de Carvalho

PARTE III ANÁLISE DE IMAGENS E FILMES, 113

1 A interpretação de imagens segundo o método documentário, 114
   Ralf Bohnsack

2 Práticas culturais de recepção e apropriação de filmes na perspectiva da Sociologia Praxeológica do Conhecimento, 135
   Alexander Geimer

3 A interpretação de filmes segundo o método documentário, 151
   Astrid Baltruschat

4 A análise de charges segundo o método documentário, 182
   Vinicius Liebel

5 Educação hipertextual: por uma abordagem dialógica e polifônica na leitura de imagens, 197
Ângela Álvares Correia Dias

PARTE IV ENTREVISTA NARRATIVA E PESQUISA BIOGRÁFICA, 209

1 Pesquisa biográfica e entrevista narrativa, 210
Fritz Schütze

2 Trajetórias militantes: análise de entrevistas narrativas com professores e integrantes do Movimento Negro, 223
Karine Pereira Goss

3 Migrantes altamente qualificados: oportunidades, restrições e motivos da imigração, 239
Arnd-Michael Nohl e Ulrike Selma Ofner

PARTE V ETNOGRAFIA E EDUCAÇÃO, 253

1 Etnografia em contextos escolares: pressupostos gerais e experiências interculturais no Brasil e na Alemanha, 254
Nicolle Pfaff

2 Considerações sobre a etnografia na escola e prática investigativa sobre as relações raciais e de gênero, 271
Eliane dos Santos Cavalleiro

3 Análise do Discurso em Educação: um exemplo do ensino de Filosofia, 279
Anne Schippling

4 A reconstrução etnográfica de um percurso de pesquisa transatlântico, 289
Rogério Moura

PARTE VI RETORNO SOCIAL E INTEGRAÇÃO DA PESQUISA QUALITATIVA NA FORMAÇÃO DE PROFESSORES E PEDAGOGOS SOCIAIS, 301

1 A integração da pesquisa qualitativa na formação de pedagogos sociais: etnógrafos e educadores refletindo sobre seu próprio objeto, 302
Gerhard Riemann

2 A integração da pesquisa qualitativa na formação de professores: compreensão e reflexão da ação pedagógica a partir de um estudo de caso, 317
Christine Wiezoreck

3 Contribuições da história oral em processos de transformação social e empoderamento de grupos, 324
Olga Rodrigues de Moraes von Simson

Sobre as autoras e os autores, 334

Apresentação

No que diz respeito aos métodos de pesquisa qualitativa nas Ciências Sociais e na Educação, as últimas décadas trouxeram diversos desenvolvimentos e novas perspectivas de análise: a ampla diferenciação de métodos e técnicas de investigação, bem como a elaboração de metateorias no campo da pesquisa qualitativa e reflexões sobre a qualidade da pesquisa qualitativa. Nesse sentido é possível afirmar que o interesse pelas abordagens qualitativas tem aumentado consideravelmente. Esse desenvolvimento é comprovado não apenas pelo aumento de estudos qualitativos, mas também por um número crescente de associações e eventos científicos, grupos de trabalho, revistas especializadas e manuais sobre métodos de pesquisa qualitativa em todo o mundo. Esta ampla divulgação está contribuindo para a aceitação de novos parâmetros para a pesquisa empírica, para a superação do ceticismo outrora existente em relação à produção de conhecimento e de teorias fundamentadas em dados oriundos de pesquisas qualitativas. Entretanto, com a ampla disseminação da pesquisa qualitativa também surgiu a necessidade de sistematização dos diferentes procedimentos e métodos de pesquisa denominados como não padronizados. De um modo geral, essa iniciativa de revisão e reflexão sobre os diferentes momentos da pesquisa qualitativa vem acontecendo em nível nacional, ou seja, no contexto de uma comunidade nacional ou linguística. Assim, a presente publicação pretende superar essa limitação, incentivando a reflexão em torno de métodos de pesquisa bem como a sistematização de experiências realizadas no Brasil e na Alemanha.

A ideia para este livro surgiu a partir da realização do *Simpósio Brasileiro-Alemão de Pesquisa Qualitativa e Interpretação de Dados*, realizado em março de 2008 na Faculdade de Educação da Universidade de Brasília[1]. O encontro buscou aprofundar a reflexão epistemológica e teórico-metodológica no campo da pesquisa qualitativa por meio do diálogo e da troca de experiências entre pesquisadores brasileiros e alemães, contribuindo, desta forma, para o aprimoramento dos instrumentos de coleta e análise de dados qualitativos no campo da Educação, e, ao mesmo tempo, oferecendo um espaço para troca de experiências sobre o ensino de métodos e técnicas de pesquisa nos programas de graduação e de pós-graduação em Educação. O simpósio também intentou estabelecer uma cooperação de longa duração que possa viabilizar a realização de

---

[1] O simpósio foi realizado em parceria com a Faculdade de Educação e Psicologia da Universidade Livre de Berlim, sob a coordenação dos professores Ralf Bohnsack, Wivian Weller e Nicolle Pfaff, reunindo pesquisadores brasileiros e alemães. O evento contou com apoio financeiro do CNPq, Capes, DFG (Deutsche Forschungsgemeinschaft), Daad (Deustcher Akad emischer Austausch Dienst), Goethe Zentrum Brasília, Embaixada da Alemanha e Universidade de Brasília.

projetos de pesquisa conjuntos, e assim colaborou para a criação ou consolidação de grupos de pesquisa sobre métodos e técnicas de coleta e análise de dados qualitativos em Educação.

Neste momento em que vivemos uma espécie de "globalização" ou internacionalização da pesquisa qualitativa, existem muitos desafios a serem enfrentados. É necessário refletir sobre outras formas de parcerias e cooperações internacionais que promovam a sistematização e troca de experiências no campo da pesquisa qualitativa. Somente por meio do acesso às abordagens metodológicas e resultados de pesquisas desenvolvidas em distintos países será possível elaborar análises a partir de um "olhar que olha" e que contempla as devidas especificidades culturais e sociais de cada região ou país.

Esperamos que este livro represente uma contribuição para estudantes e professores da área de Educação, assim como de outras áreas, interessados na qualidade da pesquisa qualitativa e no aprofundamento e desenvolvimento de novas perspectivas de análise.

Wivian Weller
Nicolle Pfaff

Parte I

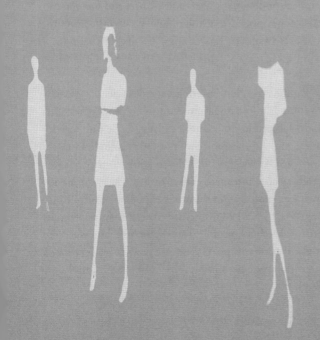

Pesquisa qualitativa
em Educação

Capítulo 1

Pesquisa qualitativa em Educação: origens e desenvolvimentos

Wivian Weller
Nicolle Pfaff

O desenvolvimento de abordagens qualitativas nas Ciências Sociais e na Educação pode ser entendido como um processo internacional que ocorreu praticamente de forma simultânea em distintos países e que apresenta atualmente referenciais analíticos, conceitos filosóficos, experiências e práticas distintas (cf. ALASUUTARI, 2005; CHENAIL et al., 2007). Embora esse movimento tenha ocorrido durante o século XX em contextos nacionais específicos, alguns debates epistemológicos, reflexões metodológicas e conceitos ganharam reconhecimento e visibilidade internacional, servindo como referência no desenvolvimento de novas abordagens científicas (cf. BOHNSACK, 2005; KNOBLAUCH; FLICK & MAEDER, 2005). Essas influências internacionais podem ser observadas sobretudo em relação ao Interacionismo Simbólico, à Fenomenologia Social e à Sociologia do Conhecimento, bem como no tocante a algumas tradições de pesquisa, tais como a Escola de Chicago, a Etnometodologia, os Estudos Culturais ou a História Oral (cf. JACOB, 1987; GATTI & ANDRÉ, 2010; KRÜGER, 2010).

Semelhante ao que ocorreu em outros campos das ciências em geral e das Ciências Sociais em particular, Alasuutari (2005) aponta o forte domínio anglo-americano no processo de globalização da pesquisa qualitativa, observado sobretudo no número expressivo de publicações em língua inglesa que predominam no mercado. Ao mesmo tempo, a própria língua inglesa como a "nova *lingua franca* da ciência" (ALASUUTARI, 2005) desempenha um papel importante na difusão e acessibilidade das publicações internacionais. Por fim, mas não menos relevante, deve-se ter em mente que – com exceção de alguns autores expoentes oriundos de países de língua alemã (entre outros: Max Weber, Karl Mannheim e Alfred Schütz) e, mais recentemente, de língua francesa (entre outros: Michel Foucault, Jean-François Lyotard e Pierre Bourdieu) – as abordagens teórico-metodológicas no campo da pesquisa qualitativa foram por muito dominadas pelas tradições anglo-americanas de pesquisa (cf. JACOB, 1987; DENZIN & LINCOLN, 2006; VIDICH & LYMAN, 2006).

As questões levantadas por Alasuutari são pertinentes e nos levam a refletir sobre a necessidade de constituirmos outras formas de parcerias e cooperações internacionais. No processo atual de estudos comparativos de caráter internacional ou transcultural, já é possível observar um aumento da cooperação entre pesquisadores de diferentes nacionalidades, pautada na circulação e troca de experiências e não somente na recepção de manuais de pesquisa traduzidos do inglês para outros idiomas, ainda que esse movimento esteja ocorrendo de forma tímida no campo da Educação. Esse novo modelo de "socialização" da pesquisa qualitativa está surgindo por meio de iniciativas como a realização de eventos bilaterais, bem como pela fundação de associações nacionais e internacionais e pela criação de revistas científicas internacionais sobre pesquisa qualitativa[1].

No que diz respeito às experiências de cooperação entre o Brasil e a Alemanha no campo da pesquisa qualitativa nas Ciências Sociais e na Educação, observa-se que as mesmas constituem uma tradição recente, mas que vêm crescendo e apresentando contribuições significativas. As parcerias estabelecidas envolvem projetos de pesquisa, por exemplo, sobre crianças e jovens em contextos de educação formal e não formal (entre outros, MONTEIRO; FICHTNER & FREITAS, 2002, 2003; MOURA, 2006; PFAFF, 2010) e a organização de publicações e eventos, dentre outros: o "Painel Brasileiro-alemão de Pesquisa", já realizado em três edições pela Faculdade de Educação da UFJF (cf. CLARETO, 2006), o "Simpósio Internacional de Metodologia Qualitativa nas Ciências Sociais e na Prática Social", organizado pelo Programa de Pós-Graduação em Sociologia da Ufpe (cf. WEBER & LEITHÄUSER, 2007) e o "Simpósio Brasileiro-alemão de Pesquisa Qualitativa e Interpretação de Dados", realizado na Faculdade de Educação da Universidade de Brasília (cf. BOHNSACK, apud PFAFF & WELLER, 2010). Nota-se em alguns desses eventos a preocupação com a divulgação dos dados de pesquisa em ambos os países, ou seja, por meio da publicação dos trabalhos tanto no Brasil como na Alemanha. Além dos eventos citados, alguns artigos e livros de autores alemães vêm despertando o interesse de pesquisadores brasileiros, sobretudo em relação às abordagens hermenêuticociológicas e interacionistas na análise de dados qualitativos, tais como a "hermenêutica objetiva" de Ulrich Oevermann (cf. REICHERTZ, 2004; WELLER, 2007), a "análise estrutural de narrativas", elaborada por Fritz Schütze (SCHÜTZE, 2010) e o "método documentário", desenvolvido por Ralf Bohnsack (BOHNSACK, 2007a; BOHNSACK & WELLER, 2010).

Mas qual é a motivação que está por detrás desses desenvolvimentos? Há quaisquer efeitos sobre a pesquisa qualitativa em nível epistemológico e metodológico? Paralelo aos interesses envolvendo pesquisas transculturais e estudos comparativos, é possível verificar se esses diferentes tipos de cooperação também estão contribuindo para o avanço, desenvolvimento de métodos e melhoria da qualidade da pesquisa qualitativa. O presente artigo busca sintetizar as principais tendências da pesquisa qualitativa na Alemanha e no Brasil, discutidas principalmente por Krüger (2010) e por Gatti e André (2010). Busca-se entender e comparar o desenvolvimento particular das abordagens qualitativas em Educação nesses dois países. Apontam-se desafios que

---

[1] Entre outras: *Qualitative Research, Qualitative Research Journal, International Journal of Qualitative Methods, Zeitschrift für Qualitative Forschung*, assim como a revista online *Forum*: Qualitative Social Research.

se colocam para a pesquisa qualitativa em ambos países e destaca-se a importância de estudos comparativos e de cooperações internacionais que favoreçam a ampliação e o aperfeiçoamento dos métodos de pesquisa, assim como a compreensão das especificidades dos sujeitos e contextos de pesquisa. Contudo, observa-se que esses empreendimentos de pesquisa ainda ocorrem de forma tímida, principalmente no campo da Educação.

A pesquisa qualitativa nas Ciências da Educação

A história da pesquisa qualitativa nas Ciências da Educação remonta a estudos sobre processos educacionais em escolas europeias realizados no início do século XIX. Contudo, desenvolvimentos significativos dos métodos qualitativos nas pesquisas sociológicas surgiram na maioria dos países somente no início do século XX e, nas pesquisas educacionais, apenas na segunda metade do século passado. Para Vidich e Lyman (2006), as primeiras iniciativas no campo da pesquisa qualitativa se deram por meio de observações etnográficas de outras culturas durante o período da colonização no final do século XVI. Daquela mesma época também existem registros de trabalhos etnográficos conduzidos por pesquisadores da área de Educação, que realizaram estudos comparativos sobre a organização da vida escolar em diferentes regiões da Europa. Outras perspectivas educacionais podem ser encontradas nos primeiros estudos antropológicos que observaram a vida em família e as práticas de formação de povos ou tribos estranhas (cf. VIDICH & LYMAN 2006; DEPAEPE & SIMON, 1995). A universalidade das instituições e práticas educacionais existentes já naquela época despertou o interesse científico pela organização dos processos educacionais em uma perspectiva comparada.

No século XVIII, o campo emergente das Ciências da Educação em países de língua alemã foi responsável por algumas abordagens novas, assim como estudos que foram explicitamente vinculados a uma perspectiva educacional (cf. KRÜGER, 2010). Trapp e Niemeyer tentaram fundar uma pedagogia científica moderna com base em métodos biográficos e etnográficos, mas também autores como Jean-Jaques Rousseau, Sophie von La Roche ou Friederike Helene Unger desempenharam no século XVIII um papel importante na introdução de biografias como fonte para a compreensão de processos educacionais e formativos de uma certa época ou sociedade (cf. VON FELDEN, 1999).

No final do século XIX e início do século XX, discussões epistemológicas e metodologias assim como pesquisas qualitativas adquiriram importância na Europa e nos Estados Unidos, tanto na Filosofia e na Sociologia como na Pedagogia, na Psicologia do Desenvolvimento e na Psicologia Social. Nesse sentido, o desenvolvimento de noções básicas e de princípios filosóficos nas Ciências Sociais – que contemplam as diferenças existentes na investigação científica e na análise de fenômenos naturais e sociais – ocorreu mais ou menos de forma simultânea em diferentes contextos culturais e científicos. O estabelecimento de uma abordagem nova, mais socialmente orientada, em contraposição às investigações de cunho quantitativo de fenômenos do mundo natural, foi impulsionada pelas tradições da Hermenêutica, da Fenomenologia e da Sociologia do Conhecimento nos países de língua alemã, bem como pelo Pragmatismo, Interacionismo Simbólico e Etnometodologia na Sociologia norte-americana (cf. STRÜBING & SCHNETTLER, 2004).

Nas Ciências da Educação, o impacto e a difusão de métodos qualitativos em uma escala maior ocorreu somente entre as décadas de 1950 e 1970 na Inglaterra, França e nos Estados Unidos, e, na Alemanha, a partir de meados da década de 1960[2]. Desde então, foram desenvolvidos diferentes métodos de análise de dados qualitativos; outros foram remodelados e dotados de uma base teórica mais ampla e mais profunda (cf. DENZIN & LINCOLN, 2006; FLICK; KARDORFF & STEINKE, 2004). Ao mesmo tempo, a dicotomia entre abordagens quantitativas e qualitativas sofreu uma retração em função de uma maior diferenciação e diversificação de ambos os paradigmas, o que levou também a extensos debates sobre ética na pesquisa (cf. SOLTIS, 1989; CHRISTIANS, 2000; MAUTHNER, 2002) e sobre a qualidade das investigações científicas (cf. LINCOLN, 1995; SEALE, 1999; BOHNSACK, 2005; FLICK, 2006).

A (re)introdução de métodos qualitativos nas diferentes nações sobretudo a partir da década de 1970, foi impulsionada principalmente pela grande expansão dos processos e instituições educacionais, e, consequentemente, pela necessidade de outras formas de avaliação e mensuração de resultados (cf. SHERMAN & WEBB, 1988). Por outro lado, a disseminação singular de determinados métodos de pesquisa e dos principais campos de investigação depende da importância local de temas e linhas de pesquisa, bem como de tradições nacionais de pesquisa em Educação, Sociologia, Psicologia e, principalmente, em Antropologia. Em nível internacional, esse processo de institucionalização da pesquisa qualitativa no campo da Educação também pode ser observado por meio da fundação de associações específicas, edição de periódicos (p. ex.: *International Journal of Qualitative Studies in Education*) e publicações (entre outras: SHERMAN & WEBB, 1988; SCHRATZ, 1993; FRIEBERTSHÄUSER & PRENGEL, 1997).

De acordo com Krüger (2010), bem como Gatti e André (2010), as principais abordagens qualitativas utilizadas atualmente nas pesquisas educacionais podem ser diferenciadas em três tipos: etnografia, história oral e análise biográfica, análises interacionistas e análise de discurso. Pode-se afirmar que a tradição mais antiga na área da Educação está representada pela pesquisa etnográfica, a qual trata de mundos da vida alheios ou estranhos, respeitando a perspectiva destes. Desenvolvida como um método básico de pesquisa antropológica ainda na época da colonização, a etnografia só passou por um processo de reflexão e de fundamentação teórica no início do século XX. Entretanto, o trabalho de campo etnográfico é conhecido na maioria das disciplinas das Ciências Sociais como um método estabelecido. Na Educação, a utilização da etnografia depende fortemente das tradições culturais de pesquisa dos respectivos países. Um campo encontrado em quase todas as pesquisas educacionais diz respeito à etnografia escolar, a qual remonta a descrições da vida e da organização escolar semelhantes às pesquisas realizadas no século XVII (cf. DEPAEPE & SIMON, 1995; SARMENTO, 2003). A etnografia foi estabelecida nas pesquisas sobre a escola graças a estudos célebres, tais como as observações de sala de Stubbs e Delamonts (1976) e os estudos sobre jovens de uma escola masculina na Inglaterra realizados por Willis (1977). Na Alemanha, a etnografia se constitui como uma forte tradição nas pesquisas sobre a escola e sobre adolescentes (cf. BREIDENSTEIN, 2004); mas também

---

[2] No Brasil, o desenvolvimento e o interesse pela pesquisa qualitativa começa em meados da década de 1970 (cf. GATTI & ANDRÉ, 2009).

é amplamente utilizada em pesquisas sobre a infância (KRAPPMANN & OSWALD, 1995; BREIDENSTEIN & PRENGEL, 2005) e juventude (BOHNSACK et al., 1995; HITZLER, 2005). No Brasil, uma tradição mais recente da etnografia pode ser encontrada em pesquisas realizadas em escolas (GUIMARÃES, 1996; CAVALLEIRO, 2000; AUAD, 2006), assim como em pesquisas sobre juventude (entre outros: CARRANO, 2002; DAYRELL, 2005; WELLER, 2011).

Outra área de estudo relevante nas ciências educacionais diz respeito às investigações no campo da história oral e da pesquisa biográfica. Esta última tem seu foco nos estágios e processos de desenvolvimento de histórias de vida (cf. MAROTZKI, 1990; KRÜGER & MAROTZKI, 2006), tratando frequentemente, no caso da pesquisa educacional, de processos de aprendizagem e qualificações educacionais. A história oral, por sua vez, está voltada para a análise do processamento social ou individual da história vivida na forma de um destino coletivo ou de decisões e de desenvolvimentos biográficos (cf. VON PLATO, 2000). Contudo, essas abordagens contêm métodos distintos de coleta e análise de dados biográficos. Um método amplamente utilizado foi desenvolvido por Fritz Schütze (1983, 2010) e ficou conhecido como "entrevista narrativa" e "análise estrutural de narrativas" (cf. tb. SCHÜTZE, 2003; APPEL, 2005; WELLER, 2009a). Desde o final dos anos 80 do século passado, a proposta de Schütze, assim como algumas variantes mais simples e desenvolvimentos posteriores (cf. ROSENTHAL, 1995), estabeleceu-se em quase todos os campos da pesquisa educacional alemã – por exemplo, nas pesquisas sobre profissões, infância e juventude, bem como nos estudos sobre a educação de adultos (cf. BOHNSACK, 2007a: 91; MAROTZKI, 1996: 62). Ao contrário de outras culturas científicas na Alemanha, a pesquisa biográfica e a história oral são frequentemente utilizadas em combinação com outros procedimentos de coleta de dados (VON PLATO, 2003). No Brasil, a utilização de métodos biográficos na Educação está fortemente associada à fundação da Associação Brasileira de História Oral no ano de 1994 (cf. VON SIMSON, 1997). Observa-se neste país o predomínio deste método nas pesquisas sobre a profissão docente, profissionalização e identidade do professor (cf. BUENO et al., 2006) e menos em pesquisas sobre as implicações biográficas nos processos de socialização de crianças e jovens.

Um terceiro tipo de abordagem qualitativa que vêm adquirindo relevância nas pesquisas educacionais compreende estudos que adotam perspectivas interacionistas ou a análise do discurso como método. Essas abordagens, utilizadas principalmente em estudos que envolvem observações e gravações de situações em salas de aula, nas famílias e nos grupos juvenis, incluem tratamentos diversos, como a análise da conversação ou a análise do discurso. Na verdade, este terceiro tipo deve ser caracterizado mais como uma área de estudos do que um determinado conjunto de métodos (cf. KRÜGER, 2010). Nos Estados Unidos e na Alemanha, estudos analíticos da conversação são hegemônicos especialmente no campo da pesquisa com famílias e grupos juvenis. Na França, Reino Unido e no Brasil, a análise do discurso parece prevalecer sobre a análise da conversação nas pesquisas educacionais. Observa-se ainda bases filosóficas distintas entre a análise do discurso de origem francesa e a análise de discurso crítica desenvolvida por Fairclough (cf. RESENDE & RAMALHO, 2006). A análise da conversação utiliza estratégias etnometodológicas de pesquisa e busca desvendar os métodos adotados pelos atores para produzir ordem social na interação. Desenvolvido por Harvey Sacks (1992), esse procedimento analítico foi aprofundado por alguns poucos pesquisadores, mas se apresenta como uma estratégia de pesquisa e de análise relativamente coerente. Já no caso dos procedimentos adotados no âmbito da análise do discurso, constata-se um conjunto de técnicas analíticas, desenvolvidas a partir de métodos sociológicos e linguísticos (cf. FAIRCLOUGH, 1989, 2001; KELLER, 2005). Nesse conjunto podemos citar ainda abordagens analíticas mais recentes, tais como o método documentário (entre outros: BOHNSACK, 2007a; BOHNSACK; NENTWIG-GESEMANN & NOHL, 2001; BOHNSACK & WELLER, 2010), assim como a hermenêutica objetiva (OEVERMANN, 1979, 1989, 1993)[3], que adquiriu grande relevância e vem sendo largamente utilizada principalmente nos países de língua alemã.

Finalmente, cabe ressaltar que no campo da Educação as abordagens qualitativas não são relevantes apenas no desenvolvimento de pesquisas e teorias ou na avaliação de programas e políticas educacionais, mas também no processo de ensino/aprendizagem e durante a formação de futuros profissionais que irão atuar no campo da Educação. Como bem aponta Riemann (2010), o trabalho etnográfico pode promover uma reflexão sobre a própria prática pedagógica e, ao mesmo tempo, contribuir para o aperfeiçoamento do discurso cooperativo e colegial dos estudantes, sobre paradoxos e problemas relacionados a diferentes áreas do trabalho pedagógico e educacional.

Breve revisão da pesquisa qualitativa na educação brasileira e alemã

Como já mencionado anteriormente, além das referências e relações transculturais, a ascensão e disseminação de métodos de pesquisa qualitativa em geral, e em especial nas Ciências da Educação, devem ser entendidas como um processo inserido num cenário científico nacional e específico, envolvendo relações entre diferentes disciplinas das Ciências Sociais, eixos de pesquisa, assim como referências teóricas e metodológicas. Entretanto, essa particularidade também inclui algumas semelhanças básicas, conforme demonstram as contribuições de Gatti e André (2010) e de Krüger (2010), nas quais os autores descrevem o desenvolvimento e a relevância das abordagens qualitativas no Brasil e na Alemanha. Pretendemos sintetizar algumas diferenças e semelhanças gerais apontadas por esses autores, de forma que se possa chegar a algumas conclusões gerais sobre a implementação de metodologias qualitativas nas Ciências da Educação.

Segundo Krüger, a história dos métodos reconstrutivos na ciência educacional alemã remonta à Filosofia da Educação do século XVIII, mas principalmente às abordagens autobiográficas e etnográficas empregadas amplamente na virada para o século XX e ao longo de suas primeiras décadas (cf. tb. VON FELDEN, 1999). Mas de forma semelhante à maioria das tendências nas Ciências Sociais, esse desenvolvimento foi interrompido pelo regime repressivo do partido nacional-socialista alemão, pela Segunda Guerra Mundial e, consequentemente, pela emigração de um grande número de cientistas sociais da Alemanha. E assim como em outros países, as abordagens quantitativas dominaram o trabalho científico na maioria das disciplinas sociais

---

[3] Para mais informações sobre a hermenêutica objetiva, cf. Weller, 2010 e Teixeira e Vilela, 2008.

durante as décadas de 1950 e 1960. Esse também foi o caso no Brasil, como afirmam Gatti e André em seu artigo. Em ambos os países, as abordagens qualitativas foram (re)importadas para a pesquisa educacional somente na década de 1970. Mas colocando-se de lado as diferenças em relação à situação sócio-histórica dos dois países e o contexto de seu cenário científico, algumas semelhanças básicas saltam aos olhos quando se comparam os processos de desenvolvimento da pesquisa qualitativa.

Em primeiro lugar, em ambos os países as abordagens qualitativas foram adaptadas como alternativa ao paradigma quantitativo dominante, que foi questionado durante os anos de 1970 pelos movimentos sociais emergentes de liberalização e democratização com respeito ao poder explicativo dos processos sociais, em geral, e de fenômenos educacionais, em particular, assim como no que se refere à falta de crítica social.

A relação dos pesquisadores no campo da pesquisa qualitativa com esses movimentos e com as teorias sociais subjacentes, tais como o marxismo, a teoria crítica ou a teoria do conflito, pode ser apontada como uma segunda semelhança no processo de adoção de abordagens qualitativas na pesquisa educacional no Brasil e na Alemanha, mesmo que a ordem social e as situações criticadas por esses movimentos tenham sido completamente distintas. Conforme registrado por Gatti e André, o contexto social que permeava a importação de métodos qualitativos, como a etnografia e a análise biográfica, no Brasil na década de 1970 era o de uma ditadura repressiva, que foi combatida por vários movimentos sociais dos quais faziam parte essas diversas tradições da pesquisa educacional (cf. tb. ANASTÁCIO, 2006; CLARETO, 2006). Krüger descreve uma situação diferente para a Alemanha, ou seja, de um período que compreende o final dos anos 1960 e o início dos anos 1970, caracterizados por fortes tendências de democratização e liberalização, assim como por um imenso processo de expansão educacional (cf. tb. VON FELDEN, 1999). Ambos os processos na Alemanha foram acompanhados por um vigoroso movimento estudantil e por organizações políticas de esquerda em ascensão.

Em terceiro lugar, certas semelhanças também podem ser percebidas no que diz respeito aos campos nos quais os métodos de pesquisa qualitativa têm sido aplicados. Isto é verdade principalmente para a abordagem da pesquisa-ação, a qual teve um curto ciclo de expansão durante a década de 1970 na Alemanha, mas até hoje continua sendo amplamente utilizada nos Estados Unidos, no Brasil e em outros países latino-americanos[4]. A utilização de abordagens qualitativas no campo das pesquisas sobre avaliação também adquiriram um importante espaço em muitos países em função de desenvolvimentos institucionais e práticas educacionais que precisavam ser investigadas quanto aos seus resultados (cf. KARDORF, 2000; MADAUS & KELLAGHAN, 2001; HORNBOSTEL, 2005).

Diferenças entre a pesquisa qualitativa no campo educacional no Brasil e na Alemanha podem ser observadas sobretudo no campo denominado de pesquisa básica. No Brasil, esses estudos vêm sendo realizados sobretudo no contexto que envolve o ensino e a aprendizagem

---

[4] Para uma visão geral sobre estratégias globais de pesquisa-ação na Educação, cf. Hollingsworth, 1997 e McTaggart, 1997.

na escola, enquanto que na Alemanha o foco principal situa-se nos processos de socialização de crianças e jovens tanto no âmbito da escola quanto em outros contextos sociais. Em segundo lugar, observam-se diferenças em relação à aplicação ou adoção de abordagens teórico-metodológicas. De acordo com Gatti e André (2010), as abordagens etnográficas foram introduzidas no contexto educacional brasileiro por meio de publicações de cientistas britânicos e norte-americanos. Na Alemanha, as ciências educacionais também passaram por uma fase de recepção das tradições teóricas norte-americanas, tais como o Interacionismo Simbólico e a Etnometodologia, mas que levaram ao desenvolvimento de novos métodos de pesquisa próprios da Sociologia alemã, os quais serviram de referência para as Ciências da Educação, principalmente nos estudos realizados a partir da década de 1970 (cf. tb. VON FELDEN, 1999).

Após a implementação de metodologias qualitativas nas Ciências da Educação, uma fase de diferenciação das abordagens reconstrutivas na Educação pode ser constatada nas décadas de 1980 e 1990, tanto no que concerne aos métodos aplicados quanto aos campos de pesquisa onde eles foram utilizados. Dessa forma, diferenças culturais em relação aos métodos aplicados e campos investigados se intensificaram num primeiro momento, mas posteriormente perderam relevância em função do processo de globalização da pesquisa (cf. KNOBLAUCH; FLICK & MAEDER, 2005; CISNEROS PUEBLA et al., 2006). Na Alemanha, novos desenvolvimentos metodológicos, tais como o método documentário (entre outros: BOHNSACK, 1989, 2007a; BOHNSACK; NENTWIG-GESEMANN & NOHL, 2001; BOHNSACK & WELLER, 2010) ou a hermenêutica objetiva (entre outros: OEVERMANN, 1979; 1989; 1993) – ambos desenvolvidos em contextos de processos de socialização –, contribuíram para o avanço de utilização de métodos qualitativos reconstrutivos nas Ciências da Educação. Atualmente, o método documentário e a hermenêutica objetiva pertencem às abordagens mais aplicadas no campo da Educação. Nesse sentido, Krueger (2010) define a década de 1980 como um período de desenvolvimento metodológico na Alemanha e de uma polarização mais intensa entre abordagens quantitativas e qualitativas; durante os anos de 1990, as abordagens reconstrutivas foram tomadas como procedimentos mais eficazes nas pesquisas sobre a realidade social. Desde então, as metodologias qualitativas já não são vistas em contraposição aos métodos quantitativos, mas como enfoques diferentes e necessários no campo da pesquisa social empírica.

No Brasil – segundo Gamboa (2000, 2007) –, a pesquisa educacional apresenta três abordagens epistemológicas principais. Uma tradição é representada por estudos empíricos-analíticos ligados a métodos quantitativos. As outras duas tradições estão mais fortemente vinculadas a abordagens qualitativas e podem ser divididas em estudos fenomenológicos-hermenêuticos e estudos orientados pelo referencial teórico do materialismo dialético. No que concerne às abordagens qualitativas, Gamboa (2000) se deteve mais à análise das orientações epistemológicas dominantes do que à descrição dos tipos de coleta e métodos adotados na análise dos dados. No entanto, verificou que o uso de técnicas participantes, métodos biográficos e a análise de documentos são mais comuns nos estudos fenomenológicos-hermenêuticos. A pesquisa-ação e a análise de documentos constituem uma importante fonte para as pesquisas de orientação marxista que se instituíram como um campo expressivo desde o início da década de 1980[5]. Entretanto, independentemente das diferenças entre as três abordagens, o autor conclui que os pesquisadores precisam consolidar seu conhecimento teórico e metodológico, se quiserem realmente mudar a realidade (GAMBOA, 2000).

Outra diferença observada compreende as relações entre teoria e empiria, o uso político e a aplicação dos resultados. Na Alemanha, grande parte dos estudos qualitativos em Educação realizados nas universidades pertence ao campo de formação de teorias básicas (*Grundlagentheorien*), que exercem um papel importante no processo de formação inicial e continuada dos profissionais da área. A aplicação de métodos qualitativos em contextos de avaliação é ainda incipiente nas universidades alemãs (cf. FLICK, 2006; BOHNSACK & NENTWIG-GESEMANN, 2008). No Brasil, boa parte dos estudos realizados nas universidades pode ser caracterizada como pesquisas de avaliação que, entre outros aspectos, buscam verificar o impacto de certos projetos sociais ou educacionais e contribuir para as mudanças nas políticas educacionais[6] (cf. GATTI & ANDRÉ, 2010).

Estado da arte e problemas atuais da pesquisa qualitativa

Ao sumariar desenvolvimentos históricos e recentes e suas repercussões nas Ciências da Educação, não restam dúvidas de que a pesquisa qualitativa nas últimas décadas estabeleceu-se como uma tradição de pesquisa em distintos países e contextos culturais. Ainda que sejam encontradas diferenças significativas na disseminação e divulgação dos métodos e técnicas, bem como disparidades na aplicação dos mesmos nas pesquisas educacionais, é possível afirmar que as abordagens qualitativas alcançaram ampla aceitação nas Ciências da Educação em âmbito mundial. Diante desse contexto, alguns problemas atuais e tendências ulteriores da pesquisa qualitativa precisam ser compreendidos como desafios a serem enfrentados em um nível mais amplo.

Um aspecto importante, já discutido por muitos autores, diz respeito à necessidade de cooperação internacional não apenas em termos de sistematização e harmonização dos métodos e técnicas existentes (cf. ALASUUTARI, 2005; SCHÜTZE, 2006), mas também na implementação de estudos comparativos e projetos de pesquisa transculturais (cf. CISNEROS PUEBLA et al., 2006). Conforme já indicado antes, tais iniciativas poderiam contribuir para a aprimoração de abordagens e métodos capazes de transcender as fronteiras que envolvem a

---

[5] Estudos de orientação marxista ainda são uma forte tradição na pesquisa educacional no Brasil. Mas outras abordagens ligadas à tradição da História Oral, aos Estudos Culturais e Feministas e aos Estudos Pós-moderno também são representados por alguns grupos de pesquisa em diferentes universidades. Estes grupos frequentemente usam a análise do discurso para a interpretação de dados qualitativos. Estudos na tradição da Etnometodologia, Análise da Conversação e da *Grounded Theory*, caracterizados pela utilização de métodos reconstrutivos, representam campos novos da pesquisa educacional no Brasil.

[6] Na Alemanha, estudos mais amplos voltados para a avaliação de programas e políticas educacionais são realizados em sua grande maioria por órgãos ou institutos de pesquisa específicos, tais como o Max Planck Institute for Human Development.

compreensão das especificidades culturais e sociais com as quais nos deparamos frente a um universo cada vez mais globalizado.

Um segundo requisito no desenvolvimento de métodos qualitativos, que já se tornou consenso entre representantes das abordagens quantitativas, compreende o desenvolvimento e a definição de padrões de qualidade e características válidas às abordagens qualitativas (cf. HOWE & EISENHARD, 1990; STEINKE, 1999; MORSE et al., 2002; BOHNSACK, 2005; FLICK, 2005). Um dos motivos que justificam a importância desse debate sobre a qualidade da pesquisa qualitativa é a recorrente crítica sobre a falta de fundamentação teórica e de reflexão, assim como a falta de rigor metodológico no tratamento e análise dos dados (cf. KRÜGER, 2000; GATTI & ANDRÉ, 2010). No debate atual sobre a qualidade da pesquisa qualitativa, observam-se três posições ou estágios de desenvolvimento da discussão: uma primeira posição ou grupo busca até hoje adaptar os fatores de qualidade tradicionais da pesquisa quantitativa às abordagens qualitativas (cf. KIRK & MILLER, 1985; MORSE et al., 2002; GOLAFSHANI, 2003). Essa posição recebeu inúmeras críticas, uma vez que o entendimento clássico sobre critérios como a validade, a confiabilidade e a objetividade não podem ser adotados sem que aconteça uma reformulação e a devida adaptação (cf. SEAL, 1999; FLICK, 2005; GASKELL & BAUER, 2002). Uma segunda posição defende padrões gerais, inespecíficos, válidos para todos os tipos de métodos de pesquisa, tanto qualitativos quanto quantitativos. Contudo, critérios como o grau de coerência entre questões de pesquisa, técnicas de coleta e análise de dados, assim como entre os pressupostos básicos da pesquisa, são importantes para aprimorar a qualidade da pesquisa empírica em geral, mas não dão sustentação a avaliação e revisão de estudos qualitativos em especial (cf. HOWE & EISENHARD, 1990). Por fim, uma terceira posição – vista como mais promissora de acordo com nossa perspectiva –, diz respeito à formulação de padrões de qualidade específicos aos respectivos métodos (cf. PESHKIN, 1993; LINCOLN, 1995; BOHNSACK, 2005). Assim, tem-se salientado que, ao contrário de critérios de qualidade para métodos padronizados, os padrões ou parâmetros para as abordagens qualitativas de caráter reconstrutivo somente podem ser desenvolvidos a partir da prática de pesquisa, por exemplo, na qual os conceitos e teorias são produzidos a partir da realidade empírica, ou seja, não são introduzidos dedutivamente e previamente a partir de princípios epistemológicos ou de adesão a uma determinada corrente teórica. Outros critérios compreendem a reconstrução dos princípios básicos da interação social, o domínio de métodos específicos de interpretação de dados, o controle ou cuidado metodológico no processo de interpretação de mundos de vida alheios ou distantes da realidade social e cultural do pesquisador, assim como a diferenciação entre o sentido subjetivo e a estrutura de uma determinada ação (cf. BOHNSACK, 2005).

Um terceiro desafio para a pesquisa qualitativa – frequentemente visto em relação ao debate sobre a qualidade da pesquisa qualitativa – está relacionado à crescente importância que vêm sendo atribuída à triangulação de diferentes procedimentos de coleta de dados (cf. DENZIN, 1978; FLICK, 2004). Por um lado, a triangulação é vista como uma estratégia de validação de resultados de pesquisa (p. ex.: DENZIN, 1978; FIELDING & FIELDING, 1986; LAMNEK, 1995) ou como uma forma de melhorar a abrangência e complexidade de um determinado objeto de investigação (SEALE, 1999; FLICK, 2004). Por outro, a discussão sobre triangulação, especialmente no sentido de se chegar a um retrato mais completo do objeto investigado, também inclui a combinação de abordagens qualitativas e quantitativas (ERZBERGER, 1998; NEWMAN & BENZ, 1998; BRYMAN, 1992, 2006). Algumas tentativas no sentido de combinar ambas as abordagens na pesquisa educacional vêm sendo realizadas em nível nacional e internacional (cf. KRÜGER & PFAFF, 2004, para um resumo sobre a Alemanha; CERI, 2007; STEINER-KHAMSI, 2002).

Podemos apontar ainda um quarto desafio para a pesquisa qualitativa, relacionado à necessidade de inclusão de outros tipos de dados, uma vez que a análise de textos digitalizados (documentos e entrevistas) constitui a principal fonte utilizada na pesquisa qualitativa. Ainda que as ilustrações tenham desempenhado um papel importante em estudos educacionais mais antigos em distintos países (cf. KECK, 1991; MOLLENHAUER, 1997; KAPLAN & HINE, 1988; HINE, 1999), a análise do texto tem prevalecido sobre a imagem. Atualmente, alguns autores buscam superar essa lacuna no campo das Ciências Sociais e da Educação, na medida em que estão introduzindo abordagens e procedimentos modernos para a análise de fotografias, ilustrações e filmes (cf. DANCE et al., 1995; MAROTZKI & NIESYTO, 2006; BOHNSACK, 2007a; BOHNSACK, 2008; BALTRUSCHAT, 2010).

Embora os desafios em relação à melhoria da qualidade, ao estabelecimento de parâmetros para a pesquisa qualitativa e à necessidade de triangulação devam ser compreendidos como questões que dizem respeito à pesquisa qualitativa como um todo, envolvendo, portanto, diferentes métodos e técnicas de interpretação, as reivindicações no que concerne à necessidade de estudos comparados em nível internacional e transcultural, assim como no tocante à limitação do trabalho sobre materiais textuais, devem ser vistas como problemas que precisam ser abordados nos contextos específicos em que essas pesquisas são concebidas e nos quais novos métodos e técnicas são experimentados. Por último, acreditamos que somente por meio do acesso a pesquisas desenvolvidas em distintos países será possível analisar os resultados de pesquisas nacionais a partir de outros olhares e traçar pressupostos comuns para a realização de estudos comparativos, contemplando as devidas especificidades culturais e sociais de cada região ou país. Ao mesmo tempo, é preciso refletir sobre a necessidade de constituirmos outras formas de parcerias e cooperações internacionais que promovam "um crescente conhecimento e circulação de ferramentas desenvolvidas em diferentes partes do mundo" (ALASUUTARI, 2005: 39), promovendo uma troca e sistematização de experiências no campo da pesquisa qualitativa que efetivamente circule entre os países.

BIBLIOGRAFIA

ALASUUTARI, P. (2005). "A globalização da pesquisa qualitativa". *Media & Jornalismo*, 6, p. 17-41. Coimbra.

ANASTÁCIO, M. (2006). "Pesquisa qualitativa: concepções e perspectivas". *Educação em Foco*, vol. 11, n. 1, mar.-ago., p. 189-198. Juiz de Fora.

ANDRÉ, M. (2006). "A jovem pesquisa educacional brasileira". *Revista Diálogo Educacional*, 6, p. 11-24. Curitiba: PUCPR.

APPEL, M. (2005). "La entrevista autobiográfica narrativa: fundamentos teóricos y la praxis del análisis mostrada a partir del estudio de caso sobre el cambio cultural de los Otomíes en México". *FQS*, vol. 6, n. 2 [Disponível em http://www.qualitativeresearch.net/fqs-texte/2-05/05-2-16-s.htm].

AUAD, D. (2006). *Educar meninos e meninas* – Relações de gênero na escola. São Paulo: Contexto.

BALTRUSCHAT, A. (2010). "A interpretação de filmes segundo o método documentário". In: WELLER, W. & PFAFF, N. (orgs.). *Metodologias da pesquisa qualitativa em Educação*: teoria e prática. Petrópolis: Vozes.

BAUER, M. & GASKELL, G. (2002). *Pesquisa qualitativa com texto, imagem e som*. Petrópolis: Vozes.

BOHNSACK, R. (2009). *Qualitative Bild- und Videointerpretation*. Opladen: Barbara Budrich/UTB/Farmington Hills.

_____ (2007a). *Rekonstruktive Sozialforschung* – Einführung in Methodologie und Praxis qualitativer Forschung. 6. ed. Opladen: Farmington Hills/Barbara Budrich.

_____ (2007b). "A interpretação de imagens e o método documentário". *Sociologias*, ano 9, n. 8, p. 286-311. Porto Alegre.

_____ (2005). "Standards nicht-standardisierter Forschung in den Erziehungs-und Sozialwissenschaften". *Zeitschrift für Erziehungswissenschaft* (ZfE), ano 7, n. 4, p. 65-83.

_____ (1989). *Generation, Milieu und Geschlecht* – Ergebnisse aus Gruppendiskussionen mit Jugendlichen. Opladen: Leske/Budrich.

BOHNSACK, R. & NENTWIG-GESEMANN, I. (orgs.) (2010). *Dokumentarische Evaluationsforschung*. Opladen/Formington Hills.

BOHNSACK, R.; NENTWIG-GESEMANN, I. & NOHL, A.M. (orgs.) (2001). *Die dokumentarische Methode und ihre Forschungspraxis* – Grundlagen qualitativer Sozialforschung. Opladen: Leske/Budrich.

BOHNSACK, R. & WELLER, W. (2010). "O método documentário na análise de grupos de discussão". In: WELLER, W. & PFAFF, N. (orgs.). *Metodologias da pesquisa qualitativa em Educação*: teoria e prática. Petrópolis: Vozes.

_____ (2006). "O método documentário e sua utilização em grupos de discussão". *Educação em Foco*, vol. 11, n. 1, mar.-ago., p. 19-38.

BREIDENSTEIN, G. (2004). Peer Interaktion und Peer Kultur. In: HELSPER, W. & BÖHME, J. (org.). *Handbuch der Schulforschung*. Wiesbaden: Verlag der Sozialwissenschaften, p. 921-940.

BREIDENSTEIN, G. & PRENGEL, A. (2005). *Kindheitsforschung und Schulforschung* – Ein Gegensatz? Wiesbaden: [s.e.].

BRYMAN, A. (2006). "Editorial". *Qualitative Research*, 6 (1), p. 5-7.

_____ (1992). *Quantity and Quality in Social Research*. Londres/Nova York: [s.e.].

BUENO, B. et al. (2006). "Histórias de vida e autobiografias na formação de professores e profissão docente (Brasil, 1985-2003)". *Educação e Pesquisa* – Revista de Educação da USP, vol. 32, n. 2, mai.-ago., p. 385-410. São Paulo: USP.

CARRANO, P.C.R. (2002). *Os jovens e a cidade*. Rio de Janeiro: Relume-Dumará.

CAVALLEIRO, E. (2000). *Do silêncio do lar ao silêncio escolar* – Racismo, preconceito e discriminação na Educação Infantil. São Paulo: Contexto.

CERI (org.) (2007). *Evidence in Education*: Linking Research and Policy. Paris: Oecd.

CHENAIL, R. et al. (2007). "Mentoring Qualitative Research Authors Globally". *The Qualitative Report*, vol. 12, n. 1, mar., p. 67-81.

CHRISTIANS, C.G. (2000). "Ethics and Politics in Qualitative Research". In: DENZIN, N. & LINCOLN, Y. (orgs.). *Handbook of qualitative research*. Thousand Oaks: Sage, p. 133-155.

CISNEROS PUEBLA, C. et al. (2006). "Über Epistemologien und Peripherien qualitativer Forschung" [Editorial]. *Qualitative Social Research*, vol. 7, n. 4 [Disponível em http://www.qualitative-research.net/fqs-texte/4-06/06-4-4-d.htm].

CLARETO, S.M. (2006). "Investigação qualitativa: abrindo-se em leituras, apresentando-a revista. *Educação em Foco*, vol. 11, n. 1, p. 9-15. Juiz de Fora.

DANCE, S.; CAELLI, T. & LIU, Z. (1995). *Picture Interpretation*: A Symbolic Approach. Hinta: World Scientific Publication.

DAYRELL, J. (2005). *A música entra em cena* – O rap e o funk na socialização da juventude. Belo Horizonte: UFMG.

DENZIN, N.K. (1978). *The Research Act*. Englewood: Unlimited.

DENZIN, N. & LINCOLN, Y. (orgs.) (2006). *O planejamento da pesquisa qualitativa*: teorias e abordagens. Porto Alegre: Artmed.

DEPAEPE, M. & SIMON, F. (1995). "Is there any Place for the History of 'Education' in the 'History of Education'? A Plea for the History of Everyday Educational Reality in outside Schools". *Paedagogica Historica,* 31 (1), p. 9-16.

ERZBERGER, C. (1998). *Zahlen und Wörter* – Die Verbindung quantitativer und qualitativer Daten und Methoden im Forschungsprozess. Weinheim: [s.e.].

FAIRCLOUGH, N. (1989). *Language and Power*. Londres: Longman.

_____ (1995). *Critical Discourse Analysis*. Londres: Longman.

FELDEN, H. (1999). Bildungsforschung als historisch-hermeneutische Forschung und als empirisch-qualitative Forschung: Zusammenhänge und Unterschiede. In: SCHOLZ, W.D. (org.). *Zwischen Optimismus und Resignation* – Perspektiven der Bildungsforschung und Bildungspolitik. Oldenburg: [s.e.].

FIELDING, N.G. & FIELDING, J.L. (1986). *Linking Data* – Qualitative Research Methods. Beverly Hills: [s.e.].

FLICK, U. (2005). "Standards, Kriterien, Strategien. Zur Diskussion über Qualität qualitativer Sozialforschung". *Zeitschrift für qualitative Bildungs* – Beratung und Sozialforschung, p. 191-210.

_____ (2004). *Uma introdução à pesquisa qualitativa*. Porto Alegre: Bookman.

FLICK, U. (org.) (2006). *Qualitative Evaluationsforschung:* Konzepte, Methoden, Anwendungen. Reinbek: Rowohlt.

FLICK, U.; KARDORFF, E. & STEINKE, I. (orgs.) (2004). *A Companion to Qualitative Research*. Londres: Sage.

FRIEBERTSHÄUSER, B. & PRENGEL, A. (orgs.) (1997). *Handbuch Qualitative Forschungsmethoden in der Erziehungswissenschaft*. Munique/Weinheim: [s.e.].

GAMBOA, S.S. (2007). *Pesquisa em Educação*: métodos e epistemologia. Chapecó: Argos.

_____ (2000). Quantidade-qualidade: para além de um dualismo técnico e de uma dicotomia epistemológica. In: SANTOS FILHO, J.C. & GAMBOA, S.S. *Pesquisa educacional*: quantidade-qualidade. São Paulo: Cortez, p. 84-110.

GATTI, B. & ANDRÉ, M. (2010). "A relevância dos métodos de pesquisa qualitativa em Educação no Brasil". In: WELLER, W. & PFAFF, N. (orgs.). *Metodologias da pesquisa qualitativa em Educação*: teoria e prática. Petrópolis: Vozes.

GOLAFSHANI, N. (2003). "Understanding Reliability and Validity in Qualitative Research". *The Qualitative Report,* vol. 8, n. 4, dez., p. 597-607.

GUIMARÃES, A.M. (1996). *A dinâmica da violência escolar*: conflito e ambiguidade. Campinas: Autores Associados.

HITZLER, R. (2005). "The Reconstruction of Meaning – Notes on German Interpretive Sociology". *Qualitative Social Research*, vol. 6, n. 3 [Disponível em http://www.qualitativeresearch.net/fqs-texte/3-05/05-3-45-e.htm].

HORNBOSTEL, S. (2005). "Benchmarking der Forschung in der Erziehungswissenschaft". *Zeitschrift für Erziehungswissenschaft*, 4, p. 213-226.

HOWE, K. & EISENHART, M. (1990). "Standards for Qualitative (and Quantitative) Research: A Prolegomenon". *Educational Researcher*, vol. 19, n. 4, p. 2-9.

JACOB, E. (1987). "Qualitative Research Traditions – A Review". *Review of Educational Research*, vol. 57, n. 1, p. 1-50.

KAPLAN, D. & HINE, L.W. (1988). *Lewis Hine in Europe*: The Lost Photographs. Nova York: Abbeville Press.

KARDORF, E. (2000). Qualitative Evaluationsforschung. In: FLICK, U.; KARDORFF, E. & STEINKE, I. (orgs.). *Qualitative Forschung* – Ein Handbuch. Hamburgo: Rowohlt, p. 242-265.

KECK, R.W. (1991). Die Entdeckung des Bildes in der Erziehungswissenschaftlichen Forschung. In: RITTEMLEYER, C. & WIERSING, E. (orgs.). *Bild und Bildung – Ikonologische Interpretationen vormoderner Dokumente von Erziehung und Bildung*. Wiesbaden: [s.e.], p. 23-51.

KELLER, R. (2005). *Wissenssoziologische Diskursanalyse* – Grundlegung eines *Forschungs* programm. Wiesbaden: VS Verlag.

KIRK, J. & MILLER, M.L. (1985). *Reliability and Validity in Qualitative Research*. [s.l.]: Sage.

KNOBLAUCH, H.; FLICK, U. & MAEDER, C. (2005). Qualitative Methods in Europe: The Variety of Social Research. *Forum: Qualitative Social Research*, vol. 6, n. 3 [Disponível em http://www.qualitative-research.net/fqs-texte/3-05/05-3-34-e.htm – Acesso em 25/04/08].

KRAPPMANN, L. & OSWALD, H. (1995). *Alltag der Schulkinder*. Munique/Weinheim: [s.e.].

KRÜGER, H.-H. (2010). "A relevância dos métodos de pesquisa qualitativa em Educação na Alemanha". In: WELLER, W. & PFAFF, N. (orgs.). *Metodologias da pesquisa qualitativa em Educação*: teoria e prática. Petrópolis: Vozes.

_____ (2000). "Stichwort Qualitative Forschung". *Zeitschrift für Erziehungswissenschaft*, n. 3, p. 323-342.

KRÜGER, H.-H. & MAROTZKI, W. (orgs.) (2006). *Handbuch erziehungswissenschaftliche Biographieforschung*. 2. ed. Opladen: VS Verlag für Sozialwissenschaften.

LAMNEK, S. (1995). *Qualitative Sozialforschung* – Vol. 1: Methodologie. 3. ed. Weinheim/Beltz: Psychologie-Verlags-Union.

LINCOLN, Y.S. (1995). "Emerging Criteria for Quality in Qualitative and Interpretive Research". *Qualitative Inquiry*, 1, p. 275.

MADAUS, G.F. & KELLAGHAN, T. (2001). "Models, Metaphors and Definitions in Evaluation". *Evaluation Models: Viewpoints on Educational and Human Services* [s.n.t.].

MAROTZKI, W. (1996). Forschungsmethoden der erziehungswissenschaftlichen Biographieforschung. In: KRÜGER, H.-H. & MAROTZKI, W. (orgs.). *Erziehungswissenschaftliche Biographieforschung*. Opladen: [s.e.], p. 55-89.

_____ (1990). *Entwurf einer strukturalen Bildungstheorie* – Biographietheoretische Auslegungen von Bildungsprozessen in hochkomplexen Gesellschaften. Weinheim: [s.e.].

MAROTZKI, W. & NIESYTO, H. (orgs.) (2006). *Bildinterpretation und Bildverstehen* – Methodische Ansätze aus sozialwissenschaftlicher, kunst- und medienpädagogischer Perspektive. Wiesbaden: VS Verlag für Sozialwissenschaften.

MAUTHNER, M.L.; BIRCH, M.; JESSOP, J. & MILLER, T. (2002). *Ethics in Qualitative Research*. [s.l.]: Sage.

MOLLENHAUER, K. (1997). Methoden erziehungswissenschaftlicher Bildinterpretation. In: FRIEBERTSHÄUSER, B. & PRENGEL, A. (orgs.). Handbuch Qualitative Forschungsmethoden in der Erziehungswissenschaft. Weinheim: [s.e.], p. 247-264.

MONTEIRO, R.A.; FICHTNER, B. & FREITAS, M.T.A. (orgs.) (2003). *Kinder und Jugendliche im Blick qualitativer Forschung*. Oberhausen: Athena.

_____ (2002). *Crianças e adolescentes em perspectiva* – A ótica das abordagens qualitativas. Juiz de Fora: Feme [CD-rom].

MORSE, J.M.; BARRETT, M.; MAYAN, M.; OLSON, K. & SPIERS, J. (2002). "Verification Strategies for Establishing Reliability and Validity in Qualitative Research". *International Journal of Qualitative Methods*, 1 (2), Spring.

MOURA, R.A. (2006). *Política de formação de jovens em situação de risco em São Paulo e Berlim*. São Paulo: USP [Tese de doutorado em Educação].

NEWMAN, I. & BENZ, C.R. (1998). *Qualitative-Quantitative Research Methodology* – Exploring the Interactive Continuum. Carbondale: Edwardsville.

OEVERMANN, U. (1993). Die Objektive Hermeneutik als unverzichtbare methodologische Grundlage für die Analyse von Subjektivität – Zugleich eine Kritik der Tiefenhermeneutik. In: JUNG, T. & MÜLLER-DOHM, S. (orgs.). *Wirklichkeit" im Deutungsprozess*. Frankfurt am Main: [s.e.], p. 106-189.

_____ (1989). *Objektive Hermeneutik* – Eine Methodologie soziologischer Strukturanalyse. Frankfurt am Main: [s.e.].

OEVERMANN, U. et al. (1979). Die Methodologie einer "Objektiven Hermeneutik" und ihre allgemeine forschungslogische Bedeutung in den Sozialwissenschaften. In: SOEFFNER, H.-G. (org.). *Interpretative Verfahren in den Sozial- und Textwissenschaft*. Stuttgart: [s.e.], p. 352-434.

PESHKIN, A. (1993). "The Goodness of Qualitative Research". *Educational Researcher*, vol. 22, n. 2, p. 23-29.

PFAFF, N. (2009). Social distinction in childrens peer-groups – First results from Brazil and Germany. In: BOHNSACK, R.; PFAFF, N. & WELLER, W. (orgs.). *Qualitative Analysis and Documentary Method in International Educational Research*. Opladen: Farmington Hills/Barbara Budrich, p. 167-193.

PFAFF, N. & KRÜGER, H.-H. (2004). Triangulation. In: HELSPER, W. & BÖHME, J. (orgs.). *Handbuch der Schulforschung*. Wiesbaden: Verlag für Sozialwissenschaften, p. 159-182

PLATO, A. (2003). Oral History. In: BOHNSACK, R.; MAROTZKI, W. & MEUSER, M. (orgs.). *Hauptbegriffe qualitativer Sozialforschung*. Opladen: Leske/Budrich, p. 132-133.

_____ (2000). Zeitzeugen und die historische Zunft. *Bios* (Zeitschrift für Biographieforschung und Oral History), 13 (1), p. 5-29.

REICHERTZ, J (2004). Objective Hermeneutics and Hermeneutic Sociology of Knowledge. In: FLICK, U.; VON KARDORFF, E. & STEINKE, I. (orgs.). *A Companion to Qualitative Research*. Londres: Sage, p. 290-295.

RESENDE, V.M. & RAMALHO, V. (2006). *Análise de discurso crítica*. São Paulo: Contexto.

RIEMANN, G. (2010). "A integração da pesquisa qualitativa na formação de pedagogos sociais: etnógrafos e educadores refletindo sobre seu próprio objeto". In: WELLER, W. & PFAFF, N. (orgs.). *Metodologias da pesquisa qualitativa em Educação*: teoria e prática. Petrópolis: Vozes.

ROSENTHAL, G. (1995). *Erlebte und erzählte Geschichte* – Gestalt und Struktur biographischer Selbstbeschreibungen. Frankfurt am Main/Nova York: [s.e.].

SACKS, H. (1992). *Lectures on Conversation*. Oxford/Cambridge: Blackwell.

SARMENTO, M. (2003). O estudo de caso etnográfico em Educação. In: ZAGO, N.; CARVALHO, M. & VILELA, R. (orgs.). *Itinerários de pesquisa* – Perspectivas qualitativas em Sociologia da Educação. Rio de Janeiro: DP&A, p. 137-179.

SCHRATZ M. (org.) (1993). *Qualitative Voices in Educational Research*. Londres/Washington, DC: The Falmer Press.

SCHÜTZE, F. (2010). "Pesquisa biográfica e entrevista narrativa". In: WELLER, W. & PFAFF, N. (orgs.). *Metodologias da pesquisa qualitativa em Educação*: teoria e prática. Petrópolis: Vozes.

_____ (2006). Eine sehr persönlich generalisierte Sicht auf qualitative Sozialforschung. *ZBBS*, 6, p. 211-248.

_____ (2003). "Hülya's Migration to Germany as Self-Sacrifice Undergone and Suffered in Love for Her Parents, and Her Later Biographical Individualisation". *Forum Qualitative Social Research*, vol. 4, n. 3 [Disponível em http://www.qualitativeresearch.net/fqs-texte/3-03/3-03schuetze-e.htm].

_____ (1983). "Biographieforschung und narratives Interview". *Neue Praxis*, n. 3, p. 283-293.

SEALE, C. (1999). "Quality in Qualitative Research". *Qualitative Inquiry*, 5, p. 465.

SHERMAN, R.R. & WEBB, R.B. (1988). Qualitative Research in Education – A Focus. In: SHERMAN, R.R. & WEBB, R.B. (orgs.). *Qualitative Research in Education*: Focus and Methods. Londres: Routledge: p. 2-21.

SIMSON, O.R.M. (1997). *Os desafios contemporâneos da história oral*. Campinas: CMU/Unicamp.

SOLTIS, J.F. (1989). "The Ethics of Qualitative Research". *International Journal of Qualitative Studies in Education*, 2 (2), p. 123-130.

STEINER-KHAMSI, G.; TORNEY-PURTA, J. & SCHWILLE, J. (orgs.) (2002). *New Paradigms and Recurring Paradoxes in Education for Citizenship*. Oxford: Elsevier Science.

STRÜBING, J. & SCHNETTLER, B. (2004). *Methodologie interpretativer Sozialforschung* – Klassische Grundlagentexte. [s.l.]: UTB.

STUBBS, M. & DELAMONTS, S. (orgs.) (1976). *Explorations in Classroom Observation*. Chichester: Wiley.

VIDICH, A.J. & LYMAN, S.M. (2006). Métodos qualitativos: sua história na Sociologia e na Antropologia. In: DENZIN, N. & LINCLOLN, Y. (orgs.). *O planejamento da pesquisa qualitativa*: teorias e abordagens. Porto Alegre: Artmed, p. 49-90.

VILELA, R.A.T. (2003). "O lugar da abordagem qualitativa na pesquisa educacional: retrospectiva e tendências atuais". *Perspectiva*, vol. 21, p. 431-466. Florianópolis.

VILELA, R.A.T. & NAPOLES, J.N. (2008). "A pesquisa sociológica 'hermenêutica objetiva' – Novas perspectivas para a análise da realidade educacional e das práticas pedagógicas". *31ª Reunião Anual da ANPEd*, p. 1-18. Caxambu.

WEBER, S. & LEITHÄUSER, T. (2007). *Métodos qualitativos nas ciências sociais e na prática social*. Recife: Ufpe.

WELLER, W. (2011). *Minha voz é tudo o que eu tenho* – Manifestações juvenis em Berlim e São Paulo. Belo Horizonte: UFMG.

_____ (2010). "Aportes hermenêuticos no desenvolvimento de metodologias qualitativas". *Linhas Críticas*, 31 p. 287-304.

_____ (2009b). "Tradições hermenêuticas e interacionistas na pesquisa qualitativa: a análise de narrativas segundo Fritz Schütze". *Anais da 32ª Reunião Anual da ANPEd*, p. 1-16. Caxambu.

_____ (2007). "A hermenêutica como método empírico de investigação". *30ª Reunião Anual da ANPEd*, p. 1-16. Caxambu.

WILLIS, P. (1977). *Learning to Labour: How Working Class Kids get working Class Jobs*. Farnborough: Saxon House.

Capítulo 2

A relevância dos métodos de pesquisa qualitativa em Educação no Brasil

Bernardete Gatti
Marli André

Qual foi o caminho percorrido pelos métodos de pesquisa qualitativa em Educação no Brasil? Quando e como surgiram? Como se deu sua expansão? Quais suas principais contribuições? E os problemas e desafios a serem enfrentados? Essas são algumas questões que pretendemos discutir no presente texto.

As origens dos métodos qualitativos de pesquisa remontam aos séculos XVIII e XIX, quando vários sociólogos, historiadores e cientistas sociais, insatisfeitos com o método de pesquisa das ciências físicas e naturais que servia de modelo para o estudo dos fenômenos humanos e sociais, buscaram novas formas de investigação. Entre eles, Wilhelm Dilthey argumentava que na investigação histórica o interesse maior estaria no entendimento do fato particular e, para tanto, haveria de se considerar o contexto em que esse fato ocorria e não sua explicação causal. Daí propõe a hermenêutica, que se preocupa com a interpretação dos significados ou mensagens contidas num texto (entendido em um sentido muito amplo). Max Weber também contribuiu de forma importante para a configuração da perspectiva qualitativa ao afirmar que o foco da investigação deve se centrar na compreensão dos significados atribuídos pelos sujeitos às suas ações. Ambos argumentam que, para compreender esses significados, é necessário colocá-los em um contexto.

As questões postas pelos pesquisadores ao pensar em estudos desta natureza diziam respeito a se é possível o conhecimento sobre o humano-social, o humano-educacional, sem um mergulho em interações situacionais nas quais os sentidos são produzidos e procurados, e os significados são construídos. Assume-se, nesta perspectiva, que destes sentidos e significados é que se alimenta nosso conhecer e são eles que traduzem as mudanças dinâmicas no campo social, no campo educacional, cuja compreensão pode trazer uma aproximação do real mais condizente com as formas humanas de representar, pensar, agir, situar-se etc.

Essas ideias se desenvolvem em meio a um debate de crítica à concepção positivista de ciência e à proposição de uma perspectiva de conhecimento que se tornou conhecida como idealista-subjetivista que, contrariamente à posição que separa sujeito e objeto, valoriza a maneira própria de entendimento da realidade pelo sujeito. Busca a interpretação em lugar da mensuração, a descoberta em lugar da constatação, e assume que fatos e valores estão intimamente relacionados, tornando-se inaceitável uma postura neutra do pesquisador.

É com base nesses pressupostos que se configura a nova abordagem de pesquisa, chamada de qualitativa porque se contrapõe ao esquema quantitativista de ciência, que divide a realidade em unidades passíveis de mensuração, estudando-as isoladamente. A abordagem qualitativa defende uma visão holística dos fenômenos, isto é, que leve em conta todos os componentes de uma situação em suas interações e influências recíprocas.

Encontram-se, assim, nos fundamentos da abordagem qualitativa, os princípios da Fenomenologia, a qual se desdobra em várias correntes: o Interacionismo Simbólico, a Etnometodologia, os Estudos Culturais e a Etnografia. Em todas essas correntes é dada especial atenção ao mundo do sujeito e aos significados por ele atribuídos às suas experiências cotidianas, às interações sociais que possibilitam compreender e interpretar a realidade, aos conhecimentos tácitos e às práticas cotidianas que forjam as condutas dos atores sociais.

Embora esses princípios já fizessem parte dos debates no século XIX, foi só em meados dos anos de 1960 que ganham destaque na área da Educação. Pode-se perguntar a razão dessa demora e por que esse foi um momento propício. A longa demora deveu-se, em parte, ao fato de que os estudos de Educação eram fortemente apoiados na psicologia experimental, o que dificultava a aceitação da perspectiva fenomenológica e assemelhada.

O clima favorável ocorreu porque os anos de 1960 foram marcados por vários e fortes movimentos sociais, pelas lutas contra a discriminação racial, pela igualdade de direitos. As abordagens qualitativas procuravam dar voz a todos os participantes, mesmo os que não detinham poder ou privilégio, o que combinava muito bem com as ideias democráticas e com as causas sociais daquele período.

Essa foi também a década das rebeliões estudantis na França, com repercussões em vários países do mundo, o que despertou muito interesse nos educadores para saber o que se passava no dia a dia das escolas e salas de aula. Daí o acolhimento dos estudos do tipo etnográfico.

Outro fato importante para a inserção dessa perspectiva na área de Educação foi a "virada" da Sociologia, que vinha sendo dominada por mais de 20 anos pelas ideias do funcionalismo e, nos anos 1960, retoma o interacionismo simbólico (BECKER et al., 1961). A Educação que nesse momento aproximava-se muito da Sociologia é influenciada por essas novas ideias.

Se no final da década de 1960 tais estudos começam a aparecer, na década seguinte eles florescem em muitos países, mas são principalmente as obras publicadas por norte-americanos e ingleses (BOGDAN & TAYLOR, 1975; HAMILTON et al., 1977; entre outros) que vão influenciar os primeiros estudos brasileiros.

Assim, as pesquisas chamadas de qualitativas vieram a se constituir em uma modalidade investigativa que se consolidou para responder ao desafio da compreensão dos aspectos formadores/formantes do humano, de suas relações e construções culturais, em suas dimensões grupais, comunitárias ou pessoais. Essa modalidade de pesquisa veio com a proposição de ruptura do círculo protetor que separa pesquisador e pesquisado, separação que era garantida por um método rígido e pela clara definição de um objeto, condição em que o pesquisador assume a posição de "cientista", daquele que sabe, e os pesquisados se tornam dados – por seus comportamentos, suas respostas, falas, discursos, narrativas etc. traduzidas em classificações rígidas ou números –, numa posição de impessoalidade. Passa-se a advogar, na nova perspectiva, a não neutralidade, a integração contextual e a compreensão de significados nas dinâmicas histórico-relacionais.

Origens dos métodos qualitativos no Brasil

A introdução dos métodos qualitativos em Educação no Brasil teve muita influência dos estudos desenvolvidos na área de avaliação de programas e currículos, assim como das novas perspectivas para a investigação da escola e da sala de aula.

Na área de avaliação de currículos e programas pode-se citar uma importante publicação, o livro *Beyond the Numbers Game* (1977), editado por David Hamilton, David Jenckins, Cristine King, Barry MacDonald e Malcolm Parlett, que resultou de um seminário realizado em Cambridge (Reino Unido), em 1972, no qual foram discutidos métodos não convencionais de avaliação e foram feitas propostas para novos estudos na área. Um dos textos, apresentado por Parlett e Hamilton, teve grande destaque nesse evento. Os autores criticam o paradigma quantitativista vigente nas pesquisas avaliativas e propõem a abordagem iluminativa, apoiada em fundamentos socioantropológicos. O texto defende a necessidade de se levar em conta as dimensões sociais, culturais e institucionais que cercam cada programa ou situação investigada. Argumenta-se que é necessário considerar o contexto particular em que se desenvolvem as práticas educacionais e que se contemple os diferentes pontos de vista dos diferentes grupos que se relacionam ao programa ou à situação estudada. Ao final do seminário, foi redigido um manifesto em que os participantes resumem suas recomendações em três pontos:

1) Que sejam mais usados dados de observação, devidamente validados, em substituição aos usuais dados de testes.
2) Que haja flexibilidade no design da pesquisa para inclusão de eventos não previstos, ou seja, uso de focalização progressiva em lugar de delineamento preestabelecido e fixo.
3) Que os valores e pontos de vista do avaliador sejam revelados no relato da pesquisa.

Muito embora essas ideias fossem dirigidas aos especialistas da área de avaliação de programas e currículo, elas tiveram grande impacto na pesquisa educacional da Austrália, Suécia, Estados Unidos e Escócia, de onde provinham os participantes do evento, como também em outros países onde chegaram os resultados do seminário, entre os quais o Brasil. Um exemplo desse impacto é a publicação, no Brasil, em 1978, do artigo "A abordagem etnográfica: uma nova perspectiva na avaliação educacional" (ANDRÉ, 1978), que discute duas novas propostas para a avaliação de programas: a iluminativa e a responsiva. O texto defende ainda o uso das abordagens qualitativas nos estudos em Educação.

Outra fonte importante para a introdução dos métodos qualitativos em Educação foi o livro *Explorations in Classroom Observation*, organizado por Michel Stubbs e Sara Delamont (1976), o qual faz uma crítica muito incisiva aos estudos de sala de aula que se baseiam em análise de interação. No primeiro capítulo do livro, Delamont e Hamilton (1976) criticam os sistemas de observação que, nos moldes de Flanders, ignoram o contexto espacial e temporal de ocorrência dos eventos de sala de aula, focalizam estritamente o que pode ser mensurado e utilizam unidades de observação derivadas de categorias preestabelecidas que, por sua vez, orientam a análise, criando uma certa circularidade na interpretação.

A alternativa apresentada pelos autores para superar os problemas encontrados nos estudos de sala de aula é a abordagem antropológica. Segundo eles, os acontecimentos de sala de aula só podem ser entendidos no contexto em que ocorrem e são permeados por uma multiplicidade de significados que, por sua vez, fazem parte de um universo cultural que deve ser estudado pelo pesquisador. Propõem, para isso, a observação participante, a qual envolve registro de campo, entrevistas, análise documental, fotografia, gravações. Nessa abordagem, o observador não pretende comprovar teorias nem fazer "grandes" generalizações. Busca, antes, compreender a situação, descrevê-la em suas especificidades, revelar os múltiplos significados dos participantes, deixando que o leitor decida se as interpretações podem, ou não, ser generalizáveis com base em sua sustentação teórica e sua plausibilidade.

De maneira mais direta, houve uma contribuição de Sara Delamont à pesquisa educacional brasileira, pois, no final dos anos de 1970, ela esteve no Brasil para uma série de seminários na Fundação Carlos Chagas, em São Paulo, ocasião em que defendeu o uso da abordagem antropológica na investigação das problemáticas escolares e ajudou a torná-la mais conhecida.

Um outro evento importante na disseminação da nova perspectiva de investigação foi o *Seminário de Pesquisas em Educação da Região Sudeste*, realizado em Belo Horizonte, em 1980. Neste evento houve uma mesa-redonda sobre o tema "A pesquisa qualitativa e o estudo da escola", em que vários pesquisadores tiveram a oportunidade de discutir as possibilidades e os limites no uso dos métodos qualitativos para o estudo da escola. Os textos apresentados nessa mesa por André (1984), Campos (1984), Gonçalves (1984), Thiollent (1984) e os comentários de Joly Gouveia (1984) foram posteriormente publicados na revista *Cadernos de Pesquisa* (1984), favorecendo uma divulgação bastante ampla dessas ideias.

Ainda nesta fase de aproximação dos métodos qualitativos com a pesquisa em Educação foi importante a visita, em 1983, de Robert Stake, pesquisador norte-americano e pioneiro das abordagens qualitativas em Educação, em várias instituições brasileiras, como a Faculdade de Educação da Universidade de São Paulo, a Pontifícia Universidade Católica do Rio de Janeiro, a Universidade Federal do Espírito Santo, a Universidade Federal do Rio Grande do Sul e a Fundação Carlos Chagas em São Paulo, o que possibilitou uma ampla discussão do potencial das abordagens qualitativas em Educação.

Mas não foram apenas influências inglesas, escocesas, australianas e norte-americanas que marcaram os primeiros passos da pesquisa qualitativa em nosso país. Em 1983, a pesquisadora mexicana Justa Ezpeleta esteve num seminário organizado pelo Inep (Instituto Nacional de Estudos e Pesquisas Educacionais) sobre pesquisa participante, cujos textos foram publicados no *Em Aberto* (n. 20, 1984). Pouco tempo depois, Justa Ezpeleta publica, com Elsie Rockell, o livro *Pesquisa participante* (1986), que muito contribuiu para a aproximação entre Etnografia e Educação. Foi também nesse momento que chegaram ao Brasil as obras de Bourdieu e Passeron, Lapassade, Lourau, Baudelot e Establet, os quais tiveram grande aceitação nos meios acadêmicos e favoreceram a expansão dos métodos qualitativos.

A expansão dos métodos qualitativos no Brasil

Assim, é nos anos 1980 que emergem grupos fortes de pesquisadores que trabalham com essas metodologias em várias instituições pelo país. Muitos estudos são produzidos com o objetivo de compreender as relações intraescolares e seus contextos, as questões institucionais, as situações de sala de aula e as representações dos atores escolares sob diferentes óticas. A maior parte surgiu em centros de pós-graduação em Educação sob a forma de dissertações e teses. A tônica presente nesses estudos era de crítica às abordagens quantitativistas e economicistas, implementadas de modo reducionista.

Com as críticas aos limites das investigações de caráter apenas numérico ou experimental, com a propagação do emprego das metodologias da pesquisa-ação e das teorias do conflito, ao lado de um descrédito de que soluções técnicas resolveriam problemas de base da Educação brasileira, o perfil da pesquisa educacional se enriquece com novas perspectivas, abrindo espaço a abordagens alternativas que passam a ser identificadas com os métodos qualitativos.

Cabe lembrar aqui que todo esse processo da década de 1970 e dos anos de 1980 se faz num contexto político e social em que, num primeiro momento, a sociedade é cerceada em sua liberdade de manifestação, na vigência da censura, quando se impõe uma política econômica de acúmulo de capital para uma elite, e na qual as tecnologias de diferentes naturezas passam a ser valorizadas com prioridade. Em um segundo momento, deparamo-nos com movimentos sociais diversos que começam a emergir, como num crescendo, criando espaços mais abertos para manifestações socioculturais e a crítica social, inaugurando-se um período de transição, de lutas sociais e políticas que constroem a lenta volta à democracia. A pesquisa educacional, em boa parte, esteve integrada a essa crítica social, associando a ela a crítica aos métodos clássicos de investigação em Educação no Brasil. Então, na década de 1980 encontramos nas produções institucionais, especialmente nas dissertações de mestrado e teses de doutorado – as quais passam a ser a grande fonte da produção da pesquisa educacional –, a hegemonia do tratamento das questões educacionais com base em teorias de inspiração marxista, e/ou de estudos chamados genericamente de qualitativos.

A dicotomia que se aprofundou entre método "quantitativo x qualitativo", entre nós, é relevante. A expansão na pesquisa educacional da chamada abordagem qualitativa veio no bojo de uma busca de métodos alternativos aos modelos experimentais, às mensurações, aos estudos empiricistas numéricos, cujo poder explicativo sobre os fenômenos educacionais foi posto em questão, do mesmo modo se pôs em debate os conceitos de objetividade e neutralidade embutidos nesses modelos. Mas a opção quase total no universo dos pesquisadores em Educação pelas abordagens qualitativas não esteve isenta de uma perspectiva que identificou tais abordagens como as revolucionárias, as únicas transformadoras, condenando ao exílio do conservadorismo os tratamentos quantitativos.

Embora estejamos vivendo um momento de superação dessa dicotomização em termos "do bem" e "do mal", a produção da investigação em Educação deixou de lado análises importantes sobre a demografia educacional e suas implicações, entre outras, retirando da formação dos educadores a habilidade em lidar com questões que demandam um trato quantitativo e a possibilidade da crítica qualificada no que se refere a estes tipos de estudos. Em que pese essa consideração que aqui fazemos, as contribuições advindas da utilização dos métodos qualitativos foram, e são, da maior relevância para a compreensão de inúmeras questões ligadas à Educação.

Contribuições à investigação em Educação

O uso dos métodos qualitativos trouxe grande e variada contribuição ao avanço do conhecimento em Educação, permitindo melhor compreensão dos processos escolares, de aprendizagem, de relações, dos processos institucionais e culturais, de socialização e sociabilidade, do cotidiano escolar em suas múltiplas implicações, das formas de mudança e resiliência presentes nas ações educativas.

Todo esse conjunto de possibilidades para estudos de problemas em Educação ampliou o universo epistemológico da discussão dos fatos educacionais e permitiu, pelas novas posturas assumidas, um engajamento mais forte dos pesquisadores com as realidades investigadas, o que levou ao reconhecimento da relação próxima entre pesquisadores e pesquisados, criando um compromisso maior com as necessidades e possibilidades de melhorias socioeducacionais por meio de intervenções diretas nas realidades pesquisadas ou pelo envolvimento nos debates e na formulação das políticas educativas.

Podemos destacar quatro pontos importantes desta contribuição:
1) A incorporação, entre os pesquisadores em Educação, de posturas investigativas mais flexíveis e com maior adequação para estudos de processos micro-sócio-psicológicos e culturais, permitindo iluminar aspectos e processos que permaneciam ocultados pelos estudos quantitativos.
2) A constatação de que, para compreender e interpretar grande parte das questões e problemas da área de Educação, é preciso recorrer a enfoques multi/inter/transdisciplinares e a tratamentos multidimensionais.
3) A retomada do foco sobre os atores em educação, ou seja, os pesquisadores procuram retratar o ponto de vista dos sujeitos, os personagens envolvidos nos processos educativos.
4) A consciência de que a subjetividade intervém no processo de pesquisa e que é preciso tomar medidas para controlá-la.

Acrescente-se a estes outros aspectos mais específicos, que também ganharam nova conotação com as abordagens qualitativas:
1) Compreensão mais profunda dos processos de produção do fracasso escolar, um dos grandes problemas na Educação brasileira, que passa a ser estudado sob diversos ângulos e com múltiplos enfoques.
2) Compreensão de questões educacionais vinculadas a preconceitos sociais e sociocognitivos de diversas naturezas.
3) Discussão sobre diversidade e equidade.
4) Destaque para a importância dos ambientes escolares e comunitários.

Diferentes tipos de pesquisa qualitativa

Se a adoção dos métodos qualitativos de pesquisa pelos educadores brasileiros foi, num primeiro momento, marcada pela dicotomia qualitativo-quantitativo e por uma influência da fenomenologia e das teorias críticas, sua evolução vem se dando de forma bastante diversificada, seja em termos dos fundamentos, seja dos procedimentos.

Podemos situar em diferentes regiões do país grupos de pesquisadores que desenvolvem estudos em direções muito variadas. Por exemplo, o grupo que foi criado em torno do professor Joel Martins, da PUC-SP, nos anos de 1980, e foi identificado com as correntes da fenomenologia. Mais tarde, esse grupo constituiu a Sociedade de Estudos e Pesquisa Qualitativos (SE&PQ), que realiza seminários periódicos, de âmbito nacional, reunindo um número bastante grande de participantes. A partir de 2005, a SE&PQ passou a editar a *Revista Pesquisa Qualitativa*, que se define como "um espaço no qual são veiculados pesquisas e estudos que versam sobre investigação qualitativa [...] segundo perspectivas diversas dessa abordagem, envolvendo fenomenologia e dialética e suas diversas modalidades, como hermenêutica estrutural, etnográfica, histórica, simbólica, crítica" (*Linha Editorial*, 2005: 5).

Outro grupo que vem crescendo e se firmando cada vez mais no cenário nacional é o que desenvolve pesquisas com apoio na perspectiva histórica. Dentro desse grupo podem ser encontradas várias vertentes como, por exemplo, a dos estudos autobiográficos e de histórias de vida, que vem se fortalecendo e já conta com evento científico próprio e de abrangência nacional. Podem também ser alocadas neste grupo as pesquisas que utilizam a história oral e os aportes da Sociologia. Há ainda neste grupo uma tendência que é caracterizada pelos estudos sobre a escola, as disciplinas e os materiais escolares, associando a perspectiva histórica aos estudos culturais e às questões curriculares.

Com uma produção muito extensa nos anos de 1990 e início do ano de 2000, os estudos centrados no cotidiano da escola ou da sala de aula também se diversificaram entre os que seguem uma linha mais próxima da etnografia, com influência da Antropologia e da Sociologia, e outros com um foco mais microssocial, voltados para as relações interpessoais ou para os conteúdos e estratégias de ensino. Nesse conjunto dos estudos que se caracterizam por trabalho de campo e uso de técnicas etnográficas, encontram-se aqueles que enfatizam uma linha crítica e se autodenominam "etnografia crítica" (MATTOS, 1995) e etnopesquisa crítica (MACEDO, 2006).

Há um outro grupo de estudos que reúne o maior número de produção no momento, o qual é centrado na perspectiva do sujeito, cujo objetivo é investigar opiniões, percepções, representações, emoções e sentimentos de professores, alunos, gestores escolares, pais de alunos, sobre um determinado tema ou questão. Aqui podem ser localizados os estudos na linha sócio-histórica que trabalham com as categorias sentido e significado, atividade e consciência, necessidades e motivos; estudos fundamentados na teoria das representações sociais; investigações sobre o processo de constituição da identidade do sujeito, com fundamento na Psicologia Social, na Sociologia das Profissões ou na Psicanálise.

Outro conjunto de estudos bastante significativo em termos numéricos e em termos de variação nos princípios e procedimentos é o que se situa na vertente da pesquisa-ação. São os estudos que envolvem algum tipo de intervenção na realidade e que podem implicar um grau maior ou menor de participação dos sujeitos na pesquisa. Podem ter uma forte inclinação política, na linha da emancipação, ou podem enfatizar mais os aspectos afetivos, sociais, sociopedagógicos. Incluem-se aqui as pesquisas cooperativas e colaborativas (FIORENTINI, 2004).

Podemos situar ainda entre os estudos qualitativos aqueles que se apoiam em escritos e autores qualificados como "pós-modernos".

Por último, um grupo que pode ser considerado emergente nesse conjunto é o que estuda a introdução das novas tecnologias na escola e na sala de aula. Mais voltado para o uso de novas ferramentas no ensino, aproxima-se, em certa medida, dos estudos experimentais, embora se fundamente ora na Psicologia Social, ora na Filosofia ou na Linguística.

Problemas no desenvolvimento das pesquisas qualitativas

Estudos de vários autores (WARDE, 1990; ALVES-MAZZOTTI, 2001, ANDRÉ, 2001; GATTI, 2007) mostram que, do ponto de vista metodológico, no entanto, encontram-se problemas de base na construção desses estudos e das pesquisas, que vêm perdurando no tempo.

Questão que não se acha ainda hoje suficientemente trabalhada pelos pesquisadores é a tendência à não discussão em profundidade das implicações do uso de certas formas de coleta de dados, como por exemplo narrativas, registros escritos e videografados, grupos de discussão e grupo focal que requerem tratamento adequado. Há ainda que se discutir melhor as várias modalidades de análise nas abordagens qualitativas, e a adequação de seus usos e de sua apropriação de forma consistente, além de sua relação com o enquadramento teórico pretendido.

Precisa-se considerar o alto grau de maturidade e refinamento subjetivo exigido pelas chamadas metodologias qualitativas (LUDKE & ANDRÉ, 1986). No entanto, não é o que se observa em muitas situações, em que fica bastante evidente a falta de entendimento dos fundamentos e, consequentemente, dos requisitos teórico-metodológicos na condução de estudos dessa natureza. Isto não só, como em geral se quer fazer crer, pelas condições adversas em que se realizam as pesquisas, mas porque a formação que vem sendo dada aos pesquisadores não é adequada nem suficiente.

As abordagens qualitativas trazem um grau de exigência grande para o trato com a realidade e sua reconstrução justamente por postularem o envolvimento do pesquisador (BRITO & LEONARDOS, 2001). O que se encontra em muitos trabalhos são observações casuísticas, sem parâmetros teóricos ou sem inferências consistentes, a descrição do óbvio, a elaboração pobre de observações de campo conduzidas com precariedade, análises de conteúdo realizados sem metodologia clara, incapacidade de reconstrução do dado e de percepção crítica de vieses situacionais, desconhecimento no trato da história e de estórias, precariedade na documentação e na análise documental. Os problemas não são poucos, o que nos leva a pensar na precária formação que tivemos e temos para uso criterioso dos métodos qualitativos.

Autores como Morse et al. (2002) propugnam que a pesquisa sem rigor em seus processos não tem valor, não traduz eficazmente a realidade e acaba não tendo utilidade. Além disso, afetam as pesquisas qualitativas, em sua pertinência, a falta de sensibilidade do pesquisador desde a projeção da investigação, no trabalho de campo, nas formas de coleta de dados, e sobretudo nas análises, o que põe em risco a confiabilidade do estudo e de seus achados. A sensibilidade envolve domínio do campo de estudo; portanto, conhecimentos, bem como capacidade de interpretação fundada e construção de argumentos que se sustentem no observado, nos dados obtidos. Portanto, uma capacidade de "leitura" dos achados de modo mais acurado, e de elaboração de sínteses significativas, por processos indutivos/dedutivos consequentes.

Guba e Lincoln (1994) advertem que, mesmo considerando os estudos de natureza qualitativa em outro quadro epistêmico, diferente das abordagens quantitativas tradicionais, esses estudos não se acham isentos de cuidados e critérios adequados que garantam também sua qualidade científica.

É preciso reconhecer que não temos nos omitido no enfrentamento desses problemas, mas que, por outro lado, há um bom número de trabalhos que não podem ser realmente considerados como fundados em cuidados metodológicos mais robustos, permitindo condições de generalidade e, simultaneamente, de singularidade, de capacidade de teorização, de crítica e de geração de uma problematização forte, transcendendo pelo método não só o senso comum, como as racionalizações primárias.

Concluindo

Destacando a relevante contribuição das abordagens qualitativas para a pesquisa e o conhecimento em Educação no Brasil, ponderamos que vivenciamos um momento em que é necessário enfrentar a questão da significância e da consistência dessa modalidade investigativa.

Advogamos que essas pesquisas precisam adensar sua capacidade explicativa porque a identificação de padrões, dimensões e relações, ou mesmo a construção de modelos explicativos, além de não serem incompatíveis com o estudo dos fenômenos microssociais, constitui etapa essencial à construção/reconstrução de teorias e à aplicação a outros contextos, como expressa André (2001). E, ainda, segundo a autora, o grande desafio com que nos defrontamos hoje é conseguir aliar a riqueza proporcionada pelo estudo em profundidade de fatos e processos educacionais, contextualizados, à possibilidade de transferência de conhecimentos ou à geração de hipóteses para o estudo de outros contextos semelhantes.

A aplicabilidade dos conhecimentos na área da Educação depende do desenvolvimento de compreensões apropriadas, o que depende das condições de rigor nos cuidados investigativos, o que não quer dizer seguimento de rígidos protocolos, mas, sim, de domínio flexível de métodos e instrumentais necessários à aproximação significativa do real. Não podemos abrir mão do compromisso com a produção de conhecimentos confiáveis se queremos que tenham impacto sobre a situação educacional em nosso país, pois só assim estaremos contribuindo para tomadas de decisão mais eficazes, substituindo as improvisações e os modismos que têm guiado as ações em nossa área. Nesse sentido, a busca de relevância e do rigor nas pesquisas é também uma meta política.

BIBLIOGRAFIA

ALVES-MAZOTTI, A.J. (2001). "Relevância e aplicabilidade da pesquisa em Educação". *Cadernos de Pesquisa*, 113, p. 39-50. São Paulo: FCC.

ANDRÉ, M.E.D.A. (2001). "Pesquisa em Educação: buscando rigor e qualidade". *Cadernos de Pesquisa*, 113, p. 51-64. São Paulo: FCC.

_____ (1984). "Estudo de caso: seu potencial em Educação". *Cadernos de Pesquisa*, 49, p. 51-54. São Paulo: FCC.

_____ (1978). "A abordagem etnográfica: uma nova perspectiva na avaliação educacional". *Tecnologia Educacional*, 27, p. 9-12.

BECKER, H.S. et al. (1961). *Boys in White*: Students Culture in A Medical School. Chicago: Chicago University Press.

BOGDAN, R. & TAYLOR, S.J. (1975). *Introduction to Qualitative Research Methods*. Nova York: Wiley.

BRITO, A.X. & LEONARDOS, A.C. (2001). "A identidade das pesquisas qualitativas: construção de um quadro analítico". *Cadernos de Pesquisa*, 113, p. 7-38. São Paulo: FCC.

CAMPOS, M.M.M. (1984). "Pesquisa participante: possibilidades para o estudo da escola". *Cadernos de Pesquisa*, 49, p. 63-66. São Paulo: FCC.

DELAMONT, S. & HAMILTON, D. (1976). Classroom Research: a Critique and a New Approach. In: STUBBS, M. & DELAMONT, S. (orgs.) *Explorations in Classroom Observation*. Londres: John Wiley.

Em Aberto (1984), n. 20. Brasília: MEC/Inep.

EZPELETA, J. & ROCKWELL, E. (1986). *Pesquisa participante*. São Paulo: Cortez.

FIORENTINI, D.P. (2004). Pesquisar práticas colaborativas ou pesquisar colaborativamente? In: BORBA, M. & ARAÚJO, J.L. *Pesquisa qualitativa em Educação Matemática*. Belo Horizonte: Autêntica.

GATTI, B.A. (2007). *A construção da pesquisa em Educação no Brasil*. Brasília: Liber Livro.

_____ (2001). "Implicações e perspectivas da pesquisa educacional no país". *Cadernos de Pesquisa*, 113, p. 65-81. São Paulo: FCC.

GONÇALVES, O. (1984). "Incorporação de práticas curriculares nas escolas". *Cadernos de Pesquisa*, 49, p. 56-62. São Paulo: FCC.

GUBA, E. & LINCOLN, Y. (1994). Competing paradigms in Qualitative Research. In: DENZIN, N.K. & LINCOLN, Y. (orgs.). *Handbook of Qualitative Research*. Thousand Oaks: Sage.

HAMILTON, D. et al. (orgs.) (1977). *Beyond the Numbers Game*. Londres: Macmillan.

JOLY GOUVEIA, A. (1984). "Notas a respeito das diferentes propostas metodológicas apresentadas". *Cadernos de Pesquisa*, 49, p. 67-70. São Paulo: FCC.

LUDKE, M. & ANDRÉ, M.E.D.A. (1986). *Pesquisa em Educação*: abordagens qualitativas. São Paulo: EPU.

MACEDO, R.S. (2006). *Etnopesquisa crítica e etnopesquisa-formação*. Brasília: Liber livro.

MATTOS, C.L.G. (1995). "Etnografia crítica de sala de aula". *Revista Brasileira de Estudos Pedagógicos*, vol. 76, n. 182-183, p. 96-116. Brasília.

MORSE, J.; BARRETT, M.; MAYAN, M.; OLSON, K. & SPIERS, J. (2002). "Verification Strategies for Establishing Reliability and Validity in Qualitative Research". *International Journal of Qualitative Methods*, 1 (2) [Disponível em http://www.ualberta.ca/~ijqm/english/engframese–html – Acesso em 20/07/06].

Revista Pesquisa Qualitativa (2005), ano 1, vol. 1, 175 p. São Paulo: Unesp [Publicação da Sociedade de Estudos e Pesquisa Qualitativos].

THIOLLENT, M.J.M. (1984). "Aspectos qualitativos da metodologia de pesquisa com objetivos de descrição, avaliação e reconstrução". *Cadernos de Pesquisa*, 49, p. 45-50. São Paulo: FCC.

WARDE, M. (1990). "O papel da pesquisa na pós-graduação em Educação". *Cadernos de Pesquisa*, 73, p. 67-75. São Paulo: FCC.

Capítulo 3

A relevância dos métodos de pesquisa qualitativa em Educação na Alemanha*

Heinz-Hermann Krüger

Termos e características da pesquisa qualitativa

Observa-se um renascimento das abordagens qualitativas nas Ciências Sociais na Alemanha há cerca de três décadas. Os métodos qualitativos perderam seu caráter alternativo e exótico e se tornam segmentos importantes e "normais" nos métodos de pesquisa de campo na ciência educacional (FLICK et al., 1991). Para a ciência educacional alemã, esse processo incluiu a possibilidade de retornar às suas próprias tradições hermenêuticas e de assumir o caráter de modernidade e de internacionalidade no que diz respeito à aplicação de tais teorias e abordagens.

Contudo, o termo "pesquisa qualitativa" é bastante amplo para definir as distintas abordagens teóricas e metodológicas da realidade social. Mas, apesar das diferentes perspectivas epistemológicas e disciplinares, é possível identificar cinco características comuns. Primeiro: o termo "qualitativo" evidentemente não se refere à qualidade dos projetos de pesquisa ou à qualificação dos que adotaram esta abordagem, mas caracteriza a tentativa de incluir os atributos (*qualia*) holísticos e integrais de um campo social (TERHART, 1997, p. 27). Segundo: não sendo originária de hipóteses preliminares ou formuladas previamente sobre a realidade social e tendo como objetivo o desenvolvimento de teorias e modelos a partir da experiência do pesquisador no campo, a pesquisa qualitativa se orienta pelo princípio da abertura do acesso ao campo. Mesmo que o processo de investigação seja conduzido por perguntas de pesquisa e considerações teóricas, elas são constantemente modificadas e prolongadas no processo de pesquisa (cf. STRAUSS & CORBIN, 1996, p. 8).

Uma terceira característica comum às abordagens qualitativas é a percepção e a inclusão consciente da comunicação estabelecida entre o pesquisador e os sujeitos do campo investigado como um elemento constitutivo do processo da pesquisa e da análise. A interação entre o pesquisador e seu objeto é refletida como uma condição para a geração de conhecimento, em que diferentes posições teóricas estruturam o processo de reflexão (FLICK, 1995, p. 41). A compreensão como

---

* Tradução de Tatyani de Torres Quintanilha. Revisão de Wivian Weller.

princípio epistemológico fundamental para a construção do conhecimento constitui um quarto aspecto em comum das abordagens qualitativas que buscam reconstruir as perspectivas dos atores sociais, das situações, normas e regras culturais. Assim, diferentes abordagens dentro do paradigma qualitativo objetivam diferentes níveis de compreensão: algumas estão voltadas para a perspectiva dos atores sociais em seu meio social; outras analisam estruturas que não são conscientes para os atores, mas produzem efeitos importantes sobre as ações dos mesmos (cf. KRÜGER, 1999, p. 204).

Entre as distintas tradições da pesquisa qualitativa, não existem apenas variações concernentes ao princípio cognitivo da compreensão. Além do consenso em torno da importância da pesquisa qualitativa no que diz respeito à prática social, há uma variedade de opiniões. Existem abordagens voltadas somente para a compreensão e descrição do mundo que está lá fora; outros procedimentos, denominados reconstrutivos, buscam decodificar as estruturas latentes dos sentidos. Encontramos ainda métodos comunicativos-dialógicos relacionados à pesquisa ação, os quais buscam produzir processos de aprendizagem voltados para o pesquisador e os sujeitos da pesquisa (cf. ALTRICHTER; LOBENWEIN & WELTE, 1997, p. 655). Enfim, na perspectiva de uma validação comunicativa, é necessário integrar os sujeitos no processo de interpretação dos dados (cf. HEINZE, 1995).

Uma quinta característica comum da pesquisa qualitativa se refere à discussão realizada nas últimas décadas em torno da validade dos resultados e da definição ou criação de critérios próprios de qualidade. Nos últimos anos, na tentativa de aplicar critérios convencionais como a validade ou a confiabilidade, algumas abordagens têm desenvolvido seus próprios critérios de adequação metodológica. O mais famoso é o conceito de indução analítica, no qual, após o desenvolvimento de uma teoria preliminar, o pesquisador procura casos contrastantes até que uma assunção universal tenha sido estabelecida (BÜHLER-NIEDERBERGER, 1994). Outra abordagem diz respeito ao processo de triangulação, que combina diferentes tipos de dados, diferentes pesquisadores, teorias ou métodos para analisar um fenômeno ou objeto (DENZIN, 1989, p. 237). O fato de a triangulação melhorar a validade de pesquisa qualitativa ainda é visto de forma crítica. Contudo, ela pode ser encarada como uma estratégia que amplia as perspectivas de análise de objetos complexos (KELLE, 1997, p. 197; MAROTZKI, 1999, p. 126).

História da pesquisa qualitativa na Alemanha

Mesmo que a história mais recente da pesquisa qualitativa na Alemanha Ocidental e em outros países europeus tenha começado nos anos 70 do século passado, as abordagens qualitativas têm uma história anterior que se inicia no século XVIII. No campo da Educação, Trapp e Niemeyer tentaram fundar no século XVIII uma teoria científica e prática pedagógica moderna de educação e de formação, com base em abordagens biográficas e etnográficas (cf. KRÜGER 1995, p. 32). Contudo, o desenvolvimento da pesquisa qualitativa na Educação e, em parte, na Psicologia ocorreu somente nas primeiras décadas do século XX. Mas esse desenvolvimento não foi levado a cabo pelos representantes das Ciências do Espírito, por exemplo, por Wilhelm Dilthey – que definiu em 1910 a percepção e a autobiografia como temas centrais para a construção do mundo histórico na área de ciências humanas –, ou por um de seus alunos – entre outros, Georg Misch (1900) publicou o primeiro livro sobre o tema intitulado *História da autobiografia*. Pelo contrário, foram os representantes da Psicologia da Educação que utilizaram métodos etnográficos e biográficos como, por exemplo, no estudo de Martha Muchow (1935) sobre "O espaço social de crianças no meio urbano", que constitui uma das primeiras contribuições profundas para a pesquisa sobre a socialização infantil e juvenil. Além disso, o pedagogo e psicanalista austríaco Siegfried Bernfeld – inspirado pela pesquisa qualitativa voltada para a juventude – utilizou diários como fontes de representação cultural de jovens. No final dos anos de 1920, Peter e Else Petersen desenvolveram as primeiras abordagens para uma etnografia pedagógica no campo da pesquisa sobre escola e currículo com base em observações de situações pedagógicas na *Jena-Planschule* (cf. FRIEBERTSHÄUSER, 1997, p. 523).

Esses desenvolvimentos foram interrompidos pela Segunda Guerra Mundial, quando as Ciências Sociais praticamente estagnaram na Alemanha e em muitos outros países europeus. Após a Segunda Guerra, estudos qualitativos se tornaram relativamente raros. Além dos estudos realizados nos anos de 1950 por de Bertlein e Roeßler, que retomaram a tradição da pesquisa qualitativa da década de 1920 para analisar a compreensão e a mentalidade dos alunos no período pós-guerra com base em ensaios escolares produzidos por eles, conta-se apenas com o estudo de Stückrath e Wetzel publicado em 1962, que constitui um exemplo raro de etnografia e de documentação fotográfica de crianças em sala de aula (ZINNECKER, 1995, p. 4).

Na década de 1960, Roth (1962) proclamou "a virada realista" nas Ciências da Educação, seguida pelo desenvolvimento de uma forte tradição de pesquisa quantitativa, incluindo métodos correspondentes às correntes epistemológicas vigentes no período. Esta também foi a década da reforma educativa na Alemanha (1965-1975), quando autoridades políticas passaram a exigir dados empíricos sobre educação e socialização escolar, educação profissional e educação de adultos (cf. TERHART, 1997, p. 31). Adicionalmente, foi estabelecido por um curto período de tempo um conceito de pesquisa-ação-orientada que partia da ideia de que se poderia pesquisar e melhorar o processo pedagógico ao mesmo tempo (KRÜGER, 1999, p. 191). O fim do otimismo educacional desse período de reforma significou, ao mesmo tempo, o desenvolvimento de uma forte crítica tanto em relação à eficácia da pesquisa educacional quantitativa quanto no tocante às expectativas exageradas de que a pesquisa-ação estaria em condições de mudar a prática educativa por meio da investigação.

Uma renascença da pesquisa qualitativa surge no final de 1970 tanto nas Ciências da Educação como em disciplinas próximas, assim como em diferentes países europeus. Emissores importantes dessas revivificações da pesquisa qualitativa traziam um interesse renovado pelas tradições teóricas da Fenomenologia (Husserl), da Sociologia do Conhecimento (Weber, Schütz), bem como por uma ampla aprovação das tradições teóricas americanas do Interacionismo Simbólico (Mead, Goffmann, Blumer), da Etnometodologia (Garfinkel, Cicourel) e das Ciências Sociais Naturalistas (Schatzmann, Strauss). Essas teorias foram aplicadas primeiramente na Sociologia (entre outros, por HABERMAS, 1967; ARBEITSGRUPPE BIELEFELDER SOZIOLOGEN, 1972; HOPF & WEINGARTEN, 1979) e, posteriormente, nas Ciências da Educação (MOLLENHAUER, 1972; BRUMLIK, 1973; PARMENTIER, 1993) e na Psicologia (JÜTTEMANN, 1985).

Nas Ciências da Educação, a primeira fase de reincorporação de abordagens qualitativas se caracterizou pela legitimação programática e pela segregação metodológica em relação aos métodos quantitativos. Em uma segunda fase, durante a década de 1980, tornou-se evidente que dentro do paradigma qualitativo as diferenças entre abordagens e métodos eram mais significativas do que se pensava. Após essas fases de adoção e de diferenciação metodológica, surge na década de 1990 uma terceira fase, que pode ser definida como um processo de normalização (TERHART, 1997, p. 33). Desde então as pesquisas qualitativas passaram por um processo de aceitação tanto em nível nacional como internacional, tanto na Educação como em outros campos. A tradição da pesquisa qualitativa está consolidada e representada por meio de livros e manuais de pesquisa que apresentam distintos métodos de coleta e análise de dados (FRIEBERTSHÄUSER & PRENGEL, 1997; KRÜGER & MAROTZKI, 1999; FLICK et al., 1991), revistas, seções de associações científicas, grupos de pesquisa institucionalizados etc., ainda que o apoio financeiro para pesquisas qualitativas não tenha atingido o mesmo montante da pesquisa quantitativa.

Posições teóricas na pesquisa qualitativa atual

Como o dito anteriormente, o termo "pesquisa qualitativa" compreende várias abordagens que se diferem significativamente em seus pressupostos teóricos, na compreensão dos objetos e em seus enfoques metodológicos. Muitas tentativas no sentido de classificar essas diferentes abordagens e métodos de pesquisa qualitativa já foram realizadas na Alemanha (p. ex., LAMNEK, 1988; MAROTZKI, 1999; LÜDERS & REICHERTZ, 1986; FLICK, 1995). Esses autores sugerem uma diferenciação entre abordagens descritivas, etnometodológicas, estruturalistas e pós-modernas, que caracterizam diferentes interesses, assunções teóricas e métodos de pesquisa.

Abordagens descritivas

O objetivo central dos aportes descritivos é compreender a realidade social e a percepção dos atores em seus modos de atuação. Contudo, é preciso estabelecer uma distinção entre as mesmas: em primeiro lugar, existem abordagens e estudos que pesquisam espaços singulares de vida, culturas e subculturas, pautando-se por princípios antropológicos e etnográficos, em entrevistas e técnicas de observação que evidenciam as estruturas e as dinâmicas de interação nos espaços sociais (GUBRIUM & HOLSTEIN, 1977). Tomando como referência os estudos sobre migrantes e jovens no contexto da Escola de Chicago na década de 1920, foram realizados no campo da Educação, por exemplo, estudos sobre a vida cotidiana de crianças no ensino básico (KRAPPMANN & OSWALD, 1995) ou dos mundos da vida de alunos de escolas de baixa qualificação (PROJEKTGRUPPE JUGENDBÜRO, 1975).

Uma segunda vertente, também associada às abordagens descritivas e fortemente inspirada no Interacionismo Simbólico, está representada pelos métodos e estudos que tentam extrair o sentido subjetivo atribuído por indivíduos às suas ações e ao ambiente. Essa tradição tem como objetivo a análise dos diferentes tipos de significado, de temas ligados a objetos, eventos e experiências (FLICK, 1995, p. 30). Também é utilizada em alguns estudos no campo da pesquisa biográfica, por exemplo, em uma pesquisa sobre as visões de alunos sobre o respectivo curso acadêmico (HEINZE & KLUSEMANN, 1979) ou sobre mulheres jovens que viveram em internatos (KIEPER, 1980).

Abordagens etnometodológicas

O aporte etnometodológico desenvolvido por Garfinkel (1967) e Cicourel (1975) analisa como as pessoas constroem, mantém e mudam de opinião em situações sociais. Do ponto de vista histórico e metodológico, a Etnometodologia está relacionada à tradição do construtivismo social de Alfred Schütz, que compreende o processo cognitivo como uma ação construtiva e sensível. O pesquisador etnometodológico está especialmente interessado em métodos utilizados pelas pessoas que vivem em sociedades para a construção de realidade. A pesquisa etnometodológica é utilizada principalmente no contexto da análise de conversações que incidem sobre as regras de interações diárias. Nas Ciências da Educação, a abordagem etnometodológica foi raramente utilizada; somente em alguns contextos específicos, como no escolar, em pesquisas sobre juventude e educação de adultos (cf. PARMENTIER, 1989; NOLDA, 1997).

Abordagens estruturalistas

A característica comum do terceiro grupo diz respeito à suposição de que os sistemas culturais de significância, que percebem e produzem a realidade subjetiva e objetiva, são construídos (cf. FLICK, 1995, p. 36). Nesse sentido, torna-se importante estabelecer uma distinção entre o nível da experiência e da ação, que é acessível para sujeitos ativos, e o nível da estrutura profunda, que não pode ser alcançado diretamente pela reflexão individual mas que pode ser compreendido como gerador da ação. Essas estruturas mais profundas são entendidas de maneiras distintas e por meio de diferentes abordagens estruturalistas no âmbito da pesquisa qualitativa. Temos, por exemplo, a abordagem da "hermenêutica profunda", desenvolvida por Leithäuser e Volmerg (1988) a partir das teorias de Lorenzer (1972) e implementada em diferentes projetos sobre temas psicológicos, sociais e profissionais, mas também em estudos sobre a escola e a infância (LEUZINGER-BOHLEBERG & GARLICHS, 1997). A "hermenêutica profunda" tenta descrever o conteúdo e as estruturas das interações sociais latentes e inconscientes, assim como as histórias de vida. Uma segunda concepção estruturalista, denominada "hermenêutica objetiva", foi desenvolvida por Oevermann (1988) com base nos modelos estruturalistas de Chomsky e Piaget. Diferente da "hermenêutica profunda", a "hermenêutica objetiva" não está preocupada em analisar as estruturas inconscientes de um caso. O objetivo central é a análise das estruturas sociais objetivas que obtiveram visibilidade ou aceitação e que não dependem das intenções subjetivas dos participantes. A "hermenêutica objetiva" constitui uma abordagem largamente difundida na Alemanha, desde os estudos no campo da Sociologia da Cultura aos estudos no campo da Sociologia da Educação e da Juventude (cf. GARZ, 1994). Outras abordagens e estudos relacionados às concepções estruturalistas podem ser encontrados em abordagens recentes, tais como a análise do discurso na área da Linguística, da Sociologia do Conhecimento ou da Ciência Sócio-histórica da Educação (cf. KELLER, 1997), que, entre outros, estão relacionadas aos estudos de Foucault (1974).

Abordagens pós-modernas

As pesquisas qualitativas que se referem a uma posição pós-moderna levam em conta aspectos do construtivismo, da perspectividade, da ambiguidade e da complexidade da realidade social. Essas abordagens incluem novas tentativas no campo da etnografia reflexiva, desenvolvidas primeiramente por autores norte-americanos e incorporadas pelas Ciências Sociais na Alemanha (cf. BERG & FUCHS, 1993). Tais abordagens buscam romper com a ideia de uma imagem unificada e detalhada de mundos da vida (*Lebenswelten*) e chamam a atenção para o fato de que o próprio processo de pesquisa deve ser entendido como um diálogo permanente sobre a percepção e a descrição do espaço social. Outra posição metodológica, que se refere explicitamente à discussão sobre pós-modernidade, foi formulada na discussão educacional alemã por Koller (1999). Com base na Filosofia do Conflito de Lyotard, o autor reivindica a aceitação de versões divergentes de interpretação de pesquisas interculturais fazendo justiça ao conflito presente no material empírico.

Etapas e métodos de pesquisa qualitativa

O que leva o detalhamento do processo de investigação e os métodos de coleta e análise de dados no campo da pesquisa qualitativa a serem vistos em um nível abaixo das teorias e posições metodológicas? Primeiramente, é preciso afirmar que existe uma forte relação entre os pressupostos teóricos e metodológicos e os modelos e métodos de pesquisa a serem adotados. Mesmo assim, algumas características comuns – relacionadas à concepção e à estrutura do processo de pesquisa, assim como aos métodos de coleta de dados –, podem ser encontradas de acordo com a posição teórico-metodológica adotada.

Contrariamente à pesquisa quantitativa, a abordagem qualitativa não está orientada por um modelo linear de investigação que estuda o mundo real por meio da validação de hipóteses operacionais tomadas a partir de assunções teóricas. A pesquisa qualitativa percebida como forma de descoberta de teorias em formação raramente segue um modelo de pesquisa no qual a coleta de dados, a interpretação e o conhecimento resultante da análise estejam totalmente interligados. A busca de novos dados só termina quando uma saturação teórica das constatações sobre o tema da investigação é atingido (cf. STRAUSS & CORBIN, 1996). No entanto, ainda que a pesquisa qualitativa abdique da formulação de hipóteses preliminares, as questões de pesquisa precisam estar claramente definidas a fim de que as decisões sobre amostra, métodos de pesquisa e estratégias de análise possam ser tomadas. Ao invés de critérios como o da "representatividade" utilizado no paradigma quantitativo, a estratégia mais popular de seleção e composição do material empírico foi desenvolvida por Glaser e Strauss (1967) e ficou conhecida como "amostragem teórica" ou *theoretical sampling*. Nessa estratégia, as decisões em relação ao tamanho da amostra (casos, grupos de investigação, instituições) só serão tomadas no processo de investigação em si durante a busca por casos interessantes e contrastantes que, por sua vez, estão orientados para o desenvolvimento de teorias que precisam ser desenvolvidas no final de uma investigação.

Atualmente, ao se falar sobre métodos de coleta de dados, enfrenta-se uma enorme variedade de procedimentos que podem ser brevemente distinguidos em três tipos. O primeiro tipo está relacionado aos procedimentos denominados de "não reativos", no qual o pesquisador não produz dados próprios, mas trabalha com materiais existentes. No campo da Educação a utilização, por exemplo, de coleções de diários, autobiografias ou ensaios têm uma longa tradição. O segundo tipo de coleta de dados inclui formas diferentes de observação realizadas pelo pesquisador; ele deve acessar o campo, deve assumir um certo papel e coletar as informações (TERHART, 1997, p. 14). Os diversos procedimentos de observação se diferem no que diz respeito à pré-estruturação, à proximidade ou distância do investigador em relação ao campo de observação. Um terceiro tipo de coleta de dados inclui diferentes formas de entrevista que partem de uma intensa cooperação entre o pesquisador e um ou mais indivíduos no campo. Por um lado, existem diferentes técnicas de entrevista que também são divergentes em relação à pré-estruturação das questões e da situação. Na Alemanha, a técnica de entrevista mais utilizada no campo da Educação é a "entrevista narrativa" desenvolvida por Fritz Schütze (1983), que visa a produção de toda uma história de vida ou apenas de um certo segmento temporal relacionado ao conteúdo de uma biografia. Outra técnica de entrevista semiestruturada é a "entrevista centrada no problema", na qual o pesquisador concentra o foco em perguntas pré-formuladas sobre um tema de interesse para a pesquisa. Existem ainda tipos de entrevistas fortemente pré-estruturadas e relativamente fechadas, como a "entrevista com os especialistas" (cf. KRÜGER, 1999, p. 209). Um método de entrevista relativamente novo e atualmente muito popular diz respeito aos "grupos de discussão", que objetivam a reconstrução das orientações coletivas e dos espaços de experiências comuns nos quais essas orientações são construídas. Deve-se diferenciá-los dos chamados grupos focais, que pretendem ser uma técnica de entrevista que economiza tempo e que se caracteriza como uma entrevista de grupo semiestruturada (cf. BOHNSACK, 2007).

Ao mesmo tempo em que existe uma quantidade similar de procedimentos de coleta de dados, também encontramos uma variedade de estratégias de análise. Mesmo que a dinâmica atual dificulte a sistematização dos diferentes métodos de interpretação de dados, é possível fazer uma distinção entre três diferentes estratégias de interpretação: um primeiro grupo de procedimentos de interpretação visa a descrição de modos de vida e de significâncias subjetivas. Os tipos descritivos de análise de dados incluem, por exemplo, a análise de conteúdo desenvolvida por Mayring (1991), utilizada principalmente no tratamento de grandes quantidades de material empírico (cf. tb. KUCKARTZ, 1992). Estratégias de interpretação de conteúdo analítico procuraram, primeiramente, ordenar o material existente e desenvolver um sistema de categorias para a análise adicional dos dados. Outro método descritivo foi desenvolvido por Heinze (1995), cujo objetivo é parafrasear o material biográfico em busca de estruturas básicas subjacentes às ações sociais dos indivíduos.

Um segundo conjunto de métodos de interpretação visa reconstruir regras formais ou as estruturas processuais das ações sociais. A análise dos mecanismos formais e dos princípios básicos da interação social cotidiana se encontra no centro da análise da conversação, que, ao mesmo tempo, constitui a principal corrente da pesquisa etnometodológica (BERGMANN, 1991, p. 218). Outra abordagem pertencente a esse conjunto de estratégias é a análise estrutural de narrativas desenvolvida por Fritz Schütze (1976; 1983), na qual as narrativas biográficas não são analisadas com o intuito de se reconstruir a interpretação subjetiva do narrador sobre sua biografia, mas de se identificar as estruturas processuais que estão por detrás da biografia.

Como terceiro tipo de análise de dados, podemos citar o método documentário desenvolvido por Ralf Bohnsack, que tem sido amplamente utilizado na análise de grupos de discussão. Atualmente, visando a reconstrução de orientações coletivas e de experiências relacionadas ao meio social, o método documentário também vêm sendo utilizado na análise de entrevistas narrativas e na interpretação de imagens e filmes (cf. BOHNSACK, 2007; 2009).

Um quarto tipo de análise – definido como hermenêutica objetiva – tenta decodificar as estruturas que existem independentemente do conhecimento e das intenções dos sujeitos e que atuam como padrões gerativos de interação social. Além dos métodos de interpretação psicanalítica de textos, este tipo de análise desenvolvido por Ulrich Oevermann tem como principal foco ou procedimento metodológico a análise sequencial do texto. Conforme descrito anteriormente, o método objetiva identificar um significado objetivo e uma estrutura latente do significado das ações e das expressões sociais. Tanto o método documentário como a hermenêutica objetiva são procedimentos que vem sendo largamente utilizados na análise de entrevistas, de material fotográfico e protocolos de interação.

Temas e tipos de pesquisa qualitativa

Quais são os temas que podem ser pesquisados por meio dos métodos descritos no contexto da pesquisa qualitativa? Ao se observar de uma forma geral os atuais relatórios de pesquisa e publicações, percebe-se que praticamente todos os campos da vida social se tornaram objetos da pesquisa qualitativa em Educação. Diante da impossibilidade de traçar uma visão geral adequada sobre a pesquisa qualitativa na Alemanha, será realizada uma descrição dos campos básicos da pesquisa qualitativa educacional. Essa escolha temática dos campos se orienta por algumas abordagens centrais: a pesquisa biográfica, estudos interativos, análise dos mundos da vida cotidiana e análise qualitativa de conteúdos que incidem sobre os diferentes aspectos e dimensões da realidade social.

Atualmente, o tipo de pesquisa qualitativa mais utilizado no campo das Ciências da Educação é a pesquisa biográfica centrada na coleta e análise de relatos ou descrições sobre estilos de vida. Rituais de passagem no percurso da vida e biografias escolares de crianças, jovens e adultos de diferentes instituições pedagógicas constituem um importante campo de investigação nesta área. Por outro lado, várias correntes da pesquisa educacional vêm analisando atualmente histórias de vida e trajetórias profissionais em distintas áreas (KRÜGER & MAROTZKI, 2006). Um terceiro campo da pesquisa biográfica são as análises históricas sobre situações passadas de vida, socialização, formas de educação, instituições pedagógicas ou transição para a vida adulta, que apresentam semelhanças com a pesquisa sócio-histórica e com a História Oral (KRÜGER, 1997, p. 43).

Um segundo foco da pesquisa qualitativa diz respeito aos estudos microscópicos sobre interação, ainda que atualmente eles sejam mais recorrentes na Sociologia do que na Educação. Contudo, nas últimas duas décadas da pesquisa qualitativa em Educação utilizaram-se perspectivas e métodos etnometodológicos, teorias do *labeling approach* e outros procedimentos, como a hermenêutica objetiva na análise dos processos de estigmatização na escola ou em outras instituições e táticas de alunos na sala de aula, na análise de conflitos entre crianças e jovens na escola, em programas educacionais para adultos bem como em diferentes campos de ação social (COMBE & HELSPER, 1994; LÜDERS, 1994).

Um terceiro tipo de estudo recorrente no campo educacional está representado pelas pesquisas sobre os mundos da vida (Lebenswelten). Com base nas tradições interacionistas, na fenomenologia social e nas abordagens etnográficas, essa vertente de pesquisa se desenvolveu fortemente nas últimas décadas. Existem inúmeros pesquisas sobre as escolas básicas e secundárias, internet, lares para crianças, tribunais da juventude, sobre os mundos da vida extraescolares de estudantes, sobre as subculturas e estilos culturais juvenis, entre outros (cf. BOHNSACK & MAROTZKI, 1998; BOHNSACK et al., 1995; JACOB & VON WENSIERSKY, 1997).

Um quarto foco de investigação educacional está relacionado à análise qualitativa do conteúdo de documentos culturais. Existem tipos de materiais e textos, tais como agendas, diários ou ensaios produzidos por crianças e jovens que durante muito tempo têm sido parte da pesquisa educacional qualitativa. Outros, como fotografias ou imagens que se tornaram objetos de investigação científica ao longo de séculos no campo da Etnologia e da História da Arte, foram incorporados nas pesquisas educacionais apenas nas últimas décadas (LENZEN, 1993; MOLLENHAUER, 1997; FUHS, 1997; BOHNSACK, 2009). Nesse conjunto temos ainda as análises de filmes e shows de televisão que passaram a fazer parte da pesquisa educacional alemã.

Problemas atuais da pesquisa qualitativa alemã no campo da Educação

O delineamento sobre os campos e tópicos da pesquisa educacional alemã demonstra que – semelhante a disciplinas próximas – uma ampla prática de pesquisa qualitativa foi estabelecida e uma série de estudos qualitativos foram realizados nessas últimas décadas. Mesmo assim, é possível identificar três problemas centrais que caracterizam a pesquisa qualitativa atual. Primeiramente, observa-se que não existem linhas ou temas contínuos de investigação nas pesquisas qualitativas em Educação. A permanente introdução de novas abordagens e programas de investigação educacional dificulta a acumulação de experiências e de resultados (HELSPER et al., 1998, p. 6). Abordagens únicas, linhas e tradições que se referem umas as outras sistematicamente, como por exemplo nas pesquisas biográficas sobre estudantes, ainda são exceções (HELSPER & BERTRAM, 1999, p. 267). Além disso, no campo da pesquisa qualitativa educacional faltam estratégias de análise de materiais secundários produzidos por outros pesquisadores. Muitas pesquisas qualitativas produzem novos materiais de alto custo, que são analisados apenas parcialmente e não são acessíveis para outros pesquisadores após o término dos projetos. Isso ocorre porque até o momento não existem arquivos abrangentes e sistemas de documentação dos dados qualitativos coletados em pesquisas educacionais que possam fornecer infraestrutura e condições técnicas para que pesquisas possam ser desenvolvidas de forma contínua e sistematicamente relacionadas umas às outras.

Um segundo problema, de cunho metodológico, diz respeito ao fato de haver ainda uma série de estudos que misturam princípios da pesquisa quantitativa na pesquisa qualitativa. Alguns tentam, por meio de amostras sobre atributos socioestruturais, responder a duas perguntas ao mesmo tempo, ou seja, por um lado buscam uma opção metodológica que caracteriza uma ação qualitativa; por outro, buscam quantificar experiências típicas e quantificar posições de acordo com o grupo selecionado.

Um terceiro problema central está relacionado à apresentação dos resultados (TERHART, 1997, p. 38). A crítica sobre as posições teórico-metodológicas em relação ao que é verdadeiro, os comentários sobre o caráter reconstrutivo dos métodos de pesquisa e o caráter dialógico no contexto das etnografias reflexivas ou do construtivismo empírico deve ser tomada seriamente. Levando-se em consideração as reflexões metodológicas sobre as condições de produção de conhecimentos e sobre como os pesquisadores lidam com questões que dizem respeito à representatividade, este poderia se tornar um objeto atual de invesitigação.

Perspectivas da pesquisa qualitativa educacional na Alemanha

Quais são os desafios atuais no que diz respeito à melhoria e ao desenvolvimento de parâmetros de qualidade para a pesquisa qualitativa? Numa primeira fase, o desenvolvimento e implementação de um sistema de documentação, arquivamento e disponibilização de dados qualitativos é altamente necessário. Uma infraestrutura sólida e aporte técnico poderão proporcionar melhores condições para o desenvolvimento de programas de investigação e, ao mesmo tempo, para dois tipos de pesquisa continuadas: por um lado, a replicação de estudos qualitativos que repetem questões de pesquisa e métodos de estudos anteriores, mas que realizam novos estudos sob condições sociais distintas, e, por outro, análises secundárias que avaliam o material existente a partir de uma nova questão de pesquisa.

Outras tarefas empíricas para as futuras pesquisas qualitativas, não só no domínio da Educação, são as seguintes: Primeiramente, é preciso estabelecer uma relação mais forte entre abordagens quantitativas e qualitativas, por exemplo, para analisar como os tipos de vida ou situações de interação analisados por meio da pesquisa qualitativa estão distribuídos socialmente e com que frequência. Em segundo lugar, na pesquisa educacional fortemente dominada pela pesquisa biográfica é preciso estabelecer uma relação com outros tipos de estudos qualitativos e métodos, com o intuito de investigar conexões complexas entre desenvolvimentos biográficos, interativos e condições institucionais dos campos da ação pedagógica (cf. BOHNSACK & MAROTZKI, 1998; HELSPER et al., 1998). Por meio da triangulação de diferentes modelos e métodos de pesquisa qualitativa, não será possível alcançar uma forma mais objetiva dos objetos selecionados de investigação, mas será possível estabelecer uma forma mais complexa e abrangente (FLICK, 1995, p. 251). Um terceiro desafio que se coloca como útil e desejável diz respeito ao desenvolvimento de novas abordagens hermenêuticas de análise de fotografias e filmes, de desenvolvimento de métodos e de estratégias de interpretação que não tratem imagens como textos, mas que saibam respeitar e compreender sua constituição particular. A pesquisa educacional precisa aprender a lidar com novos espaços de aprendizagem e de socialização, sobretudo em relação aos atuais e futuros desenvolvimentos no campo midiático e de transformação da sociedade da informação ou do conhecimento, tais como os espaços digitalizados das comunidades virtuais e da internet.

Como quarto aspecto, destaca-se a necessidade de desenvolvimento de um quadro programático e legitimado para a pesquisa qualitativa, assim como de conceitos práticos no campo das pesquisas qualitativas voltadas para a avaliação de programas educacionais e processos sociais. Uma avaliação qualitativa da pesquisa qualitativa também é necessária em matéria de reformas e de debates, de mecanismos de controle nas áreas da Educação, Serviço Social e Saúde.

Por último, no contexto da internacionalização dos ciclos da vida e dos processos de aprendizagem, a criação de redes internacionais de pesquisa qualitativa educacional e o desenvolvimento de pesquisas multiculturais e de estudos comparativos são absolutamente necessários. Problemas financeiros, linguísticos e de comunicação cultural parecem constituir ainda as principais barreiras. Além disso, a maioria dos métodos qualitativos das pesquisas não estão, até agora, plenamente estabelecido. Assim, cada projeto qualitativo multicultural abre novos caminhos. No entanto, existem estudos primários no campo da pesquisa biográfica ou dos estudos sobre juventude (RENNER, 1999; DU BOIS-REYMOND et al., 1994; WELLER, 2003). Espera-se que projetos semelhantes sejam brevemente estabelecidos em outros campos da pesquisa educacional.

BIBLIOGRAFIA

ALTRICHTER, H.; LOBENWEIN, W. & WELTE, H. (1997). PraktikerInnen als ForscherInnen. In: FRIEBERTSHÄUSER, B. & PRENGEL, A. (orgs.). *Handbuch Qualitative Forschungsmethoden in der Erziehungswissenschaf.* Weinheim/Munique: Juventa, p. 640-661.

ARBEITSGRUPPE BIELEFELDER SOZIOLOGEN (org.). (1973). *Kommunikative Sozialforschung.* Munique: Fink.

BERG, E. & FUCHS, M. (org.) (1993). *Kultur, Soziale Praxis, Tex* – Die Krise der ethnographischen Repräsentation. Frankfurt am Main: Suhrkamp.

BERGMANN, J. (1991). Studies of work – Ethnomethodologie. In: FLICK, U. et al. (orgs.). *Handbuch Qualitative Sozialforschung.* Munique: Psychologie/Union, p. 269-272.

BERTLEIN, H. (1960). *Das Selbstverständnis der Jugend heute.* Berlim/Hannover/Darmstadt: Schroedel.

BOIS-REYMOND, M. et al. (1994). *Kinderleben.* Opladen: Leske/Budrich.

BOHNSACK, R. (2009). *Qualitative Bild- und Videointerpretation.* Opladen: Barbara Budrich.

_____ (2007). *Rekonstruktive Sozialforschung.* Opladen: Barbara Budrich.

BOHNSACK, R. & MAROTZKI, W. (orgs.) (1998). *Biographieforschung und Kulturanalyse.* Opladen: Leske/Budrich.

BOHNSACK, R. et al. (1995). *Die Suche nach Gemeinsamkeit und die Gewalt der Gruppe.* Opladen: Leske/Budrich.

BÜHLER-NIEDERBERGER, D. (1991). Analytische Induktion. In: FLICK, U. et al. (orgs.). *Handbuch Qualitative Sozialforschung.* Munique: Psychologie/Union, p. 446-450.

BRUMLIK, M. (1973). *Der symbolische Interaktionismus und seine pädagogische Bedeutung.* Frankfurt am Main: Athenäum/Fischer/Taschenb.

CICOUREL, A. (1975). *Sprache in der sozialen Interaktion.* Munique: Lis.

COMBE, A. & HELSPER, W. (1994). *Was geschieht im Klassenzimmer?* Weinheim: Dt. Studien.

DENZIN, N.K. (1989). *Interpretative Biography.* Newbury Park: Sage.

FLICK, U. (1995). *Qualitative Forschung.* Reinbek: Rowohlt-Taschenb.

FLICK, U.; KARDORFF, E. & KEUPP, H. (orgs.) (1991). *Handbuch Qualitative Sozialforschung.* Munique: Psychologie/Union.

FOUCAULT, M .(1974). *Die Ordnung des Diskurses.* Munique: Hanser.

FRIEBERTSHÄUSER, B. (1997). Feldforschung und teilnehmende Beobachtung. In: FRIEBERSTHÄUSER, B. & PRENGEL, A. (orgs.). *Handbuch Qualitative Forschungsmethoden in der Erziehungswissenschaf.* Weinheim/Munique: Juventa, p. 503-534.

FRIEBERTSHÄUSER, B. & PRENGEL, A. (orgs.) (1997). *Handbuch Qualitative Forschungsmethoden in der Erziehungswissenschaf.* Weinheim/Munique: Juventa.

FUHS, B. (1997). Fotografie und qualitative Forschung. In: FRIEBERTSHÄUSER, B. & PRENGEL, A. (orgs.). *Handbuch Qualitative Forschungsmethoden in der Erziehungswissenschaf.* Weinheim/Munique: Juventa, p. 265-285.

GARFINKEL, H. (1967). *Studies in Ethnomethodology.* Englewood Cliffs. Nova Jersey: Prentice Hall.

GARZ, D. (org.) (1994). *Die Welt als Tex.* Frankfurt am Main: Suhrkamp.

GLASER, B.G. & STRAUSS, A.L. (1967). *The Discovery of Grounded Theory.* Chicago: Aldine.

GUBRIUM, J.F. & HOLSTEIN, J.A. (1997). *The New Language of Qualitative Method.* Nova York/Oxford: Oxford Univiversity Press.

HABERMAS, J. (1967). Zur *Logik der Sozialwissenschaften.* Tübingen: Mohr.

HEINZE, T. (1995). *Qualitative Sozialforschung.* Opladen: Leske/Budrich.

HEINZE, T. & KLUSEMANN, H.W. (1979). Ein biographisches Interview als Zugang zu einer Bildungsgeschichte. In: BAACKE, D. & SCHULZE, T. (orgs.). *Aus Geschichten lernen.* Munique: Juventa, p. 182-224.

HELSPER, W. & BERTRAM, M. (1999). Biographieforschung und SchülerInnenforschung. In: KRÜGER, H.-H. & MAROTZKI, W. (orgs.). *Handbuch erziehungswissenschaftliche Biographieforschung.* Opladen: Leske/Budrich, p. 259-278.

HELSPER, W.; HERWARTZ-EMDEN, L. & TERHART, E. (1998). *Qualität qualitativer Forschung in der Erziehungswissenschaft* – Konzept für ein DFG-Rundgespräch. Osnabrück: [s.e.].

HOPF, C. & WEINGARTEN, E. (1979). *Qualitative Sozialforschung:* Stuttgart: [s.e.].

JAKOB, G. & WENSIERSKI, H.-J. (orgs.) (1997). *Rekonstruktive Sozialpädagogik.* Weinheim/Munique: Juventa.

JÜTTEMANN, G. (org.) (1985). *Qualitative Forschung in der Psychologie.* Weinheim: Beltz.

KELLE, H. (1997). Die Komplexität sozialer und kultureller Wirklichkeit als Problem qualitativer Forschung. In: FRIEBERTSHÄUSER, B. & PRENGEL, A. (orgs.). *Handbuch Qualitative Forschungsmethoden in der Erziehungswissenschaft*. Weinheim/Munique: Juventa, p. 192-208.

KELLER, R. (1997). Diskursanalyse. In: HITZLER, R. & HONER, A. (orgs.). *Sozialwissenschaftliche Hermeneutik*. Opladen: Leske/Budrich, p. 309-334.

KIEPER, M. (1980). *Lebenswelten verwahrloster Mädchen*. Munique: Juventa.

KOLLER, C. (1999). "Lesarten – Über das Geltendmachen von Differenzen im Forschungsprozess". *Zeitschrift für Erziehungswissenschaft*, 2, p. 195-209.

KRAPPMANN, L. & OSWALD, H. (1995). *Alltag der Schulkinder*. Weinheim/Munique: Juventa.

KRÜGER, H.-H. (1999). *Einführung in Theorien und Methoden der Erziehungswissenschaft*. Opladen: Leske/Budrich.

_____ (1997). Erziehungswissenschaftliche Biographieforschung. In: FRIEBERTSHÄUSER, B. & PRENGEL, A. (orgs.). *Handbuch Qualitative Forschungsmethoden der Erziehungswissenschaft*. Weinheim/Munique: Juventa, p. 43-55.

KRÜGER, H.-H. & MAROTZKI, W. (orgs.) (2006). *Handbuch erziehungswissenschaftliche Biographieforschung*. Wiesbaden: [s.e.].

KRÜGER, H.-H. & WENSIERSKI, H.-J. (1995). Biographieforschung. In: KÖNIG, E. & ZEDLER, P. (orgs.). *Bilanz der qualitativen Forschung*. Vol. 2. Weinheim: Dt. Studien, p. 183-224.

KUCKARTZ, U. (1992). *Textanalysesysteme für die Sozialwissenschaften*. Stuttgart/Jena/Nova York: Fischer.

LAMNEK, S. (1988). *Qualitative Sozialforschung*. Vol. 1. Munique: Psychologie/Union.

LEITHÄUSER, T. & VOLLMERG, B. (1988). *Psychoanalyse in der Sozialforschung*. Opladen: [s.e.].

LENZEN, D. (1993). Heiliges Kind oder Kreatur – Anmerkungen zum Kinderbild von Otto Dix. In: HERRLITZ, H.G. & RITTELMEYER, C. (orgs.). *Exakte Phantasie*. Weinheim/Munique: Juventa, p. 55-67.

LEUZINGER-BOHLLEBER, M. & GARLICHS, A. (1997). Theoriegeleitete Fallstudien im Dialog zwischen Erziehungswissenschaft und Psychoanalyse. In: FRIEBERTSHÄUSER, B. & PRENGEL, A. (orgs.). *Handbuch Qualitative Forschungsmethoden in der Erziehungswissenschaft*. Weinheim/Munique: Juventa, p. 157-176.

LORENZER, A. (1972). *Zur Begründung einer materialistischen Sozialisationstheorie*. Frankfurt am Main: Suhrkamp.

LÜDERS, C. (1997). Qualitative Kinder- und Jugendforschung. In: FRIEBERTSHÄUSER, B. & PRENGEL, A. (orgs.). *Handbuch Qualitative Forschungsmethoden in der Erziehungswissenschaft*. Weinheim/Munique: Juventa, p. 795-810.

LÜDERS, C. & REICHERTZ, J. (1986). "Wissenschaftliche Praxis ist, wenn alles funktioniert und keiner weiss, warum". *Sozialwissenschaftliche Literaturrundschau*, 9 (12), p. 90-112.

MAROTZKI, W. (1999). "Erziehungswissenschaftliche Biographieforschung". *Zeitschrift für Erziehungswissenschaft*, 2, p. 325-342.

MAYRING, P. (1991). *Qualitative Inhaltsanalyse*. Weinheim: Dt. Studien.

MISCH, G. (1900). *Geschichte der Autobiographie*. Vol. 4. Frankfurt am Main. Schulte/Bulmke [1949].

MOLLENHAUER, K. (1997). Methoden der erziehungswissenschaftlichen Bildinterpretation. In: FRIEBERTSHÄUSER, B. & PRENGEL, A. (orgs.). *Handbuch Qualitative Forschungsmethoden in der Erziehungswissenschaft*. Weinheim/Munique: Juventa, p. 247-264.

_____ (1972). *Theorien zum Erziehungsprozess*. Weinheim/Munique: Juventa.

MUCHOW, M. & MUCHOW, H.-H. (1935). *Der Lebensraum des Grosstadtkindes*. Benshei: Päd./Extra Buchverl [1978].

NOLDA, S. (1997). Interaktionsanalysen in der Erwachsenenbildung. In: FRIEBERTSHÄUSER, B. & PRENGEL, A. (orgs.). *Handbuch Qualitative Forschungsmethoden in der Erziehungswissenschaft*. Weinheim/Munique: Juventa, p. 758-768.

OEVERMANN, U. (1988). Eine exemplarische Fallrekonstruktion zum Typus versozialwissenschaftlichter Identitätstransformationen. In: BROSE, H.-J. & HILDENBRAND, B. (orgs.). *Vom Ende des Individuums zur Individualität ohne Ende*. Opladen: Leske/Budrich, p. 234-286.

PARMENTIER, M. (1989). Ethnomethodologie: In: LENZEN, D. (org.). *Pädagogische Grundbegriffe*. Vol. 1. Reinbek: Rowohlt/Taschenb, p. 550-568

PROJEKTGRUPPE JUGENDBÜRO (1975). *Die Lebenswelt von Hauptschülern*. Munique: Juventa.

RENNER, E. (1999). Ethnographie und interkulturelle Forschung. In: KRÜGER, H.-H. & MAROTZKI, W. (orgs.). *Handbuch erziehungswissenschaftliche Biographieforschung*. Opladen: Leske/Budrich, p. 147-164.

ROTH, H. (1962). "Die realistische Wende in der pädagogischen Forschung". *Neue Sammlung*, 2 (2), p. 481-496.

SCHÜTZE, F. (2010). "Pesquisa biográfica e entrevista narrativa". In: WELLER, W. & PFAFF, N. (orgs.). *Metodologias da pesquisa qualitativa em educação*: teoria e prática. Petrópolis: Vozes.

_____ (1983). "Biographieforschung und narratives Interview". *Neue Praxis*, 13, p. 284-293.

STRAUSS, A. & CORBIN, J. (1996). *Grounded Theory*: Grundlagen der qualitativen Sozialforschung. Weinheim: Beltz/Psychologie/Union.

STÜCKRATH, F. & WETZEL, E. (1962). *Vom Ausdruck des Kindes*. Lübeck: Matthiesen.

TERHART, E. (1997). Entwicklung und Situation des qualitativen Forschungsansatzes der Erziehungswissenschaft. In: FRIEBERTSHÄUSER, B. & PRENGEL, A. (orgs.). *Handbuch Qualitative Forschungsmethoden in der Erziehungswissenschaft*. Weinheim/Munique: Juventa, p. 27-42.

WELLER, W. (2010). "Grupos de discussão: aportes teóricos e metodológicos". In: WELLER, W. & PFAFF, N. (orgs.). *Metodologias da pesquisa em educação*: teoria e prática. Petrópolis: Vozes.

_____ (2003). *HipHop in São Paulo und Berlin* – Ästhetische Praxis und Ausgrenzungserfahrungen junger Schwarzen und Migranten. Opladen: Leske/Budrich.

ZINNECKER, J. (1995). Pädagogische Ethnographie. In: BEHNKEN, I. & JAUMANN, O. (orgs.). *Kindheit und Schule*. Weinheim/Munique: Juventa, p. 21-38.

Parte II

Grupos de discussão e
**método
documentário**

Capítulo 1

Grupos de discussão:
aportes teóricos e metodológicos

Wivian Weller

Nos últimos anos, observa-se um crescente interesse por técnicas de entrevistas grupais no campo da pesquisa qualitativa nas Ciências Sociais e na Educação, assim como pela gravação e análise de conversações improvisadas, tais como discussões de alunos ou de professores em sala de aula ou no pátio escolar (WAGNER-WILLI, 2005; DENIS, 2008), diálogos de mulheres durante cursos de tecelagem (CUNHA, 2008). No Brasil, os grupos focais, utilizados sobretudo nas pesquisas psicológicas e antropológicas na área da Saúde (CARLINI-COTRIM, 1996; GONDIM, 2002), representam o procedimento mais popular no conjunto das técnicas utilizadas em entrevistas com grupos. Outras abordagens, tais como os grupos de discussão segundo a proposta de Ibanez na Espanha (1979), dos Estudos Culturais de Birmingham (WILLIS, 1990; BROWN, 1994) ou de Mangold e Bohnsack na Alemanha (entre outros: MANGOLD, 1960; BOHNSACK, 1989, 2007), são pouco conhecidas. Buscando superar essa lacuna, o presente artigo reconstrói o contexto de desenvolvimento dos grupos de discussão na Alemanha, destacando o aporte teórico e metodológico desse procedimento que não se constitui apenas como uma técnica de coleta de coleta de dados, mas como um método de investigação.

Grupos focais e grupos de discussão: algumas diferenças

Grupos focais

Em alusão ao conceito de esfera pública de Jürgen Habermas, Gaskell (2002) afirma que os grupos focais podem ser definidos como uma "esfera pública ideal", já que se trata de "um debate aberto e acessível a todos [cujos] assuntos em questão são de interesse comum; as diferenças de *status* entre os participantes não são levadas em consideração; e o debate se fundamenta em uma discussão racional" (p. 79). Essa técnica de entrevista – de origem anglo-saxônica – começou a ser utilizada nas pesquisas de *marketing* e de reação do público à propaganda no período do pós-guerra por pesquisadores como Robert Merton, Patrícia Kendall e P. Lazarfeld (LOOS & SCHÄFFER, 2001). Os grupos focais são geralmente constituídos por um número de seis a oito pessoas, que são convidadas a debater sobre um determinado assunto com a ajuda de um moderador, como nos *talk shows* apresentados em canais de televisão. No entanto, de acordo com Gaskell (2002), existem pelo menos três progenitores ou tradições associados à utilização de grupos focais como técnica de entrevista, sendo eles: a tradição da terapia de grupo (Tavistock Institute), a avaliação da eficácia da comunicação (MERTON & KENDALL, 1984) e a tradição da dinâmica de grupo em psicologia social (Lewin).

Para Flick (2004, p. 132-133), essa técnica já bastante antiga parece ter passado por "uma espécie de renascimento", uma vez que continua sendo frequentemente utilizada por enfatizar o "aspecto interativo da coleta de dados" e propiciar uma "economia de tempo" por meio da obtenção de mais de um depoimento ou opinião sobre um determinado assunto de uma única vez (RODRIGUES, apud CRUZ NETO; MOREIRA & SUCENA, 2002). Os grupos focais se apresentam como um "método quase naturalista" de geração de representações sociais mediante a simulação de discursos. De acordo com Flick (2002, p. 128) os grupos focais podem ser vistos também como um "protótipo da entrevista semiestruturada" e os resultados obtidos por meio desse tipo de entrevista

> foram de tal forma positivos que a técnica recebeu novo alento no campo das Ciências Sociais, inicialmente pelo viés político, com sua utilização no mapeamento e na elaboração do perfil dos eleitores, influenciando diretamente na definição das diretrizes e ações de partidos e candidatos. Trilhando esse percurso, espraiou-se pelos diversos segmentos da pesquisa social, suscitando novas situações que, ainda inconclusas, precisam ser amplamente discutidas pelos profissionais da área, sob o risco de assistir-se a um transplante cuja incompatibilidade estrutural – a contradição mercado x sociedade civil, consumidor x cidadão, mercadoria x ser humano – só é percebida próxima da irreversibilidade, causando inúmeras e graves sequelas (CRUZ NETO; MOREIRA & SUCENA, 2002, p. 3).

Como procedimento de coleta de dados, os grupos focais têm sido muitas vezes utilizados em pesquisas na área de saúde (GATTI, 2005), em pesquisas exploratórias ou avaliativas ou ainda como uma técnica complementar aos dados obtidos por meio de pesquisas quantitativas, ou seja, de questionários aplicados (MERTON, 1984). Para fins mercadológicos ou de coleta de opiniões sobre um determinado assunto, diferenças econômicas e sociais, o nível de formação e a faixa etária dos entrevistados não são relevantes para a análise (GASKELL, 2002). Também não é necessário que os membros de um grupo focal se conheçam ou tenham algum tipo de vínculo. Gatti apresenta ainda as sugestões de alguns autores, entre outras, a de que os grupos devem ser formados por pessoas "que tenham diferentes opiniões em relação às questões que serão abordadas" e "que em certas condições pode não ser muito produtivo misturar gêneros no grupo, porque os homens têm a tendência a falar com mais frequência e com mais autoridade quando há mulheres no grupo [...] e isso pode irritá-las e trazer reações que podem prejudicar o trabalho em relação aos objetivos visados" (2005, p. 20).

Grupos de discussão

Mesmo guardando algumas semelhanças com os grupos focais, os *grupos de discussão* constituem um procedimento distinto, tanto no que diz respeito ao papel do pesquisador como em relação aos objetivos que se deseja alcançar. De acordo com Gondim, "o moderador de um grupo focal assume uma posição de facilitador do processo de discussão, e sua ênfase está nos processos psicossociais que emergem, ou seja, no jogo de interinfluências da formação de opiniões sobre um determinado tema" (2002, p. 151). Nos grupos de discussão, o pesquisador deve assumir uma postura que Mannheim (1982, p. 66-72) definiu como sociogenética ou funcional, ou seja, que busca intervir o mínimo possível, que evita perguntas do tipo "o que" ou "por quê", buscando fomentar discussões voltadas para o "como", ou seja, que levem à reflexão e narração de determinadas experiências e não somente à descrição de fatos. O objetivo maior do grupo de discussão é a obtenção de dados que possibilitem a análise do contexto ou do meio social dos entrevistados, assim como de suas visões de mundo ou representações coletivas.

Na Alemanha, os grupos de discussão passaram a ser utilizados na pesquisa social empírica pelos integrantes da Escola de Frankfurt a partir dos anos 50 do século passado, especificamente em um estudo realizado em 1950/1951 e coordenado por Friedrich Pollok, no qual foram realizados grupos de discussão com 1.800 pessoas de diferentes classes sociais (POLLOK, 1955; LOOS & SCHÄFFER, 2001). Porém, foi somente no final da década de 1970 que esse procedimento recebeu um tratamento ou pano de fundo teórico-metodológico – ancorado no interacionismo simbólico, na fenomenologia social e na etnometodologia –, caracterizando-se, dessa forma, como um método e não apenas como uma técnica de pesquisa de opiniões. Segundo Bohnsack (2007), para que os grupos de discussão adquiram a propriedade de método, é necessário que os processos interativos, discursivos e coletivos que estão por detrás das opiniões, das representações e dos significados elaborados pelos sujeitos sejam metodologicamente reconhecidos e analisados à luz de um modelo teórico ou, em outras palavras, quando interpretados com base em categorias metateóricas relacionadas a uma determinada tradição teórica e histórica.

Werner Mangold analisou em sua tese de doutorado as pesquisas empíricas realizadas pela Escola de Frankfurt e os procedimentos metodológicos empregados. Foi um dos primeiros pesquisadores a criticar a forma como os depoimentos coletados em entrevistas grupais eram analisados e a dar um novo sentido aos grupos de discussão, transformando o método em um instrumento de exploração das opiniões coletivas e não apenas individuais (MANGOLD, 1960; BOHNSACK, 1999). De acordo com Mangold:

> A opinião do grupo não é a soma de opiniões individuais, mas o produto de interações coletivas. A participação de cada membro dá-se de forma distinta, mas as falas individuais são produto da interação mútua [...]. Dessa forma, as opiniões de grupo cristalizam-se como *totalidade* das posições verbais e não verbais (1960, p. 49 – Tradução e grifos nossos).

As opiniões de grupo não são formuladas, mas apenas atualizadas no momento da entrevista. Em outras palavras: as opiniões trazidas pelo grupo não podem ser vistas como uma tentativa de ordenação ou como resultado de uma influência mútua no momento da entrevista. Essas posições refletem, acima de tudo, as orientações coletivas ou as visões de mundo (Weltanschauungen) do grupo social ao qual o entrevistado pertence. Essas visões de mundo resultam – segundo Mannheim (apud WELLER et al., 2002, p. 378-79) – de "uma série de vivências ou de experiências ligadas a uma mesma estrutura que, por sua vez, constitui-se como uma base comum das experiências que perpassam a vida de múltiplos indivíduos". Nesse sentido, Mangold (1960) estava interessado em conhecer não apenas as experiências e opiniões dos entrevistados, mas as vivências coletivas de um determinado grupo (por ex., refugiados), ou as posições comuns de uma determinada classe social (por ex., trabalhadores da indústria do carvão, agricultores etc.), independentemente de se conhecerem ou não entre si (BOHNSACK, 2007).

As reflexões de Mangold (1960) abriram caminho para um outro aspecto a ser pesquisado por meio dos grupos de discussão, denominado pelo autor como "opiniões de grupo" e que dizem respeito às orientações coletivas oriundas do contexto social dos indivíduos que participam em uma pesquisa. Os entrevistados passaram a ser vistos, a partir de então, como representantes do meio social em que vivem e não apenas como detentores de opiniões. Para o sociólogo Ralf Bohnsack (entre outros, 1989, 2004 e 2007) – à época, assistente de Werner Mangold –, as discussões

> realizadas com grupos reais devem ser vistas como representações de processos estruturais [...] que documentam modelos que não podem ser vistos como casuais ou emergentes. Esses modelos remetem ao contexto existencial compartilhado coletivamente por esses grupos, ou seja, às experiências biográfico-individuais e biográfico-coletivas, que [por sua vez] estão relacionadas às experiências comuns enquanto membros de um meio social e de uma mesma geração, às experiências enquanto homens ou mulheres, entre outras, e, que em um grupo de discussão, são articuladas por meio de um "modelo coletivo de orientação" (BOHNSACK & SCHÄFFER, 2001, p. 328-329 – tradução nossa).

Nesse sentido, Ralf Bohnsack acrescentou novos elementos aos grupos de discussão e desenvolveu também um método de análise conhecido como método documentário (cf., entre outros: BOHNSACK, 2007; BOHNSACK & WELLER, 2010; WELLER, 2005a). Bohnsack integra em seu método de interpretação dos grupos de discussão tanto a perspectiva "interna" – que visa reconstruir o modelo de orientação por meio do qual os integrantes do grupo interagem e verificar a emergência e a processualidade dos fenômenos interativos –, como a perspectiva "externa" – voltada para a análise da representatividade desses fenômenos interativos em uma determinada estrutura. Essa dupla perspectiva de análise rompe, de certa forma, com a tradição interacionista predominante em algumas pesquisas da década de 1970, nas quais a relação entre o grupo pesquisado e o contexto social permanecia em segundo plano (cf. BOHNSACK & SCHÄFFER, 2001).

Como método de pesquisa, os grupos de discussão começaram a ser utilizados a partir da década de 1980, sobretudo nas pesquisas sobre juventude. Estudos clássicos da sociologia da juventude bem como da psicologia do desenvolvimento definem o *peergroup* como sendo o espaço de maior influência na formação e articulação de experiências típicas da fase juvenil. É principalmente no grupo que o jovem trabalhará, entre outras, as experiências vividas no meio social, as experiências de desintegração e exclusão social, assim como as inseguranças geradas a partir dessas situações. No entanto, o método adquiriu popularidade na Alemanha e, além das pesquisas sobre culturas juvenis (entre outros: BOHNSACK et al., 1995; SCHÄFFER, 1996), jovens de origem turca ou árabe (cf., entre outros: NOHL, 2001; SCHITTENHELM, 2005; WELLER, 2011), representações de gênero entre jovens e adultos do sexo feminino e masculino (BREITENBACH, 2000; FRITZSCHE, 2003; WELLER, 2005b; LOOS, 1999; MEUSER, 2006), o método vem sendo aplicado em inúmeras pesquisas, por exemplo, com crianças e pré-adolescentes no contexto escolar (NENTWIG-GESEMANN, 2002; PFAFF, 2009), professores e professoras (NENTWIG-GESEMANN, 1999), com portadores de necessidades especiais (WAGNER-WILLI, 2002) e com adultos de distintas gerações (SCHÄFFER, 2003). No Brasil, o método tem sido utilizado sobretudo em dissertações de mestrado e teses de doutorado no campo dos estudos sobre juventude, educação e culturas juvenis (entre outros: VALVERDE, 2008; SILVA, 2009; OJALA, 2008; TAVARES, 2009), mas também em pesquisas sobre as representações de gênero de professoras e professores (GRÖSZ, 2008).

Os grupos de discussão realizados com pessoas que partilham de experiências em comum reproduzem estruturas sociais ou processos comunicativos nos quais é possível identificar um determinado modelo de comunicação. Esse modelo não é casual ou emergente, muito pelo contrário: ele documenta experiências coletivas assim como características sociais desse grupo, entre outras: as representações de gênero, de classe social, de pertencimento étnico e geracional. Nesse sentido, os grupos de discussão, como método de pesquisa, constituem uma ferramenta importante para a reconstrução dos contextos sociais e dos modelos que orientam as ações dos sujeitos. A análise dos meios sociais compreende tanto aqueles constituídos em forma de grupo (família, vizinhança, grupos associativos, grupos de *rap*) como os "espaços sociais de experiências conjuntivas" (konjunktive Erfahrungsräume), na terminologia de Karl Mannheim (1982).

Portanto, os grupos de discussão representam um instrumento através do qual o pesquisador estabelece uma via de acesso que permite a reconstrução dos diferentes meios sociais e do *habitus* coletivo do grupo. O objetivo principal é a análise dos epifenômenos (subproduto ocasional de outro) relacionados ao meio social, ao contexto geracional, às experiências de socialização no contexto escolar e extraescolar, às experiências de discriminação e de exclusão social, entre outros. A análise do discurso dos sujeitos, tanto do ponto de vista organizacional como dramatúrgico, é fundamental e auxiliará na identificação da importância coletiva de um determinado tema.

Critérios de seleção, quantidade e organização de grupos de discussão

Uma das primeiras questões no momento da elaboração de um projeto de pesquisa diz respeito aos critérios de seleção dos sujeitos a serem entrevistados, à quantidade de grupos a serem realizados e à organização dos mesmos. Como já discutido por muitos autores, a pesquisa qualitativa não deve estar orientanda por parâmetros ou princípios específicos dos métodos quantitativos, tais como a definição *a priori* da amostra segundo critérios de mensuração e de representatividade (entre outros: BOHNSACK, 2005; KRÜGER, 2010; GASKELL & BAUER, 2002; WELLER & PFAFF, 2010). A seleção dos grupos de discussão a serem realizados em uma determinada pesquisa deve orientar-se pelo critério definido por Anselm Strauss como *theoretical sampling* (amostra teórica ou amostragem teórica)[1]. Para Strauss (1994), a pergunta principal e norteadora do procedimento definido como *theoretical sampling* é a seguinte: Que grupos ou subgrupos populacionais, quais acontecimentos ou ações constituirão o próximo elemento de análise e, consequentemente, de levantamento de dados? Qual é o interesse teórico? O critério de seleção não se orienta por uma amostra representativa em termos estatísticos, mas pela construção de um *corpus* com base no conhecimento e na experiência dos entrevistados sobre o tema[2]. Portanto, os grupos não são selecionados previamente, mas ao longo da pesquisa, implicando em um processo consecutivo e cumulativo de coleta de dados. Em outras palavras: após a realização de um grupo de discussão, a escolha dos candidatos para a realização do grupo de discussão subsequente dar-se-á com base nas informações obtidas anteriormente, e assim sucessivamente. Esse procedimento é realizado com o objetivo de esclarecer, validar, controlar, modificar ou ampliar os resultados obtidos até então, o que implica uma comparação constante dos dados já no momento de coleta dos mesmos. A comparação constante, como método de investigação empírica (*constant comparative method*), foi introduzida pelos autores na década de 1960. Esse procedimento analítico ficou conhecido como teoria fundamentada ou *grounded theorie* (GLASER & STRAUSS, 1967; MELLA, 1998). De acordo com Glaser e Strauss (1967), o método comparativo possibilita, por um lado, a generalização dos resultados obtidos por meio da pesquisa e, por outro, a elaboração de teorias fundamentadas em dados empíricos. Segundo Mella, a teoria fundamentada procura

> eliminar la distancia entre las grandes tradiciones teoréticas en Ciencias Sociales y la investigación empírica. Se trata por tanto de enfatizar la calidad de generación de teoría más que la verificación de teoría, puesto que se plantea que los esfuerzos han sido puestos en demasía en lo primero en vez de lo segundo. La fuente para la generación de teoría es el dato empírico y el método es el análisis comparativo (1998, p. 69).

No entanto, isso não significa que o pesquisador deva ir a campo sem preparo algum e informação sobre os sujeitos a serem entrevistados. Por exemplo, em pesquisas com jovens, a formação de grupos de discussão voltados para a análise do meio social, dos motivos que orientam as ações do grupo (por exemplo, a participação no movimento *hip hop* ou em projetos sociais) ou de suas perspectivas em relação ao futuro profissional, deve levar em consideração as experiências que os mesmos têm em comum, assim como os locais frequentados por eles. Nesse sentido, recomenda-se que a formação dos grupos e a escolha dos integrantes que farão parte da discussão seja delegada aos próprios jovens, adotando-se, por exemplo, o critério da

---

[1] Em algumas publicações, o termo foi traduzido como "amostragem teórica" (cf. STRAUSS & CORBIN, 2008).

[2] A tradição quantitativa prioriza critérios como o tamanho da amostra e sua representatividade. Segundo Gaskell e Bauer (2002), os equivalentes funcionais na pesquisa qualitativa seriam a construção do *corpus*, a descrição detalhada, a triangulação de métodos, entre outros.

amizade, o envolvimento do grupo em uma ação coletiva ou a participação dos mesmos em um grupo ou projeto específico.

Na construção do *corpus* da pesquisa – segundo Bauer e Aarts (2002) –, é preciso levar em consideração que o espaço social está configurado com base em duas dimensões. A primeira é definida pelos autores como "dimensão horizontal", e abrange estratos, funções e categorias comuns tais como sexo, idade, nível educacional, atividade ocupacional, local de residência, renda, religião (p. 56-57), que são externas ao fenômeno que se pretende pesquisar e que podem ser facilmente tipificadas. A dimensão vertical implica um acesso às formas como as pessoas se relacionam com os objetos no cotidiano e nos meios sociais em que vivem, ou seja, como suas "opiniões, atitudes, sentimentos, explicações, estereótipos, crenças, identidades, ideologias, discurso, cosmovisões, hábitos e práticas" (p. 57) são construídas. Por meio dos grupos de discussão, é possível ter um acesso a essa dimensão vertical. A fim de ampliarmos nosso olhar sobre os grupos contemplando a dimensão vertical, Bohnsack (1989) sugere – a partir dos pressupostos da *grounded theorie* –, a construção de um *corpus* orientado por dois princípios que ele define como contraste mínimo e contraste máximo. Um contraste mínimo pode ser encontrado, por exemplo, entre dois grupos de *rap* de um mesmo bairro, de idades e tempo de atuação semelhantes; já o contrate máximo pode ser buscado a partir da seleção de grupos de *rap* de um outro contexto (cf. WELLER, 2011) ou a partir da comparação dos grupos de *rap* com uma outra expressão cultural juvenil, tal como o *funk* (cf. DAYRELL, 2005).

Tópico-guia e condução dos grupos de discussão

O tópico-guia de um grupo de discussão não é um roteiro a ser seguido à risca e tampouco é apresentado aos participantes para que os mesmos não fiquem com a impressão de que se trata de um questionário com questões a serem respondidas com base em um esquema de perguntas-respostas estruturado previamente[3]. Porém, isso não quer dizer que não existam critérios para a condução dos grupos de discussão. É fundamental, por exemplo, que a pergunta inicial seja a mesma para todos os grupos, uma vez que se pretende analisá-los comparativamente. Bohnsack (2007) elaborou ainda alguns princípios para a condução de entrevistas, que buscamos incorporar em nossa pesquisa. De acordo com o autor, durante a entrevista, o pesquisador deverá

- Estabelecer um contato recíproco com os entrevistados e proporcionar uma base de confiança mútua.
- Dirigir a pergunta ao grupo como um todo e não a um integrante específico.
- Iniciar a discussão com uma pergunta vaga, que estimule a participação e interação entre os integrantes. Exemplo: *Vocês poderiam falar um pouco sobre o seu grupo? Como foi que ele surgiu?*
- Permitir que a organização ou ordenação das falas fique à encargo do grupo.

---

[3] Para alguns exemplos de modelos utilizados na condução de grupos de discussão, cf. Weller, 2006; Valverde, 2008; Silva, 2009.

- Formular perguntas que gerem narrativas e não a mera descrição de fatos. Deve-se evitar, portanto, as perguntas *por que* e priorizar aquelas que perguntam pelo *como*. Exemplo: *Como vocês veem o problema da violência no bairro?*
- Fazer com que a discussão seja dirigida pelo grupo e que seus integrantes escolham a forma e os temas do debate;
- Intervir somente quando solicitado ou se perceber que é necessário lançar outra pergunta para manter a interação do grupo.

Num segundo momento, quando o grupo já sinaliza haver esgotado a discussão sobre determinado tema, o entrevistador dará início a uma segunda sessão de *perguntas imanentes*, com o objetivo de aprofundar ou esclarecer dúvidas sobre aspectos discutidos até aquele momento. Por exemplo: *Vocês estavam falando antes das suas famílias. Vocês poderiam contar um pouquinho mais sobre como é a relação de vocês com os seus pais?* Terminada essa fase, o entrevistador poderá dirigir perguntas ao grupo sobre temas que até então não foram discutidos e que se apresentam como relevantes para a pesquisa. Quando julgar pertinente, poderá realizar na sessão final *perguntas divergentes* ou *provocativas*. Trata-se de um procedimento recomendado somente para aqueles que já acumularam alguma experiência na condução de entrevistas, já que esse tipo de perguntas poderá gerar situações controversas e até um certo mal-estar entre os participantes e o entrevistador. Aspectos que suscitaram dúvidas no momento da discussão também podem ser esclarecidos ou ratificados mediante outros procedimentos, tais como a observação participante.

Grupos de discussão: vantagens para além da "economia de tempo"

Da forma como o método foi apresentado, o leitor perceberá que os grupos de discussão não representam propriamente uma "economia de tempo", já que essas entrevistas acabam estendendo-se por uma, duas ou até três horas de debate. Alguns autores criticam a imensidão de dados coletados e a dificuldade de transcrição dos mesmos (FLICK, 2004). Porém, se pensarmos nos avanços tecnológicos adquiridos com os gravadores digitais, esse aspecto já deixou de ser um problema central. Antes de discutir algumas possibilidades de análise dos grupos de discussão, farei uma breve apresentação das vantagens obtidas por meio desse método, sobretudo nas pesquisas com adolescentes e jovens:

1) Estando entre colegas da mesma faixa etária e meio social, os jovens estão mais à vontade para utilizar seu próprio vocabulário durante a entrevista, desenvolvendo, dessa forma, um diálogo que reflete melhor a realidade cotidiana.
2) A discussão entre integrantes que pertencem ao mesmo meio social permite perceber detalhes desse convívio não captados na entrevista narrativa ou por meio de outra técnica de entrevista.
3) Embora a presença do pesquisador e do gravador gere uma situação distinta à de uma conversa cotidiana, os jovens acabam, ao longo da entrevista, travando diálogos interativos bastante próximos daqueles desenvolvidos em um outro momento. O entrevistador passa a ser uma espécie de ouvinte e não necessariamente um intruso no grupo.

4) A discussão em grupo exige um grau de abstração maior do que a entrevista individual, uma vez que durante a entrevista os jovens são convidados a refletir e a expressar suas opiniões sobre um determinado tema. O grupo de discussão pode levar também a conclusões sobre as quais os jovens ainda não haviam pensado ou, pelo menos, ainda não haviam refletido nesse grau de abstração. Vejamos um exemplo: durante uma discussão realizada com jovens mulheres de origem turca em Berlim, na qual as entrevistadas narravam problemas enfrentados com os colegas do sexo oposto na transição entre a adolescência e a vida adulta, o longo debate terminou com a seguinte reflexão: "[...] agora fica bem claro para mim o que se passa aqui. Isso já era claro antes, mas agora que estou pensando sobre isso, e, eh, que eu vejo um pouco as imagens, é mesmo um absurdo [...]" (WELLER, 2005b).

5) O grupo pode corrigir fatos distorcidos, posições radicais ou visões que não refletem a realidade socialmente compartilhada. Estando entre os membros do próprio grupo, os jovens dificilmente conseguirão manter um diálogo com base em histórias inventadas. Nesse sentido, é possível atribuir um grau maior de confiabilidade aos fatos narrados coletivamente. Vejamos outro exemplo: durante uma discussão de grupo, um jovem berlinense de origem turca começa a narrar sua dificuldade em encontrar emprego, alegando que já havia enviado seu currículo para mais de vinte empresas. Nesse momento, seus colegas começam a rir e ele também. Após um curto espaço de tempo, o jovem volta a fazer a mesma colocação, mas faz um sinal com a mão de que, na realidade, havia enviado seu currículo para *duas* empresas.

Considerações finais

Trabalhar com sujeitos de contextos interculturais e sociais distintos àquele do pesquisador exige cuidado e rigor no procedimento e na escolha dos métodos a serem utilizados para a coleta de dados, assim como uma preparação para o trabalho de campo. Mesmo assim, o pesquisador será confrontado com códigos de comunicação e estilos de vida que lhe são alheios. A decodificação desses sistemas e informações exige uma espécie de imersão do pesquisador no meio pesquisado e um controle metodológico permanente do processo de interpretação, de forma a evitar *vieses* ou afirmações distorcidas sobre a realidade social de seus entrevistados. A utilização de grupos de discussão como o método em que os participantes conduzem a discussão e o entrevistador busca intervir o mínimo possível, o princípio da busca por contrastes máximos e contrastes mínimos, bem como da análise comparativa constante no momento da construção do *corpus* da pesquisa, são possibilidades que permitem uma inserção do pesquisador no universo dos sujeitos e que, de certa forma, reduzem os riscos de interpretações equivocadas. O mesmo rigor deve ser mantido na escolha dos enfoques teórico-metodológicos que orientarão o trabalho de análise dos dados. Atualmente, os manuais de pesquisa oferecem uma variedade de técnicas de coleta e análise de dados nos quais a relação entre teoria e empiria nem sempre parece estar articulada. Um determinado tipo de entrevista também está associado a um ou a outro método e corrente teóricos. Portanto, durante a escolha dos procedimentos de coleta de dados, é importante que o pesquisador reflita também sobre o método que pretende utilizar na análise do material empírico.

BIBLIOGRAFIA

BAUER, M.W. & AARTS, B. (2002). Para uma prestação de contas pública: além da amostra, da fidedignidade e da validade. In: GASKEL, G. & BAUER, M.W. (org.). *Pesquisa qualitativa com texto, imagem e som* – Um manual prático. Petrópolis: Vozes, p. 39-63.

BOHNSACK, R. (2007). *Rekonstruktive Sozialforschung* – Einführung in Methodologie und Praxis qualitativer Forschung. 6. ed. Opladen: Barbara Budrich.

_____. (2005). "Standards nicht-standardisierter Forschung in den Erziehungs- und Sozialwissenschaften". *Zeitschrift für Erziehungswissenschaft* (ZfE), ano 7, n. 4, p. 65-83.

_____. (2004). Group Discussions and Focus Groups. In: FLICK, U.; KARDOFF, E. von & STEINKE, I. (orgs.). *A Companion to Qualitative Research*. Londres: Sage, p. 214-221.

_____. (1997). "Orientierungsmuster": Ein Grundbegriff qualitativer Sozialforschung. In: SCHMIDT, F. (org.). *Methodische Probleme der empirischen Erziehungswissenschaft*. Baltmannsweiler: Schneider, p. 49-61.

_____. (1989). *Generation, Milieu und Geschlecht*: Ergebnisse aus Gruppendiskussionen mit Jugendlichen. Opladen: Leske/Budrich.

BOHNSACK, R. & SCHÄFFER, B. (2001). Gruppendiskussionsverfahren. In: HUG, T. (org.). *Wie kommt Wissenschaft zu Wissen?* Vol. 2: Einführung in die Forschungsmethodik und Forschungspraxis. Baltmannsweiler: Schneider, p. 326-345.

BOHNSACK; R. & WELLER, W. (2010). O método documentário na análise de grupos de discussão. In: WELLER, W. & PFAFF, N. (orgs.). *Metodologias da pesquisa qualitativa em Educação*: teoria e prática. Petrópolis: Vozes.

BOHNSACK, R. et al. (1995). *Die Suche nach Gemeinsamkeit und die Gewalt der Gruppe* – Hooligans, Musikgruppen und andere Jugendcliquen. Opladen: Leske/Budrich.

BOURDIEU, P. (1999). *Sozialer sinn:* kritik der theoretischen vernunft. Frankfurt am Main: Suhrkamp.

BREITENBACH, E. (2000). *Mädchenfreundschaften in der Adoleszenz* – Eine fallrekonstruktive Untersuchung von Gleichaltrigengruppen. Opladen: Leske/Budrich.

BROWN, M.E. (1994). *Soap Opera and Women's Talk*: the Pleasure of Resistance. Londres: Sage.

CALLEJO GALLEGO, J. (2002). "Observación, entrevista y grupo de discusión: el silencio de tres prácticas de investigación". *Revista Española de Salud Publica*, vol. 76, n. 5, set.-out., p. 409-422.

CARLINI-COTRIM, B. (1996). "Potencialidades da técnica qualitativa grupo focal em investigações sobre abuso de substâncias". *Rev. Saúde Pública* [online], vol. 30, n. 3, p. 285-293 [Acesso em 14/08/09].

CRUZ NETO, O.; MOREIRA, M.R. & SUCENA, L.F.M. (2002). "Grupos focais e pesquisa social qualitativa – O debate orientado como técnica de investigação". *XIII Encontro da Associação Brasileira de Estudos Populacionais* (Abep). Ouro Preto, 04-08/11 [Compact Disk].

CUNHA, A.L. (2008). *Pedagogias da não formalidade* – Lugares e tempos de ensinar e aprender no cotidiano de mulheres negras trabalhadoras. [s.l.]: Unisinos [Exame de qualificação].

DAYRELL, Juarez (2005). *A música entra em cena* – O rap e o funk na socialização da juventude. Belo Horizonte: UFMG.

FLICK, U. (2004). *Uma introdução à pesquisa qualitativa*. Porto Alegre: Bookman.

_____ (2002). Entrevista episódica. In: GASKEL, G. & BAUER, M.W. (org.). *Pesquisa qualitativa com texto, imagem e som* – Um manual prático. Petrópolis: Vozes, p. 114-136.

FRITZSCHE, B. (2003). *Pop-Fans* – Studie einer Mädchenkultur. Opladen: Leske/Budrich.

GASKELL, G. (2002). Entrevistas individuais e grupais. In: GASKEL, G. & BAUER, M.W. (org.). *Pesquisa qualitativa com texto, imagem e som* – Um manual prático. Petrópolis: Vozes, p. 64-89.

GLASER, B. & STRAUSS, A. (1967). *The Discovery of Grounded Theory*: Strategies for Qualitative Research. Chicago: [s.e.], 1967.

GOFFMAN, E. (1996). *Rahmen-analyse* – Ein Versuch über die Organisation von Alltagserfahrungen. Frankfurt am Main: Suhrkamp.

GONDIM, S.M.G. (2002). "Grupos focais como técnica de investigação qualitativa: desafios metodológicos". *Paideia*, vol. 12, n. 24, p. 149-161. Ribeirão Preto.

GRÖSZ, D.M. (2008). *Representações de gênero no cotidiano de professoras e professores*. Brasília: UnB [Dissertação de mestrado em Educação].

IBÁNEZ, J. (1992). *Mas allá de la sociología* – El grupo de discusión: técnica y crítica. 3. ed. Madri: Siglo XXI.

JOSEPH, I. (2000). *Erving Goffman e a microssociologia*. Rio de Janeiro: FGV.

JOVCHELOVITCH, S. & BAUER, M.W. (2002). Entrevista narrativa. In: GASKEL, G. & BAUER, M.W. (org.). *Pesquisa qualitativa com texto, imagem e som* – Um manual prático. Petrópolis: Vozes, p. 90-113.

KRÜGER, H.-H. (2010). A relevância dos métodos de pesquisa qualitativa em Educação na Alemanha. In: WELLER, W. & PFAFF, N. (orgs.). *Metodologias da pesquisa qualitativa em Educação* – Teoria e prática. Petrópolis: Vozes.

LOOS, P. (1999). *Zwischen pragmatischer und moralischer Ordnung* – Der männliche Blick auf das Geschlechterverhältnis im Milieuvergleich. Opladen: Leske/Budrich.

LOOS, P. & SCHÄFFER, B. (2001). *Das Gruppendiskussionsverfahren:* theoretische grundlagen und empirische anwendung. Opladen: Leske/Budrich.

MANGOLD, W. (1960). *Gegenstand und Methode des Gruppendiskussionsverfahrens*. Frankfurt am Main: [s.e.].

MANNHEIM, K. (1982). *Structures of Thinking*. Frankfurt am Main: Suhrkamp.

MELLA, O. (1998). *Naturaleza y orientaciones teórico-metodológicas de la investigación cualitativa* [Disponível em <http://www.reduc.cl/reduc/mella.pdf> – Acesso em 29/04/2003].

MERTON, R. & KENDALL, P. (1984). Das fokussierte Interview. In: HOPF, C. & WEINGARTEN, E. (org.). *Qualitative Sozialforschung*. 2. ed. Stuttgart: Klett-Cotta, p. 171-204.

MEUSER, M. (2006). *Geschlecht und Männlichkeit* – Soziologische Theorie und kulturelle Deutungsmuster. 2. ed. Opladen: V.S. Verlag.

NENTWIG-GESEMANN, I. (2002). "Gruppendiskussionen mit kindern: die dokumentarische Interpretations von spielpraxis und diskursorganisation". *Zeitschrift für Bildungs- Beratungs- und Sozialforschung*, n. 1, p. 41-63.

_____ (1999). *Krippenerziehung in der DDR* – Alltagspraxis und Orientierungen von Erzieherinnen im Wandel. Opladen: Leske/Budrich.

NOHL, A. (2001). *Migration und Differenzerfahrung*: junge einheimische und migranten im rekonstruktiven milieuvergleich. Opladen: Leske/Budrich.

OJALA, R. (2008). *Projetos de futuro de jovens universitários no Distrito Federal* – Um estudo de caso. Brasília: UnB [Tese de doutorado em Sociologia].

PFAFF, N. (2009). Social distinction in childrens peer-groups. First results from Brazil and Germany. In: BOHNSACK; R.; PFAFF, N. & WELLER, W. (org.). *Qualitative Analysis and Documentary Method in International Educational Research*. Opladen: Farmington Hills/Barbara Budrich, p. 167-193.

POLLOK, F. (1955). *Gruppenexperiment*: ein studienbericht. Frankfurt: Europäische Verlagsanstalt.

PRZYBORSKI, A. (2004). *Gesprächsanalyse und dokumentarische Methode:* qualitative auswertung von gesprächen, gruppendiskussionen und anderen diskursen. Opladen: Verlag für Sozialwissenschaften.

SCHÄFFER, B. (2003). *Generationen, Medien, Bilgung*: Medienpraxiskulturen im Generationenvergleich. Opladen: Leske/Budrich.

_____ (1996). *Die Band* – Stil und ästhetische Praxis im Jugendalter. Opladen: Leske/Budrich.

SCHITTENHELM, K. (2005). *Soziale Lagen im Übergang*: eingewanderte und einheimische junge Frauen zwischen Schule und berufliche Ausbildung. Opladen: V.S. Verlag.

SILVA, C.M. (2009). *Escola, saberes e cotidiano no campo* – Um estudo sobre os/as jovens do Sertão da Bahia. Brasília: UnB [Dissertação de mestrado].

STRAUSS, A. (1994). *Grundlagen qualitativer sozialforschung*: Datenanalyse und Theoriebildung in der empirischen soziologischen Forschung. Munique: Fink.

TAVARES, B.L. (2009). *Na quebrada a parceria é mais forte* – Juventude hip hop: relacionamento e estratégias contra a discriminação na periferia do Distrito Federal. Brasília: UnB [Tese de doutorado em Sociologia].

VALVERDE, D. (2008). *Para além do Ensino Médio* – A política de cotas da Universidade de Brasília e o lugar do(a) jovem negro(a) na Educação. Brasília: UnB [Dissertação de mestrado em Educação].

WAGNER-WILLI, M. (2005). *Kinder-Rituale zwischen Vorder- und Hinterbühne* – Der Übergang von der Pause zum Unterricht. Wiesbaden: [s.e.]

_____ (2002). *Verlaufskurve "Behinderung"*: gruppendiskussionen mit beschäftigten einer "Werkstatt für Behinderte". Berlim: Logos.

WELLER, W. (2011). *Minha voz é tudo o que eu tenho* – Manifestações juvenis em Berlim e São Paulo. Belo Horizonte: UFMG.

_____ (2006). "Grupos de discussão na pesquisa com adolescentes e jovens: aportes teórico-metodológicos e análise de uma experiência com o método". *Educação e Pesquisa* – Revista de Educação da USP, vol. 32, n. 2, mai.-ago., p. 241-260. São Paulo.

_____ (2005a). "A contribuição de Karl Mannheim para a pesquisa qualitativa: aspectos teóricos e metodológicos". *Sociologias*, vol. 7, n. 13, jan.-abr., p. 260-300.

_____ (2005b). "A presença feminina nas (sub)culturas juvenis: a arte de se tornar visível". *Revistas Estudos Feministas*, vol. 13, n. 1, jan.-abr., p. 107-126.

WELLER, W. & PFAFF, N. (orgs.) (2010). *Pesquisa qualitativa em Educação*: origens e desenvolvimentos. In: WELLER, W. & PFAFF, N. (orgs.). *Metodologias da pesquisa qualitativa em Educação*: teoria e prática. Petrópolis: Vozes.

WELLER, W. et al. (2002). "Karl Mannheim e o Método Documentário de Interpretação: uma forma de análise das visões de mundo". *Sociedade e Estado*, vol. XVII, n. 02, jul.-dez., p. 375-396. Brasília.

WILLIS, P. (1990). *Common Culture*: Symbolic Work at Play in the Everyday Cultures of the Young. Milton Keynes: Open University Press.

Capítulo 2

O método documentário na análise de grupos de discussão

Ralf Bohnsack
Wivian Weller

Tradições teóricas e metodológicas da pesquisa qualitativa

Na Alemanha, o desenvolvimento dos métodos qualitativos e reconstrutivos nas últimas duas décadas do século passado e início deste século foi influenciado principalmente pela Sociologia. Dentre as diversas teorias sociológicas e também antropológicas, podemos destacar cinco correntes que influenciaram sobremaneira o desenvolvimento de métodos de análise de dados e tradições de pesquisa qualitativa. Em primeiro lugar encontra-se a Escola de Chicago, que dominou a Sociologia norte-americana até o início da Segunda Guerra Mundial. Dentre os principais expoentes, destacam-se George Herbert Mead e William Isaac Thomas, e, após a Segunda Guerra, Herbert Blumer, Erving Goffman e Anselm Strauss (cf. VIDICH & LYMAN, 2006; COULON, 1995). Uma das vertentes teóricas da Escola de Chicago ficou conhecida pelo termo Interacionismo Simbólico, sobretudo pelo programa de pesquisa desenvolvido por Blumer, um dos orientandos de George Mead (cf. BLUMER, 1969; JOAS, 1999). Outra vertente, cujas raízes também remontam à Escola de Chicago, ficou conhecida como *grounded theory* (teoria fundamentada) e está associada, especialmente, aos trabalhos de Anselm Strauss (1994); mas também contou com importantes contribuições de Barney Glaser e Juliet Corbin (cf. GLASER & STRAUSS, 1967; STRAUSS & CORBIN, 2008), assim como de uma segunda geração de pesquisadores responsáveis pela continuidade e desenvolvimento de novos desdobramentos da teoria fundamentada (cf. MORSE et al., 2009).

Uma segunda tradição da pesquisa qualitativa foi desenvolvida no campo da Antropologia Cultural, também esteve inicialmente vinculada à Escola de Chicago e remete, entre outros, a Bronislaw Malinowski, criador da pesquisa de campo. Esta tradição foi desenvolvida de forma mais acurada por Clifford Geertz. Outra tradição que levou ao desenvolvimento de métodos qualitativos ou reconstrutivos esteve fortemente influenciada pela Fenomenologia Social de Alfred Schütz (1962). Pertence ainda a esta tradição, pelo menos em parte, a Etnometodologia, que desde os anos de 1960 influenciou fortemente o desenvolvimento dos métodos qualitativos e que tem como principais expoentes Harold Garfinkel e Aaron Cicourel. Mas a Etnometodologia também foi influenciada pela Escola de Chicago e, mais ainda, pela Sociologia do Conhecimento de Karl Mannheim (cf. GARFINKEL, 1967, p. 76-96) A Etnometodologia não deve ser confundida com a Etnografia, a qual está vinculada à Antropologia Cultural. Dentre os procedimentos de análise de dados qualitativos estritamente ligados à Etnometodologia, encontra-se a análise da conversação desenvolvida nos anos de 1960 por Harvey Sacks e por seus colaboradores, Emmanuel Schegloff e Gail Jefferson (cf. SACKS, 1995; ALENCAR, 2007).

Ao lado da Fenomenologia Social, do Interacionismo Simbólico e da Antropologia Cultural, a Sociologia do Conhecimento de Karl Mannheim pode ser considerada uma quarta corrente teórica que influenciou o desenvolvimento de métodos qualitativos ou reconstrutivos. Com base nos escritos de Mannheim, a pesquisa social empírica ganhou novos contornos, sobretudo no que diz respeito aos métodos de interpretação de dados, como veremos ao longo deste artigo.

A Escola de Frankfurt, sob a influência de Theodor Adorno e Max Horkheimer, constitui uma quinta corrente teórica responsável pelo desenvolvimento de métodos reconstrutivos. No entanto, a prática de pesquisa e os métodos de análise de dados empíricos foram desenvolvidos somente nos anos de 1970, principalmente por Ulrich Oevermann, sob a denominação de Hermenêutica Objetiva (cf., entre outros, OEVERMANN, 1979; 1989; WELLER, 2010).

Método documentário: origem e adaptação para a pesquisa qualitativa

Em seu artigo "Contribuições para a teoria da interpretação das visões de mundo" (Beiträge zur Theorie der Weltanschaungsinterpretation), publicado originalmente em 1921/1922, Mannheim apresenta um método ou um caminho para a indicialidade[1] dos espaços sociais e compreensão das visões de mundo de um determinado grupo. *Weltanschauung* (visão de mundo) – segundo Mannheim – é o resultado de "uma série de vivências ou de experiências ligadas a uma mesma estrutura que, por sua vez, constitui-se como base comum das experiências que perpassam a vida de múltiplos indivíduos" (1980, p. 101). No entanto, não podemos confundir visões de mundo com imagens de mundo ou com algo que tenha sido pensado ou produzido teoricamente: as visões de mundo são construídas a partir das ações práticas e pertencem ao campo que Mannheim definiu como sendo o do conhecimento *a*teórico (MANNHEIM,1964, p. 97ss.). Nesse sentido, a compreensão das visões de mundo e das orientações coletivas de um grupo só é possível por meio da explicação e da conceituação teórica desse conhecimento *a*teórico. O grupo envolvido geralmente não está em condições de realizar essa tarefa, ou seja, a explicação teórica do conhecimento *a*teórico é praticamente impossível para o indivíduo ou grupo vinculado ao contexto em que se construiu esse saber. O papel do(a) pesquisador(a) passa a ser, então, o de encontrar uma forma de acesso ao conhecimento implícito do grupo pesquisado, explicitá-lo e defini-lo teoricamente.

---

[1] Termo adaptado da linguística pela Etnometodologia. Cf. COULON, 1995.

Do ponto de vista metodológico, a diferenciação tecida por Mannheim entre interpretação imanente e interpretação genética e sua reivindicação por uma mudança radical na forma de análise foram fundamentais (MANNHEIM, 1980, p. 85-88). Em outras palavras, pode-se dizer que, nessa diferenciação, ao invés da pergunta *o que (was)* é uma realidade social, deveremos perguntar *como* ou *de que forma (wie)* essa realidade social está constituída (cf. BOHNSACK, 2001b, p. 326; MANNHEIM, 1964, p. 134). Mannheim define a transcendência da pergunta *o que* para a pergunta *como* ou *de que forma* como postura sociogenética ou funcional (MANNHEIM, 1980, p. 71-79). A compreensão funcional ou interpretação genética é distinta da interpretação imanente da realidade social, ou seja, da compreensão intuitiva que desenvolvemos no cotidiano. Segundo Mannheim, no processo de interpretação existem ainda três "níveis de sentido" (*Sinnschichten*) a serem diferenciados:

- um *nível objetivo* ou *imanente*, dado naturalmente (por exemplo, num gesto, num símbolo ou ainda na forma de uma obra de arte);
- um *nível expressivo*, que é transmitido por meio das palavras ou das ações (por exemplo, como expressão de ou como reação a algo);
- e um *nível documentário*, ou seja, como documento de uma ação prática (Mannheim, 1964, p. 103-129).

Ao buscar esclarecer as diferenças entre os três níveis de sentido de um produto cultural, Mannheim comenta que[2]

> inicialmente é necessário apontar as diferenças e o lugar em que se encontram. Se olharmos para um "objeto natural", veremos, à primeira vista, aquilo que o caracteriza [...] Um produto cultural, por outro lado, não pode ser compreendido em seu próprio e verdadeiro sentido se nos atermos simplesmente sobre aquele "nível de sentido" que ele transmite quando o olhamos inteiramente em seu sentido objetivo. É necessário considerar seu sentido expressivo e documentário se quisermos esgotar inteiramente seu significado (p. 44 e 104).

Dessa forma, todo produto cultural apresenta em sua totalidade os três níveis ou estratos distintos de significação, passíveis de serem revelados pelas análises científicas. Diferentemente do objeto natural, no qual é possível perceber ou intuir uma caracterização bastante próxima de sua constituição real num primeiro olhar, o produto cultural necessita de uma análise que considere os três níveis de interpretação. Não é possível compreender uma obra de arte se percebermos apenas o nível objetivo ou imanente; temos que compreender também os sentidos expressivo e documentário se quisermos esgotar as possibilidades de análise e transcender sua significação imediata. Alcançar os outros níveis de sentido é tarefa fundamental para compreender as manifestações de qualquer produto cultural em sua totalidade (cf. p. 44 e 105).

---

[2] A tradução das citações para o português foi realizada com base no texto original, e sua tradução para o inglês, tratando-se de uma livre tradução, na qual adotamos o seguinte critério: o número da página da tradução para o inglês seguido do número da página da versão alemã. Cf. WELLER et al., 2002.

Os diferentes níveis de sentido estão presentes não somente nos produtos culturais tradicionalmente prestigiados, como a arte ou a religião, mas também nas ações cotidianas comumente despercebidas. Mannheim nos apresenta um exemplo trivial, tomado do cotidiano:

> Estou caminhando com um amigo por uma rua em cuja esquina se encontra um mendigo. Meu amigo dá uma esmola. Não interpreto seu ato de forma alguma como um fenômeno físico ou fisiológico, mas como portador de um sentido, que nesse caso significa "ajuda". Nesse processo de compreensão é atribuído ao ato um sentido, que na esfera sociológica é fixado ou definido teoricamente como "ajuda social". Se analisado no contexto social, o senhor que estava à nossa frente passa a ser um "mendigo", meu amigo um "ajudante" e o objeto de metal em suas mãos vira uma "esmola". O objeto cultural, nesse caso, é o sentido identificado ou definido sociologicamente como "ajuda"; meu amigo não é visto como um indivíduo fisiológico com características próprias, mas apenas como um "ajudante", como parte de uma situação apreendida, que em si só seria a mesma se em seu lugar estivesse uma outra pessoa (p. 45 e 105s.).

Segundo o autor, a compreensão do sentido "ajuda" – que neste caso seria o *sentido objetivo* – não pressupõe o conhecimento do mundo interior (*Innenwelt*) do amigo nem da vida do mendigo, mas apenas o conhecimento do contexto social objetivo, por meio do qual e no qual existem "mendigos" e "senhores de bem". Um sentido objetivo dessa natureza existe em qualquer produto cultural e sua compreensão não exige o conhecimento dos atos intencionais do ator individual e do produto da manifestação (p. 45s. e 106).

Outrossim, é possível e provável que o amigo não tenha sido movido apenas pela intenção de ajudar, mas também de demonstrar ao observador ou ao mendigo um gesto de "compaixão". Nesse caso, o portador do sentido objetivo também passa a ser portador de um sentido totalmente novo, que nem sempre pode receber um nome fixo, mas que poderia ser definido como "misericórdia", "bondade" ou "pena". O gesto de "dar uma esmola" recebe aqui um outro sentido além daquele objetivo denominado como "ajuda". Essa segunda motivação – *sentido expressivo* – diferencia-se da primeira por não poder ser interpretada independentemente do sujeito e de seu contexto, ou seja, a verdadeira razão do ato de "dar esmola" só será compreendida se tivermos acesso ao mundo interior do sujeito que a ofereceu e ao meio social ao qual pertence (cf. p. 46 e 107s).

Poderíamos pensar que as possibilidades de interpretação tenham se esgotado, mas o exemplo anterior revela ainda uma outra dimensão: é possível que a análise da situação observada tome uma direção totalmente diferente, levando, por exemplo, à conclusão de que a esmola oferecida tenha sido um ato de "hipocrisia". Neste nível de interpretação, o sentido objetivo, assim como as intenções imbuídas na ação, não são relevantes para a análise: o que interessa nesse terceiro nível de interpretação é a descoberta do *sentido documentário* da ação, ou seja, a análise do que esse ato, mesmo sem querer, documenta ou revela sobre a pessoa que ofereceu a esmola. A partir do momento em que a ação passa a ser um documento para a interpretação teórica, ou seja, a partir do momento em que o ato de dar esmolas foi interpretado teoricamente como "hipocrisia", o sentido da ação continua sendo objeto de interpretação, mas de forma distinta daquelas realizadas até o momento. A mesma técnica de interpretação pode ser aplicada na análise de outras manifestações de sua personalidade, tais como: suas expressões faciais, seus gestos, seu modo de andar, seu ritmo de discurso. Assim sendo, a interpretação não deve permanecer no nível da análise das intenções de quem ofereceu a esmola (sentido expressivo), ou ainda no nível da análise do caráter proposital da esmola (sentido objetivo). É preciso salientar que esse método de análise dos produtos culturais ou de situações da vida e ações cotidianas é constantemente utilizado, lembrando que o último nível de interpretação (o documentário) oferece uma forma de compreensão imprescindível e que não pode ser confundido com os dois primeiros níveis. No entanto, o sentido expressivo e o sentido objetivo não são excludentes, mas, metodologicamente, são etapas necessárias para a reconstrução do sentido documentário, sendo que este último nível de interpretação só poderá ser apreendido a partir da *Jetzt-Perspektive*, ou seja, do contexto histórico e social atual no qual o pesquisador está inserido (cf. p. 61 e 126).

De acordo com Mannheim, a postura genética é fundamental para a compreensão e explicação do sentido documentário das visões de mundo ou das orientações coletivas dos membros de um grupo, bem como do *modus operandi* de suas ações. O acesso ao sentido documentário de uma frase ou de uma expressão cultural só é possível a partir do processo de interpretação e, por isso, podemos afirmar que ele só acontece de forma receptiva (1964, p. 118). Esse caminho implica tanto a exploração de uma via de acesso ao "psíquico do outro" (*Fremdpsyche*) como a inserção no contexto social, que por sua vez possibilitará a compreensão desse *espaço social de experiências conjuntivas* (*konjunktiver Erfahrungsraum*) e de suas respectivas representações coletivas (1980, p. 271). Em outras palavras, o autor afirma que o sentido documentário de uma frase ou de uma expressão cultural está inserido num contexto específico e que, para entendermos seu significado, é preciso encontrar uma forma de inserção nesse contexto específico (por exemplo, por meio do trabalho de interpretação), não apenas para conhecê-lo, mas para compreender o significado de determinadas expressões e representações sociais. Nesse processo, Mannheim destaca ainda a análise da linguagem e da mudança dos significados das palavras como aspectos fundamentais para a compreensão das mudanças estruturais e transformações do meio social (cf. GARCÍA, 1993, p. 66). Ao trazer como proposta metodológica a interpretação documentária da linguagem e do sentido das ações e/ou das práticas cotidianas, Mannheim propõe uma abordagem que vai além da teoria do indivíduo sobre sua ação e suas intenções, afirmando que é fundamental transcender o nível de análise intuitiva ou dedutiva do objeto em questão.

A adaptação do método documentário para a análise de dados qualitativos

Conhecido como autor que cunhou o termo *Etnometodologia*, Garfinkel (1967) também foi o primeiro a reconhecer a importância do método documentário de Karl Mannheim como uma forma de análise das visões de mundo e como elemento-chave para a compreensão das ações e da organização social. O movimento etnometodológico resgatou um autor que, de certa forma, havia caído no esquecimento e instigou um novo olhar sobre os escritos de Mannheim da década de 1920. Contudo, a Etnometodologia fez um uso restrito do método documentário de interpretação, utilizando-o como forma de decodificar os "métodos" ou regras que estruturam a vida em uma determinada localidade (cf. MEUSER, 2001). Tal procedimento, restrito à análise das normas sociais que orientam as ações dos atores, dificulta uma ampla apreensão do sentido documentário de uma determinada ação ou comportamento. Segundo Meuser, a Etnometodologia não chegou a desenvolver instrumentos ou métodos de análise específicos. Ao mesmo tempo, suas análises carecem de abordagens multidimensionais que avaliem a influência de outros aspectos na construção de determinadas normas sociais, tais como as relações geracionais, étnicas e de gênero, o meio social, a formação escolar e profissional (p. 214ss.).

Uma outra leitura e aplicação do método documentário foi desenvolvida por Ralf Bohnsack (et al, 1989 e 2007). Com base na diferenciação dos três "níveis de sentido" apresentados por Mannheim, Bohnsack atualizou a interpretação documentária, tanto do ponto de vista do método como da metodologia, e a transformou em um instrumento de análise para a pesquisa social empírica de caráter reconstrutivo. Bohnsack coloca a reconstrução do terceiro nível de sentido no centro da análise empírica, o que significa que, ao invés da reconstrução do decurso de uma ação (nível objetivo ou imanente), passaremos a analisar e reconstruir o sentido dessa ação no contexto social em que está inserida (nível documentário). Por exemplo, na interpretação documentária da prática musical e artística de jovens pertencentes ao movimento *hip hop*, não é a interpretação da música e de seu sentido expressivo que está em primeiro lugar, mas sobretudo a análise das orientações coletivas em um determinado contexto social ou *milieu*, que se constituíram a partir da articulação desses jovens nesse movimento cultural (cf. WELLER, 2011). O método documentário como teoria e prática da interpretação sociológica pode ser visto como um instrumento que auxilia na inserção do pesquisador em contextos sociais que lhe são alheios, assim como na compreensão e conceituação de suas visões de mundo, suas ações e formas de representação[3].

A interpretação documentária não parte de teorias ou metodologias elaboradas previamente; estas são desenvolvidas ou incorporadas de forma reflexiva durante o processo de coleta e análise dos dados empíricos. A reconstrução constitui uma das principais ferramentas do método documentário, diferenciando-se, dessa forma, de outras abordagens qualitativas ou métodos "estandardizados" que se caracterizam pela elaboração prévia de hipóteses e pela verificação ou comprovação destas no processo de interpretação. A análise documentária tem como objetivo a descoberta ou indicialidade dos espaços sociais de experiências conjuntivas do grupo pesquisado, a reconstrução de suas visões de mundo, do *habitus* ou do *modus operandi* de suas ações práticas, como veremos adiante.

Subjetivismo *versus* objetivismo na pesquisa qualitativa: a contribuição do método documentário para a superação dessa oposição

Mannheim contribuiu de forma decisiva para a superação do dilema apresentado entre o acesso teórico-metodológico – que sublinha o sentido julgado subjetivo, porém simplesmente

---

[3] Embora fortemente influenciado pela Sociologia do Conhecimento, outros aportes teórico-metodológicos foram fundamentais para o desenvolvimento e adaptação do método documentário para a análise de dados qualitativos, sendo eles a Fenomenologia Social, o Interacionismo Simbólico, a Escola de Chicago e a Etnometodologia.

o sistematiza, permanecendo assim dentro das evidências do senso comum – e o da reivindicação objetiva de um acesso privilegiado à realidade. A Sociologia do Conhecimento de Mannheim abre uma perspectiva de observação que estabelece uma diferença entre a observação da ação dos atores e do sentido objetivamente interpretado. Da mesma forma, o conhecimento dos atores permanece como base empírica da pesquisa. A premissa para a postura específica do observador é a diferenciação entre o conhecimento reflexivo e teórico dos atores *versus* o conhecimento prático e incorporado, que Mannheim define como conhecimento ateórico. O epistemólogo e teórico físico Michael Polanyi (1985) definiu esse tipo de conhecimento como *tacit knowledge*, que pode ser traduzido como conhecimento silencioso ou implícito. Este conhecimento silencioso ou ateórico rege a ação. Ele forma uma relação de estruturas que, relativamente independente do sentido subjetivo, orienta a ação e, assim, de alguma forma, torna-se "objetivo".

Essa estrutura – e isto é decisivo – é representada pelos próprios atores, no sentido de um saber comum. Ou seja, trata-se de um conhecimento do qual os atores dispõem; não se trata de um conhecimento ao qual somente o observador tem acesso (privilegiado), como nas abordagens objetivas. Nesse sentido, os pesquisadores que adotam o método documentário em suas interpretações não partem do princípio de que sabem mais do que os sujeitos da pesquisa, mas da perspectiva de que, na realidade, eles mesmos não sabem o que e o quanto sabem. A tarefa do observador social é a de levar esse conhecimento ateórico até a explicação teórica conceitual. No sentido do método documentário, não constitui tarefa do observador científico aplicar aos casos, que são o objeto da pesquisa, um conhecimento regrado – dedutivo ou indutivo – que somente ele conhece. Pelo contrário, a tarefa do pesquisador é conduzir – por meio do princípio da abdução – este conhecimento regrado para a explicação, ou seja, esse conhecimento que os sujeitos dominam, mas raras vezes conseguem explicar. Em outras palavras, a explicação teórica do conhecimento *a*teórico é muitas vezes impossível para o indivíduo ou grupo vinculado ao contexto em que esse saber foi constituído. O papel do pesquisador passa a ser, então, encontrar uma forma de acesso ao conhecimento implícito do grupo pesquisado, explicitá-lo e defini-lo teoricamente.

Dessa forma, o método documentário consegue superar a aporia entre o subjetivismo e o objetivismo, na medida em que o pesquisador permanece comprometido com o conhecimento sobre o observado como base para a análise empírica e levando em consideração suas relevâncias, sem, no entanto, ficar atado às intenções subjetivas e às teorias do senso comum, duplicando-as simplesmente. Muito mais do que isso: o método documentário permite o acesso à estrutura da ação, que excede a perspectiva dos atores em si.

Mudança na postura de análise: da pergunta "o que" para a pergunta pelo "como" ou do sentido imanente ao sentido documentário

O método documentário também pressupõe uma mudança na postura de análise frente ao sentido comum. Trata-se de uma mudança que, ao invés de perguntar o que é a realidade social na perspectiva dos atores, irá questionar como esta perspectiva está constituída. Analisa-se tanto a prática da ação como aquela do falar, do representar e do argumentar. Perguntar pelo *como* significa perguntar pelo *modus operandi*, pelo *habitus* elementar da prática (termo utilizado em concordância com Bourdieu). Por meio do método documentário, Karl Mannheim (1964) trouxe uma definição em relação à postura do observador ou do pesquisador nas Ciências Sociais, que ainda hoje resiste às exigências relativas às bases teórico-epistemológicas. Essa mudança de uma postura imanente que permanece no nível das perguntas sobre "o que" é uma realidade social ou "por que" ela está constituída de uma determinada forma, para uma postura documentária que pergunta pelo "como" ela chegou a essa formação, também é constitutiva para a análise construtivista. No sentido da teoria de sistemas de Luhmann (1990), trata-se de uma mudança, ou seja, de uma observação de primeira ordem para observações de segunda ordem.

O método documentário possibilita – no âmbito de uma observação de segunda ordem – o acesso ao conhecimento pré-reflexivo, ateórico, no qual está implícita a ação. Perguntar pelo teor do significado documentário, pelo sentido documentário (como já foi dito) implica perguntar pelo "como" da formação prática da realidade social, que se diferencia das questões localizadas no âmbito da observação de primeira ordem e que poderiam ser formuladas da seguinte forma: O que é esta realidade social na perspectiva cotidiana, do sentido comum? Na terminologia de Mannheim, esta seria uma questão que remete ao sentido imanente. Nas expressões verbalizadas, o sentido imanente engloba aquilo que é comunicado verbalmente ou intencionalmente. No caso dos grupos de discussão, são os conhecimentos expressos explicitamente nos discursos dos participantes. Estes devem ser diferenciados de um outro tipo de conhecimento pautado nas experiências que são tão evidente para os participantes do grupo de discussão que, muitas vezes, não veem a necessidade de explicitá-las, seja pelo fato de partilharem desse conhecimento de forma coletiva, seja pelo fato de, por vezes, não estarem em condições de torná-lo explícito. Enquanto membros de uma comunidade ou pertencentes a um meio social específico, o grupo partilha de um conhecimento comum que os leva a se entenderem mutuamente sem a necessidade de maiores explanações. A explicação do conhecimento implícito – no sentido do método documentário – torna-se, dessa forma, uma tarefa do pesquisador social.

Observando os grupos de discussão ou conversas diárias corriqueiras, somente em seu sentido imanente ou no nível da interpretação formulada essas discussões parecem frequentemente sem nexo ou estrutura, ou seja, um tanto dissociadas do todo. Tomemos um exemplo retirado de um projeto de pesquisa em Berlim, no qual realizamos grupos de discussão com jovens de origem turca, para melhor explicar o problema (cf. NOHL, 2001). Iniciada a discussão com uma pergunta do pesquisador que estava interessado em saber se os rapazes ali presentes moravam naquele momento de suas vidas com seus pais, os jovens fazem inicialmente algumas observações de que, em "respeito" ao pai, seria impossível fumar na presença dele. Depois relatam (complementando-se uns aos outros) como se tratam mutuamente no âmbito do *peergroup* ou da "turma". Finalmente, um deles descreve uma situação em um restaurante no qual se encontrava com uma namorada alemã com quem discutiu sobre quem poderia pagar a conta. Mesmo que os assuntos mudem de forma abrupta, os jovens evidentemente se "entendem" sem a necessidade de "interpretar" mutuamente seus anseios, ou seja, estão em condições de nomear explicitamente seus "modelos de orientação". A estrutura de orientação é desenvolvida de forma metafórica, sobretudo nas descrições e narrações. É o pesquisador que, como uma espécie de representante dos participantes, transpõe essas orientações para uma terminologia conceitual. Como intérprete documentário, ele realiza o trabalho de explicação teórica do entendimento mútuo implícito ou intuitivo dos entrevistados. Somente assim ele estará em condições de identificar o sentido ou problema que subjaz todo o discurso e que é trabalhado e atualizado nos diferentes tópicos ou temas do grupo de discussão. Dessa forma, o pesquisador poderá reconstruir a estrutura central da orientação presente nas visões de mundo do grupo.

O modelo de orientação que se repete durante o discurso no exemplo citado foi definido como "separação das esferas" (cf. BOHNSACK & NOHL, 1998, 2001b). Esta separação de esferas é constitutiva da experiência cotidiana dos jovens de origem turca. O *habitus* tradicional do respeito pelo pai e pela família impõe a separação de segmentos importantes da "esfera externa" (da ação dos jovens em público e nas instituições sociais – por exemplo: escolas e centros de formação técnico-profissional) e da "esfera interna" (da família, parentes e comunidade étnica) de forma controlada (como explicitado no exemplo do tabagismo). Existe uma separação estrita dessas esferas, impedindo praticamente um discurso "aberto" com os pais sobre problemas relevantes para a identidade dos jovens. Ambas as esferas com suas diferentes morais (a alemã e a turca) estão lado a lado sem ligação entre si. Essa separação afeta diferentes áreas da vida cotidiana, que se tornaram temas inseridos pelos jovens durante o grupo de discussão (por exemplo: a relação com a namorada alemã ou as experiências de discriminação étnica). A estrutura ou modelo que orienta essa delimitação estrita das esferas está documentada em todos os relatos de forma homóloga, apresentando, dessa forma, uma estrutura idêntica.

Mesmo assim, essa estrutura organizacional da separação de esferas só foi descoberta após a interpretação da passagem citada. Esta passagem chama a atenção pelas apresentações detalhadas ("densidade metafórica") e pelo maior envolvimento dos participantes ("densidade interativa"). Esta última densidade indica a existências de um problema de orientação central para os jovens. Tais passagens são identificadas como "metáforas de foco" (*Fokussierungsmetaphern*), e possibilitam um acesso direto e válido a modelos centrais das orientações coletivas dos jovens. Cabe ressaltar aqui alguns componentes básicos da interpretação documentária de modelos de orientação coletiva: a) o sentido documentário deve ser diferenciado do sentido imanente ou verbal; b) o sentido documentário só é alcançado se o processo discursivo for levado em conta; c) a análise do sentido documentário ou a análise processual pressupõe a reconstrução detalhada das referências verbalizadas e de como elas estão relacionadas entre si, e foi denominado por nós como "organização do discurso"; d) a análise processual também deve levar em conta a dramaturgia do discurso e identificar as metáforas de foco.

Metáforas de foco e espaços de experiências conjuntivas

Pontos culminantes na dramaturgia do discurso são identificados como metáforas de foco (cf. BOHNSACK, 1989) e remetem aos centros da experiência comuns dos membros do grupo, aos centros que Mannheim (1980) denominou como espaço de experiências conjuntivas (*Konjuktive Erfahrungsräume*). Aqueles que possuem experiências biográficas parecidas ou histórias de socialização semelhantes e que, dessa forma, dispõem de um espaço de experiências comuns, entendem-se imediatamente quando essas experiências biográficas comuns são relevantes. Interesses comuns ao grupo podem resultar de experiências associadas à geração, ao meio social, ao gênero, à fase de desenvolvimento ou, ainda, como o citado no exemplo anterior, às experiências enquanto jovens de origem turca na cidade de Berlim, que remetem a uma história de migração semelhante. Dessa forma, distinguimos no processo de análise os espaços de experiências que são típicos da geração à qual pertencem os jovens, que são específicos do sexo masculino, do nível educacional, da fase de desenvolvimento, e, finalmente, das experiências enquanto filhos de migrantes da segunda ou terceira geração. No entanto, é preciso levar em conta que os membros de um grupo real participam de diferentes espaços de experiências conjuntivas. A relevância maior de um determinado espaço de experiência conjuntiva ou coletiva depende da composição do grupo, ou seja, dos centros de experiências comuns. A análise da dramaturgia do discurso e a identificação das metáforas de foco possibilitam a identificação dos espaços de experiências conjuntivas de maior relevância para o grupo.

Este se ajusta lentamente àqueles espaços de experiências dominantes – àqueles temas que estão no centro das experiências comuns –, quando o pesquisador consegue iniciar um discurso que vai ganhando gradualmente autonomia, ou seja, quando o grupo desenvolve uma dinâmica própria e independente da intervenção do pesquisador. Isto significa que o pesquisador – pelo menos na primeira fase de um grupo de discussão – deverá intervir no sistema regulador comunicativo de um grupo somente para iniciar ou manter uma dinâmica própria, para iniciar ou manter a fluidez do discurso. A manutenção de uma dinâmica própria com uma intervenção mínima por parte do pesquisador também é importante por outra razão: o sentido coletivo se constitui apenas na conjunção das múltiplas reações dos participantes, e é somente desse modo que ele se tornará passível de interpretação por parte do pesquisador. São as relações recíprocas entre os participantes que documentam o modelo coletivo associado ao saber ou ao conhecimento implícito partilhado pelo grupo. Além da iniciação e do incentivo no sentido de suscitar uma dinâmica própria, a condução de um grupo de discussão tem como um de seus princípios centrais a geração de passagens ou relatos descritivos e narrativos das experiências cotidianas (cf. BOHNSACK, 2004; WELLER, 2006). O saber implícito dos pesquisados se encontra principalmente em descrições concretas ou em narrações, sobretudo nas elaborações detalhadas da ação prática. As passagens narrativas possibilitam a identificação da estrutura que orienta as ações práticas dos sujeitos, o *modus operandi* ou o *habitus* nos termos de Bourdieu.

Vejamos mais um exemplo que melhor esclarece o que foi explicitado antes. Trata-se de um exemplo retirado de um estudo mais antigo, realizado com adolescentes de uma pequena cidade no norte da Baviera em meados dos anos 80 do século passado (BOHNSACK, 1989), no qual será analisado uma passagem relativa ao discurso de alunas do sexo feminino de uma escola técnica. Diferente dos alunos do sexo masculino, as relações de gênero constituíram o tema central ou a metáfora de foco dos discursos das jovens, o que pode ser constatado tanto pelo engajamento das participantes, como pelo detalhamento e densidade da apresentação.

Na passagem a seguir as jovens discutem a divisão sexual do trabalho, especificamente, a participação da figura paterna nos trabalhos domésticos. Trata-se de um segmento tomado de uma apresentação cênica mais longa, na qual as jovens relatam a forma como o pai "enlouquece", fazendo uma verdadeira "folia" na cozinha aos sábados (grupo: Lar; passagem: papel sexual).

>Dfw: quando agora minha
>?f: ((comentário incompreensível))
>Df: mãe está cozinhando algo, ele diz: "O que está cozinhando aí? Qual o gosto? Deixe-me ver!" Aí ela fala: "Saia agora, eu estou cozinhando, tá?" Ou quando ele está inspirado, certo? Ele vai lá e compra carne e outras coisas e vai ((pausa)). Aí ela fala: "E que cê comprou aí de novo, heim?" "Eu agora vou cozinhar para depois congelarmos". Aí ele vai lá e cozinha das nove da manhã até as dez da noite ou algo assim ((pausa)). E nós, sempre nós, nós não podemos
>Várias ((risadas))
>Df: ficar no caminho, mas temos que arrumar, né? Ele tira tudo pra fora, todas as panelas ele precisa, para cada coisa que cozinha, precisa duma panela separada, né? ((pausa)) Aí ele
>Várias: ((risadas))
>Df: sempre, agora temos quatro placas para cozinhar e ele sempre diz "não me bastam as placas, eu preciso de mais placas". Agora ele cozinha que nem louco e sempre diz: "Agora tenho,
>Várias: ((risadas))
>Df: não tenho mais panelas ((pausa)). Lave as panelas e ponha elas pra mim". E eu lavo as panelas. Aí ele diz: "Agora você tá de novo no meu caminho" e depois, mas depois, quando a mãe agora lava a cozinha ou assim (assim) aí ele corre pela cozinha e você vê cada pisada, né? Aí minha mãe fala: "Você não podia ter esperado até que secasse? só leva uns cinco minutos." "Não, eu tinha que entrar lá agora".
>Várias: ((risadas))
>Df: e ((pausa)) eh ((pausa)) eh ((pausa)) ele pode tudo e nós sempre podemos ser os bobos quando ele cozinha, né? Isto sempre me irrita ...

Na medida em que as jovens trazem este tipo de relato do cotidiano durante o grupo de discussão, elas estabelecem uma comunicação mútua sobre um problema evidentemente central para elas. Em um primeiro momento, para nós, moderadores da discussão, não estava claro do que se tratava.

A reconstrução habitus e do modelo de orientação como elementos centrais da interpretação documentária

Após um longo processo de interpretação que compreende várias etapas e sobre as quais discorreremos mais adiante, o sentido documentário cristalizado na cena relatada anteriormente, assim como em toda a passagem, poderia ser resumido da seguinte forma:

>Na boa intenção, ou talvez na crença de ajudar as mulheres na cozinha, o pai pode entrar na esfera das mulheres, ocupar-se de forma lúdica na cozinha e

fazer sua folia. Neste aspecto, o pai não se responsabiliza pelo que seria sensato economicamente. A responsabilidade em si permanece com as mulheres. Formas de participação dos homens, que não estão organizadas como uma parceria no sentido dos pais assumirem responsabilidades, apresentam-se como uma interferência na esfera das mulheres e restringem suas possibilidades de ação. Ao mesmo tempo, aumentam a carga de trabalho das mulheres, já que os homens, depois de assumirem de forma lúdica atividades atribuídas tradicionalmente às mulheres, retiram-se a qualquer momento deixando toda a "sujeira" para as mulheres limparem, de forma que, no final, as mulheres são as "bobonas".

Uma delimitação clara entre as esferas masculina e feminina, como realizada na distribuição convencional de papéis, tem – mesmo que não corresponda ao desejo ou à intenção das jovens mulheres na relação com o parceiro – a "vantagem" de possibilitar às mulheres uma esfera de autonomia dentro dessa delimitação. Podemos afirmar que as outras jovens participantes da discussão também partilham desse modelo de orientação comum pela forma como elas se referem umas às outras, assim como pela inserção de apresentações cênicas no discurso, algumas vezes relativas a outros assuntos, mas sempre vinculadas ao tema "relações de gênero". Por exemplo: a relação com o namorado e sua insistência em manter relações sexuais; a relação com o pai, que, na tentativa de impor disciplina às suas filhas, fazia uso da agressão física.

Uma observação detalhada daquilo que está documentado nesta narrativa, assim como em outras passagens de grupos de discussão realizados com jovens de escolas técnicas, revela um sentido homólogo que se repete e que coincide com os demais. Verifica-se, dessa forma, que a orientação sexual das alunas de cursos profissionalizantes dessa pequena cidade constitui um problema central, qual seja: a manutenção da esfera das mulheres frente aos homens e suas práticas de intervenção. Ao mesmo tempo, os relatos metafóricos das jovens mulheres também apresentam uma plausibilidade, uma explicação de seu modelo de orientação específico de gênero, que podemos definir – em concordância com Bourdieu (1976) – como o *habitus* (cf. BOHNSACK, 1998). Nesse sentido, a interpretação realizada com base na Sociologia do Conhecimento também se ocupa da análise dos processos sociais ou das interações, nas quais essas orientações de gênero e essa delimitação das esferas entre homens e mulheres podem ser vistas como resultado da interpretação do pesquisador. Esse trabalho, que denominamos de interpretação sociogenética, também se ocupa da análise relativa à constituição dessas relações sociais entre os sexos, de como a delimitação dessas esferas distintas foram socialmente construídas.

A interpretação desses relatos ou encenações metafóricas ainda possibilita o acesso àquelas sequências de ações, ou melhor, às consequências dessas ações, que não são idênticas às intenções dos sujeitos envolvidos. O trabalho de interpretação abre caminhos para a verificação das consequências não intencionais das ações dos atores, ou seja, para a compreensão do emaranhado que envolve uma determinada ação, assim como as estruturas dessa ação, de como elas se desenvolvem para além de suas intenções normativas e das teorias sobre o cotidiano. No exemplo anterior, a intenção ou exigência normativa do pai é ajudar na cozinha. Mas as consequências resultantes dessa ação e as estruturas de interação ou de emaranhamento na ação se revelam totalmente diferentes. De modo inverso, também a orientação intencional das jovens pautada numa relação de parceria apresenta uma discrepância em relação àquilo que é documentado em suas descrições. No processo de interação familiar, elas são constantemente enredadas em processos de interação que se distanciam dessa orientação em favor do *habitus* delineado pela delimitação de esferas. A análise processual permite estabelecer uma diferenciação das ações intencionais ou propositais, bem como a identificação das consequências não intencionais ou que foram incorporadas a partir dessas ações relatadas no grupo de discussão.

Compreensão (*Verstehen*) *versus* interpretação (*Interpretieren*)

O teor documentário e metafórico presente nas descrições das alunas da escola técnica não é teorizado pelas próprias entrevistadas: o modelo de orientação (*Orientierungsmuster*) ou o quadro de orientação (*Orientierungsrahmen*) – se quisermos utilizar um termo mais preciso –, que delimita as esferas e que foi identificado – com base no trabalho de interpretação – como o processo de interação constitutivo para este modelo por meio do qual as jovens se orientam, ou seja, a gênese desse quadro de orientação, não foi reconhecido ou elaborado pelas integrantes do grupo de discussão. As descrições das experiências dessas jovens estão situadas, sobretudo, no campo do conhecimento pré-teórico ou *a*teórico. Portanto, o trabalho de interpretação – como concebido no âmbito da Sociologia do Conhecimento – pressupõe o que já foi mencionado por diversas vezes ao longo deste artigo: uma explicação teórico-conceitual desse conhecimento ateórico ou metafórico. Para tanto, a diferenciação entre compreensão (*Verstehen*) e interpretação (*Interpretieren*) é fundamental:

> *La interpretación se ocupa de la más profunda comprensión del sentido. La explicación genético-causal proporciona la historia de las condiciones de la actualización y la realización del sentido. Sin embargo, el sentido mismo no puede ser, en última instancia, explicado causalmente. El sentido en su contenido más auténtico sólo puede ser comprendido o interpretado* (MANNHEIM, 1964, p. 151, apud MUÑOZ, 1993, p. 53).

Diferente da compreensão, a interpretação, ou seja, a explicação teórica do *modus operandi* que orienta a ação prática e por meio do qual o quadro de orientação é constituído e reproduzido, requer uma linha ou instância específica de análise – uma postura sociogenética – que pergunta pelo *como*. Esta postura de análise implica "colocar entre parêntesis o caráter de validade dos fatos sociais" ("Einklammerung des Geltunscharakters"), como Mannheim preferiu denominar (1980, p. 88), isto é, uma suspensão dos anseios em busca de uma verdade e certeza normativa como eles são associados pelas participantes da pesquisa. Em outras palavras: na interpretação do segmento sobre a forma como o pai se ocupa na cozinha, não importa verificar até que ponto o relato é verídico, se corresponde aos fatos ou à "verdade". Muito mais importante é a constatação daquilo que está documentado nas descrições das jovens sobre suas atitudes, seus *habitus* ou suas orientações. Na medida em que o modelo de orientação ou de significação das práticas cotidianas (neste caso, a delimitação das esferas entre os sexos) não é tematizado pelas jovens, ou seja, não é explicitado teórica ou conceitualmente, podemos afirmar que elas não estão totalmente conscientes desse modelo. No entanto, como ele é tematizado por meio das narrações e descrições detalhadas, é possível afirmar que ele também não está totalmente inconsciente ou latente.

Em relação à questão sobre o tipo de consciência que temos a respeito de nossos próprios *habitus*, Bourdieu chama a atenção para o fato de que não podemos colocar em termos de "tudo ou nada", ou seja, de "uma consciência totalmente transparente" em oposição a uma "consciência totalmente opaca" (1976, p. 207). Qualquer significado e modelo de orientação transformado em objeto de interpretação pertence ao campo de conhecimento detido pelas jovens, na medida em que a Sociologia do Conhecimento parte do seguinte princípio: na realidade, o que elas não sabem é o quanto elas sabem sobre o problema, neste caso, sobre as relações de gênero. Portanto, a explicação desse conhecimento implícito ou ateórico passa a ser – como já foi dito – tarefa da interpretação documentária.

Passos para a análise de grupos de discussão

Transcender o nível de análise intuitivo ou dedutivo e atingir um nível de análise que, por um lado, interpreta e reconstrói os modelos ou quadros nos quais as visões de mundo de determinados grupos foram constituídas e que orientam as ações dos sujeitos, e, por outro, estabelece uma forma de acesso às estruturas que estão por detrás das ações dos sujeitos, requer um trabalho intensivo de análise que não pode ser alcançado por meio de uma única etapa. Nesse sentido, Bohnsack (entre outros, 1989 e 2007) desenvolveu um método de interpretação de entrevistas narrativas ou grupos de discussão que está dividido em distintas etapas, como explicitado a seguir.

Organização temática

Tal como recomendado em outros métodos de análise de dados empíricos, é fundamental que o pesquisador faça um relatório logo após a realização do grupo de discussão, contemplando informações relativas ao contexto que levou à realização do grupo de discussão (por exemplo: como e quem realizou o contato com o grupo; em que local foi realizado o grupo de discussão), aos participantes e à situação da discussão como um todo. Para a coleta de informações adicionais sobre os integrantes do grupo (entre outros: idade, sexo, pertencimento étnico-racial, escolaridade, situação profissional, renda, local de moradia etc.), recomenda-se a aplicação de um questionário após a realização do grupo de discussão. Este questionário pode conter ainda outras questões relevantes para a pesquisa que se pretende realizar (cf. WELLER, 2006). Os dados obtidos nos questionários são utilizados para a elaboração do perfil de cada participante. Além disso, estes dados também auxiliam na identificação das diferentes vozes no momento da transcrição dos grupos de discussão, principalmente nos grupos com um número maior de participantes, ou quando se analisa um grupo de discussão realizado por outro colega, ou seja, quando não chegou a existir um contato face a face entre o pesquisador e os membros do grupo.

O passo seguinte após a confecção do relatório sobre o grupo de discussão consiste na organização temática do grupo, ou seja, na identificação dos principais temas surgidos durante o grupo de discussão e anotação do tempo de duração de cada um desses temas, também denominados de passagens. Além da identificação das passagens, recomenda-se uma subdivisão e a identificação dos subtemas surgidos a partir do tema central, destacando se os mesmos tiveram início a partir de uma questão introduzida pelo pesquisador ou se foram inseridos pelos membros do grupo. Como já dito anteriormente, trata-se de verificar e documentar a "densidade metafórica" (grau de detalhamento das descrições ou narrações) e a "densidade interativa", ou seja, o envolvimento dos participantes na discussão do tema.

No caso dos grupos de discussão, a organização temática também auxilia na identificação das passagens que serão transcritas posteriormente. De posse de um relatório detalhado sobre o momento da realização do grupo de discussão e de uma boa organização temática, já não é necessário realizar a transcrição completa da gravação. De acordo com o método documentário, a análise de um grupo de discussão deve iniciar com a passagem inicial, seguida da análise das passagens ou metáforas de foco e das passagens que discutem questões relacionadas ao tema da pesquisa.

Interpretação formulada

A diferença metodológica entre o sentido imanente e o sentido documentário, ou seja, entre uma observação de primeira e de segunda ordem, tem como consequência a distinção de dois passos de trabalho claramente delimitados durante a prática da pesquisa ou processo de interpretação. Trata-se de explicar onde e até que ponto a interpretação ou explicação conceitual realizada pelos pesquisados foi simplesmente reformulada pelo pesquisador ou intérprete (interpretação formulada), e, em um segundo momento, de verificar a partir de que ponto as interpretações resultam da reflexão do pesquisador sobre as evidências implícitas relativas ao conhecimento dos entrevistados (interpretação refletida).

A estrutura básica da interpretação formulada é a estruturação temática, isto é, a decodificação e a formulação da estrutura tópica dos textos. Durante a interpretação formulada, busca-se compreender o sentido imanente das discussões e decodificar o vocabulário coloquial. Em outras palavras, o pesquisador descreve o que foi dito pelos informantes, trazendo o conteúdo dessas falas para uma linguagem que também poderá ser compreendida por aqueles que não pertencem ao meio social pesquisado. Nessa etapa de análise, não são traçadas comparações com outras passagens do mesmo grupo ou com respostas obtidas em um outro grupo. Neste momento, o conhecimento que o pesquisador possui sobre o grupo ou sobre o meio pesquisado também deve permanecer em segundo plano e ser acionado somente em uma etapa posterior da análise.

Interpretação refletida

Já a interpretação refletida tem como objetivo – como já dito anteriormente – a reconstrução do modelo de orientação coletiva, do *habitus* coletivo. A estrutura básica da interpretação refletida é a reconstrução da estrutura formal dos textos (além de sua estrutura temática). No caso dos grupos de discussão, trata-se, principalmente, da reconstrução da organização do discurso, isto é, da identificação da forma como os participantes se referem uns aos outros. Enquanto a interpretação formulada analisa a estrutura básica de um texto (o que foi discutido), a interpretação refletida busca analisar tanto o conteúdo de uma entrevista (como foi discutido) como o quadro de referência (*frame*) que orienta a discussão, as ações do indivíduo ou grupo pesquisado e as motivações que estão por detrás dessas ações. Goffman (1996, apud JOSEPH, 2000, p. 94) se refere ao termo "quadro" (*frame*) como um "dispositivo cognitivo e prático de organização da experiência social que nos permite compreender e participar daquilo que nos acontece. Um quadro estrutura não só a maneira pela qual definimos e interpretamos uma situação, mas também o modo como nos engajamos numa ação"[4].

Análise comparativa

Na análise de um grupo de discussão, o primeiro momento da interpretação refletida é dedicado à reconstrução da organização do discurso e à análise da interação entre os participantes, por exemplo, a forma como se referem uns aos outros ou umas às outras, a dramaturgia e a densidade do discurso. Durante a interpretação refletida, quer dizer, no processo de explicação de uma norma, de um modelo ou quadro de orientação, o pesquisador busca analisar não somente questões temáticas que possam parecer interessantes, mas também padrões homólogos ou aspectos típicos do meio social.

No entanto, um modelo de orientação comum só poderá ser confirmado mediante a comparação com outros grupos. Nesse sentido, o próximo passo é a escolha de um segundo grupo que, num primeiro momento, será analisado internamente (análise comparativa das passagens selecionadas). Na sequência, o pesquisador realiza uma análise comparativa de um tema comum e da forma como foi discutido por diferentes grupos, seguindo o princípio da análise comparativa constante, como descrita por Glaser e Strauss (1967). Toda interpretação somente ganhará forma e conteúdo quando realizada e fundamentada na comparação com outros casos empíricos. A quantidade de grupos de discussão a serem analisados em uma determinada pesquisa deve seguir o princípio da saturação, não no sentido de que novas entrevistas "não irão trazer mais nenhuma variedade" (BAUER & GASKELL, 2002, p. 512), mas orientada para a análise comparativa e tipificação das visões de mundo ou orientações coletivas encontradas no meio social pesquisado (NOHL, 2001). Nesse sentido, a análise comparativa no âmbito da interpretação documentária é, desde o início, de fundamental importância, uma vez que o modelo de orientação de um determinado grupo só pode ser constatado quando colocado em relação a outros horizontes ou universos comparativos de outros grupos. Somente por meio desse procedimento o pesquisador poderá comprovar e validar empiricamente um discurso, comportamento ou ação como típico de um determinado meio social, e não apenas de um grupo.

---

[4] Exemplos dessas duas etapas de análise – formulada e refletida – podem ser encontrados em Weller, 2005 e Bohnsack, 2009.

Construção de tipos e análise multidimensional

As etapas anteriores, bem como a análise comparativa, têm por objetivo a construção de tipos, que numa etapa posterior remeterão à elaboração de tipologias (cf. BOHNSACK, 2001a; NENTWIG-GESEMANN, 2001). Tipos podem ser estabelecidos quando constatamos – por meio da análise comparativa de distintos grupos – um modelo de orientação que se repete, ou quando encontramos diferentes modelos de orientação ou estratégias de enfrentamento de uma determinada situação. Traremos aqui mais um exemplo para ilustrar esse processo de identificação e construção de tipos. Trata-se de um estudo comparativo sobre jovens negros em São Paulo e jovens de origem turca em Berlim pertencentes ao movimento *hip hop* (cf. WELLER, 2011). Com base na interpretação e análise comparativa dos grupos de discussão, foi possível verificar que as visões de mundo e as ações coletivas não estão propriamente vinculadas ao contexto local ou cultural, mas transcendem esse tipo de fronteira. Dois modelos ou tipos de orientações coletivas foram evidenciados no processo de interpretação e análise dos dados, e o que nos chamou a atenção foi o fato de que ambos se fazem presentes entre jovens paulistanos e berlinenses. Os grupos pertencentes ao primeiro tipo – por nós denominado como orientação geracional – definem o *hip hop* como um movimento revolucionário, não no sentido político, mas cultural e específico de sua geração. Outro elemento em comum da orientação geracional é a tematização dos problemas vividos em relação à geração paterna/materna, assim como a elaboração e a superação de processos de rupturas biográfico-familiares e de experiências vividas no meio social pela via estético-musical. Já o segundo tipo – denominado de orientação social-combativa – se apropria do *hip hop* como um instrumento de divulgação de um tipo de mensagem e como meio adequado para a articulação das aspirações sociopolíticas desses grupos. A análise das relações interétnicas e de classe representa o elemento central da orientação social-combativa, que traz como características principais o discurso teórico-reflexivo contra os processos de segregação e de produção das desigualdades sociais. Outro aspecto em comum é a projeção de formas coletivas de vida e de constituição de comunidades solidárias ou multiculturais. Em uma etapa posterior da pesquisa, procuramos verificar como esses mesmos grupos lidam com experiências de discriminação étnico-racial e de marginalização enquanto filhos de migrantes oriundos da Turquia ou enquanto habitantes de um bairro localizado na periferia de São Paulo. Nessa etapa de análise, foi possível constatar que os grupos do tipo orientação geracional incorporaram um sentido prático-comunicativo no enfrentamento do racismo e do preconceito social, enquanto os grupos de orientação social-combativa desenvolveram um sentido teórico-estratégico. O que caracteriza a estratégia prático-comunicativa é a tentativa de comunicação direta com o "outro", buscando levar o discriminador a rever seus estereótipos e preconceitos em relação aos grupos marginalizados. A estratégia prático-comunicativa está intrinsecamente ligada à orientação geracional desses grupos, ou seja, ao entendimento entre as gerações em um nível mais global e à constituição de relações sociais a partir da identidade pessoal. Já o sentido teórico-estratégico apresenta uma posição teórica-reflexiva em relação ao racismo na esfera pública, com argumentos elaborados em torno de questões como as desigualdades étnico/raciais e de classe, dos mecanismos de exclusão social existentes em ambos países.

Com base neste último exemplo, podemos afirmar que o método documentário apresenta um caminho ou uma solução para um problema no âmbito da pesquisa social reconstrutiva ou qualitativa, na medida em que apresenta a possibilidade de generalização dos resultados obtidos por meio desse processo minucioso de interpretação. Para tanto, é necessário levar em conta a multidimensionalidade dos espaços de experiências ou das tipificações. A validade e a generalização de um tipo ou de um modelo de orientação construído empiricamente depende da multiplicidade ou da multidimensionalidade que um caso individual pode adquirir no âmbito de uma tipologia maior.

Mas qual é o sentido de uma pesquisa empírica que se utiliza do método documentário para transcender o nível de análise do senso comum? De que nos serve verificar e nomear os tipos de orientação de jovens paulistanos e berlinenses e suas estratégias de enfrentamento do racismo e do preconceito? Partilhamos da perspectiva de que cabe ao pesquisador não somente descrever, mas também refletir sobre o agir cotidiano dos jovens nos diferentes contextos. Cabe pensar criticamente sobre o real conteúdo das experiências juvenis, sobre o que elas informam, sem violar seu caráter individual ou coletivo, suas especificidades de gênero, de geração, de pertencimento étnico/racial, seus lugares ou não lugares em meio a um universo que torna cada vez mais difícil definir um sentimento de pertencimento, um estilo ou modo de vida local, assim como modelos incorporados a partir de outras interseções.

BIBLIOGRAFIA

ALENCAR, R. (2007). Análise da conversação em interação: uma proposta para a análise de práticas sociais. In: WEBER, S. & LEITHÄUSER, T. (orgs.). *Métodos qualitativos nas Ciências Sociais e nas práticas sociais.* Recife: Ed. Universitária, p. 59-71.

BAUER, M. & GASKEL, G. (org.) (2002). *Pesquisa qualitativa com texto, imagem e som* – Um manual prático. Petrópolis: Vozes.

BLUMER, H. (1969). *Symbolic Interactionism: Perspective and Method. Berkeley: University of California Press.*

BOHNSACK, R. (2007). *Rekonstruktive Sozialforschung* – Einführung Qualitative Methoden. 6. ed. Opladen: Barbara Budrich/Farmington Hills.

_____ (2001a). Typenbildung, Generalisierung und komparative Analyse – Grundprinizipien der dokumentarischen Methode. In: BOHNSACK, R. et al. (org.). *Die dokumentarische Methode und ihre Forschungspraxis* – Grundlagen qualitativer Sozialforschung. Opladen: Leske/Budrich, p. 225-252.

_____ (2001b). Dokumentarische Methode – Theorie und Praxis wissenssoziologischer Interpretation. In: HUG, T. (org.). *Wie kommt Wissenschaft zu Wissen?* Vol. 3. Baltmannsweiler: Schneider, p. 326-345.

_____ (1998). Rekonstruktive Sozialforschung und der Grundbegriff des Orientierungsmusters. In: SIEFKES, D. et al. (org.). *Sozialgeschichte der Informatik* – Kulturelle Praktiken und Orientierungen. Wiesbaden: Deutscher Universitätsverlag, p. 105-121.

_____ (1989). *Generation, Milieu und Geschlecht* – Ergebnisse aus Gruppendiskussionen mit Jugendlichen. Opladen: Leske/Budrich.

BOHNSACK, R. & NOHL, A.M. (2001). "Ethnisierung und Differenzerfahrung. Fremdheit als alltägliches und methodologisches Problem". *Zeitschrift für qualitative Bildungs-, Beratungs- und Sozialforschung (ZBBS)*, n. 3, p. 15-36. Opladen: [s.e.].

_____ (1998). Adoleszenz und Migration – Empirische Zugänge einer praxeologisch fundierten Wissenssoziologie. In: BOHNSACK, R. & MAROTZKI, W. (orgs.). *Biographieforschung und Kulturanalyse* – Transdisziplinäre Zugänge qualitativer Forschung. Opladen: Leske/Budrich, p. 260-282

BOURDIEU, P. (1976). *Entwurf einer Theorie der Praxis*. Frankfurt: Suhrkamp.

COULON, A. (1995). *A Escola de Chicago*. Campinas: Papirus.

GARCÍA, J.M.G. (1993). "Reflexiones sobre 'El pensamiento conservador', de Karl Mannheim". *Revista Española de Investigaciones Sociológicas*, n. 62, p. 61-81.

GARFINKEL, H. (1967a). *Studies in Ethnomethodology*. Nova Jersey: Englewood Cliffs.

_____ (1967b). "Common Sense Knowledge of Social Structures: The Documentary Method of Interpretation in Lay and Professional Fact Finding". *Studies in Ethnomethodology*. Nova Jersey: Englewood Cliffs, p. 76-96.

GLASER, B. & STRAUSS, A. (1967). *The Discovery of Grounded Theory*. Chicago: [s.e.].

JOAS, H. (1999). Interacionismo simbólico. In: GIDDENS, A. & TURNER, J. (orgs.). *Teoria Social hoje*. São Paulo: Unesp, p. 127-174.

JOSEPH, I. (2000). *Erving Goffman e a microssociologia*. Rio de Janeiro: FGV.

LUHMANN, N. (1990). *Die Wissenschaft der Gesellschaft*. Frankfurt am Main: Suhrkamp.

MANNHEIM, K. (1980). *Strukturen des Denkens*. Frankfurt: Suhrkamp.

_____ (1964). "Beiträge zur Theorie der Weltanschauungsinterpretation". *Wissenssoziologie*. Neuwied: Luchterhand, p. 91-154.

MEUSER, M. (2001). Repräsentation sozialer Strukturen im Wissen – Dokumentarische Methode und Habitusrekonstruktion. In: BOHNSACK, R. et al. *Die Dokumentarische Methode...* Opladen: Leske/Budrich, p. 207-221.

MORSE, J. et al. (org.) (2009). *Developing Grounded Theory* – The Second Generation. Walnut Creek, CA: Left Coast Press.

MUÑOZ, J.C.G. (1993). "El retorno de la sociología del conocimiento de Mannheim a una epistemologia de corte weberiano". *Revista Española de Investigaciones Sociológicas*, n. 62, p. 45-59.

NENTWIG-GESEMANN, I. (2001). Die Typenbildung der dokumentarischen Methode. In: BOHNSACK, R. et al. (orgs.). *Die dokumentarische Methode...* Opladen: Leske/Budrich, p. 275-300.

NOHL, A.-M. (2001). Komparative Analyse: Forschungspraxis und Methodologie dokumentarischer Interpretation. In: BOHNSACK, R. et al. (orgs.). *Die dokumentarische Methode...* Opladen: Leske/Budrich, p. 253-273.

OEVERMANN, U. (1989). *Objektive Hermeneutik* – Eine Methodologie soziologischer Strukturanalyse. Frankfurt am Main: [s.e.].

OEVERMANN, U. et al. (1979). Die Methodologie einer "objektiven Hermeneutik" und ihre allgemeine forschungslogische Bedeutung in den Sozialwissenschaften. In: SOEFFNER, H.G. (org.). *Interpretative Verfahren in den Sozial- und Textwissenschaften*. Stuttgart: [s.e.], p. 352-433.

POLANYI, M. (1985). *Implizites Wissen*. Frankfurt: Suhrkamp.

SACKS, H. (1995). *Lectures on Conversation*. Vols. I e II. Oxford: Blackwell [Jefferson, G. (org.)].

SCHÜTZ, A. (1962). *Collected Papers*. Vol. 1: The Problem of Social Reality. Den Haag: Martinus Nijhoff.

STRAUSS, A. *(1994)*. Grundlagen qualitativer Sozialforschung. *Munique: Fink.*

STRAUSS, A. *& CORBIN, J. (2008)*. Pesquisa qualitativa – *Técnicas e procedimentos para o desenvolvimento de teoria fundamentada. Porto Alegre: Artmed.*

VIDICH, A.J. & LYMAN, S.M. (2006). Métodos qualitativos: sua história na Sociologia e na Antropologia. In: DENZIN, N. & LINCOLN, Y. (orgs.). *O planejamento da pesquisa qualitativa* – Teorias e abordagens. Porto Alegre: Artmed, p. 49-90.

WELLER, W. (2011). *Minha voz é tudo o que eu tenho* – Manifestações juvenis em Berlim e São Paulo. Belo Horizonte: UFMG.

_____ (2010). "Aportes hermenêuticos no desenvolvimento de metodologias qualitativas". *Linhas Críticas*, 31, p. 287-304.

_____ (2006). "Grupos de discussão na pesquisa com adolescentes e jovens: aportes teórico-metodológicos e análise de uma experiência com o método". *Educação e Pesquisa* – Revista de Educação da USP, vol. 32, n. 2, mai.-ago., p. 241-260. São Paulo.

_____ (2005). "A contribuição de Karl Mannheim para a pesquisa qualitativa: aspectos teóricos e metodológicos". *Sociologias*, vol. 7, n. 13, jan.-abr., p. 260-300.

Capítulo 3

A transição de jovens-mulheres da escola para o mundo do trabalho: uma abordagem multicultural

*Karin Schittenhelm**

Desde a década de 1980, tanto na Alemanha como em outros países europeus, as transições da escola para o treinamento profissional têm se tornado cada vez mais desreguladas e prolongadas (JOBERT et al., 1995). Em muitos casos, o treinamento profissional não se inicia imediatamente após a conclusão do Ensino Fundamental (*Hauptschule*) ou intermediário (*Realschule*). Em vez disso, os jovens alunos que deixam esse nível realizam numerosos estágios, conseguem empregos em que não há a exigência de qualquer treinamento ou ainda enfrentam o desemprego. Nesse sentido, as trajetórias dos jovens e os crescentes riscos de exclusão social tornaram-se tema de debates e pesquisas acadêmicas (entre outros, BATTAGLIOLA et al. 1995; HEINZ & NAGEL, 1995; WALTHER et al., 2002; SEIBERT, 2005). Além disso, a mudança geral nos cursos da vida e nos padrões de transição é estruturada segundo o sexo e a origem étnica dos jovens (KALTER, 2006; SEIBERT & SOLGA, 2005).

Na verdade, para as alunas que concluíram a *Hauptschule* ou a *Realschule* na Alemanha, especialmente para jovens de origem estrangeira, a transição para o treinamento profissional oferece carreiras restritas e inseguras (cf. SEUS, 1993; WILPERT, 1993; GRANATO & MEISSNER, 1994; FAIST, 1995; SCHITTENHELM, 2005a). Estudos indicam que elas têm menos chance de entrar em um treinamento profissional em comparação aos homens com origens semelhantes, e, quando conseguem, foi constatado que se concentram em profissões de baixo prestígio (GRANATO & SCHITTENHELM, 2004; SCHITTENHELM, 2005a). Portanto, é necessário conhecer a maneira como as alunas que deixaram a escola interpretam suas próprias condições de vida durante a mudança de *status* para o treinamento profissional, bem como os efeitos do pertencimento étnico e suas estratégias de enfrentamento da situação.

---

* Tradução de Tatyani de Torres Quintanilha. Revisão de Silvia H. Rodrigues e Wivian Weller.

Assim, além dos níveis educacionais, é relevante que deteminados conhecimentos de cunho social não sejam abordados somente nas escolas.

No que se refere ao conjunto de conhecimentos, competências e habilidades que constituem o capital cultural de uma pessoa, no sentido de Bourdieu (1986), todos os tipos de redes às quais uma pessoa pertence devem ser objetos de investigação, e não somente as instituições de ensino frequentadas antes ou ao longo da mudança de *status*. Além da família dos que deixaram a escola, as redes juvenis, com seus estilos de vida e sistemas simbólicos próprios, são de particular importância para a análise.

O objetivo do presente texto é analisar grupos de discussão para compreender o processo vivido por diferentes grupos de jovens do sexo feminino no que se refere à mudança do ambiente escolar para o ambiente do trabalho. Em especial, saliento duas constatações principais: em primeiro lugar, observou-se que as orientações e as estratégias que norteiam a mudança são desenvolvidas gradualmente e emergem no decorrer da mudança de *status*; e, em segundo lugar, verificou-se que essas orientações e estratégias são consequências da forma como as jovens discutem suas condições de vida no contexto de suas redes juvenis. Os dados apresentados neste artigo são originários de um estudo etnográfico realizado com jovens mulheres que saíram da escola em Berlim no final da década de 1990[1]. No que diz respeito à coleta de dados, além dos grupos de discussão enfatizados neste trabalho, foram realizadas observações participantes e entrevistas narrativas.

As jovens participantes desta pesquisa concluíram o nível intermediário (*Realschule*)[2] e eram de origem turca ou alemã (tanto da antiga parte oriental como da parte ocidental de Berlim). As oportunidades oferecidas pelo sistema educacional do qual elas fizeram parte foram, primeiramente, o treinamento profissional, que é frequentemente oferecido na Alemanha por empresas em parcerias com escolas profissionalizantes, ou, em segundo lugar, a continuação escolar, a fim de alcançar qualificações educacionais mais elevadas. No entanto, além dessas oportunidades para adquirir competências, numerosos postos de trabalho e programas de formação foram planejados especialmente para o elevado número de jovens desempregadas na cidade de Berlim. Assim, o que deve ser considerado não é apenas a questão da transição entre a escola e o trabalho regular, mas todo tipo de experiências relacionadas ao trabalho, incluindo os períodos de desemprego e de procura por emprego.

---

[1] O estudo, financiado pela Fundação Alemã de Investigação (DFG), foi realizado no Departamento de Pesquisa Educacional Qualitativa na *Freie Universität Berlin*, entre 1998-2002. Cf., para a discussão dos principais resultados, Schittenhelm (2005a, 2005b), e dos grupos focais, em particularr, Schittenhelm (2006). Sou muito grata às minhas assistentes de investigação: Jutta Buyse e Miriam A. Geoffroy e à minha colega Aglaja Przyborski, pela colaboração na realização dos grupos focais discutidos neste capítulo.

[2] Graduados da *Realschule* têm melhores chances de encontrar uma aprendizagem escolar do que aqueles que abandonam a escola na faixa menor, *Hauptschule*; no entanto, eles ainda enfrentam riscos sociais durante a transição da escola para o trabalho.

No que concerne à abordagem multicultural desse estudo, salienta-se que o impacto das origens familiares e das redes juvenis nas trajetórias das jovens foi investigado no que se refere aos contextos sociais e culturais potencialmente variáveis. No entanto, a abordagem comparativa constitui também um procedimento para estudar a trajetórias de mulheres de origem estrangeira em relação aos principais aspectos da transição da juventude, assim como as consequências das relações de gênero na comunidade étnica.

A utilização de grupos de discussão no estudo sobre as mudanças de *status* em percursos educacionais

O debate de estudiosos sobre a transição do treinamento profissional ao trabalho de jovens mulheres é moldado por ambiguidades frequentemente discutidas nas biografias modernas. Por um lado, estudiosos analisam como as transições de jovens do sexo feminino são consequências de grandes restrições institucionais (SEUS, 1993; KRÜGER, 2005). Por outro lado, os estudos estão centrados em mulheres graduadas que são agentes de suas transições – com oportunidades mais ou menos limitadas – mas que tomam suas decisões (GEISSLER & OECHSLE, 1996; STAUBER, 2004).

No entanto, na Alemanha, além das controvérsias existentes, há uma ênfase nos padrões de transição individual que dominam as pesquisas atuais sobre a mudança de *status*, assim como é preponderante o número reduzido de estudos sobre as transições de mulheres pertencentes à minorias étnicas com antecedentes migratórios (WILPERT, 1993; GRANATO & MEISSNER, 1994). Em termos de método, essas pesquisas costumam realizar entrevistas individuais. Além disso, as ex-estudantes são entrevistadas repetidas vezes durante o curso de suas transições com o objetivo de traçar painéis de pesquisa nos quais são observados como as orientações e as estratégias foram desenvolvidas de forma gradual, respeitando assim a dinâmica de transição como um processo de longa duração (RAAB, 1996; KUHNKE et al., 2007).

Discutir uma abordagem alternativa, baseada em grupos de discussão, a fim de investigar a mudança de *status* entre a escola e o treinamento profissional, não implica rejeitar a abordagem biográfica. Ambas as abordagens podem ser combinadas. Mas qual é o objetivo e quais são os conceitos teóricos que fundamentam o uso de grupos de discussão para examinar transições entre escola e o ingresso no mercado de trabalho? Ao invés de enfatizar a biografia de uma única pessoa como principal unidade de análise (cf. SCHÜTZE, 1983), o objeto da análise passa a ser o processo de discussão entre mulheres jovens ou entre homens jovens que estão enfrentando e interpretando esta mudança de *status*. No entanto, existem semelhanças entre esse procedimento e a abordagem biográfica. A abordagem do grupo de discussão também remete à falta de regulamentação sobre mudanças de *status*. Quanto menos regulamentação existente, mais há necessidade de que os jovens egressos da escola prescrevam fases transitórias e desenvolvam ideias comuns sobre como lidar com os desafios da vida em suas mudanças mútuas.

Nesse contexto, a abordagem do grupo de discussão leva em conta que as transições no treinamento profissional ocorrem num certo grupo, estando, assim, socialmente incrustadas. As mudanças de *status* entre a escola, o treinamento profissional e o mercado de trabalho não são apenas individuais, mas, no sentido de Glaser e Strauss (1971), são mudanças de *status* coletivas[3]. As experiências de transição são parte de um destino coletivo. Membros de um mesmo grupo que deixaram a escola compreendem a mudança de *status* simultaneamente, já que são mais ou menos da mesma idade[4]. Ao escolher o método dos grupos de discussão, pretendemos analisar as estratégias de liderança e as interpretações dos envolvidos a respeito das fases de transição, as ideias do grupo sobre como lidar com a mudança de *status*, assim como os processos interativos dos que abandonam a escola e estão igualmente envolvidos no processo de transição. Se os membros do grupo sob investigação dividem riscos comuns de exclusão social, provocados, por exemplo, por questões de gênero ou de origem étnica, eles enfrentam contingências paralelas durante a transição. Quanto mais partilham do mesmo conjunto de conhecimento social, mais é possível desenvolverem definições comuns sobre essas contingências e também noção sobre como lidar com elas. Toda amostra constitui-se de uma variação de grupos, levando em conta os diversos subcoletivos entre os grupos ou populações sob investigação.

Para a presente pesquisa, a escolha dos grupos de discussão com jovens nascidas na Alemanha (com ou sem antecedentes migratórios), devem-se à similaridade de condições atuais de vida e aos estágios transitórios vivenciados, visando atingir subamostras equivalentes para a estudo comparativo multicultural. Os temas selecionados para a análise foram definidos em razão das sequências em que as participantes, explícita ou implicitamente, descrevem tópicos que são de grande interesse para a investigação, como, por exemplo, quando as jovens falam sobre suas experiências na busca por formação profissional ou sobre seus receios por estarem desempregadas. Além disso, levamos em conta todas as sequências em que há grande interação e a conversa do grupo é alegre e animada. De acordo com os pressupostos metodológicos do método documentário (BOHNSACK, 2007; BOHNSACK & WELLER, 2010), as metáforas de foco são – independentemente de sua pertinência temática, à primeira vista – altamente relevantes em termos de orientações de grupos e de estratégias sociais. Assim, além dos relatos das jovens mulheres sobre os tópicos temáticos, a forma de conversar também é um objeto de pesquisa.

Nos grupos de discussão, a análise priorizou os processos decorrentes da transição, assim como os ambientes atuais em que as jovens se encontram. No entanto, ao considerarmos os debates atuais sobre transições, é possível questionar se podemos utilizar tal instrumento para compreender a dinâmica em curso das mudanças de *status* e como os *status* transitórios referem-se uns aos outros. Na análise biográfica (BROSE, 1983), experiências relacionadas ao trabalho e à forma como as mesmas são acumuladas e representadas na construção individual da realidade social foram examinadas no que se refere aos conceitos teóricos de Alfred Schütz (1973). Assim, é possível observar como orientações e estratégias de enfrentamento resultam da incorporação de

---

[3] Glaser e Strauss (1971), por exemplo, distinguem entre a mudança de *status* "individual" e "coletiva", levando em conta que algumas transições podem ser um fenômeno em grupo.

[4] Nem todas as mudanças de *status* durante as trajetórias educacionais e profissionais são necessariamente de caráter coletivo. A transição entre o desemprego e a ocupação no curso de vida posterior, p. ex., são transições individuais que não são, da mesma forma, uma experiência coletiva em um ambiente de pares.

experiências relacionadas ao trabalho e à biografia. Outro aspecto importante sobre a utilização dos grupos de discussão elaborados para analisar as mudanças de *status* é a relevâcia, para a análise, dos aspectos da temporalidade e das estruturas do processo. Usando esse instrumento, podemos mostrar como um grupo estrutura seu discurso (BOHNSACK & PRZYBORSKI, 2006) e como experiências relacionadas ao trabalho são representadas e discutidas na interação do grupo. Os pressupostos teóricos da análise segundo o método documentário são oriundos da Sociologia do Conhecimento de Karl Mannheim (MANNHEIM, 1980), que defende um conhecimento social coletivo com estruturas compartilhadas de reflexão sobre a realidade social, baseada em semelhantes condições de vida. De acordo com o conceito, existem espaços de experiências que proporcionam um conhecimento conjuntivo moldado pela organização social comum, pelos acordos não verbais, assim como pelas disposições compartilhadas e pelas estruturas de pensamento. Desse modo, as mudanças de *status* coletivas são caracterizadas pelo compartilhamento – presente ou passado – das condições de vida e pelos quadros coletivos de pensamento sobre como interpretar um desafio no curso da vida e como desenvolver ideias sobre possíveis soluções (SCHITTENHELM, 2006).

Além do caráter coletivo da transição, mostraremos a importância do grupo de discussão na estruturação do relato e dos aspectos da temporalidade e da dinâmica dos processos de transição. Assim, há dois objetivos principais na análise empírica. Primeiramente, verificar como as transições entre escola, treinamento profissional e trabalho são transmitidas simultaneamente e são comumente discutidas nas redes juvenis. Em segundo lugar, investigar como elas podem ser observadas no que diz respeito às suas dinâmicas sociais e aos seus processos ao longo do tempo.

A mudança de *status* é testada e discutida

De acordo com os pressupostos metodológicos discutidos até agora, o presente estudo comparativo evidencia como objeto de investigação tanto os temas relatados pelos participantes quanto o processo interativo estabelecido entre eles. No âmbito do método documentário, a análise da organização do discurso (BOHNSACK & PRZYBORSKI, 2003, p. 138-139) é parte constitutiva da interpretação refletida[5] e seu objetivo é explorar o sentido da narração dos participantes por meio da estrutura formal do texto.

O primeiro caso a ser analisado diz respeito a um grupo de discussão constituído somente por duas jovens-mulheres de origem estrangeira (definido em minha amostra como o grupo *Money*)[6]. As participantes partilham uma distinção comum sobre seus envolvimentos com educação e trabalho. Elas retiraram-se de atividades relacionadas ao trabalho após a primeira fase transitória e, em seguida, tiveram empregos temporários, que são mencionados

---

[5] No método documentário, a análise de dados consiste em várias etapas: a interpretação da formulação, a interpretação da reflexão, a análise comparativa de caso, e – como uma última etapa potencial – a construção de tipos (BOHNSACK, 2007).

[6] O termo "grupo", no sentido da abordagem do grupo focal, não implica que os participantes se considerem como um grupo. Além disso, o grupo focal pode abranger a interação de apenas dois membros.

de forma distante e depreciativa durante as conversas. As participantes tinham, na época, 19 e 20 anos de idade. Nilüfer[7] teve de abandonar a escola sem um diploma de conclusão, enquanto Fatma começou um treinamento como assistente de loja depois de sair da escola com um certificado intermediário escolar (*Realschulabschluss*), mas no final retirou-se sem qualquer diploma de formação profissional. Nenhuma delas planejava realizar uma formação educacional complementar. Não só o conteúdo, mas também a estrutura formal de seus discursos, foram significativos para compreender a maneira como elas lidavam com a mudança de *status*.

As seguintes seções temáticas analisam as experiências de trabalho representadas e narradas pelo grupo. Fatma começou sua aprendizagem como assistente de loja logo após a conclusão da *Realschule*. Ela descreve o início de seu treinamento profissional da seguinte maneira:

> Fatma: Eu não queria realmente fazer isso (.)[8]
> Y1: Hm (.)
> Fatma: Mas eu não conseguia mais nada (.), então eu comecei uma aprendizagem como assistente de loja (.) Na "loja" X" (.) que durou dois anos (.) e (.) e eu o completei (.) e, depois, eu estava no meu terceiro ano (.) e foi aí que eu deixei a aprendizagem (.), porque eu já não gostava mais dela (passagem inicial).

A entrada de Fatma na formação profissional foi vista como algo fora de seu controle. Em sua visão, foi um *fait accompli*, já que alega não ter tido outra oportunidade. No entanto, não está claro se a perspectiva de Fatma é resultado de investidas anteriores sem sucesso ou se ela não anteviu nenhuma alternativa desde o início e, assim, não tentou qualquer outra coisa. Ela descreve o abandono da formação profissional da mesma forma como descreve a saída do terceiro ano depois de ter "completado" o segundo. De acordo com a narrativa, o motivo para sua saída foram as experiências negativas relacionadas ao trabalho. Mesmo durante o período escolar, ambas as participantes do grupo de discussão adquiriam experiências em estágios. Na Alemanha, muitas vezes, eles têm caráter obrigatório pelo planejamento escolar. Depois da entrevistadora ter perguntado várias vezes sobre a formação prática, Fatma assim descreveu seu estágio em uma loja:

> Fatma: caramba, como eu detestei o meu (.), onde eu fiz o meu estágio (.) hum::: (1), que foi (2) no distrito x na loja y, que (.) exatamente (.), isso aconteceu quando eu era uma estagiária (.) uma catástrofe absoluta (.) Meu Deus (.) eu não gostava nem um pouco (.), onde fiz (.), no departamento de (2) (e) de roupa íntima feminina eu acho (.) sim
> Y1: hmhm
> Fatma: e eu só ficava lá em pé o tempo todo (.) e meu Deus (.) e toda aquela arrumação (.) e aquela arrumação (.) e, em seguida, chegaram alguns sutiãs (.) e <u>aqueles</u> (.) oh não (2) eu não gostava mesmo (.) (passagem: trabalho)

---

[7] Este nome e todos os outros nomes de pessoas ou de instituições foram alterados para preservar o anonimato.

[8] (.) = pausa curta, com menos de um segundo de duração. Para mais informações sobre os códigos de transcrição, cf. Weller (2006) [N.T.].

Fatma até chegou a fazer seu treinamento inicial no ramo do curso profissional posterior. Por mais que esta experiência apareça em seu relato retrospectivo, ela não demonstra qualquer nível de envolvimento. Para ela, era monótono e difícil de tolerar. À semelhança de outras sequências sobre experiências relacionadas ao trabalho, esta também não promoveu debates entre as participantes. Nilüfer, após ser perguntada sobre o treinamento prático, manifesta atitudes semelhantes em relação às experiências iniciais com estágios durante o período em que ainda estava na escola:

> Nilüfer: ... bom (.) eu mesma fiz dois estágios (.) um como assistente de loja, em uma butique (.) e um (.) como estilista de cabelo (.) eu não (.) eu não gostei de nenhum dos dois (passagem: trabalho).

Depois de ter discutido o preço das mercadorias de butiques com Fatma, ela prossegue:

> Nilüfer: tem aquela grande (.) tem aquela grande x (nome de uma loja localizada em uma rua principal da cidade) bem ali (.) bem ao lado dela (.) uma butique bem pequena (.) e cabeleireiro, eu pensei ah: não (.), no início foi realmente foi um horror (.) <u>limpar</u> (.) <u>varrer</u> (.) <u>arrumar</u> (.) <u>varrer os cabelos</u> e (.) fazer chá na cozinha (.) fazer café (.) e (.) oh meu Deus (.) é como (.) como se eu fosse serva deles (.) <u>faça isso e aquilo e aquilo outro</u> (.) não me permitiam fazer nada (.) apenas na última semana (.) foi quando eles me deixaram lavar alguns cabelos. (passagem: trabalho)

Nilüfer desaprova o estágio no que tange às relações sociais e ao tipo de trabalho que tinha de fazer. Sob este aspecto, ela descreve seu treinamento durante o período de escola como uma lista de atividades degradantes que não correspondiam muito bem ao tipo de trabalho profissional apresentado a ela. Também reclama que estava sobrecarregada de trabalho e que não podia fazer qualquer outra coisa em benefício de si própria. Assim como Fatma, Nilüfer já tinha adquirido outras experiências de trabalho. Ademais, além do estágio, trabalhou como ajudante temporária na lanchonete de seus pais:

> Nilüfer: (respira) (.) hmm (.) um ano (.) um:: (.) dois anos (.) sempre fui lá depois da escola (.) ou (.) sério, nos fins de semana (.) e todos (.) e depois (.) estive sem trabalhar por um mês.
> Fatma: uh-hum.
> Nilüfer: acabei não voltando (1), não me preocupo (.) quero dizer (.) ok, isso significa que, também, não fui paga durante um mês.
> Y1: uh-hum.
> Nilüfer: mas eu quero dizer (.) não vale a pena ir para lá (1) ah, é só quando penso (.) ok, você está realmente sem dinheiro (.) você precisa desesperadamente precisa de algum dinheiro (.) é aí que eu vou lá.
> Y1: uh-hum.
> Nilüfer: afinal, é apenas duas horas por dia (.) somente de segunda a sexta (.) duas horas (.), mas já é o suficiente (.) quero dizer (.), que é demais para mim (.)
> Fatma: (risos)

Nilüfer: eu realmente preferiria (.) como eu disse tantas vezes à minha mãe (.) preferiria (.) (respira) trabalhar como faxineira oito horas (.) por dia (.) do que (.) trabalhar naquela lanchonete (.), porque eu simplesmente não gosto muito disso (.) talvez porque eu tenha trabalhado com meu pai (passagem: trabalho).

Na representação de suas experiências relacionadas ao trabalho, monotonia e atitude negativa em relação aos afazeres são, novamente, os temas principais. Sua crescente desaprovação finalmente teve consequências práticas: Nilüfer parou de trabalhar regularmente na lanchonete dos pais e continuou apenas de maneira esporádica. Vale a pena notar que ela introduz uma alternativa ao emprego na empresa de seu pai: prefere trabalhar oito horas por dia como faxineira. Com essa ideia, a entrevistada permanece no setor dos trabalhos inseguros e sem qualificação. Fatma e Nilüfer geralmente concordam sobre a atitude de se distanciarem da educação e do trabalho. A distância é expressa não só pelo conteúdo de seus relatos, mas também pelo formato de seus discursos. Durante toda a conversa do grupo, os temas "educação" e "trabalho" foram raramente mencionados. Elas comentaram sobre as experiências relacionadas ao trabalho apenas quando perguntadas. Além disso, tais comentários não conduziram a qualquer processo de troca mútua. Ainda assim, as mulheres trataram de experiências semelhantes na vida profissional. Não houve menção sobre a realização de seus próprios interesses ou de terem tido a chance de tomar decisões durante a transição.

Entretanto, elas têm um quadro comum de referência para interpretarem as experiências relacionadas ao trabalho. Já na forma de seu discurso, é óbvio que as atitudes em relação às suas vidas atuais são relevantes e foram desenvolvidas em conjunto. Os quadros de orientação que dão sentido às desistências dos trabalhos são agora produzidos de forma interativa. Isto é documentado na forma como as jovens mulheres discutem as funções de uma cabeleireira:

Fatma: eu (.) estive pensando sobre começar uma outra aprendizagem (.), mas (.) eu não sei o quê (1) não tenho ideia.
Y1: Uh-hum (1)
Fatma: Não sei (1) eu estava pensando em cabeleireira.
Y1: Uh-hum.
Fatma: Mas o salário é ruim (risos).
Nilüfer: (risos).
Fatma: É por isso (.) bem (.) estou pensando (.) eles recebem quatrocentos (.) quatrocentos ou algo assim, que dá.
Nilüfer: Dois marcos e cinquenta centavos por hora.
Fatma: É isso mesmo.
Nilüfer: Quero dizer que, isso é quase nada (.) bem (.) é melhor eu ir mendigar na rua (.) eu iria ganhar mais.
Fatma: (risos).
Nilüfer: Não (.). Sinceramente.
Fatma: Não (.) Mas eles (.) eles só recebem (.) cerca de quatrocentos e sessenta marcos por mês (1) descontando os impostos (.) eu receberia essa mesma quantia da assistência social (passagem introdutória).

As participantes discutem o salário esperado por seu trabalho, enquanto ainda estão na aprendizagem. Vale a pena mencionar que, na Alemanha, estágios são pagos quando oferecidos por uma empresa. Ambas concordam em uma distinção, referindo-se a argumentos funcionais. De qualquer modo, os horizontes dos quadros comuns de referência das jovens são resultados de seus trabalhos esporádicos e de suas experiências com o sistema de assistência social, e estão aquém de qualquer trabalho qualificado. Tais horizontes dão critérios normativos e segregadores durante a discussão. Assim, elas já julgam as oportunidades de emprego num quadro de referência formado por suas condições atuais e do curso de suas transições até o presente momento. Tendo como base essa fase transitória vivida até o momento, elas não conseguem prever qualquer alternativa ou chance no setor do trabalho qualificado, que se apresenta simultaneamente atrativo e dentro de seus alcances.

Um desencorajamento semelhante ao ocorrido durante o curso das experiências relacionadas ao trabalho examinado no primeiro caso resulta numa baixa mobilidade durante a mudança de *status*. Uma vez que o curso é um destino em comum, a atitude desenvolvida pode ser uma atitude coletiva. Vale a pena notar que essa atitude se restringe às mulheres jovens de origem estrangeira, mas também foi observada em jovens que saíram da escola nascidos na Alemanha quando precedidos de um processo paralelo, sendo desencorajados durante sua mudança de *status* (SCHITTENHELM, 2005a, 2005b). A estratégia de desistir gradualmente de aspirações pessoais como uma adaptação às falhas foi discutida principalmente por Goffman (1962), que a definiu como *cooling out*. Uma análise comparativa sob a perspectiva multicultural evita estereótipos sobre os grupos comparados. Em suas maneiras de lidar com a transição, as jovens mulheres de origem estrangeira eram, como aquelas que nasceram na Alemanha, heterogêneas.

As jovens do grupo *Brücke*, discutidos no segundo caso, também têm origem estrangeira. Elas também experienciaram obstáculos durante sua transição para o treinamento profissional. No entanto, em contraste com o caso referido antes, estavam reunidas de forma totalmente diferente. O trabalho e as orientações ligadas ao treinamento também se desenvolveram no decurso da mudança de *status*, evidentes em seus comentários sobre as contribuições e durante o desenvolvimento do discurso. Em outras palavras, em contraste com o caso mencionado anteriormente, as experiências vividas no mundo do trabalho se tornaram o assunto central do debate. Conversas sobre "aprendizagem" e "profissão" tiveram suas próprias dinâmicas e foram caracterizadas por um alto nível de interação, envolvendo frequentes tomadas de turnos, interrupções do orador e elocuções rápidas, detalhadas e animadas. Assim, no caso do grupo *Brücke*, encontram-se mecanismos de enfrentamento que podem ter sido, por um lado, orientados ao longo das oportunidades encontradas na vida laboral, e, por outro lado, resultados da expansão dessas oportunidades devido ao crescente compromisso com o trabalho e com a formação. Nesse grupo, os períodos de transição durante os quais as jovens se familiarizaram com as exigências e restrições do mercado de trabalho não caminham em paralelo com atitudes como a desistência do trabalho e a crítica à sobrecarga de trabalho durante o treinamento, como foi o caso referido no grupo *Money*. À parte da mudança de *status*, a discussão das experiências de transição dentro dos quadros de orientação dos grupos também se diferenciou.

Durante as discussões, o grupo *Brücke* classifica "educação" e "emprego" como muito importantes. O grupo *Money*, porém, comenta temas como "treinamento profissional" e "profissão" somente quando solicitado pela entrevistadora e comunica uma forte dissociação entre esses assuntos, expressa na maneira como as integrantes falam sobre eles. Outra diferença observada é o leque de opções que as mulheres jovens do grupo *Brücke* discutem. Enquanto o grupo *Money*, tal como foi apresentado anteriormente, refere-se apenas a algumas opções de aprendizagem, na maior parte profissões tradicionalmente femininas (ex. cabelereira, assistente de loja) e ocupações localizadas no setor precário de empregos, o grupo *Brücke* discute uma gama muito maior de opções profissionais técnicas, bem como de atividades acadêmicas. Os horizontes alternativos implícitos, mutuamente assumidos pelas oradoras dos grupos, diferem-se significativamente, e eles devem ser avaliados como um resultado das contrastantes experiências de transição e de emprego dessas mulheres. Assim, os caminhos atuais tomados por essas jovens também dependem das oportunidades que vivenciaram nas mudanças de *status*.

Por um lado, os resultados desta pesquisa apontam casos em que o intercâmbio entre pares requer *participação* simultânea no treinamento profissional ou no emprego. Por outro, existem grupos nos quais os pares se reúnem no percurso de suas mudanças de *status* com base numa experiência partilhada de *desintegração*. Baseados em estudos comparativos de casos, finalmente, quatro maneiras típicas de se lidar com a transição foram elaboradas:

- estratégias de dissociação do envolvimento relacionado ao trabalho (como o discutido no grupo *Money*);
- estratégias de antecipação buscando maior qualificação (como o discutido no grupo *Brücke*);
- estratégias da integração do *status* diminuído na vida profissional;
- estratégias de reorientação e correção de curso (cf. SCHITTENHELM, 2005a, 2005b).

As tipologias foram caracterizadas a partir das fases de transição e por distintas estratégias de enfrentamento com atitudes adequadas em relação ao ensino e ao trabalho. As diferenças entre os grupos não se relacionam aos temas e aos conteúdos de seus relatos, mas também à maneira de discutir trajetórias educativas e experiências relacionadas ao trabalho. Percebe-se que suas atitudes foram o resultado de um processo de transição e de um conhecimento social coletivo partilhado, com o qual as jovens mulheres interpretam suas experiências e desenvolvem suas estratégias para lidar com as diferentes condições de vida.

Conclusão

A utilização de grupos de discussão (BOHNSACK, 2007; LOOS & SCHÄFFER, 2000) demonstrou, no que se refere à análise da mudança de *status* entre a escola, a formação profissional e o emprego, o desenvolvimento gradual de um quadro de orientação coletiva em que mulheres jovens interpretaram as demandas de suas mudanças de *status* e discutiram seus objetivos. Dessa forma, foi possível reconstruir o caráter coletivo da mudança de *status* e a análise do curso de um processo. Em nossa análise, não nos detivemos à sequência cronológica dos eventos, mas, sobretudo, à análise da estrutura e dos processos sobre o qual estes eventos estão constituídos. O modo coletivo de experienciação e de enfrentamento que modela as escolhas profissionais de jovens repousa sobre um conhecimento social compartilhado. Por um lado, trata-se do resultado das opções encontradas no mundo do trabalho até o momento presente. Mas, ao mesmo tempo, trata-se de um pré-requisito para a progressão contínua de suas mudanças de *status*, pela estruturação da percepção de perspectivas futuras e pelas consequências de suas ações. Assim, a situação social no mundo do trabalho pode ser constituída por meio de percepções cotidianas e pelas práticas coletivas das pessoas – sem que as consequências dessas ações sejam realmente planejadas.

Nesse sentido, o grupo de discussão também constitui um instrumento adequado para a análise do *habitus*, no sentido de Bourdieu (1982). No entanto, de interesse não é o grupo como um conjunto de indivíduos e de seus *habitus* pessoais[9], mas os esforços para reconstruir o quadro coletivo de orientação, ou melhor, as várias sobreposições de quadros de orientação dentro dos quais essas jovens atribuem sentido e significado para suas experiências de treinamento e de emprego. Orientações coletivas como documentadas nos grupos de discussão envolvem percepções e mecanismos de enfrentamento *similarmente estruturados*, com expectativas associadas à entrada no mundo empregatício e à mudança de um *status* social.

BIBLIOGRAFIA

BATTAGLIOLA, Francoise; BROWN, Elisabeth & JASPARD, Maryse (1995). "Précarité d'emploi et itinéraires de transition à l'age adulte" *Recherches et Prévisions*, 40, p. 45-56.

BOHNSACK, Ralf (2007). *Rekonstruktive Sozialforschung* – Einführung in qualitative Methoden. Opladen: Barbara Budrich.

BOHNSACK, Ralf; NENTWIG-GESEMANN, Iris & NOHL, Arnd-Michael (orgs.) (2001). *Die dokumentarische Methode und ihre Forschungspraxis* – Grundlagen qualitativer Sozialforschung. Opladen: Leske/Budrich.

BOHNSACK, Ralf & PRZYBORSKI, Aglaja (2006). "Diskursorganisation, Gesprächsanalyse und die Methode der Gruppendiskussion". *Das Gruppendiskussionsverfahren in der Forschungspraxis*. Opladen: Barbara Budrich, p. 233-248.

BOHNSACK, Ralf & WELLER, Wivian (2010). "O método documentário na análise de grupos de discussão". In: WELLER, W. & PFAFF, N. (orgs.). *Metodologias da pesquisa qualitativa em educação*: teoria e prática. Petrópolis: Vozes.

BOURDIEU, Pierre (1986). Three Forms of Capital. In: RICHARDSON, John G. (org.). *Handbook of Theory and Research for the Sociology of Education*. Nova York: Greenwood Press.

---

[9] Sobre este tópico, cf. tb. Laks (1983), que analisa o discurso simbólico realizado dentro de grupos por meio do estudo de um grupo de jovens do sexo masculino. O autor distingue várias posições que cada membro assume dentro do grupo, por exemplo, ao olhar para as interações, a forma de expressão e o estilo linguístico.

_____ (1982). *Die feinen Unterschiede* – Zur Kritik der gesellschaftlichen Urteilskraft. Frankfurt am Main: Suhrkamp

BROSE, Hanns-Georg (1983). *Die Erfahrung der Arbeit* – Zum berufsbiografischen Erwerb von Handlungsmustern bei Industriearbeitern. Opladen: Westdeutscher Verlag.

FAIST, Thomas (1995). *Social Citizenship for Whom?* – Young Turks in Germany and Mexican Americans in the United States, Avebury: Aldershot.

GEISSLER, Birgit & OECHSLE, Mechthild (1996). *Lebensplanung junger Frauen* – Zur widersprüchlichen Modernisierung weiblicher Lebensläufe. Weinheim: Deutscher Studienverlag.

GLASER, Barney G. & STRAUSS, Anselm L. (1971). *Status Passage*. Londres: Routledge & Kegan Paul.

GOFFMAN, Erving (1962). On Cooling the Mark Out: Some Aspects of Adaptation to Failure. In: ROSE, Arnold M. (org.). *Human Behavior and Social Processes* – An Interactionist Approach. Londres: Routledge & Kegan Paul, p. 482-505 [Original in: *Psychiatry* – Journal for the Study of Interpersonal Relations, vol. 15, n. 4, nov./1952].

GRANATO, Mona & MEISSNER, Vera (1994). *Hochmotiviert und abgebremst: Junge Frauen ausländischer Herkunft in der Bundesrepublik Deutschland* – Eine geschlechtsspezifische Analyse ihrer Bildungs- und Lebenssituation. Bielefeld: Bertelsmann.

GRANATO, Mona & SCHITTENHELM, Karin (2004). "Junge Frauen: Bessere Schulabschlüsse – aber weniger Chancen beim Übergang in die Berufsausbildung". *Aus Politik und Zeitgeschichte*. Bonn: [s.e.].

HEINZ, Walter R. & NAGEL, Ulrike (1995). Changement social et modernisation des transitions école-travail. In: JOBERT, Annette; MARRY, Catherine; TANGUY, Lucie (orgs.). *Éducation et travail en Grande-Bretagne, Allemagne et Italie*. Paris: Armand Colin, p. 84-100.

JOBERT, Annette; MARRY, Catherine & TANGUY, Lucie (orgs.) (1995). *Éducation et travail en Grande-Bretagne, Allemagne et Italie*. Paris: Armand Colin.

KALTER, Frank (2006). "Auf der Suche nach einer Erklärung für die spezifischen Arbeitsmarktnachteile von Jugendlichen türkischer Herkunft". *Zeitschrift für Soziologie*, 35, p. 144-160.

KRÜGER, Helga (2001). Ungleichheit und Lebenslauf – Wege aus den Sackgassen empirischer Traditionen. In: HEINTZ, Bettina (org.). *Geschlechtersoziologie* – Sonderheft 41: Kölner Zeitschrift für Soziologie und Sozialpsychologie. Opladen: Westdeutscher, p. 512-537.

KUHNKE, Ralf; MÜLLER, Matthias & SKROBANEK, Jan (2007). *Jugendliche mit Migrationshintergrund im Übergang von der Schule in den Beruf* – Ergebnisse des Übergangspanels des Deutschen Jugendinstituts. Bonn: [s.e.].

LAKS, Bernhard (1983). "Langage et pratiques sociales – Étude sociolinguistique d'un groupe d'adolescents". *Actes de la recherche en Sciences Sociales*, 46, p. 73-97.

LOOS, Peter & SCHÄFFER, Burkhard (2001). *Das Gruppendiskussionsverfahren* – Theoretische Grundlagen und empirische Anwendung. Opladen: Leske/Budrich.

MANNHEIM, Karl (1980). *Strukturen des Denkens*. Frankfurt am Main: Suhrkamp [*Structures of Thinking*. Londres: Routledge, 1982].

NOHL, Arnd-Michael (2001). Komparative Analyse: Forschungspraxis und Methodologie der Komparativen Analyse. In: BOHNSACK, Ralf; NENTWIG-GESEMANN, Iris & NOHL, Arnd-Michael (orgs.). *Die dokumentarische Methode und ihre Forschungspraxis* – Grundlagen qualitativer Sozialforschung. Opladen: Leske/Budrich, p. 253-274.

RAAB, Erich (org.) (1996). *Jugend sucht Arbeit* – Eine Längsschnittuntersuchung zum Berufseinstieg Jugendlicher. Munique: DJI.

SCHERR, Albert (1995). *Soziale Identitäten Jugendlicher* – Politische und berufsbiographische Orientierungen von Auszubildenden und Studenten. Opladen: Leske/Budrich.

SCHITTENHELM, Karin (2006). Statuspassagen zwischen Schule, Ausbildung und Arbeitswelt – Eine Analyse auf der Basis von Gruppendiskussionen. In: BOHNSACK, R.; PRZYBORSKI, A. & SCHÄFFER, B. (orgs.). *Das Gruppendiskussionsverfahren in der Forschungspraxis*. Opladen: Barbara Budrich, p. 93-107.

_____ (2005a). *Soziale Lagen im Übergang* – Junge Frauen und Einheimische zwischen Schule und Berufsausbildung. Wiesbaden: VS-Verlag.

_____ (2005b). "Primäre und sekundäre Effekte kultureller Praktiken – Der Ausbildungseinstieg junger Migrantinnen im interkulturellen Vergleich". *Kölner Zeitschrift für Soziologie und Sozialpsychologie*, 57 (4), p. 691-713.

SCHUETZ, Alfred (1973). *Collected Papers* – The Problem of Social Reality. The Hague: Martinus Nijhoff.

SCHÜTZE, Fritz (1983). "Biographieforschung und narrative Interviews". *Neue Praxis*, 13 (3), p. 283-294.

SEIBERT, Holger (2005). *Integration durch Ausbildung?* – Berufliche Platzierung ausländischer Ausbildungsabsolventen der Geburtsjahrgänge 1960 bis 1971. Berlim: Logos.

SEIBERT, Holger & SOLGA, Heike (2005). "Gleiche Chancen dank einer abgeschlossenen Ausbildung? Zum Signalwert von Ausbildungsabschlüssen bei ausländischen und deutschen jungen Erwachsenen". *Zeitschrift für Soziologie*, 34, p. 364-382.

SEUS, Lydia (1993). *Soziale Kontrolle von Arbeitertöchtern* – Eine kriminologische Studie über junge Frauen im Berufsbildungssystem. Pfaffenweiler: Centaurus.

STAUBER, Barbara (2004). *Junge Männer und Frauen in Jugendkulturen* – Selbstinszenierungen und Handlungspotentiale. Opladen: Leske/Budrich.

WALTHER, Andreas et al. (2002). *Misleading Trajectories* – Transition Dilemmas of Young Adults in Europe? Opladen: Leske/Budrich.

WELLER, Wivian (2006). "Grupos de discussão na pesquisa com adolescentes e jovens: aportes teórico-metodológicos e análise de uma experiência com o método". *Educação e Pesquisa* – Revista de Educação da USP, vol. 32, n. 2, mai.-ago, p. 241-260. São Paulo: USP.

WILPERT, Czarina (1993). Berufskarrieren und Zugehörigkeiten: "Die Töchter der Gastarbeiter" – Europa in Deutschland. In: SCHÄFERS, Bernhard (org.). *Lebensverhältnisse und soziale Konflikte im neuen Europa*. Frankfurt am Main: Campus, p. 109-113.

Capítulo 4

Percepções de gênero entre estudantes brasileiros e alemães da área tecnológica: um estudo comparativo

Marília Gomes de Carvalho

Apresenta-se aqui uma pesquisa que foi desenvolvida pelo Grupo de Estudos e Pesquisas sobre Relações de Gênero e Tecnologia (GeTec) do Programa de Pós-Graduação em Tecnologia (PPGTE) da Universidade Tecnológica Federal do Paraná (UTFPR)[1] a partir de uma perspectiva intercultural Brasil e Alemanha. A mesma pesquisa foi desenvolvida em parceria com a Fachhochschule Furtwangen (FHF), na Alemanha, cujo objetivo foi investigar as relações de gênero entre os estudantes de cursos da área tecnológica e comparar os resultados da pesquisa entre brasileiros(as) e alemães(ãs).

Sabe-se que estes cursos possuem em sua maioria estudantes do sexo masculino. Apesar de haver uma tendência a um aumento no número de mulheres, sua participação nesta área da formação universitária ainda é insignificante. A fim de conhecer como os estudantes e as estudantes dos cursos tecnológicos percebem as relações de gênero nos cursos em que estão matriculados e também na profissão que escolheram, desenvolvemos esta pesquisa intercultural, uma vez que o baixo índice de jovens do sexo feminino nesses cursos não é uma característica constatada apenas do Brasil, mas se repete em vários outros países, inclusive na Alemanha.

O início de uma parceria[2]

O Grupo de Estudos e Pesquisas sobre Relações de Gênero e Tecnologia (GeTec) do Programa de Pós-Graduação em Tecnologia (PPGTE) da Universidade Tecnológica Federal do Paraná

---

[1] Hoje esta instituição recebe esta denominação, porém na época da pesquisa era conhecida como Centro Federal de Educação Tecnológica do Paraná (Cefet-PR), motivo pelo qual algumas vezes tal nomenclatura é utilizada no texto para referir-se à mesma instituição.

[2] As informações sobre a proposta da pesquisa em parceria entre GeTec-Cefet-PR e TanGens-FHF foram obtidas por meio da memória da reunião do GeTec ocorrida em Curitiba/PR no dia 8 de agosto de 2003 com os membros do GeTec e a Profa. Irmtraud Munder, da FHF.

(UTFPR) realizou uma parceria com o *TanGens-Technology and Gender in Applied Sciences*, com o intuito de concretizar uma pesquisa que consistiu na investigação sobre as relações e representações de gênero entre os alunos e alunas da UTFPR e da Fachhochschule Furtwangen – Alemanha[3]. A ideia desta pesquisa conjunta surgiu após um encontro em Monterrey (México) por ocasião do *7th International Conference on Technology Policy and Innovation – Monterrey: Connecting People, Ideas and Resources Across Communities*, em 2003. Foi quando houve o primeiro contato com a professora Irmtraud Munder, coordenadora do TanGens, que participou juntamente comigo e outras pesquisadoras do México e do Japão de uma mesa-redonda sobre "Mulheres na Ciência". Após as discussões desta mesa-redonda, chegamos à conclusão de que a pequena participação das mulheres em ciência e tecnologia é um fenômeno que se repete em vários países, independentemente das diferenças culturais que ocorrem entre eles. A meu convite, a professora esteve em Curitiba em agosto de 2003, onde participou de seminários do GeTec, no então Centro Federal de Educação Tecnológica do Paraná, e oficializamos a parceria entre as duas Instituições (Cefet-PR e Fachhochschule Furtwangen) para realizarmos esta pesquisa comparativa. Elaboramos conjuntamente o projeto de pesquisa, a fim de darmos continuidade aos estudos que já estavam sendo realizados na Alemanha, aos quais acrescentaríamos os resultados da pesquisa no Brasil.

O objetivo deste estudo foi o de conhecer as representações de gênero entre estudantes universitários da área tecnológica em seus respectivos países. Especificamente, pretendeu-se compreender como as representações sobre o que é ser homem ou ser mulher no curso e na profissão se manifestam entre os estudantes pesquisados. A investigação foi realizada com grupos de homens e mulheres separadamente, no Brasil e na Alemanha, para que fosse possível mapear as representações de gênero que são construídas e que atravessam cada grupo e, assim, investigar como eles e elas se percebem em seu ambiente de estudo e de trabalho. Foram escolhidos cursos na UTFPR semelhantes aos cursos existentes na FHF para que a comparação fosse possível.

A pesquisa foi concebida a partir de duas dimensões fundamentais: uma da cultura e outra das relações de gênero, e a comparação dos dados empíricos foi realizada com base em quatro dimensões distintas: 1) comparação entre mulheres brasileiras e mulheres alemãs; 2) comparação entre homens brasileiros e homens alemães; 3) comparação entre mulheres brasileiras e homens brasileiros; 4) comparação entre mulheres alemãs e homens alemães. O projeto teve como finalidade chegar a estas comparações por meio da análise das informações obtidas nos grupos de discussão com os alunos e alunas, das quais deveriam ser consideradas as diferenças de atitudes, as diferenças culturais, bem como os diversos valores e normas que permeiam a sociedade em que estão inseridos[4]. A fim de dar início aos trabalhos de investigação entre os estudantes brasileiros para uma posterior comparação com os resultados de pesquisas realizadas pelo TanGens na Alemanha, o GeTec realizou a pesquisa que será relatada a seguir.

---

[3] Agradecemos a colaboração de Lindamir Salete Casagrande, pesquisadora do GeTec, na redação deste item do capítulo.

[4] Resultados preliminares desta pesquisa foram apresentados no V Congresso Iberoamericano de Ciência, Tecnologia e Gênero na cidade do México, em fevereiro de 2004 (cf. MUNDER & CARVALHO, 2004).

Sobre o método[5]

O método documentário de interpretação foi considerado o mais apropriado para este estudo comparativo. O método remonta à Sociologia do Conhecimento de Karl Mannheim, no início do século XX, na Alemanha. Harold Garfinkel, sociólogo americano que nos anos de 1960 se tornou um dos principais expoentes da Etnometodologia, foi quem resgatou o método documentário desenvolvido por Mannheim nos anos de 1920[6]. A Etnometodologia pretende descrever o mundo social tal como é continuamente construído, pois considera que a realidade está nas atividades práticas da vida cotidiana dos membros da sociedade.

A opção pela abordagem etnometodológica e pelo método documentário ocorre em razão de o mesmo ser o mais adequado para uma comparação entre as diferentes culturas, por auxiliar na reconstrução das orientações coletivas dos grupos e, ainda, por contribuir para uma verificação do conhecimento do "mundo interior" de seus atores e sua relação com os atos intencionais, pois ele facilita o acesso aos conhecimentos, não somente os reflexivos, mas também aqueles que conduzem os atores às suas ações. A Etnometodologia deve ser entendida como uma investigação empírica, que se baseia em pessoas para dar sentido e produzir a atividade social cotidiana, e também o estudo dos procedimentos constitutivos da realidade social (GARFINKEL, 1967).

Coulon (1987, p. 11) declara que "a linguagem cotidiana esconde todo um tesouro de tipos e características pré-constituídos, de essência social, que abrigam conteúdos inexplorados", daí a valorização da Etnometodologia enquanto método de pesquisa, pois através dela é possível fazer essa análise e interpretação. Segundo os seguidores da Etnometodologia, a abordagem quantitativa, que está fundamentada apenas na entrada e na saída de dados, não reflete adequadamente como a realidade se constitui. O foco desta pesquisa, portanto está nos métodos que todo indivíduo, erudito ou não, utiliza-se para interpretar e pôr em ação suas atividades práticas cotidianas, a fim de reconhecer seu mundo tornando-o familiar, ao mesmo tempo em que o vai construindo. Isto significa dar a mesma importância às atividades cotidianas e aos acontecimentos extraordinários da vida, pois a Etnometodologia, assim como o método documentário, pretendem aproximar o(a) pesquisador(a) cada vez mais da realidade corrente da vida social (GARFINKEL, 1967; COULON, 1987).

Procedimentos metodológicos[7]

Procurando atender às premissas teóricas e metodológicas da proposta desta pesquisa intercultural Brasil-Alemanha sob a perspectiva de gênero, realizaram-se, como primeiro passo

---

[5] Agradecemos a contribuição de Josimeire de Lima Sobreira, pesquisadora do GeTec, na redação deste item do capítulo.

[6] Para mais informações sobre a origem do método documentário e sua posterior adaptação para a pesquisa qualitativa, confira o capítulo de Bohnsack e Weller nesta obra, assim como Weller, 2005.

[7] Agradecemos a participação de Lindamir Salete Casagrande, Nádia T. Covolan, Sivonei Hidalgo, Josimeire de Lima Sobreira, Maria Lúcia B. Machado e Ronaldo de Oliveira Corrêa, pesquisadoras e pesquisador do GeTec, pela participação nas discussões metodológicas e colaboração na realização e na transcrição das entrevistas.

metodológico, reuniões e encontros com o intuito de discutir a produção teórica e metodológica que fundamentaria a pesquisa[8]. Para que este estudo pudesse ser realizado, era necessário que o grupo pesquisado fosse homogêneo no maior número possível de variáveis, isto é, formado por estudantes (moças e rapazes) que vivenciassem disciplinas em conjunto, que fossem do mesmo curso, pertencentes à mesma faixa etária, enfim, que tivessem compartilhado várias experiências e desenvolvido uma convivência mútua.

O segundo passo foi selecionar, dentre os cursos ofertados pelo Cefet-PR e outras instituições de ensino superior, aqueles que melhor se adequassem às características necessárias para a pesquisa. De início, pensou-se na área de Engenharia, especificamente o Curso de Engenharia da Computação, que mais se aproximava do curso sobre Mídias Digitais, em que foi realizada parte da pesquisa em Furtwangen, na Alemanha. Entretanto, o Cefet-PR não oferta tal graduação, o que levou à sua procura em outros estabelecimentos de ensino superior. Surgiu aí nova dificuldade, pois nas duas universidades onde há este curso (UFPR e PUC-PR), os alunos são predominantemente rapazes. Este fato impossibilitou a realização do trabalho, uma vez que não havia número suficiente de mulheres para compor um grupo de discussão.

Voltou-se então para a busca de outros cursos do Cefet-PR. O Curso de Tecnologia em Informática também se enquadrava no perfil procurado, porém repetia-se a mesma situação anterior: não apresentava número suficiente de alunas. Diante destes obstáculos, a opção pelos cursos do Departamento de Desenho Industrial (Tecnologia em Desenho de Móveis e Tecnologia em Artes Gráficas) surgiu como a mais viável, uma vez que os mesmos envolviam conhecimentos e habilidades na área da estética, da criatividade, da utilização de multimeios, dentre outros. Embora o Curso de Tecnologia em Desenho de Móveis tivesse maioria feminina e o de Artes Gráficas uma maioria masculina, grande parte da grade de disciplinas é cursada em conjunto, criando a interação necessária para a composição dos grupos de discussão. Foram escolhidas duas turmas, compostas por 27 moças e 12 rapazes no período da noite e, outra, no período da manhã, composta por 8 rapazes e 14 moças.

Antes de iniciar a pesquisa de campo, foi necessário testar a metodologia. O quarto passo metodológico foi a realização de uma pesquisa-piloto num colégio estadual da cidade de Curitiba. Escolheu-se uma turma que possuía um número equilibrado de moças e rapazes, que já estavam estudando juntos há tempo suficiente para a constituição de um grupo de discussão. Concluída a experiência-piloto, realizou-se uma reunião de avaliação com os pesquisadores. Considerou-se que a compreensão das características pessoais de cada participante tornaria mais fácil a interpretação dos dados. Desenvolveu-se então uma ficha de caracterização a ser preenchida pelos entrevistados, na qual constariam dados pessoais como idade, sexo, raça e etnia, origem rural ou urbana, nacionalidade, além de dados familiares (pai, mãe, filhos, profissão dos mesmos, renda) e dados profissionais.

---

[8] Para esta discussão metodológica foi fundamental a participação de Wivian Weller, socióloga da Universidade de Brasília, que esteve em Curitiba conduzindo o Workshop promovido pelo GeTec no Cefet-PR, nos dias 6 e 7 de maio de 2004, sobre "Método documentário de interpretação: aspectos teóricos e metodológicos". Sobre este assunto cf. Weller, 2005 e 2006.

O quinto passo do estudo constou dos encontros para a realização da pesquisa de campo propriamente dita, que aconteceu no mês de dezembro de 2004. Participaram da mesma 48 alunos(as). Iniciou-se com a apresentação dos objetivos da pesquisa a todos os alunos e alunas dos cursos a serem pesquisados, os quais foram deixados à vontade para participarem ou não dos grupos de discussão. Separou-se, em seguida, os alunos e alunas voluntários(as), de acordo com suas afinidades, formando quatro grupos, dois de moças e dois de rapazes, ou seja, um grupo feminino e um grupo masculino dos cursos Técnico em Desenho de Móveis (TDM) e Tecnologia em Artes Gráficas (TAG). Os grupos foram encaminhados para salas separadas, nas quais seriam gravados os debates suscitados pela pergunta norteadora da pesquisa: *O que é ser mulher em seu curso e em sua profissão?* (pergunta direcionada para as mulheres) e: *O que é ser homem em seu curso e em sua profissão?* (para os homens). Os grupos masculinos, compostos por quatro a cinco rapazes cada um, foram acompanhados por pesquisadores, enquanto os femininos, com cinco a oito moças, por pesquisadoras. Tendo sido feita a pergunta da pesquisa, os(as) pesquisadores(as) não fizeram mais qualquer interferência, limitando-se a gravar as discussões e a anotar os pontos considerados relevantes que poderiam ajudar na posterior transcrição e análise das entrevistas. No início, os(as) entrevistados(as) ficavam um pouco inibidos, sem saber bem o que dizer, mas depois de algum tempo (cerca de uns dez minutos) já estavam desinibidos e conversando como se estivessem "batendo papo" sobre o assunto, de tal forma que às vezes até se esqueciam da presença do(a) pesquisador(a). Estas entrevistas em grupo duraram em média de quarenta minutos a uma hora.

Para a interpretação dos resultados da pesquisa de campo, foram feitas cerca de dez reuniões com todos os pesquisadores que dela participaram, a fim de se discutir a respeito das categorias que seriam destacadas no artigo, assim como seus conteúdos, tema a ser desenvolvido a seguir.

Resultados da pesquisa

Na discussão dos resultados desta pesquisa, convém salientar que serão apresentadas as semelhanças entre estudantes brasileiros e alemães, e também suas diferenças[9]. A abordagem intercultural trouxe uma riqueza para a temática sobre a construção das relações de gênero no meio tecnológico e permitiu comparar questões pertinentes à diversidade cultural e às transformações e permanências nas identidades de gênero que estão ocorrendo.

Sabe-se que o processo de socialização diferenciado para meninos e meninas resulta em padrões de gênero dicotomizados que separa a vida social em duas esferas com características opostas. Apesar de a realidade social ser muito mais rica e múltipla do que apenas modelos binários, a construção do masculino e do feminino tem seguido esta dicotomia, o que traz problemas de ordem teórica para a adequada interpretação sobre as relações de gênero no

---

[9] Os fatos aqui apresentados foram retirados dos dois capítulos já citados, que apresentam os resultados das pesquisas realizadas no Brasil e na Alemanha.

mundo atual, que é cada vez mais plural e multifacetado[10]. No entanto, esta dicotomia aparece na realidade social de maneira enfática, especialmente em se tratando do universo tecnológico. Estas influências relacionadas com a socialização são altamente funcionais como resultado de orientação, porque elas ordenam o mundo da vida. Os resultados desta pesquisa assim o confirmam, em que pesem as diferenças culturais entre Brasil e Alemanha.

Uma afirmação comum entre os(as) estudantes brasileiros e alemães, logo no início das entrevistas, foi de que não percebiam discriminação ou relações de poder entre as moças e rapazes do curso. Disseram também que não havia diferenças de tratamento entre eles e elas, portanto, no curso e na profissão "era tudo a mesma coisa". Apesar das evidências de diferenças de gênero reveladas pela pesquisa, nas representações dos(as) estudantes essas diferenças não foram explicitadas conscientemente. Porém na sequência das entrevistas, as diferenças afloraram.

O processo de socialização na Alemanha

O papel da família, assim como as relações e experiências vividas neste âmbito, foram fundamentais para a formação dos padrões de gênero entre as pessoas do universo investigado. Na Alemanha, tanto as moças quanto os rapazes admitem que desde a tenra idade são direcionados diferentemente para interesses que os aproximam (no caso dos rapazes) ou afastam (no caso das moças) das habilidades técnicas. De uma forma bem mais nítida que as mulheres, os homens podem procurar o motivo de sua aptidão técnica nas repetidas *atividades lúdicas* relacionadas com técnica na infância e juventude. A ocupação com a técnica fica relacionada com empolgação, e boas experiências com brinquedos são facilitadas aos meninos por meio de uma clara divisão dos papéis.

Como observação mais marcante para muitos participantes vale, neste caso, o papel de ídolo do pai, que representa soberania no manuseio com a técnica (domiciliar) e representa, consequentemente, um modelo para o domínio do próprio mundo frágil: "Meu pai realmente trabalhava integralmente [...] desde a manhã, ia pra casa almoçar e ia embora e voltava de noite pra casa e dormia. Assistia jornal e dormia. Acho que ser homem é isso" (TAG_Masc).

A afinidade com a técnica, porém, pode também ser entendida como estratégia de compensação de conflitos internos e interpessoais. O controle da técnica muitas vezes também vira sinônimo para autocontrole. As meninas se orientam em negativo neste modelo de papel. Aprendem com as mães estratégias duplas de viver, mais ou menos bem-sucedidas. Assim, são transmitidos diversos princípios básicos de uma consciência sexual relativamente complexa, em especial o fato de que podem existir competências técnicas nas mulheres, porém, estas não podem ser demonstradas ou vividas ou o podem somente dentro de um contexto limitado. Interesse técnico explícito nas mulheres, portanto, somente é possível quando se trata de uma exceção.

---

[10] Hoje em dia não é mais possível pensarmos em apenas um modelo de mulher e outro de homem, construindo realidades opostas. Há uma pluralidade de homens e mulheres, tantas quantas são as situações vividas e os grupos existentes. Para compreender as relações de gênero, deve-se levar em consideração não só sua multiplicidade, mas também as relações de poder que perpassam as relações entre homens e mulheres, entre mulheres entre si e entre homens entre si (SCOTT, 1995).

Na escola também acontece o mesmo, o que reforça ainda mais os interesses masculinos para lidar com equipamentos e conhecimentos técnicos e os interesses femininos para apenas usarem esses equipamentos sem necessariamente compreenderem seu funcionamento, nem desenvolverem interesse para esta compreensão. No processo de socialização emerge a afinidade técnica dos homens nas atividades lúdicas, permitindo a eles as experiências agradáveis, porque o interesse técnico (re-)vivido leva sucessivamente à formação de competências, que em sua totalidade se fundem em um modelo de assimilação da realidade e domínio do mundo. A afinidade técnica se torna, assim, para os homens uma atividade simbólica, criando o próprio retrato.

Estas formas de socialização primária interfamiliar continuam na escola ou durante a formação. Porém, aqui um deslocamento de acentos fica visível: primeiro se exige das meninas menos interesse, entendimento e, consequentemente, empenho operacional nas matérias técnicas. Segundo, espera-se que as meninas não precisem mostrar empenho verdadeiro para ter sucesso na escola[11]. Permite-se a elas o conhecimento aprendido, porém não o entendimento básico. O exemplo explicativo do entendimento básico androcêntrico aparece em inúmeras variantes contadas. A experiência de formas de ensino, na qual esta diferenciação é vivida abertamente, percebida permanentemente pelos outros estudantes, coloca a pedra fundamental para um manual de como ser dependente, de onde, com uma certa probabilidade, somente poucas meninas conseguem fugir: "É cientificamente comprovado, o homem tem uma organização espacial, senso de orientação espacial muito melhor que a mulher. Inclusive para dirigir (risos)" (TAG_Fem).

Diferenças de gênero na formação e prática profissional no contexto brasileiro

No Brasil, os depoimentos das mulheres revelaram que elas consideram os homens mais firmes e discretos; observam ainda que eles simplificam as coisas, o que agrega valor ao seu trabalho. Eles vão estudar em cursos como Engenharia porque se dão melhor em áreas técnicas e nas ciências exatas. Interessam-se mais por computadores e por programação. A força física foi uma característica masculina bastante citada pelos rapazes (e moças) para apontar as diferenças entre homens e mulheres[12]. Outras diferenças entre moças e rapazes citadas por eles: Os homens têm mais facilidade para lidar com as ciências exatas, com trabalho mecânico, são mais agressivos no trabalho, como, por exemplo, na apresentação de um projeto. Por outro lado, as mulheres são mais organizadas. De acordo com a opinião deles, as mulheres têm mais facilidade e mais tato para lidar com o público e trabalham melhor com decoração.

---

[11] Louro corrobora esta ideia quando analisa as atitudes dos professores em sala de aula, que incentivam os meninos a um comportamento criativo e às atividades técnicas e cobram das meninas um comportamento disciplinado e passivo, deixando-as, algumas vezes, sem a oportunidade de desenvolver a criatividade para áreas técnicas (LOURO, 2001).

[12] A questão da força física está presente nos depoimentos dos(as) brasileiros(as) e não aparece entre os(as) alemães(ãs) por uma especificidade dos cursos pesquisados. O Curso de Mídias Digitais não exige praticamente nenhuma atividade onde seja necessária a força física, enquanto que, no Curso de Tecnologia em Móveis, muitas vezes esta característica é necessária.

Os rapazes do Cefet-PR acreditam que o homem, pelo menos neste campo de atuação (Curso de Artes Gráficas), tem que ter uma interação positiva com a tecnologia, creditando o sucesso na profissão à busca e ao domínio de novos conhecimentos. Isto porque consideram moderno e inovador este ramo do mercado, o qual não está, portanto, ligado a padrões tradicionais estabelecidos. Como consideram que todas estas características são masculinas, é recorrente a ideia de que os homens têm um melhor desempenho profissional que as mulheres.

A maneira de ver o mundo é importante para melhor entender as diferenças entre os gêneros. Os jovens do Cefet-PR disseram que as meninas são muito detalhistas, "gostam de complicar as coisas [...]" (TAG_Masc). As mulheres são vistas pelos rapazes em sua maioria como emotivas, sentimentais, sensíveis, delicadas, cuidadosas, mais subjetivas do que os homens.

Outras qualidades apontadas como femininas e que favorecem o desempenho das mulheres no trabalho foram a organização e uma maior atenção a detalhes e a cores. São eficientes em trabalhos como controle de qualidade, de acabamento, por exemplo, e também no setor financeiro. De acordo com os estudantes brasileiros, elas têm também mais facilidade para trabalhar em redação e mídia: "Nunca tem homem no financeiro, porque ele é desorganizado. Isto não é estereótipo, é uma tendência" (TDM_Fem).

Preconceitos e discriminação: percepções de estudantes brasileiros e alemães

Quanto a este aspecto o preconceito aflorou, pois o trabalho com decoração foi apontado por vários rapazes como um trabalho feminino e o homem que o faz é confundido com homossexual: "Praticamente, decoração associa estilismo com viado. Decoração com viado. Um homem prefere evitar" (TAG_Masc). Entre as estudantes entrevistadas que cursam Tecnologia em Desenho de Móveis, a grande maioria citou o fato de que o homem que trabalha com design sofre preconceitos em virtude de apresentarem "uma sexualidade duvidosa".

Eles vão estudar em cursos como Engenharia porque se dão melhor em áreas técnicas e das ciências exatas. Interessam-se mais para trabalhar com computadores e por programação. De acordo com o processo de socialização, meninos e meninas brasileiros(as) aprendem, tanto no ambiente familiar quanto na escola, que as engenharias e outras profissões de cunho mais tecnológico, como o trabalho na área mecânica (especialmente a automotiva), canteiros de obras, programação de *softwares*, pesquisa científica na área de física e matemática, são profissões "masculinas"[13]. Este fato pode explicar o pequeno número de mulheres que frequentam os cursos voltados para estas áreas do conhecimento[14].

Os rapazes que entraram no Curso de Tecnologia em Desenho de Móveis (eminentemente feminino) não continuaram o curso. Para algumas alunas isto se deveu porque não suportaram um ambiente com muitas mulheres: "Ele parecia um alienígena na sala. Ele falou: 'ou eu saio ou eu mudo de curso'. Aí ele mudou de curso [...] Todos os que entraram saíram. Desistiram" (TMD_Fem).

---

[13] Pesquisas sobre este tema foram desenvolvidas por pesquisadores e pesquisadoras do GeTec. Cf. p. ex., CASAGRANDE, Lindamir S.; FARIAS, Benedito G.F.; NARDELLI, Thaise.

[14] Cf. CARVALHO, Marilia G., 2007.

Os jovens alemães reconhecem que também existem homens "que possuem algo dos dois lados" (TMD_Masc), porém a existência de duas esferas de pensar basicamente diferentes e quase completamente incompatíveis não é questionada. O modelo de duas culturas, ou seja, uma voltada para a área técnica e outra para a área de ciências humanas ou artística, baseadas numa divisão em uma esfera racional e outra esfera emocional, fica ratificado tanto pelos homens como pelas mulheres.

As alunas de FHF acreditam que os homens tendencialmente possuem uma maneira de pensar lógica. A eles é atribuída uma afinidade de poder pensar em *estruturas*, enquanto as mulheres preferem se concentrar em *processos*. Uma das participantes também vê nesta diferença o motivo para as dificuldades na disciplina "Programação", que é elementar para os cursos na área de Mídias Digitais: "Para tal coisa não tenho a visão lógica, para a programação" (TMD_Fem).

Alguns entrevistados brasileiros disseram que o ambiente de trabalho onde tem muitas mulheres é mais tenso, porque elas não conseguem separar questões profissionais de questões pessoais: "A mulher leva tudo pro lado sentimental, qualquer coisinha... se você falar atravessado ela vai pro banheiro chorar, vai pro canto, tem enxaqueca [...]" (TAG_Masc). De acordo com as opiniões dos jovens, "para os homens estas questões são resolvidas de forma mais simples, vão pra um bar, tomam uma cerveja e no dia seguinte está tudo bem" (TAG_Masc). Por outro lado, foi mencionado que nos ambientes onde há mulheres trabalhando existe maior respeito entre as pessoas, não há muita briga nem discussão.

Um estudante brasileiro do Curso de Tecnologia em Artes Gráficas revelou explicitamente que as mulheres não interagem bem com aparelhos e artefatos tecnológicos, sendo este um dos fatores limitantes para sua atuação no mercado de trabalho: "Grande parte das mulheres não gostam de coisas muito minuciosas que têm muitos comandos [...] mulher vai achar que motor tem válvula de televisão" (TAG_Masc). Afirmaram ainda que elas lidam com equipamentos técnicos, porém, se ocorrer algum problema técnico, não tentam resolver e geralmente recorrem a seus colegas masculinos para pedir ajuda. Segundo eles, é muito difícil encontrar uma mulher que tome a iniciativa de solucionar sozinha este tipo de problema

A insegurança na profissão

A insegurança profissional também foi apontada pelos rapazes como uma característica feminina que dificulta sua afirmação na profissão. Trouxeram exemplos de colegas de curso que não se impõem na defesa de seus projetos e opiniões, não defendem suas ideias com a mesma firmeza e agressividade dos colegas rapazes e não ousam criar nada além do que os professores orientam: "Tudo quadradinho, bonitinho, bem resolvido, mas é aquilo. Não vai ter diferença [...] são mais tranquilas, mais serenas [...] é um trabalho assim, assim [...] sem muita gana" (TAG_Masc).

Na Alemanha, foi constatado que existe uma tendência de as mulheres subestimarem a elas próprias e a outras mulheres em relação às suas competências técnicas, enquanto os homens se superestimam: "Existem muitas que acham que não são tão boas assim e os meninos imaginam que são megabons" (MD_Fem). A percepção da competência das mulheres por homens não está baseada de forma alguma em capacidades reais, mas sim na falsificação de clichês e preconceitos. A competência ou é negada às mulheres ou elas são submetidas a uma prova minuciosa. Nos homens, a competência é considerada simples e automaticamente um pré-requisito. Por este motivo, as estudantes têm a impressão de serem obrigados a se afirmar não somente perante os seus colegas, mas também perante seus professores. Isto não é apenas uma observação marginal, mas é percebido pelas estudantes como algo muito existencial: "Deve-se mostrar talento ou dedicação para também ter, digamos, o direito de poder estar aqui" (TMD_Fem).

Independente de desempenhos concretos, as mulheres no início do estudo devem se submeter a um *ritual de apreciação*, cujas regras obedecem à tradição de campos técnicos patriarcais. As mulheres vivem então seu sexo essencialmente mais conscientes que os homens, o que não depende de uma consciência sexual maior, mas simplesmente porque elas têm mais oportunidades (involuntárias) para isto. Há, contudo, exceções à regra, ou seja, homens que se interessam pela criação e mulheres que se interessam por programação. Segundo os alemães, o primeiro caso não é problemático porque é considerado uma competência complementar. O segundo caso é mais complexo. Quando mulheres "penetram" os domínios masculinos e aprendem uma "profissão masculina", tal fato ainda hoje provoca irritações.

No caso brasileiro, a discriminação para com a mulher surgiu em relação à preferência pelos rapazes para estágio ou colocação no mercado de trabalho. Vários casos foram citados por eles e por elas de que anúncios solicitando estágios não especificavam o sexo, porém, no momento da contratação, mesmo quando a moça tinha melhor currículo ou competência, quem conseguia a contratação era sempre o rapaz. Os próprios rapazes reconheceram que para a mulher "se dar bem profissionalmente ela tem que ser muito mais competente que os homens" (TAG_Masc).

Papéis de gênero e diversidade cultural: os homens e a "responsabilidade"

Em relação ao papel masculino na sociedade, os estudantes alemães e brasileiros entrevistados nesta pesquisa concordam com o fato de que é responsabilidade masculina o trabalho e o sustento da família. Esta representação foi expressa por eles de maneira diferente, porém este é um papel que, sem dúvida alguma, faz parte da construção da identidade masculina em ambos os países.

Entre os rapazes alemães, a argumentação gira em torno do dogma da obrigação para a responsabilidade. Porque eles se veem no "papel daquele que sustenta", sentem-se em desvantagem perante as mulheres em suas possibilidades de escolha. Neste contexto, surgiram comentários recorrentes tais como: "Aqui nós temos outra vez outras obrigações. Nós temos que representar o papel daquele que sustenta. Por este motivo nós temos que fazer as coisas" (TMD_Masc). Este modo de pensar traz consequências para o relacionamento entre os sexos. Esta "obrigação" foi apresentada como uma carga pesada por meio da qual eles devem direcionar suas vidas. Eles não conseguem conceber a vida compatibilizando tarefas profissionais com tarefas familiares. Por esta razão, a maioria deles não tem planos que incluem uma união estável. Esta afirmação feita pelos estudantes alemães merece ser relativizada, levando em consideração a idade deles, todos na fase da vida estudantil, quando a união estável não está ainda presente em seus planos.

Ao contrário dos rapazes, as mulheres alemãs buscaram exemplos positivos em sua própria rede social e demonstraram ser possível conciliar crescimento profissional com a formação de uma família. "A partir do exemplo das mães, são apresentadas a elas estratégias a partir de uma duplicidade de papéis para experiências mais ou menos bem sucedidas"[15]. Os homens não conseguem adicionar a educação de filhos com o trabalho; "assim não se consegue trabalhar direito, ou sofre o emprego ou os filhos" (TMD_Masc). Eles dizem que, para as mulheres, a carreira se define de uma forma diferente. Aqui o destaque não é *acelerar*, senão a possibilidade de ampliar o próprio horizonte dos conhecimentos e, eventualmente, ainda curtir seus resultados. Aqui também se mostra novamente que, para as mulheres, a profissão, assim como o estudo, tem uma *função que serve para a autoestima*, que se expressa na vontade de aprender, na própria evolução e ampliação do horizonte. Ou seja, enquanto os homens "têm que" se apressar em ter uma profissão e um emprego (e esta pressa é algo que está introjetado em suas mentes), as mulheres podem ir mais devagar e usufruir os conhecimentos adquiridos, sem a mesma pressão que se impõe aos homens.

Os rapazes do Cefet-PR também deram ênfase ao papel de provedor que lhes é imposto desde a mais tenra idade. Citaram casos familiares e que aprenderam com o exemplo de seus pais quais são suas obrigações. Para muitos, este é seu projeto de vida. Diferentemente dos alemães, os rapazes brasileiros sonham em um dia ter um trabalho (para isto estão se preparando), ter uma família e poder sustentá-la sozinhos, como expressado por alguns dos entrevistados:

1: O homem [...] sempre vai ter que cuidar de uma família e hoje em dia não é muito diferente disso não [...] têm que ter essa responsabilidade (TAG_Masc).
2: Tem que ter nível profissional, um patamar de poder sustentar minha família de uma maneira satisfatória, que eu possa dar o estudo, a casa, momentos de lazer para a família... acho que seria uma realização pessoal (TAG_Masc).
3: Imagine a mulher sustentando o homem; chamam o cara de sanguessuga, de vagabundo [...] os homens concordam comigo (TAG_Masc).
4: Hoje o homem ainda é obrigado a manter a família e ainda assim ele é obrigado a concorrer com as mulheres, de quem ele é cobrado a cuidar (TAG_Masc).

A conquista do mercado de trabalho: nivelamento ou desigualdade?

Pelas exigências crescentes no mercado de trabalho e a redução dos postos de emprego, as diferenças entre os sexos na perspectiva dos(das) participantes são niveladas. Por este motivo, moças e rapazes devem se empenhar ou "se virar" mais para conseguir qualquer coisa, e assim, isto para eles e elas fica completamente igual. Portanto, homens e mulheres são igualmente solicitados, devido ao elevado nível das exigências durante o estudo e a complicada situação no mercado de trabalho. As tendências de individualização há muito tempo influenciam o currículo e os planejamentos da geração pesquisada.

Uma observação dos relacionamentos entre os sexos na transição para a profissão no caso da Alemanha resulta que, atualmente, mais do que nunca se trata de *alianças* e não mais de *diferenças*, ou seja, no país europeu, colegas de trabalho tendem a se unir para o exercício da

---

[15] SELKE, 2006, p. 144.

profissão, independentemente do sexo, almejando mais o sucesso no trabalho do que uma competição entre homens e mulheres. Isto explica por que, pelo menos no nível retórico, nem os rapazes nem as moças consideram que as diferenças entre eles sejam importantes para o trabalho. Ambos têm que trabalhar igual. Diferenças típicas por sexo são minimizadas retoricamente ou banalizadas, tanto quanto se pode. Por causa da obrigatoriedade antecipada ou real de se autoafirmar, acontece um nivelamento das diferenças entre os sexos, porque "na verdade o que importa é o quanto se é bom ou ruim" (TMD_Fem).

A competição e as dificuldades de encontrar um espaço no mercado de trabalho geram entre os rapazes brasileiros opiniões ambíguas e contraditórias. Percebe-se uma preocupação em não demonstrar um pensamento machista, porém muitas vezes ouviu-se frases como: "Acredito que tá certo que elas têm que trabalhar também, não é só a gente [...] Mas elas deviam ficar nos cargos menores. Mas daí deixar os cargos mais altos pro marido receber mais" [...]. Ou afirmações como esta: "Com a Revolução Industrial, resolveram inundar o mercado (de trabalho) com mulher, questão de mão de obra barata" (TAG_Masc). Segundo eles, muitas mulheres querem trabalhar e não percebem que recebem rendimento menor do que os homens pelo mesmo cargo.

As moças brasileiras têm plena consciência das dificuldades que irão enfrentar no competitivo mercado de trabalho e da desvantagem que levam pelo fato de serem mulheres. No tocante à busca por estágios no curso, elas já sentem a discriminação quando são preteridas para a contratação dos colegas: "Muitas vezes, a gente leva o currículo para tratar de estágio e eles não te chamam e você não sabe por que, você chega de manhã, fica pensando se está faltando alguma coisa ou se é porque você é mulher, e a gente nem sabe porque na verdade a gente é eliminada primeiro [...]" (TAG_Fem). Também comentaram casos em que realizam o mesmo trabalho dos colegas e ganham menos. O pagamento de menor valor para as mulheres como remuneração pelo mesmo trabalho realizado por um homem foi apontado por todos os entrevistados do Cefet-PR. Esta questão não surgiu em momento algum no artigo sobre os(as) estudantes da Alemanha.

Considerações finais

O estudo realizado com alunos de alguns cursos de duas instituições de Educação Tecnológica não teve a pretensão de realizar uma tipificação dos estudantes de ambos os países consoante suas percepções de gênero. Os resultados aqui apresentados devem ser vistos como *insights* sobre um contexto pouco explorado até o momento, sobretudo de forma comparativa, e que carece de mais estudos e pesquisas em profundidade, levando-se em consideração outras variáveis, tais como a origem social dos entrevistados, a filiação religiosa, o contexto de socialização (meio urbano ou rural), dentre outras.

Contudo, esta pesquisa intercultural revelou que há muitos pontos em comum entre os dois países, porém há também divergências. Ambas estão relacionadas às características culturais dos países envolvidos. Por meio da perspectiva comparativa, foi possível identificar semelhanças e diferenças a respeito das representações de gênero nos cursos da área tecnológica entre os(as) estudantes do Brasil e da Alemanha dentro de um contexto de diversidade cultural.

A experiência com os grupos de discussão também foi rica em termos de informações que revelaram a maneira de pensar de um grupo específico de pessoas que têm as mesmas experiências de vida, além das características de vida que compartilham. A utilização do método documentário, assim como do aporte da Etnometodologia, permitiu abordar questões de ordem subjetiva, do mundo vivido pelos estudantes que participaram da pesquisa e revelaram aspectos que, muito provavelmente, uma pesquisa quantitativa não revelaria. O fato de a pesquisa ter seguido o mesmo método de coleta e análise dos dados, tanto na Alemanha como no Brasil, permitiu chegar a resultados que possibilitaram este estudo comparativo entre os estudantes brasileiros e alemães que vivem a mesma realidade de gênero em suas universidades.

BIBLIOGRAFIA

CARVALHO, Marília G. (2008). É possível transformar a minoria em equidade? In: RISTOFF, Dilvo et al. *Simpósio "Gênero e Indicadores da Educação Superior Brasileira"*. Brasília: Inep, p. 109-137.

CARVALHO, Marília.G.; FEITOSA, Samara & SILVA, Valter C. (2006). "Relações de gênero entre alunos e alunas em uma instituição brasileira de educação tecnológica". *Revista Tecnologia e Sociedade*, vol. 3, p. 87-135, 2º sem. [número especial sobre gênero e tecnologia]. Curitiba: PPGTE/Cefet-PR.

CASAGRANDE, Lindamir S. (2005). *Quem mora no livro didático?* – Representações de gênero nos livros de matemática na virada do milênio. Curitiba: UTFPR/PPGTE [Dissertação de mestrado].

COULON, A. (1995). *Etnometodologia*. Petrópolis: Vozes, 1995.

FARIAS, Benedito G.F. (2007). *Gênero no mercado de trabalho*: mulheres engenheiras. Curitiba: UTFPR/PPGTE [Dissertação de mestrado].

GARFINKEL, Harold (1967). *Studies in Ethnomethodology*. New Jersey: Englewood Cliffs.

MUNDER, Irmtraud & CARVALHO, Marília G. (2005). "Mujeres y estudios técnicos, ¿conceptos compatibles? Tentativa de una comparación intercultural entre Alemania y Brasil". *Cadernos de Gênero e Tecnologia*, 1, p. 20-38. Curitiba: Cefet-PR.

NARDELLI, Thaise (2008). *Batom, uniforme e graxa* – Gênero nos cursos de aprendizagem industrial em automotivos do Senai-PR. Curitiba: UTFPR/PPGTE [Dissertação de mestrado].

SCOTT, Joan (1995). "Gênero: uma categoria útil de análise histórica". *Educação e Realidade*: gênero e educação, vol. 20, n. 2, jul.-dez, p. 71-99. Porto Alegre.

SELKE, Stefan (2006). "A complexidade da consciência sexual indiferente: resultado de uma pesquisa entre estudantes da Fachhochschule Furtwangen". *Revista Tecnologia e Sociedade*, vol. 3, 2º sem., p. 137-171 [número especial sobre gênero e tecnologia]. Curitiba: PPGTE/Cefet-PR.

WELLER, Wivian (2006). "Grupos de discussão na pesquisa com adolescentes e jovens: aportes teórico-metodológicos e análise de uma experiência com o método". *Educação e Pesquisa* – Revista de Educação da USP, vol. 32, n. 2, mai.-ago., p. 241-260. São Paulo.

_____ (2005). "A contribuição de Karl Mannheim para a pesquisa qualitativa: aspectos teóricos e metodológicos". *Sociologias*, vol. 7, n. 13, jan.-abr., p. 260-300.

Parte III

Análise de imagens
e filmes

Capítulo 1

A interpretação de imagens segundo o método documentário*

Ralf Bohnsack

O crescimento progressivo de métodos qualitativos e a marginalização da imagem

Quando se analisa o desenvolvimento dos métodos qualitativos durante os últimos vinte anos, pode-se chegar a uma observação que, à primeira vista, parece paradoxal: a crescente sofisticação e sistematização dos métodos qualitativos é acompanhada pela marginalização da imagem. O considerável progresso nos métodos qualitativos durante os últimos vinte anos está, especialmente na Alemanha, essencialmente associado à interpretação de textos e parcialmente associado à chamada "virada linguística" (cf. BOHNSACK, 2007c).

No campo das Ciências Sociais empíricas, o conceito de "virada linguística" (*linguistic turn*) foi bem aceito porque foi precedido pela premissa na pesquisa empírica, concisamente articulada por Karl Popper (1959, p. 95-97). A realidade, quando tiver pretensões de relevância científica, deve apresentar-se na forma de "frases observáveis" ou "frases protocolares", ou seja, em um formato textual. A pesquisa qualitativa não apenas seguiu essa premissa, como também a desenvolveu ainda mais. Apenas dados originais de pesquisa que consistem na ação linguística dos sujeitos pesquisados, ou seja, textos que são produzidos pelos próprios atores não precisam ser transformados em frases protocolares. No campo da interpretação de imagens, porém, esta transformação é especialmente necessária, fazendo pesar sobre ela a suspeita sobre sua validade.

A orientação para o paradigma do texto e suas estruturas formais tem levado a um enorme progresso na precisão dos métodos qualitativos. Uma das razões para todo esse sucesso pode ser encontrada na estratégia metodológica de tratamento do texto como um sistema autorreferencial ou, como Harvey Sacks (1995, p. 536) afirmou: "Se alguém está fazendo alguma coisa como uma

---

* Tradução de Tatyani de Torres Quintanilha. Revisão de Wivian Weller. Uma versão anterior deste trabalho foi publicado em português na revista *Sociologias*, ano 9, n. 18, jun.-dez./2007, p. 286-311. Porto Alegre. O presente artigo traz novos exemplos de análise de imagens e aborda aspectos não discutidos anteriormente.

sociologia da conversação, o que esse alguém quer fazer é ver o que o sistema oferece por ele mesmo como bases, motivos, entre outros, para fazer algo essencial para o sistema". Essa estratégia ou premissa foi primeiramente aplicada no campo da Análise da Conversação e, depois, seguida por outras metodologias relacionadas à interpretação de textos. Porém, até agora, essa premissa ainda não é relevante no senso exato para os métodos qualitativos que tratam a interpretação de imagens. O foco nessa estratégia metodológica, ou seja, no tratamento das imagens dentro da pesquisa empírica como sistemas autorreferenciais, é uma das preocupações centrais deste artigo.

Reconhecer que imagens têm *status* metodológico de sistemas autorreferenciais também traz consequências para as formas de entendimento de imagens como um meio de comunicação. Podemos diferenciar entre dois processos de entendimento icônicos bem distintos. A comunicação sobre imagens deve ser distinguida do entendimento através de imagens.

Compreensão através de imagens *versus* compreensão sobre imagens

Em grande parte, um entendimento imediato *através* de imagens, ou por meio da imagem ou, ainda, além do meio da linguagem e do texto, foi excluído tacitamente ou permanece sem mais explicações por parte das metodologias assim como das teorias da ação. Teoria, metodologia e pesquisa prática deveriam assumir a premissa "de não mais explicar imagens por meio de textos, mas diferenciá-las dos textos", como afirmou Hans Belting (2001, p. 15) em alusão a William J.T. Mitchell (1994).

Falar de um entendimento através de imagens significa que nosso mundo, nossa realidade social, não é apenas representado por imagens, mas também constituído ou produzido por elas. Mitchell dedicou-se extensivamente a esta questão (1994, p. 41). A constituição do mundo através de imagens pode ser entendida, no mínimo, de duas formas. Uma forma de entendimento leva em consideração apenas a interpretação e a explicação do mundo como essencialmente aplicado ao estudo da iconicidade. Um entendimento mais extensivo inclui também a importância de imagens para a ação prática, suas qualidades e capacidades de orientarem nossas ações e práticas diárias.

O segundo aspecto tem sido amplamente ignorado nas teorias da ação, da comunicação e do desenvolvimento humano. As imagens dão orientações para nossas práticas diárias em um nível muito elementar de entendimento, aprendizagem, socialização e desenvolvimento humano, e não estamos falando simplesmente da influência da *media* de massa. O comportamento em situações ou lugares sociais e, também, formas de expressões através de gestos e mímica são aprendidos por meio de imagens mentais. Estas são apropriadas mimeticamente (cf. GEBAUER & WULFF, 1995) e guardadas na memória através das imagens.

As imagens estão implícitas em todos os signos ou sistemas de significados. No sentido atribuído pela Semiótica, um "significado" específico associado a um "significante" específico não é uma coisa, mas uma imagem mental. Na Semiologia de Roland Barthes nós podemos ler: "O significado da palavra boi não é o animal boi, mas sim sua imagem física" ("le signifié du mot boeuf n'est pas l'animal boeuf, mais son image psychique" – BARTHES, 1993, p. 1.488). E de acordo com Alfred Schutz, todo símbolo ou, mais precisamente, toda tipificação está fundamentada na "imaginação de sentidos apresentados hipoteticamente" (1964, p. 3). Desse modo, essas imagens estão fundamentadas, em grande extensão, no conhecimento icônico.

O entendimento e a orientação da ação e da prática diária através da iconicidade, ou seja, das imagens mentais, acontece de forma pré-reflexiva. Esta maneira de entendimento é performada abaixo do nível da explicação conceitual ou verbal. O entendimento icônico, ou pautado em imagens, está enraizado no conhecimento implícito, no conhecimento "ateórico", como denominado por Karl Mannheim (1982).

A ação habitual e rotineira é estruturada, acima de tudo, pelo conhecimento ateórico ou implícito. O conhecimento implícito é transmitido através do meio textual e dos gêneros de narração e descrição em forma de metáforas, assim como do metafórico, que significam representações pautadas em imagens dos lugares sociais. Mas de uma forma fundamental e elementar, o conhecimento implícito ou ateórico é transmitido por meio da iconicidade, por exemplo, nas imagens de lugares sociais e em práticas incorporadas da ação. A transmissão do conhecimento ateórico é realizada sobretudo pela linguagem figurativa (*Bildlichkeit*), no sentido atribuído por Gottfried Boehm, que define linguagem figurativa da seguinte forma: "Imagem e fala participam em um mesmo nível da linguagem figurativa" (1978, p. 447). Essa dimensão da "imaginação" pertence à esfera do conhecimento implícito ou ateórico.

A transição da interpretação na esfera de conhecimento explícito para o conhecimento implícito ou ateórico é, nos termos de Erwin Panofsky, a transição da Iconografia para a Iconologia. Como historiador das artes, Panofsky foi, em seu tempo, essencialmente influenciado nas explicações metodológicas de sua teoria da Iconologia, pela discussão nas Ciências Sociais, especialmente pelo método documentário de interpretação de Karl Mannheim, seu contemporâneo. A transição da Iconografia para a Iconologia na percepção de Panofsky corresponde à mudança de significado imanente ou literal, para o significado documentário, no sentido de Mannheim (cf. tb. BOHNSACK, 2007a).

A mudança de postura analítica: Do "por que" para o "como" – da Iconografia para a Iconologia – do sentido imanente para o sentido documentário

Muito antes de devotar minha atenção para a interpretação de imagens, trabalhei com o método documentário de interpretação. A maioria de vocês irá reconhecer o método documentário como elemento essencial da Etnometodologia de Harold Garfinkel (1967). Influenciado por este autor desde os anos 70 do século passado, voltei às raízes do método documentário, a Sociologia de Conhecimento de Karl Mannheim (cf. BOHNSACK, 2006). A partir da base metodológica mannheimiana, passei a desenvolver um método para interpretação da fala, especialmente de grupos de discussão e, posteriormente, de outros tipos de texto (cf. BOHNSACK, 2008a; BOHNSACK; PFAFF & WELLER, 2010).

A mudança de significado imanente ou literal para o significado documentário, da Iconografia para a Iconologia, corresponde a uma mudança de mentalidade e perspectiva de análise. Em correspondência à Martin Heidegger (1986), Niklas Luhmann (1990) e, especialmente, Karl Mannheim, podemos afirmar que essa mudança remonta à abertura do questionamento sobre *o que* (*was*) para o questionamento sobre o *como* (*wie*), da questão *o que* são fenômenos culturais e sociais para a questão *como* eles são produzidos (cf. BOHNSACK, 2009). Segundo Erwin Panofsky, a questão *o quê* não inclui apenas o nível da Iconografia, mas também o chamado nível pré-iconográfico.

Dimensões do significado e interpretação de imagens

Interpretação documentária
(interpretação icônico-iconológica)

habitus, significado documentário, *modus operandi*

Questão:
Como a apresentação é produzida?

Conhecimento comunicativo

Conhecimento generalizado de instituições e regras

Conhecimento conjuntivo

Conhecimento de motivações concretas de atores concretos

Questão:
Que histórias concretas as imagens nos contam?

Interpretação iconográfica
(mensagem conotativa)

Questão:
O que está representado na imagem?
Exemplo: a ação de cumprimentar

Composição formal

composição planimétrica
projeção perspectiva
coreografia cênica

Nível pre-iconográfico de significado
(mensagem denotativa)
Exemplo: o gesto de 'erguer o chapéu'

A diferença entre Iconografia e Pré-iconografia é relevante não apenas para a história da arte, mas também para as Ciências Sociais e para as teorias da ação. Isto se torna evidente quando Panofsky (1955, p. 52-54) explica estes dois níveis ou passos de interpretação, não no campo da arte, mas da "vida cotidiana" (p. 53), como ele mesmo determinou. Como exemplo, o autor descreve o gesto de um conhecido. Este gesto, que no nível pré-iconográfico seria identificado primeiramente como o "levantar de um chapéu" (p. 54), só será analisado como um "cumprimento" (p. 52) no nível iconográfico (cf. diagrama anterior).

Quando a argumentação de Panofsky é trazida para o campo das Ciências Sociais, a passagem do nível de interpretação pré-iconográfico para o iconográfico pode ser caracterizada como a passagem para a atribuição de motivos, ou, mais precisamente, para *para se chegar ao* motivo, como diria Alfred Schutz (1964, p. 31). O conhecido levanta seu chapéu *para chegar ao* cumprimento. No nível de interpretação iconográfica, nós procuramos por intenções subjetivas, como sempre fazemos no campo do senso comum. Este tipo de interpretação iconográfica constitui uma base metódica sólida apenas quando estamos lidando com ações institucionalizadas, com ações expressivas de determinados papéis sociais. Em outros casos, a interpretação iconográfica se pauta pela introspecção e suposições na construção de motivos, as quais não podem ser objeto de observação empírica.

Em contraste ao procedimento iconográfico de análise, a interpretação iconológica se caracteriza pela "ruptura com as pré-suposições do senso comum leigo ou erudito", nos termos de Bourdieu (1992, p. 247). O ponto de vista iconológico de análise, ou seja, sua mentalidade analítica, é radicalmente diferente da questão "o que"; esta pergunta pelo "como", pelo *modus operandi* da produção, pela emergência, ou pelo processo de formação de um gesto.

Perguntando dessa forma, nós podemos – de acordo com Panofsky – ganhar acesso ao "significado ou conteúdo intrínseco" do gesto (1975, p. 40), ao seu "significado característico" ou "significado documentário", como Panofsky formula tomando Mannheim como referência (1932, p. 115 e 118). Por intermédio da interpretação iconológica, "adquirimos a impressão sobre uma disposição específica dos gestos [...], documentada no gesto do cumprimento tanto de forma clara como de forma independente do querer e do saber daquele que cumprimenta, como estaria documentado em qualquer outra manifestação em que pessoas estivessem envolvidas" (p. 115s.).

Este significado característico (em alemão: *Wesenssinn*) – que se autodescreve – também é denominado por Panofsky como *habitus*, e, como já se sabe, Bourdieu tomou o conceito emprestado de Panofsky. A concepção de *habitus* pode se referir tanto a fenômenos individuais quanto a fenômenos coletivos relativos ao meio social (*milieu*), por exemplo, o *habitus* "proletário" ou "burguês". Pode também exprimir um determinado período histórico ou uma geração, como o *habitus* da "geração 1968". Pode ainda – e aqui reside propriamente o interesse do autor –, ser expressão de todo um período histórico, seja o Período Gótico ou a Renascença.

A diferença entre o *habitus* do produtor e o *habitus* do reproduzido na imagem

De acordo com Panofsky, na reconstrução do significado iconológico nós procuramos pelo *habitus* do produtor da imagem. Porém, principalmente no campo da fotografia, parece ser necessário ir além de Panofsky e diferenciar as duas dimensões fundamentais ou categorias de produtores de imagens:

De um lado, temos – como eu gostaria de chamá-los – os *produtores de imagens que representam*, por exemplo, o fotógrafo ou artista, assim como todos que estão agindo por detrás da câmera e que estão participando na produção da imagem, mesmo depois do registro da fotografia.

Do outro, temos os *produtores de imagens representados*. São todas as pessoas, criaturas e cenas sociais que são parte do sujeito da imagem e estão agindo em frente à câmera. Os problemas metodológicos que resultam nessa complexa relação entre estas duas categorias diferentes de produtores de imagem podem ser facilmente resolvidos, desde que as duas categorias de produtores pertençam ao mesmo ambiente, ao mesmo "espaço de experiências" (*Erfahrungsraum*), como podemos denominá-lo usando uma terminologia de Karl Mannheim (1982). Por exemplo: Quando um membro de uma família está produzindo uma fotografia de sua família, ou quando um pintor, assim como os modelos ou as cenas pintadas, pertencem à mesma época (como acontece em pinturas históricas, que são feitas para nos dar *insights* de uma época histórica). Esta é a principal preocupação da interpretação iconológica e documentária para ganhar acesso ao espaço de experiência de produtores de imagem. E um elemento central desse espaço de experiência é o *habitus* individual ou coletivo. Tudo isto, metodologicamente, torna-se muito mais complexo quando o *habitus* do produtor de imagem representado não está em correspondência ou congruente com o produtor de imagem representante, como o fotógrafo ou o pintor. Tentei demonstrar isto por meio de uma fotografia de uma família de trabalhadores de campo do Brasil, que foi feita por um fotógrafo profissional com ambições artísticas (cf. BOHNSACK, 2008a, p. 249ss.).

Imagem 1
Família com onze filhos no Sertão de Tauá, Ceará 1983.
In: SALGADO, 1997.

Voltando à Panofsky, podemos afirmar que uma de suas conquistas mais extraordinárias consiste no trabalho em torno do conceito de *habitus* ou do significado documentário (por exemplo: de uma época como a Renascença), através de analogias ou homologias entre meios sociais muito diferentes, entre gêneros de representação ou de arte totalmente distintos dentro da mesma época (da literatura à pintura; da arquitetura à música). Esta extraordinária conquista foi tomada como referência pelo historiador de arte Max Imdahl, que passou a perguntar-se sobre o que seria singular ao meio da imagem, ou à iconicidade nas interpretações de Panofsky. No entanto, Panofsky não estava interessado naqueles significados que são representados por meio de imagens isoladas, mas naqueles que também são comunicados através de imagens e de outros meios.

A importância da estrutura formal e a suspensão do controle metodológico de partes do conhecimento iconológico

Nesse contexto, Max Imdahl criticou a reduzida significação à "forma" e a "composições formais" nos trabalhos de Panofsky. Formas e composições teriam sido reduzidas à função de organizadores de objetos enquadrados ou retratados em sua concretude ou em sua composição natural, e a organizadores de narrações iconográficas (por exemplo, um texto da Bíblia) de forma reconhecível. Ao invés da redução ao "olhar que reconhece" (*wiedererkennendes Sehen*), Imdahl (1996a, p. 89s) propõe o "olhar que olha" (*sehendes Sehen*), ou seja, o olhar que considera a totalidade ou integralidade da imagem e não somente suas particularidades. O autor contrasta o "olhar que reconhece" com o "olhar que olha", o qual tem seu ponto de referência não nos objetos retratados em sua concretude, mas em sua relação com o contexto geral e com a composição total da imagem. O "olhar que olha" em oposição ao "olhar que reconhece" constitui a base do método de Imdahl, denominado por ele de "icônico" (1994 e 1996a). A *interpretação icônica* proposta por ele parte do nível pré-iconográfico, principalmente da composição formal da imagem. De acordo com Imdahl, a interpretação icônica pode manter-se distante do pré-conhecimento iconográfico ou dos sentidos atribuídos ao iconográfico. Ela pode, "à exceção da percepção literária ou do conteúdo cênico da imagem, ser bem-sucedida justamente quando o conhecimento sobre o sujeito representado é, por assim dizer, metodologicamente posto de lado" (1996, p. 435).

Esse tipo de procedimento é metodologicamente necessário quando se busca apreender a imagem no sentido proposto por Imdahl, ou seja, como "um sistema evidente na construção de suas normas imanentes e em sua autonomia" (1979, p. 190), ou ainda como um "sistema autorreferencial", para utilizarmos um termo da moderna teoria dos sistemas de Niklas Luhman (1987, p. 31s.). Se seguirmos Imdahl e tentarmos dominar a relevância de sua relação com as Ciências Sociais, estaríamos simplesmente – como antes mencionado – fazendo uso de uma estratégia que tem sido a base de enorme progresso nos métodos qualitativos sempre que o campo de interpretação de texto está em debate. Agora a questão é como podemos transferir esta estratégia da interpretação de imagens para a iconicidade e suas leis inerentes.

É possível traçar aqui alguns paralelos entre Panofsky e a Semiótica, com seus dois proeminentes representantes: Umberto Eco e Roland Barthes. Apesar das respectivas diferenças, ambos os autores estão de acordo quanto à necessidade de nos colocarmos aquém do nível conotativo a fim de melhor explicitar a singularidade e a particularidade da imagem (cf. BOHNSACK, 2003b). O nível conotativo pode ser compreendido – e isto é salientado de forma explícita por Umberto Eco (1994, p. 242) – em alguns aspectos como análogo ao nível iconográfico de Panofsky[1].

---

[1] Sobre as semelhanças entre os trabalhos de Roland Barthes e Erwin Panofsky, cf. ainda Van Leueuwen, 2001.

A singularidade e a particularidade da imagem em relação ao texto, ou seja, a especificidade da mensagem gráfica, do signo icônico, apresenta-se de maneira diferenciada no nível denotativo ou pré-iconográfico. No processo de decodificação da mensagem gráfica, é necessário deter-se primeiramente à análise dos códigos conotativos ou iconográficos. Nesse sentido, em um primeiro momento, no nível do senso comum, tendemos a construir mentalmente ações ou histórias relativas a essas imagens não abstratas, por exemplo, situações específicas que eventualmente ocorreram no momento da produção da imagem. A decodificação de toda e qualquer mensagem que, por sua vez, só pode ser transmitida por meio da imagem é então "liberada" (original: *débarassée*) como diria Barthes (1990, p. 37), pelo seu código conotativo ou iconográfico. Este percurso transforma a imagem "em um resto de mensagem, aquilo que sobra depois de terem sido dissipados os signos da conotação" (BARTHES, 1982, p. 34).

Neste aspecto, também podemos estabelecer um paralelo com a interpretação realizada por Foucault da pintura *Las meninas*, de Velásquez (ver Fotografia 2), quando ele acentua que "é preciso, pois, fingir não saber quem se refletirá no fundo do espelho e interrogar esse reflexo no nível de sua existência" (FOUCAULT, 1999, p. 12)[2]. Foucault não está defendendo a omissão do conhecimento institucionalizado, do conhecimento adquirido sobre relações e papéis sociais específicos (neste caso, o conhecimento relativo à corte enquanto instituição, às damas da corte, aos cortesãos, os anões). Trata-se acima de tudo da necessidade de "pôr de parte os nomes próprios" – como afirma Foucault (p. 12) –, de excluir o conhecimento relativo à especificidade da pessoa retratada e de sua história concreta quando o intérprete pretende "manter aberta a relação entre a linguagem e o visível [...] [quando] quiser falar não de encontro a, mas a partir de sua incompatibilidade" (p. 12).

Imagem 2
Diogo Velásquez,
Las meninas, *1656. Madri,*
Museu do Prado.
In: GREUB,
2001, p. 295.

---

[2] Trouxemos a tradução de Foucault em língua portuguesa. Na versão original do artigo, o autor trabalhou com a versão inglesa da obra (cf. FOUCAULT, 1989) [N.R.].

A partir das considerações tecidas anteriormente, é possível perceber algumas concordâncias existentes entre proeminentes princípios e tradições da interpretação da imagem. Esses aspectos em comum estão relacionados à necessidade de colocarmos "entre parênteses" alguns conteúdos específicos, relativos ao nível conotativo ou iconográfico e fortemente influenciados pelas narrações verbais, ou seja, pelo conhecimento textual. Esse procedimento é necessário se quisermos manter o princípio da *abertura* – como diria Foucault (1971, p. 38) – na (tensa) relação entre imagem, fala e o respectivo texto, e se quisermos evitar que a imagem seja ordenada sob a lógica falada-textual desde o início. Esse procedimento ainda não foi levado suficientemente em consideração no âmbito dos métodos qualitativos. No que tange à Semiótica, Roland Barthes desenvolveu interpretações exemplares com base no princípio do "colocar entre parênteses" o pré-conhecimento relativo à imagem, situação esta que é possível "quando apagamos (mentalmente) os signos conotativos" (1982, p. 34). Barthes definiu o resultado advindo desta interpretação como *sentido obtuso* (*sens obtue*). O significado deste nível de sentido é ambíguo e contraditório quando formatado pela fala ou pelo texto. Tomando como exemplo fotos do filme *O couraçado Potemkin*, de Eisenstein, Barthes demonstra, por exemplo, que a mímica do choro de uma velha não é nem uma "mímica trágica" quando interpretada em seu sentido mais simples, e tampouco uma "comédia".

De modo semelhante ao que foi proposto por Barthes, Imdahl (1994, p. 300) percebe a especificidade do sentido icônico como sendo a "complexidade de sentido do contra-sobreposto" (1996a, p. 107). Com base no afresco *A captura de Cristo*, de Giotto, Imdahl esclarece que – da forma como a imagem foi concebida – Jesus é retratado simultaneamente como dominante e dominado (1994, p. 312).

Imagem 3
A captura de Cristo,
de Giotto
(em torno de 1305).
In: IMDAHL,
1996a, p. 45.

Esses complexos conteúdos estão relacionados à composição planimétrica da imagem pelo fato de a mesma não apresentar profundidade na criação da perspectiva. De acordo com Imdahl, a composição da imagem é definida sobretudo pela linha diagonal oblíqua. A complexidade dos significados sobrepostos dificilmente é apreendida verbalmente, e a compreensão do sentido da linguagem intersubjetiva só é possível a partir da visualização da imagem. Enquanto a verbalização desses complexos significados por meio da simplificação iconográfica não é vista como totalmente inútil por Imdahl, Barthes pondera que o sentido obtuso pode ser "situado teoricamente, mas não descrito" (1982, p. 58). Em outras palavras: "O sentido obtuso não está na fala" (p. 53).

Um método de interpretação de imagens capaz de transcender o nível superficial dos sentidos conotativo ou iconográfico parece não ser possível a partir da Semiótica de Roland Barthes. Já o desenvolvimento de um método de interpretação de imagens a partir de Panofsky e Imdahl nos parece possível, embora exista a necessidade de algumas precisões metodológicas, particularmente no que diz respeito ao colocar entre parênteses o sentido conotativo ou iconográfico, o conhecimento verbal ou textual adquirido previamente. Essas precisões metodológicas são de fundamental importância sobretudo no processo de interpretação de imagens no campo das Ciências Sociais e da Educação, uma vez que a Iconografia não é apresentada de forma codificada, como acontece, por exemplo, na história da arte, cujas imagens remetem em muitos casos a textos religiosos oriundos da Bíblia.

Como dito anteriormente, Foucault destaca não ser necessário apagar todos os *a priori* conceituais, todos os nomes, mas tão somente os nomes próprios ou sobrenomes. Usando uma fotografia de família como exemplo, nós deveríamos, ou devemos, prosseguir na suposição (ou na base de informação segura) de que as pessoas retratadas são uma família. Neste caso, precisamos ativar nosso conhecimento sobre a instituição família e seus papéis sociais. Se soubermos que se trata da família "Johnson", nós também deveríamos usar nosso conhecimento sobre os papéis sociais dos produtores de imagens representados, como mãe, pai, tia, tio, e assim por diante. Nós deveríamos, no entanto, rejeitar ou ignorar praticamente todo o conhecimento que detemos sobre a história e a biografia concreta da família "Johnson". No contexto do método documentário e da Sociologia do Conhecimento de Karl Mannheim, também denominada por nós de "Sociologia do Conhecimento Praxeológica" (cf. BOHNSACK, 2006), as duas formas de conhecimentos a serem diferenciadas podem ser definidas como conhecimento comunicativo e conhecimento conjuntivo (cf. diagrama 1).

O conhecimento comunicativo diz respeito ao conhecimento generalizado e muitas vezes estereotipado: são os conhecimentos institucionalizados. As instituições – no sentido atribuído por Berger e Luckmann (1966) – são encontradas nos esquemas que apresentam uma tipificação recíproca entre as ações incorporadas e os tipos de atores. Já o conhecimento conjuntivo, subjacente aos nomes próprios, é um conhecimento *sobre* a família "Johnson", relativo às particularidades individuais e específicas, assim como às características típicas do meio social. Mesmo estando de posse de um pré-conhecimento sobre a biografia da família, adquirido, por exemplo, por meio de entrevistas ou de análises de conversação, este deve ser suspenso no momento de análise da fotografia.

A interpretação deverá ser iniciada em um estágio aquém do nível iconográfico, ou seja, no nível pré-iconográfico situado na análise da estrutura formal da imagem. Imdahl (1996a) distingue três dimensões da estrutura formal ou composição formal da imagem: a estrutura planimétrica total, a coreografia cênica e a projeção perspectivista. Esta última visa identificar a espacialidade e corporalidade dos objetos. Ela está, por assim dizer, orientada para a análise do mundo externo retratado na imagem. Em relação à coreografia cênica, esta seria equivalente à ambientação que ocorre em uma cena social. Em contrapartida, a composição planimétrica, ou seja, a construção formal da imagem no nível plano, objetiva captar a imagem como "um sistema evidente na construção de suas normas imanentes e em sua autonomia" (IMDAHL, 1979, p. 190). Enquanto tendemos – no nível do senso comum – a retirar da imagem cada um de seus elementos constitutivos, a reconstrução da composição formal, sobretudo da estrutura planimétrica, leva-nos a interpretar os elementos não mais de forma isolada, mas enquanto conjunto e em co-relação aos demais elementos da composição.

Na medida em que conseguimos – com a ajuda da estrutura formal, entre outros – apreender a imagem como um sistema singular ou autorreferente, nos é aberto também um caminho que leva à compreensão da especificidade do espaço de experiências conjuntivas dos produtores de imagens, por exemplo, ao sistema familiar e seus *habitus* familiares específicos.

Exemplo de análise de uma fotografia de família

Como ilustração, apresentaremos a seguir um exemplo advindo de um projeto sobre "Processos de perpetuação de tradições familiares na Alemanha Oriental", antiga República Democrática da Alemanha, cujo material empírico consiste em fotografias de famílias, conversações na hora das refeições que foram gravadas pelos membros das famílias e grupos de discussão[3]. Trata-se especificamente de uma fotografia tomada por ocasião da Primeira Comunhão no início dos anos de 1980 (imagem 4).

Imagem 4
Fotografia de uma família.

---

[3] Para mais detalhes sobre a análise de fotografias relativas ao projeto, cf. Bohnsack, 2008. Outras interpretações de fotografias de familiares com base no método documentário foram realizadas por Nentwig-Gesemann, 2006.

A composição planimétrica é determinada pelas linhas horizontais e verticais. As pessoas responsáveis pela produção desta imagem – tanto os representantes ou fotógrafos como os que nela foram representados –, escolheram compor a imagem utilizando a geometria do caminho de pedestres, localizado no primeiro plano, e a verticalidade das árvores ao fundo. Essa estruturação vertical-horizontal da fotografia domina- a em sua totalidade, conferindo-lhe uma ordenação formal e rígida. Nela estão expressos ainda elementos importantes relativos ao meio social familiar, seus espaços sociais de experiências e vivências. No entanto, a pré-condição para tal interpretação exige a identificação de elementos homólogos em outras dimensões da imagem, especialmente no nível de descrição pré-iconográfico. Nesse sentido, podemos afirmar que a aspereza e a rigidez são documentadas não apenas na composição planimétrica, mas também nas expressões nos rostos, nos gestos e na postura, que são caracterizados por eixos do corpo estritamente verticais.

Imagem 5
Fotografia de uma família – planimetria.

Entretanto, a rigidez e a formalidade produzem um contraste com o caráter provisório do que se encontra em primeiro plano: o caminho de pedestres em sua incompletude, parecendo não conduzir a lugar algum. Esse caráter de incerteza e incompletude é acentuado pela falta de um segundo plano na imagem e, ainda, pelo fato do terceiro plano encontrar-se bastante recuado. O pequeno grupo parece, dessa forma, estar um tanto quanto isolado, descontextualizado e distanciado de suas relações cotidianas. Parecem estar um tanto perdidos. Essa relação um tanto quanto intrigante entre o caráter provisório e incerto do isolamento (social) do grupo, por um lado, e, por outro, a rigidez e a formalidade (não só do ponto de vista planimétrico da imagem, mas também da postura corporal, dos gestos e das mímicas), promove a principal impressão da imagem e revela algumas características do *habitus* familiar. Trazendo para o formato verbal ou textual, esse *habitus* pode ser meramente formulado por meio da transcontrariedade como *habitus* da rigidez e da formalidade em um contexto provisório e inseguro. Como apresentado anteriormente, a especificidade do sentido icônico encontra-se – para Imdahl – na "complexidade do sentido caracterizado pela transcontrariedade", algo claro e evidente na imagem, mas de difícil explicitação verbal ou textual.

Exemplo de análise de uma fotografia relativa a uma campanha de publicidade

Como outro exemplo relativo à "complexidade de sentido caracterizado pela transcontrariedade", e também como exemplo sobre a importância da análise da estrutura formal, apresento uma fotografia de família totalmente diferente: trata-se aqui de uma fotografia de publicidade de uma empresa de roupas – a Burberry – que pretende atingir mercados na Rússia e nos Estados Unidos. Uma interpretação mais acurada dessa imagem pode nos trazer um *insight* sobre o estilo de vida que está sendo anunciado aqui.

Imagem 6
Campanha de publicidade – fotografia I.

Ao se olhar para a composição planimétrica, torna-se evidente a existência de dois grupos. O grupo da direita está sendo olhado com respeito pelo grupo da esquerda. O estilo distinto do grupo da direita deixa claro que ele é o veículo fundamental de comunicação da publicidade e também o destinatário da comunicação. O grupo do lado direito representa uma geração específica: a geração em transição da fase pré-familiar para a familiar em seu ciclo de evolução. Por meio da benevolência e da aceitação do grupo da esquerda, que é constituído por representantes de outras gerações, o grupo do lado direito e o estilo de vida que ele representa está integrado no contexto de uma transgeração, e, ao mesmo tempo, no contexto de uma família prolongada.

Imagem 7
Campanha de publicidade – fotografia I – planimetria.

Em contraste à organização composicional e à proximidade física dos membros do grupo do lado direito, podemos observar a ausência de qualquer contato visual. A impressão de aceitação, unidade e comunicabilidade produzida pela composição planimétrica e coreografia cênica são, assim, negadas pela ausência ou recusa do contato visual. Os protagonistas da fotografia são membros de uma comunidade e, ao mesmo tempo, indivíduos isolados. O *Burberry Style* como um estilo de vida para roupa – que parece ser a mensagem aqui – nos habilita conhecer e aceitar a comunidade sem perdermos o individualismo como ponto de referência.

Entretanto, a apresentação do individualismo e da autonomia toma a forma específica de uma *negação*. Isso se deve à forma peculiar de apresentação da publicidade, pois esta depende da pose (cf. BOHNSACK, 2001b; IMDAHL, 1996c), da "hiper-ritualização" – como Goffman (1979, p. 84) a denominou –, sendo esta confrontada com o desafio paradoxal de expressar individualismo por meio poses e estereótipos. Na imagem em questão, isso se dá através da ausência ou da negação do contato visual. Esse efeito é ainda mais evidente na fotografia que foi projetada para o mercado de publicidade alemão (ver imagem 8).

Imagem 8
Campanha de publicidade – fotografia II.

Dessa forma, a fotografia demonstra ainda uma outra forma de transcontrariedade em sua significação icônica ou iconológica: a apresentação do individualismo por meio de poses ou de posturas estereotipadas.

Imagem 9
Campanha de publicidade – fotografia I – planimetria e sessão ouro. Burberry Londres e sessão ouro. In: VOGUE, 2005, editada na Rússia.

Imagem 10
Campanha de publicidade – fotografia I – perspectividade. In: VOGUE, 2005, editada na Rússia (linhas traçadas pelo autor).

Retornando à fotografia projetada para os mercados americano e russo, observamos uma pessoa em pé no centro planimétrico (imagem 9), que está identificada aqui pela interseção dos círculos, bem como na seção de ouro e ainda no centro da perspectiva e ponto de fuga da imagem (imagem 10). Esta pessoa é a super modelo Kate Moss, que personifica o estilo de vida da propagada ao extremo.

Voltando à foto de Primeira Comunhão (imagem 11), observamos que a pessoa mais importante deste ritual – a criança – não foi colocada no centro da perspectiva, mas sim sua avó. O fotógrafo, ou produtor da imagem representante, posicionou-se "olho a olho" com a avó. A focalização da perspectiva, o ponto de fuga, está no nível e perto dos olhos da avó. A perceptividade pode revelar *insights* dentro da perspectiva dos produtores de imagens representantes e suas filosofias, sua "Weltanschauung", como Panofsky (1992) elaborou em sua peça literária sobre a "perspectiva como uma forma simbólica".

Imagem 11
Foto de uma família – perspectividade.

A imagem anterior documenta uma hierarquia específica de gênero e de geração, na qual as mulheres ocupam uma posição de destaque, particularmente as mais idosas da família. Homólogo à focalização da perspectiva do fotógrafo ou do produtor da imagem representante, também o grupo ou os produtores da imagem representados se posicionaram em volta da avó. Estas observações relativas à estrutura familiar podem ser válidas com base nas interpretações de textos, tais como os grupos de discussão e as conversações familiares no momento das refeições gravadas durante a pesquisa.

A análise da estrutura formal possibilita o acesso à imagem em sua totalidade

Por meio da reconstrução completa da composição formal, especialmente da composição planimétrica de uma imagem, somos forçados a interpretar os elementos da imagem não isolados ou separadamente em relação uns aos outros, mas basicamente em conjunto com outros elementos. Em contraste com isto, numa interpretação do senso comum, tenderíamos a tomar elementos separados, fora do contexto da imagem.

Analogias referentes aos dispositivos metodológicos para a interpretação dos textos tornam-se aparentes aqui. Como sabemos, a partir das contribuições da Etnometologia é indispensável para a compreensão da uma declaração considerar o contexto específico no qual é produzida pelos próprios falantes (respondentes). Os elementos isolados de um texto, assim como os elementos de uma imagem, arranjam-se eles mesmos como contextos e configurações, e alcançam seu próprio significado somente por meio de configurações das quais eles fazem parte. Na área da Etnometologia, esta relação mútua foi chamada de reflexividade. De acordo com Harold Garfinkel (1961 e 1967), o método de interpretação, que permite acesso às estruturas de significado constituídas pela sua reflexividade, é o método documentário. Seremos capazes de reconstruir o contexto validamente se nós procedermos à identificação de estruturas formais. Elas são documentos para a ordem natural que foi produzida pelos próprios autores.

A análise de conversação desenvolveu um trabalho pioneiro nesse campo. A reconstrução de estruturas formais é um importante instrumento para a interpretação de semânticas mais profundas. Na Alemanha, por exemplo, isto foi verificado pela análise de gêneros comunicativos (GÜNTHER & KNOUBLAUCH, 1995), assim como pela reconstrução de gêneros textuais, como o método de análise de narrativas (SCHÜLTZE, 1987) bem como por meio da reconstrução da organização do discurso em nossas próprias interpretações de conversações a partir do método documentário (BOHNSACK & PRZYBORSKI, 2006). No campo da interpretação de imagens, a reconstrução de estruturas formais ainda se encontra em fase embrionária. Os trabalhos preliminares relativos à estética formal no campo da História da Arte são de grande utilidade para que avancemos na construção de uma metodologia de interpretação de imagens.

Análise sequencial, reconstrução da simultaneidade e a importância da análise comparativa

A interpretação de textos, bem como de imagens, tem em comum o dispositivo metodológico de propiciar acesso às leis inerentes de significação por meio da estrutura formal. Entretanto, os procedimentos e estratégias para sua aplicação são diferentes. De acordo com Imdahl (1996), o acesso ao sentido estrutural particular de uma imagem só é possível se a estrutura simultânea for apreendida a partir da composição formal, como uma "composição que introduz simultaneamente um sentido próprio", no qual "o todo [...] é concebido de antemão como uma presença total" (p. 23).

Esse aspecto representa uma diferença central em relação aos métodos qualitativos de interpretação de textos, nos quais a análise sequencial constitui a principal ferramenta. Aplicando-se esse princípio à análise de imagens, estaríamos ignorando a especificidade da mesma. A análise sequencial pode ser compreendida como um procedimento que emergiu do princípio mais geral da análise comparativa, ou seja, o princípio da operacionalização de diferentes horizontes de comparação.

A estrutura específica de um discurso ou de uma narração só será apreendida quando partir do contraste e comparação de diferentes tipos de discursos ou de narrações (cf. BOHNSACK, 2001). Também na análise de imagens regida pelo princípio das estruturas simultâneas é necessário realizar esse trabalho de comparação com outros horizontes (cf. BOHNSACK, 2003). Como demonstrado por Imdahl, a apreensão da especificidade da composição formal de uma imagem só é possível a partir da comparação com outras possibilidades de composições contingentes. Essas outras possibilidades podem ser criadas mentalmente de forma experimental ou – e ainda melhor – por meio de horizontes comparativos empíricos, por exemplo, de fotografias relativas à primeira comunhão de outros meios sociais ou grupos culturais, tal como da Alemanha Ocidental e Oriental (cf. BOHNSACK, 2008b).

Considerações finais

No desenvolvimento de métodos qualitativos para a interpretação de imagens, torna-se necessário diferenciá-las dos textos e deve-se evitar a explicação de imagens através de textos.

O desenvolvimento de padrões ou dispositivos metodológicos relevantes é igualmente importante tanto para a interpretação de textos quanto para a interpretação de imagens. Dentre os padrões ou dispositivos metodológicos comuns, podemos citar: o tratamento do texto tanto quanto da imagem como um sistema autorreferencial; a diferenciação entre o conhecimento explícito e implícito (ateórico); a mudança da posição analítica da pergunta *o que* para uma pergunta sobre o *como*; a reconstrução das estruturas formais de textos tanto quanto de imagens visando a integração de elementos singulares no âmbito de um contexto geral ou global; e, por último, mas não menos importante, a adoção do princípio da análise comparativa. A aplicação ou realização destes padrões e dispositivos metodológicos no campo da interpretação de imagens, entretanto, deve ser bem diferente da interpretação de textos, se pretendemos avançar para a iconicidade como um domínio autossignificativo, considerando suas leis inerentes e sua autonomia em contraste a textos.

BIBLIOGRAFIA

BARTHES, Roland (1993). "Eléments de sémiologie". *Œuvre complètes*. Paris: Du Seuil, p. 1.467-1.542.

_____ (1991). *The Responsibility of Forms* – Critical Essays on Music, Art and Representation. Berkeley: [s.e.].

_____ (1990). *Der entgegenkommende und der stumpfe Sinn* – Kritische Essays III. Frankfurt am Main: Suhrkamp.

_____ (1982). *Lóbvie et Lóbtue* – Essais critiques III. Paris: Du Seuil.

BELTING, Hans (2001). *Bild-Anthropologie* – Entwürfe für eine Bildwissenschaft. Munique: [s.e.].

BERGER, Peter L. & LUCKMANN, Thomas (1966). *The Social Construction Of Reality*. Garden City/Nova York: [s.e.].

BIRDWHISTELL, Ray L. (1952). *Introduction to Kinesics* – An Annotation System for Analysis of Body Motion and Gesture. Louisville: [s.e.].

BOEHM, Gottfried (1978). Zu einer Hermeneutik des Bildes. In: GADAMER, Hans-Georg & BOEM, Gottfried (orgs.). *Seminar*: Die Hermeneutik und die Wissenschaften. Frankfurt am Main: [s.e.], p. 444-471.

BOHNSACK, Ralf (2008a). *Rekonstruktive Sozialforschung* – Einführung in qualitative Methoden. 7. ed. Opladen: [s.e.].

_____ (2008b). *Qualitative Bild- und Videointerpretation* – Die dokumentarische Methode. Opladen: [s.e.].

_____ (2007a). Die dokumentarische Methode in der Bild- und Fotointerpretation. In: BOHNSACK, Ralf; NENTWIG-GESEMANN, Iris & NOHL, Arnd-Michael (orgs.). *Die dokumentarische Methode und ihre Forschungspraxis* – Grundlagen qualitativer Sozialforschung. 2. ed. Wiesbaden: [s.e.], p. 67-90.

_____ (2007b). "Heidi": Eine exemplarische Bildinterpretation auf der Basis der dokumentarischen Methode In: BOHNSACK, Ralf; NENTWIG-GESEMANN, Iris & NOHL, Arnd-Michael (orgs.). *Die dokumentarische Methode und ihre Forschungspraxis* – Grundlagen qualitativer Sozialforschung. 2. ed. Wiesbaden: [s.e.], p. 323-337.

_____ (2007c). Zum Verhaltnis von Bild- und Textinterpretation in der qualitativen Sozialforschung. In: FRIEBERTSHAUSER, Barbara; VON FELDEN, Heide & SCHÄFFER, Burkhard (orgs.). *Bild und Text* – Methoden und Methodologien viueller Sozialforschung in der Erziehungswissenschaft. Opladen: [s.e.], p. 21-45.

_____ (2007d). Dokumentarische Bildinterpretation am Beispiel eines Werbefotos. In: BUBER, Renate & HOLZMÜLLER, Hartmut (orgs.). *Qualitative Marktforschung*: Konzepte; Methoden; Analysen. Stuttgart: [s.e.], p. 951-978.

_____ (2007e). "A interpretação de imagens e o Método Documentário". *Sociologias*, ano 9, n. 18, jun.-dez., p. 286-311. Porto Alegre.

_____ (2006). Mannheims Wissenssoziologie als Methode. In: TANZLER, Dirk; KNOBLAUCH, Hubert & SOEFFNER, Hans-Georg (orgs.). *Neue Perspektiven der Wissenssoziologie*, p. 271-291.

_____ (2004). Group Discussion. In:: FLICK, Uwe; VON KARDORFF, Ernst & STEINKE, Iris (orgs.). *A Companion to Qualitative Research*. Londres: Sage, p. 214-220.

_____ (2003). "Qualitative Methoden der Bildinterpretation". *Zeitschrift für Erziehungswissenschaft* (ZfE), 2, p. 159-172.

_____ (2001). Dokumentarische Methode – Theorie und Praxis wissenssoziologischer lnterpretation. In: HUG, Theo (org.). *Wie kommt Wissenschaft zu Wissen?* – Vol. 3: Einführung in die Methodologie der Kultur- und Sozialwissenschaften. Baltmannsweiler: [s.e.], p. 326-345.

BOHNSACK, Ralf; PFAFF, Nicolle & WELLER, Wivian (orgs.) (2010). *Qualitative Analysis and Documentary Method in International Educational Research*. Opladen: Farmington Hills/ Barbara Budrich.

BOHNSACK, Ralf & PRZYBORSKI, Aglaja (2006). Diskursorganisation, Gesprachsanalyse und die Methode der Gruppendiskussion. In: BOHNSACK, Ralf; PRZYBORSKI, Aglaja & SCHÄFFER, Burkhard (orgs.). *Das Gruppendiskussionsverfahren in der Forschungspraxis*. Opladen: Farrnington Hills, p. 233-248.

BOURDIEU, Pierre (1992). The practice of reflexive sociology (The Paris workshop). In: BOURDIEU, Pierre & WACQUANT, L. (orgs.). *An Invitation to Reflexive Sociology*. Cambridge: [s.e.], p. 217-260.

_____ (1990). *Photography* – A Middle-brow Art. Stanford: [s.e.].

ECO, Umberto (1994). *Einführung in die Semiotik*. 8. ed. Munique: [s.e.].

_____ (1968). *La struttura assente*. Milão: [s.e.].

FOUCAULT, Michel (1999). *As palavras e as coisas*. São Paulo: Martins Fontes.

_____ (1989). *The Order of Things* – An Archaeology of the Human Sciences. Londres: [s.e.].

GARFINKEL, Harold (1967). *Studies in Ethnomethodology.* Nova Jersey: Englewood Cliffs.

_____ (1961). Aspects of Common Sense Knowledge of Social Structures. In: INTERNATIONAL SOCIOLOGICAL ASSOCIATION (org.). *Transactions of the Fourth World Congress of Sociology.* Lovaina: [s.e.], p. 51-65.

GEBAUER, Günther & WULF, Christoph (1995). *Mimesis* – Culture-art-society. Berkeley: [s.e.].

GOFFMAN, Erving (1979). *Gender Advertisements.* Nova York: [s.e.].

GOODWIN, Charles (2001). Practices of Seeing Visual Analysis: An Ethnomethodological Approach. In: VAN LEEUWEN, Theo & JEWITT, Carey (orgs.). *Handbook of Visual Analysis.* Los Angeles: [s.e.], p. 157-182.

GREUB, Thierry (org.) (2001). *Las Meninas im Spiegel der Deutungen* – Eine Einführung in die Methoden der Kunstgschichte. Berlim: [s.e.].

GÜNTHNER, Susanne & KNOBLAUCH, Hubert (1995). "Culturally Patterned Speaking Practices – The Analysis of Communicative Genres". *Pragmatics*, 5 (1), p. 1-32.

HEIDEGGER, Martin (1986). *Sein und Zeit.* Tübingen: [s.e.], 1927.

IMDAHL, Max (1996a). *Giotto – Arenafresken*: Ikonographie – Ikonologie – Ikonik. Munique: [s.e.].

_____ (1996b). "Wandel durch Nachahmung. Rembrandts Zeichnung nach Lastmanns 'Susanna im Bade'". *Zur Kunst der Tradition* – Gesammelte Schriften, Vol. 2. Frankfurt am Main: [s.e.], p. 431-456.

_____ (1996c). "Pose und Indoktrination – Zu Werken der Plastik und Malerei im Dritten Reich". *Reflexion – Theorie – Methode.* Gesammelte Schriften, Vol. 3. Frankfurt am Main: [s.e.], p. 575-590.

_____ (1994). Ikonik, Bilder und ihre Anschauung. In: BOEHM, Gottfried (org.). *Was ist ein Bild?* Munique: [s.e.], p. 300-324.

_____ (1979). Überlegungen zur Identität des Bildes. In: MARQUARD, Odo & STIERLE, Karlheinz (orgs.). *Identität* – Reihe: Poetik und Hermeneutik, Vol. VII. Munique: [s.e.], p. 187-211.

KNOBLAUCH, Hubert (2006). Videography, Focused Ethnography and Videoanalysis. In: KNOBLAUCH, Hubert et al. (orgs.) *Video analysis: Methodology and Methods* – Qualitative Audiovisual data Analysis in Sociology. Frankfurt am Main: [s.e.], p. 69-83.

LEEUWEN, Theo van (2001). Semiotics and Iconography. In: LEEUWEN, Theo van & JEWITT, Carey (orgs.). *Handbook of Visual Analysis.* Los Angeles: [s.e.], p. 92-118.

LUHMANN, Niklas (1990). *Die Wissenschaft der Gesellschaft.* Frankfurt am Main: Suhrkamp.

_____ (1987). *Soziale Systeme* – Grundriss einer allgemeinen Theorie. Frankfurt am Main: [s.e.].

MANNHEIM, Karl (1982). *Structures of Thinking.* Londres: Routledge & Kegan Paul [Collected Works, 10].

_____ (1980). *Strukturen des Denkens*. Frankfurt am Main: Suhrkamp.

_____ (1952). "On the Interpretation of Weltanschauung". *Essays on the Sociology of Knowledge*. Londres: Routledge & Kegan Paul, p. 33-83.

MITCHELL, William (1994). *Picture Theory* – Essays on Verbal and Visual Representation. Chicago/Londres: [s.e.].

NENTWIG-GESEMANN, Iris (2006). The Ritual Culture of Learning in the Context of Family Vacation: a Qualitative Analysis of Vacation Pictures. In: WERLER, Tobias & WULF, Christoph (orgs.). *Hidden Dimensions of Education* – Rhetoric, Rituais and Anthropology. Münster: [s.e.], p. 135-148.

PANOFSKY, Erwin (1964). "Die Perspektive als symbolische Form". *Aufsätze zu Grundfragen der Kunstwissenschaft*. Berlim: [s.e.], p. 99-167.

_____ (1955). "Iconography and Iconology: An Introduction to the Study of Renaissance Art". *Meaning in the Visual Arts*. Harmondsworth: Middlesex, p. 51-81.

_____ (1932). "Zum Problem der Beschreibung und Inhaltsdeutung von Werken der Bildenden Kunst". *Logos*, XXI, p. 103-119 [reeditado em PANOFSKY, Erwin. *Aufsätze zu Grundfragen der Kunstwissenschaft*. Berlim: [s.e.], 1964, p. 85-97].

POPPER, Karl (1959). *The Logig of Scientific Discovery*. Londres: Hutchinson.

SALGADO, Sebastião (1997). *Terra*. Frankfurt am Main: [s.e.].

SACKS, Harvey (1995). *Lectures on Conversation*. Vols. I e II. Oxford/Cambridge: [s.e.].

SCHÜTZ, Alfred (1962). *Collected Papers I*: The Problem of Social Reality. Den Haag: [s.e.].

SCHÜTZE, Fritz (1987). *Das narrative Interview in Interaktionsfeldstudien*: Erzahltheoretische Grundlagen. Hagen: [s.e.].

WAGNER-WILLI, Monika (2006). On the Multidimensional Analysis of Video-data – Documentary Interpretation of Interaction in Schools. In: KNOBLAUCH, Hubert et al. (orgs.). *Video Analysis: Methodology and Methods* – Qualitative Audiovisual Data Analysis in Sociology. Frankfurt am Main: [s.e.], p. 143-153.

Capítulo 2

Práticas culturais de recepção e apropriação de filmes na perspectiva da Sociologia Praxeológica do Conhecimento*

Alexander Geimer

Análise de filmes e análise de recepção e apropriação de filmes

Devido à pouca atenção dada à dimensão visual da realidade social (consequência de um enfoque metodológico textual a partir da chamada virada linguística (cf. BOHNSACK, 2007b), a análise qualitativa de filmes nas Ciências Sociais e na Educação não tem tradição particular. Contudo, a preocupação com filmes tem uma longa história nos estudos de mídia, os quais se desenvolveram no percurso de uma larga diferenciação com diversas posições teóricas atreladas a grandes teorias, como a Psicanálise, Semiótica, Marxismo, Pós-estruturalismo e Psicologia Cognitiva. Questões de pesquisa sociológica são raramente relacionadas a essas abordagens. Do ponto de vista sociológico, tais leituras profissionais de filmes são de mesmo valor e tão "certas" e "corretas" quanto leituras cotidianas e leigas de qualquer membro de uma dada sociedade. Como leituras leigas de filmes, as leituras profissionais são percorridas com pré-requisitos: teorias de filmes estabelecem como premissa um observador ideal ou implícito que é influenciado pelos princípios estéticos que a teoria pode detectar num filme. Isto é, por detrás de toda construção de um filme encontra-se a construção de um público.

Embora teóricos de filmes tenham criticado esta prática, ela ainda predomina no trabalho científico. Entre todos os teóricos, especialmente Janet Staiger questiona este procedimento de privilegiar estruturas estéticas pela premissa de um receptor ideal ou implícito. Ela afirma que o público e seu contexto de recepção e apropriação de filmes deve ser considerado em detalhe:

> Este contexto muito certamente inclui as impressões sensíveis do filme, mas também inclui as estratégias interpretativas usadas pelo espectador. Tais estratégias são influenciadas, entre outras coisas, pelas preferências e práticas estéticas, conhecimentos e expectativas acionados para prestar atenção às imagens do filme e experiências na situação de exibição (STAIGER, 2000, p. 30).

---

* Tradução de Kelly Cristina de Souza Prudencio.

Com base na relativização das diferenças entre leituras de filmes profissionais e leigas e na suposição de que existem vários fatores influentes nas leituras de filmes, chegamos a uma conclusão crucial com respeito a um alcance sociológico de filmes: nós não deveríamos estar interessados em decidir sobre uma leitura de um filme em si, que nos dê alguma informação sobre sua influência geral sobre receptores, mas em reconstruir leituras concretas de diferentes filmes em nosso trabalho empírico. Por essa razão, necessitamos de um enquadramento metodológico e de métodos correspondentes que permitam a reconstrução da experiências dos observadores. A abordagem mais proeminente e considerada em muitos estudos recentes provém dos Estudos Culturais.

A dificuldade com o conceito de filme e a apropriação da mídia nos Estudos Culturais

Embora os Estudos Culturais configurem um projeto amplo e heterogêneo, algumas estratégias dominantes no trabalho com filmes e mídias em geral podem ser identificadas. Os Estudos Culturais desenvolveram duas linhas tradicionais em análise de filmes e produtos midiáticos e as respectivas recepção e apropriação (cf. FISKE, 1992). análise do discurso do produto midiático e estudo etnográfico para o uso cotidiano de produtos midiáticos. Enquanto a análise do sentido potencial constitui o principal assunto da tradição em análise do discurso, a pesquisa de audiência busca descrever o contato concreto das pessoas com o produto midiático e o "uso social" feito dele (KEPPLER, 2001; MORLEY & SILVERSTONE, 1993). A análise do discurso de produtos midiáticos se concentra na revelação de estruturas ideológicas (por exemplo, relativas à raça, gênero, classe) que domina a representação de realidades sociais nos filmes. Mas o enquadramento ideológico dos produtos midiáticos não determina sua recepção; então, os Estudos Culturais também se voltam para "o exame de como indivíduos interagentes conectam suas vidas a esses textos ideológicos e constroem sentidos de suas experiências em termos dos sentidos dos textos" (DENZIN, 1992, p. 82)[1]. Os métodos usados na pesquisa de audiência dos Estudos Culturais em sua maioria retornam aos trabalhos qualitativos, especialmente etnográficos, e ao paradigma interpretativo em Sociologia (WILSON, 1970). Hoje, o consenso geral diz que um "contextualismo radical" (ANG, 1996a; GROSSBERG, 1994) que se debruça principalmente sobre o uso local, situacional e interacional dos produtos midiáticos (durante a recepção e depois) é a melhor solução. Recentemente, esta abordagem recebeu grande atenção. Na Alemanha, quase todo trabalho qualitativo com pesquisa de audiência se refere de alguma forma a este conceito de filme e apropriação da mídia (para uma visão dessas abordagens, cf. GEIMER & EHRENSPECK, 2008).

---

[1] A posição de Denzin não é considerada em detalhe aqui, devido às suas premissas em "The Cinematization of American Society" (DENZIN, 1992, p. 138), as quais não são compartilhadas por todos os pesquisadores dos Estudos Culturais:. "Primeiro, realidade se tornou uma produção social encenada. Segundo, o real é julgado contra o encenado, cinematografado ou filmado, em contrapartida. Terceiro, a metáfora de uma sociedade dramatúrgica [...] se tornou agora uma realidade interacional".

De acordo com o emprego principal da emergência situacional do sentido em interação e a diferenciação social local, a maioria dos pesquisadores dos Estudos Culturais volta-se para as estratégias de interpretação e para práticas de decodificação de filmes e outros produtos midiáticos que não estejam ancorados na formação do *habitus* (nos termos de Bourdieu) ou espaços de experiência conjuntiva (nos termos de Mannheim), mas em discursos gerais de senso comum, nas diferentes formas de autoapresentação e diferenciação social surgidas em contextos distintos. De fato, muitos pesquisadores da cultura têm dúvidas sobre a existência de estruturas estáveis de experiências. Além do mais, Fiske afirma que o pós-modernismo cultural conduz a uma enorme diversidade social, o que implica dizer que o conceito de "grupos sociais" estáveis ou "categorias sociais" são menos apropriados que o conceito de formações sociais que são consistentemente alteradas e rearranjadas e cujos membros mudam. Então, os produtos midiáticos produzem material simbólico para a constante reconstrução de diferenças que variam de acordo com o contexto. Nesta luta pelo sentido, apenas o consenso local pode ser adquirido em processos de negociação, pois um consenso geral que inclui formações em mudança não pode ser alcançado (em tempo algum). Bohnsack já criticou tal visão sobre a construção social da realidade referente à "construção do consenso" presente em algumas correntes interpretativas na Sociologia: "O caráter de processo das interações e conversações foi reduzido ao único aspecto da negociação local e situacional, isto é, à emergência dos sentidos" (BOHNSACK, 2004, p. 215).

De fato, muitos teóricos dos Estudos Culturais podem, à maneira pós-estruturalista e antiessencialista, questionar qualquer dimensão subjacente ao conhecimento que está sendo representado (e reproduzido) na ação social e referir-se à realização contínua da realidade social em performances culturais (nos termos de Fiske, ou autores pós-estruturalistas como BUTLER, 1990). Tal premissa metodológica conduz a problemas metódicos relacionados à reconstrução de estruturas fundamentais da experiência na prática cotidiana: "Os procedimentos empíricos para a análise [...] dos padrões de sentido mais profundo tem sido apenas aproximadamente resolvidos pela metodologia dos Estudos Culturais" (BOHNSACK, 2004, p. 216).

Todavia, observar filmes (e outros produtos midiáticos) como colagens de discurso que são usadas seletivamente pelos receptores, os quais fazem suas próprias fabricações a depender da disponibilidade de estruturas de conhecimento de senso comum em suas atividades diárias, é um projeto importante – mas ainda não é "apropriação" como gostaríamos de conceitualizar. Ao contrário, isso mostra como filmes (e outros produtos midiáticos) são interpretados em relação ao seu uso em diferentes situações sociais para realizar e arranjar (produzir ou modificar) essas situações. Nos termos de Garfinkel (1969), trata-se da produção da *accountability* pelos produtos/filmes midiáticos. Para obter um outro alcance de apropriação, é preciso um vocabulário metodológico e instrumentos metódicos menos atrelados ao paradigma interpretativo e ao pós-estruturalismo nas Ciências Sociais, aos quais os pesquisadores dos Estudos Culturais frequentemente se referem.

Um conceito de apropriação na perspectiva de uma Sociologia Praxeológica do Conhecimento

Atualmente, as Ciências Sociais não utilizam exclusivamente a Sociologia do Conhecimento de acordo com o paradigma interpretativo (BERGER & LUCKMANN, 1969), mas se orientam também pelos trabalhos de Karl Mannheim (1952, 1982) e seus avanços na Sociologia Praxeológica do Conhecimento e no método documentário (cf. BOHNSACK, 2008a). Isto permite a reconstrução de espaços de experiências conjuntivas e, consequentemente, de princípios gerativos de construção da prática cotidiana (padrões ou modelos de orientação coletiva) que não dependem meramente de processos de negociação na interação cotidiana. Nesses espaços de experiências conjuntivas, uma construção explícita de diferenças e similaridades sociais não é somente desnecessária, mas impossível, porque o conhecimento coletivo partilhado é dado como certo e, portanto, permanece implícito. Polanyi também discutiu este tipo de conhecimento – como um conhecimento tácito que é adquirido pelos indivíduos sem estarem aptos a explicá-lo (POLANYI, 1966). O conhecimento estabelecido pelos espaços de experiências conjuntivas é ateórico e frequentemente representado em metáforas; isso abrange padrões de orientação que guiam a prática da vida cotidiana e também os processos de recepção da mídia: "Dependendo da história da socialização, a configuração de diferentes espaços de experiências conjuntivas leva a diferentes modos de recepção" (BOHNSAK, 2008b). Em oposição a essas premissas principais da Sociologia Praxeológica do Conhecimento, um conceito de apropriação de filmes (e outros produtos midiáticos) pode ser proposto: apropriação requer uma conectividade específica entre filmes (ou outros produtos midiáticos) e um espaço de experiências conjuntivas. Da forma como os Estudos Culturais – inspirados pelo paradigma interpretativo (Etnometodologia, Interacionismo Simbólico) e parcialmente pelo Pós-estruturalismo (FISKE, 1987, 1996) – conceituam meio-recepção-interação (cf. WINTER, 2003, p. 156ss.; DENZIN, 1992, p. 82), esta dimensão da apropriação do filme (ou mídia), como proposta anteriormente, não pode ser alcançada.

À luz disso, não é surpresa que a maior parte da pesquisa de mídia nos Estudos Culturais sobre apropriação trata a apropriação comunicativa de séries de TV, shows ou *cult movies*. Esses programas são geralmente recebidos por um "receptor falante" (HOLLY, PÜSCHEL & BERGMANN, 2001), frequentemente um aficionado ou situado nas chamadas *fan cultures*, cujos membros conversam e discutem não apenas sobre conteúdo e personagens, mas também com um conhecimento de mídia. Neste caso, o conhecimento de senso comum sobre a produção, distribuição e recepção (filmografia e biografia de estrelas, histórias de bastidores e de personagens, técnicas de filmagem e efeitos especiais, conhecimento sobre críticas etc.) torna-se saber de sentido conjuntivo para os membros dos fã clubes e aficionados. Deste modo, a abordagem dos Estudos Culturais está numa posição de produzir descobertas sobre a relação meio-receptor-interação, especialmente no que concerne à recepção em *fan cultures* de *cult movies*, como em geral no que diz respeito ao uso social dos filmes/produtos midiáticos. No entanto, apropriação no sentido de uma interação entre estruturas de conhecimento fundamental e um filme requer considerar uma perspectiva que vai além de um "contextualismo radical" (ANG, 1996; GROSSBERG, 1994), cujo foco principal é o uso local e interacional de produtos midiáticos. Isto é possível se recorremos aos trabalhos de Mannheim e à Sociolgia Praxeológica do Conhecimento, os quais permitem a reconstrução de espaços de experiência conjuntiva e seus princípios gerativos de registro da construção da prática cotidiana.

A seguir, apresento resultados de uma pesquisa na qual foram realizadas entrevistas narrativas temáticas, com catorze jovens entre 18 e 22 anos da cidade de Berlim, sobre as formas de apropriação de filmes. Dentre os seis entrevistados do sexo masculino e das oito entrevistadas do sexo feminino, encontram-se estudantes universitários (seis), estudantes de cursos técnicos (quatro) e outros que ainda frequentam a escola. As entrevistas foram realizadas no âmbito do projeto "Processos comunicativos sobre o tema morte e modelos cinemáticos instrutivos" ("Kommunikatbildungsprozesse Jugendlicher zur Todesthematik und filmische Instruktionsmuster"[2]) financiado pela DFG. Nas entrevistas, os jovens foram incentivados a narrar suas experiências em relação a determinados temas, mantendo-se o princípio da abertura na introdução das questões geradoras de narrativas. Um roteiro foi utilizado com o intuito de promover narrativas sobre a recepção de filmes no cinema e em casa, a recepção de filmes individualmente ou na companhia de amigos, preferência por determinados tipos de filme e filmes preferidos, discussão sobre filmes durante ou após a recepção, experiências e atitudes a partir da abrangência de determinados filmes.

Entre os resultados, destacam-se dois modos de recepção distintos: de um lado, filmes são consumidos como uma fonte de interação grupal e como performance de relações sociais, o que tem sido muito bem observado pelos Estudos Culturais. De outro, filmes são utilizados como fonte para experienciar o mundo, o que implicauma certa conectividade entre a prática social mostrada em um filme e a prática da vida cotidiana do público, algo que não tem sido observado exaustivamente até o momento.

Dois modos de recepção fundamentais no emprego geral de filmes

Filmes como fonte de interação grupal e de estabelecimento de relações sociais

Filmes fazem parte do lazer diário de jovens e, toda vez que o selecionamos como tema central, ele acaba por se constituir em uma oportunidade para se falar sobre filmes. Em contraste com muitas outras atividades de lazer, não é necessário compartilhar a recepção de um filme para falar sobre ele. Assim, o conhecimento sobre filmes é especialmente conveniente para início de conversas, por exemplo, em bate-papos no local de trabalho:

> Se você encontra com alguém de algum modo e fuma um cigarro ou faz outra coisa, primeiro você fala sobre o final de semana ou coisas assim, bem, sim, eu assisti a um grande filme no final de semana. E então, claro, você pergunta aos outros se eles também assistiram ou talvez ouviram falar do filme, e então você pode facilmente começar uma conversa (Lara, 18 anos).

---

[2] Cf. GEIMER et al. (2007). *Aufgrund der vorrangig quantitativen Ausrichtung des DFG-Projekts und des stärker filmspezifischen Untersuchungsdesigns (Thema Tod und Orientierungsbildung der Jugendlichen) bleibt ein Vergleich der vorliegenden Arbeit mit den Projektergebnissen aus.*

O conhecimento sobre filmes dá suporte para a continuidade da conversa, especialmente quando um não é familiar ao seu interlocutor: "Bem, de alguma forma eu gosto de falar de filmes, principalmente se você não conhece muito bem a pessoa e /er/ precisa de alguma coisa sobre o que falar" (Eva, 19 anos).

Essas falas demonstram a função "catalisadora" do conhecimento sobre filmes em situações sociais. Como tema facilmente introduzido no curso da interação, o conhecimento sobre filmes ajuda a preencher lacunas, a começar ou manter conversas. Além disso, a comunicação sobre filmes pode se tornar tão importante que se assiste a certos filmes apenas para dividir seu conhecimento com os outros. No próximo trecho, outra entrevistada afirma que assiste a filmes de horror brutal ("filmes de massacre", nos seus termos) para participar de conversas sobre eles: "Mas eu também os assisto porque todo mundo os assiste (risos), porque você pode falar sobre eles" (Cláudia, 21 anos).

A oportunidade de falar sobre filmes dá suporte não apenas ao fluxo de conversação, mas também opera como uma marca distintiva, que é usada para incluir ou excluir pessoas como (não) membros do grupo de pares. Esta função comunicativa do conhecimento de filmes é documentada nas seguintes declarações, que revelam que os filmes são mencionados para criar um sentido de coesão:

> Basta recontar as piadas, em cenas especiais, e então as pessoas riem daquilo a noite inteira. Ou dias depois. Bem, tem um monte de coisas, especialmente sobre comédias, que geram piadas internas sobre o que falamos na escola e, então, apenas uma palavra e todo mundo começa a rir, porque ele sabe exatamente o que aquilo significa nessa situação (Katja, 22 anos).

De acordo com a função social da recepção e do conhecimento do filme, muitos jovens veem certos tipos de filmes com certas pessoas (amigos, companheiro, família). Isto é, filmes e conhecimento sobre eles podem ser usados para gerenciar relações sociais. Ou como um jovem pontua: "Se você convida alguém para um cinema, o filme que você escolhe evidencia sua personalidade" (Mevlüt, 21anos).

Por esta razão, este jovem (Mevlüt) não assistiria nem "Terminator" nem outra "coisa de ação" com uma garota, e inversamente não assistiria a filmes "sentimentais" com seus amigos. Assim, filmes são escolhidos à luz da reação antecipada de um par. Ou seja, filmes são escolhidos para estabelecer (ou "fazer") diferenças e administrar a impressão de si mesmo e a apresentação de si na vida cotidiana. Não há quase nenhum jovem que não exiba tal uso social dos filmes. Muitas outras marcas mostram que quase sempre um filme é completamente absorvido na situação social na qual a recepção acontece. Neste sentido, um filme se torna uma parte acessória dos cenários sociais. Diferente de outras práticas de recepção, falar durante a recepção não é proibido, mas desejado. Coerente com isso, uma garota diz que em "noites de filme", junto com suas amigas, elas preparam pizzas durante a sessão e conversam muito, não apenas sobre o filme (ao contrário da recepção de outros filmes com sua família). Perguntada sobre o que elas conversavam durante a recepção nessas "noites de filmes", ela responde: "Bem, às vezes alguma coisa que passa pela cabeça de uma e não pertence ao filme, ou alguma coisa no filme que chama a atenção de alguém" (Claudia, 21 anos). A citação mostra que algum tema "que passa pela cabeça" – independente do que está associado ao filme – pode estruturar a interação durante a recepção. Muito similar a isso, outro jovem classifica assistir a filmes no cinema principalmente como "evento social":

> Bem, realmente no cinema é, cinema pra mim é meio que uma questão onde você encontra amigos e /er/, bem, um evento social. Onde você encontra amigos. Sai. E cinema é uma parte disso, eu acho [...]. É raramente o caso que /er/, eu vou ao cinema por causa do filme. Eu vou lá se, mesmo, eu não sei se a pressão do amigo tem um papel, ou não, mas em qualquer caso, quando, naquela hora na escola fosse como, quando alguém fala sobre um filme que era para ser muito bom, então você assiste de qualquer jeito (Mevlüt, 21anos).

As falas pontuam que a atividade social é o primeiro foco de ação. O filme e sua história, atores ou qualidade parecem ser menos relevantes, quase irrelevantes. Outros entrevistados também afirmam que eles não têm interesse especial em escolher certos filmes quando vão ao cinema – seguidamente aparece para eles como um mero "encontrar amigos". Frequentemente a escolha de um certo filme traz um "não tão bom, mas ok". Neste modo de recepção, mesmo um filme ruim prové boas razões para conversar. Por exemplo, alguns amigos viram uma prévia de um filme durante uma visita ao cinema, que lhes pareceu "muito ruim". Por conta própria, decidiram assisti-lo numa próxima oportunidade. De fato, a recepção, que aconteceu depois, revelou-se de acordo com sua avaliação prévia: "Um dos piores ou mesmo o pior filme (risos) que eu já vi. Nós assistimos a filmes ruins, que nós sabemos: ok, este será ruim. E então, um amigo e eu levamos uma garrafa de licor de maçã para dentro do cinema e matamos o tempo com isso, umm, bem" (Steff, 20 anos).

O entrevistado respondeu assim à questão seguinte do ingrato entrevistador – por que ele assiste a filmes se ele sabe que são ruins, que não é só "matar o tempo", mas um "desejo destrutivo"...

> Bem, eu não posso dizer onde isto pode ser recuperado. Talvez seja desejo destrutivo fazer alguma coisa completamente absurda ou fazer graça do filme… Algumas vezes nós temos… Bem, nós temos um… um amigo apareceu com um filme poderoso da Espanha, chamado *Matadores da escola*… bem, este era apenas ruim também, e quando nós tentamos descobrir a lógica interna que não existia, isso é bem interessante, mesmo se o filme é horrível (Steff, 20 anos).

A força do "filme poderoso" tem origem não no filme, que não tem "lógica" interna, mas na recepção coletiva e na conversa sobre o filme, na qual a lógica ausente é produzida coletivamente num evento social quase sempre celebrado pelos consumidores de drogas. Esta atividade pode ser interpretada como um tipo de "apropriação" na qual os Estudos Culturais prioritariamente se concentraram. Os jovens canalizam o filme para suas próprias fabricações que solapam as estruturas estéticas (e potencialmente ideológicas) de um filme.

Além deste modo de recepção, um outro foi reconstruído, no qual o filme não aparece principalmente como fonte de interação social, mas como experiência do mundo. Neste caso, os filmes não são unicamente integrados na prática cotidiana, mas a prática exibida nos filmes é relacionada com a própria prática cotidiana.

Filmes como fonte de constituição das visões do mundo

Começamos com o máximo contraste ao modo de recepção no qual filmes aparecem como fonte para desempenho da interação e relacionamento grupal: um jovem declara que não gosta de ser incomodado enquanto assiste a um filme, inclusive falar com outros. Ele pontua como é importante para ele "realmente se concentrar só no filme" (Lars, 20). Esta concentração não é abandonada mesmo se ele recebe visitas no decorrer da sessão. Fica a critério deles decidir se também querem assistir ao filme ou ir embora. Estas prioridades também aparecem quando ele descreve as visitas ao cinema com sua família. Se eles escolhem um filme que ele não gosta, ele simplesmente assiste a outro ao mesmo tempo e eles se encontram depois. Esta orientação é reproduzida na organização de noites de filmes, nas quais ele assiste a quatro filmes com vários amigos, tendo quase nenhuma conversa durante a recepção e depois da sessão. Muitos outros jovens reportam circunstâncias quase similares de recepção de filmes – coloca-se a condição que deseja para estabelecer o que nomina, segundo as seguintes palavras: "Tipo de imersão num mundo ou de qualquer modo assim descrito" (David, 19).

Claro que esta "imersão" pode acontecer de uma maneira em que o emprego dos filmes é enquadrado pelo modos de recepção interacional apresentado antes. Mas há também outros modos de recepção, nos quais os jovens têm experiências estritamente diferentes que são, para muitos deles, muito difíceis de descrever – como é o caso nas falas a seguir, que seguem as perguntas para que a entrevistada pudesse nomear os filmes que a impressionaram:

> M: (Maria, 21 anos). *Perfect World* / er/ com / er/ Kevin Costner.
> I: É aquele que ele sequestra um cara, não é?
> M: É, exatamente.
> I: Este impressionou intensamente você? Por quê?
> M: Eu não sei!
> I: ((risos))
> M: Suponho que assisti inúmeras vezes, vinte? Não tenho ideia...
> I: Tudo isso?
> M: Sim, e toda vez os mesmos sentimentos, e...
> I: Que tipo de sentimentos?
>
> M: Provavelmente, porque você tem... sente algum tipo de piedade por Kevin Costner no papel que desempenha /er/ E o filho... o menininho, ele não tem pai, e então a relação que eles estabelecem, e tem o Kevin Costner... ele quer encontrar seu próprio pai de novo e (respira fundo) Eu não sei, é tão... e aí a música. Eles têm alguma, eu acho, música escocesa.

Maria tem sérios problemas para descrever o que causa o sentimento que a leva a assistir este filme por vinte vezes. Só depois da segunda pergunta do entrevistador é que ela tenta explicar mais precisamente, e então se refere a algumas partes do filme que ela finalmente não pode dizer, porque a impressionaram de alguma forma ("não sei... é tão..."). Ela então atribui suas emoções especialmente à música escocesa. O tipo especial de relação com o filme (e a prática que o filme exibe) que ela tenta tão desesperadamente descrever assenta na referência à música no lugar de formular uma conclusão adequada ao impacto que lhe causa. Outra jovem rejeita a verbalização de sua experiência com filme, pelo menos imediatamente depois da recepção e quase completamente:

> Eu não gosto de falar sobre filmes, quando eu, quando eu acabei de vê-los. Minha mãe sempre comenta isso. Eu preciso de um tempo, porque cada vez que estou cativada eu quero manter este sentimento de encantamento, tanto que não quero que ele desapareça. Frequentemente, eu acho, você não pode falar sobre alguma coisas, porque elas já contam sua própria história (Arnia, 20 anos).

Como os filmes contam sua "própria história", colocá-los em palavras significa aliená-los da experiência que os tornou possível. Em outra seção da mesma entrevista, Arnia revela que a "própria história" que o filme conta tem um impacto especial sobre ela quando a trama é de alguma forma congruente com suas próprias experiências:

> Eu acho que filmes, certos temas podem se comunicar com você, dependendo da sua condição pessoal. Eu acho, quando meu namorado me deixa ou eu o deixo, e depois de alguma forma uma pequena sequência de um filme alude pra isso, ou eu reconheço alguma coisa, então me apela de um jeito muito especial. Ou se alguma coisa enraizada no meu conhecimento é mostrada, ou paralelos existem (Arnia, 20 anos).

Outros jovens também se referem a tais "paralelos" entre a prática exibida num filme e suas próprias bigrafias e práticas cotidianas. O jovem, a seguir, tenta articular, numa longa narração/descrição, quais tipos de paralelos à sua própria experiência ele encontrou no filme *Million Dollar Hotel*, que estreou nos cinemas em 2000:

> Este se passa num asilo nojento em São Francisco e o visual do filme é totalmente imundo e eu adoro isso, como fosse na vida real, sabe? Er/ o barraco que eu moro, sabe, a "nossa" área, sabe, tudo imundo, mas tem que olhar mais de perto, sabe, e neste filme é assim, é provocado, então você tem que olhar mais de perto para gostar do filme (Lars, 20 anos).

Este é o paralelo entre o olhar intenso que é necessário dar ao filme e ao cenário, bem como ao ambiente social do entrevistado, para entender, nos dois casos, a beleza de ambos. O barraco e a "nossa" área são, de alguma forma, similar ao asilo nojento do filme. Ambos compartilham uma beleza escondida, que não pode ser revelada por qualquer pessoa e não é acessível a ninguém à primeira vista. Neste trecho, o entrevistado descreve – depois do extrato anterior – a "bela" e ao mesmo tempo "destruída" atriz principal do filme (Milla Jovovich). Enquanto a pequena passagem selecionada já mostra a forte conexão entre a prática exibida no filme e a prática cotidiana do entrevistado, em sua narração subsequente ele carrega esta conexão ao extremo, como se liberasse algum tipo de quintessência da trama, ou, em suas palavras, "metáforas" que o ajudam a arcar com certos problemas e situações recorrentes na vida cotidiana bem como com questões filosóficas. Por meio de *Million Dollar Hotel* ele chega à seguinte conclusão: "Se as pessoas são excepcionais /er-er/ educadas ou não, sabe, todo mundo pode ser feliz, todo mundo, se é um 'albergado' ou da pior escória como eu" (Lars).

Os modos de recepção primária não encerram o uso social de um filme em qualquer sentido interacional (apresentação de si, afirmar diferenças ou viver relacionamentos). Em vez disso, trata-se de fabricar a conectividade entre o próprio espaço de experiência e o espaço mostrado no filme. Estes paralelos são usados também para construir e estabilizar "metáforas", guiando a resposta a questões filosóficas assim como a decisões da vida cotidiana, o que está documentado em muitas partes da entrevista, como a que segue: "Existem filmes que você mantém alguma coisa na cabeça, pela vida. Então, você pega certas metáforas, nas quais você se reconhece ou reconhece alguma coisa, e entende o jeito que as coisas são, e é isso que eu gosto mais" (Lars).

Esta fala serve para realçar que em tais modos de recepção os jovens não fazem uso social de filmes, no sentido de referir-se a eles pelas várias propostas interacionais do processo local e situacional de produção de sentido e administração local de impressões. De fato, falam sobre a experiência intensa de um filme e a produção de uma relação consigo mesmo ("pega certas metáforas, nas quais você se reconhece")[3]. Numa forma quase análoga, porém mais completa, filmes ajudam outra entrevistada a dar conta de problemas especiais que resultaram de seu último relacionamento – ela imagina conseguir pela sua biografia o que os personagens no filme "também fizeram":

> K: (Katja, 22 anos). Estes são todos filmes nos quais as mulheres estão apaixonadas, mas então o homem surge como um tirano e elas tentam tudo para fugir dele.
>
> I: E isso não era possível. Ou era realmente muito difícil...
>
> K: Sim, ele realmente fez isso. Então ele quis matá-la e tudo e /er/ que ela não podia falar uma palavra sobre aquilo, era afastada da sua família e tudo. E então, eu passei pelo mesmo...
>
> I: Entendo.
>
> K: E por causa disso, assistir a tais coisas me afeta ou pelo menos eu conheço os que no filme também fizeram.

Como a entrevistada assiste, com sua família, a filmes que mostram tais problemas numa relação que ela também sofreu uma vez, e que ela não poderia comunicar à sua família naquele momento, dramas como *Enough* (2002) ou *Sleeping with the Enemy* (1991) dão suporte para encarar seu trauma: a opressão na relação e a distância forçada da família. À luz disso, não surpreende que 67% de 827 psicanalistas americanos afirmaram trabalhar com filmes em suas terapias (cf. NORCROSS et al., 2003). É esta prática de usar um filme como recurso para experiência de mundo que chamamos apropriação[4]. Adiante, no curso da reconstrução de práticas de recepção específicas por meio de análise de narrativas escritas, vamos aprender que

---

[3] Em algum lugar na mesma entrevista, Lars comenta: "Como eu disse, alguns filmes são tão extraordinariamente bons que /eh/ que eu reconheço a mim mesma. Sim. É isso, simples assim, sim, metáforas, como /eh/ sei lá, "besser arm dran als Arm ab" (Ditado alemão que poderia ser traduzido da seguinte forma: "Melhor ser um pobre coitado do que um pobre sem braço" [N.T.].) Caminhos separam na vida. Bem, você se lembra de ditados.

[4] Outros exemplos deste modo de recepção de experiência de mundo: uma garota (Arnia, 20) muda seu olhar sobre refugiados poloneses colocando-se pela primeira vez no lugar deles enquanto assiste a um filme e, assim, desenvolve uma nova imagem sobre o país vizinho. Outra garota amplia sua compreensão sobre espaços de experiências alheios (de viciados em drogas e mensageiros), que geralmente são representados somente em números estatísticos, e frisa a influência desta compreensão para sua própria orientação ocupacional.

tais apropriações ocorrem em circunstâncias particulares e que outras fabricações de conectividade entre uma representação fílmica de uma prática social e a prática da vida cotidiana também existe.

Mas nem todo jovem conhece uma forma de tal conectividade que frequentemente produz emoções intensas. Ou seja, nem todo jovem está habilitado a conectar seu próprio espaço de experiência ao espaço apresentado na tela. De fato, falamos com jovens que sentem falta de tal experiência intensa:

> Bem, emoções intensas? Não, mas eu sempre desejei que acontecesse, mas nunca aconteceu. Um filme com o que eu estava vivendo por um longo tempo /er/ para entender um dia e /er/ mas não foi de uma maneira emocional, foi só /er/ foi o primeiro filme de David Lynch que eu assisti e /er/ não vi nada comparável e /er/ estava apenas interessado no que existia através daquilo que ou se estes momentos de violência são só sem sentido. Mas emocional? (Karl, 21 anos).

O entrevistado desejava ser tocado emocionalmente por um filme, mas isso "nunca aconteceu". Isto pode remeter ao enquadramento mais racional de sua orientação, que é formado pelo conhecimento de senso comum e não por estoque de conhecimento conjuntivo. Como ele assiste a filmes à luz de tais esquemas interpretativos, como "o que existe através daquilo", e foca na (re)construção das intenções de um "autor" de um filme, é muito provável que a falta de emoção ocorra. Igualmente, encontramos mais jovens incapazes de relatar filmes para sua própria experiência. Perguntado sobre alguma relação entre a vida cotidiana e a prática social exibida em filmes, um entrevistado (Mevlüt) afirmou:

> A: Bem, eu tenho um colega que é muito ligado em filmes e /er/ nos atores e toda aquela coisa, ou seja, alguns filmes ele realmente conhece de dentro pra fora e a música também.
> Y: Sim.
> A: Às vezes, é engraçado. Ele começa a cantarolar a música do filme antes que ela apareça no filme.
> (ambos riem)
> A: Mas, mas, não / er/ Eu, eu não tenho esse conhecimento.
> Y: Ok.
> A: Bem, não conheço muito bem todos os atores nem nada sobre as últimas fofocas...

O entrevistado se refere em sua resposta ao conhecimento de senso comum de um amigo sobre filmes. Ele não poderia mostrar de uma maneira mais precisa que ele não se interessa em ter acesso à prática social que os filmes exibem. Primeiro, ele não se refere ao próprio conhecimento. E, segundo, o conhecimento a que se refere é de uma natureza supreendentemente impessoal, considerando a questão. Então, sua resposta à pergunta se ele utiliza filmes como fonte para experienciar o mundo mostra que ele conhece filmes primeiramente como fonte para propostas interacionais, tais como o desempenho da interação grupal e das relações sociais. Em seguida, ele elabora seu modo de recepção mais precisamente. Embora haja casos nos quais há preferência por um dos dois modos de recepção, na verdade a maioria dos jovens conhecem ambos. Isto é, os resultados basicamente não podem ser interpretados com uma tipologia de pessoas, mas de práticas que raramente distinguem pessoas concretas. Uma jovem, especialmente, prova a possibilidade de mudar de modos de recepção. Por um lado, ela procura a intensa experiência de dramas junto com sua família para dar conta de seu último relacionamento. De outro, ela assiste a comédias com suas amigas enquanto preparam pizzas e a prática do grupo institui conversas sobre filmes, nas quais o conhecimento do filme é usado para identificar os membros.

Descobertas empíricas de uma análise das narrativas escritas de jovens a partir do filme *The Others*

A análise das renarrações escritas foi conduzida para validar o modos de recepção no qual um filme aparece como um recurso de experiência de mundo e que, do ponto de vista da Sociologia Praxeológica do Conhecimento, pode ser nomeada como apropriação (em circunstâncias especiais como vimos até agora). Porque este modo de recepção implica uma certa prática de ver um filme específico, é inevitável coletar dados que dão conta de processos de recepção concretos.

Narrativas escritas parecem ser apropriadas para esse propósito e existem para cada um dos jovens entrevistados. Eles assistiram ao filme *The Others* (2001) e, logo a seguir, escreveram suas narrativas. Mais uma vez, a análise foi conduzida pelo método documentário. A seguir, os resultados serão discutidos num nível mais abstrato comparando-se aos dois modos de recepção do último tópico. Isto significa que – devido à falta de espaço – eu apenas introduzo uma tipologia de práticas de recepção sem originá-la de extratos de narrativas.

A análise de catorze narrativas leva a quatro práticas de recepção: a) apropriação reprodutiva e produtiva; b) distinção conjuntiva; c) formalização estética; d) interpretação polissêmica. A primeira prática corresponde ao modo de recepção que tem nos filmes fontes para experiência do mundo reconstruído na análise das entrevistas. Isto implica uma interação entre a prática social exibida no filme e a prática cotidiana do jovem. Podemos então diferenciar entre dois modos. Uma *apropriação reprodutiva* acontece se o conhecimento conjuntivo se conecta à representação fílmica, mas a estrutura do conhecimento propriamente não muda. Os jovem focam essas estruturas fílmicas (pessoas, relações, circunstâncias, ambientes etc.), que "são relacionadas" com seu espaço de experiência. Mais precisamente: eles constroem algum tipo de relação. Por exemplo, uma entrevistada se concentra na história de sua doença para entender a situação de um personagem, ou tem empatia pelo personagem e seu problema de perder uma pessoa importante à luz de sua própria perda. Esta prática de recepção leva à reprodução de estruturas de experiências conjuntivas. Uma variedade substancial disto chamamos *apropriação produtiva*. Nesta, o filme funciona menos como um "espelho" que reflete a própria experiência, mas influencia e muda a estrutura de experiências sedimentadas (conhecimento tácito/conhecimento conjuntivo) – como ocorre no seguinte caso: um jovem descreveu em sua narrativa confusões sérias a respeito da sua identidade e pôde projetá-las nos personagens do filme e, ao mesmo tempo, pôde também levar consigo aspectos sedativos para arcar com seus problemas. De maneira análoga, Schäffer examinou uma "dimensão transconjuntiva em termos de conhecimento conjuntivo antigo, estoques de conhecimento que abrangem meios sociais, biografias, e sobretudo estilo e habitus de outras gerações" (SCHÄFFER, 1998, p. 35).

Tanto a apropriação produtiva quanto a reprodutiva caracterizam similarmente a conectividade entre estruturas de conhecimento conjuntivo (dependendo dos vários espaços de experiência) e a estrutura estética do filme. Isto é, a prática encenada no filme é conectável à prática da vida cotidiana. Este não é o caso concernente à prática de recepção de *distinção conjuntiva*. Ao longo das linhas da apropriação reprodutiva e produtiva, os jovens operam com estoques de conhecimento conjuntivo, mas o filme funciona como um horizonte negativo e as experiências podem ser verbalizadas contra as informações do filme, porém permanecm em forte constraste com ele.

Figura 1 TIPOLOGIA DE PRÁTICAS DE RECEPÇÃO

| | | Conectividade entre Estoques de conhecimento e filme ||
		Não conectável	Concectável
Formas de conhecimento	Conhecimento comunicativo	Interpretação polissêmica	Formalização estética
	Conhecimento conjuntivo	Distinção conjuntiva	Apropriação reprodutiva/ produtiva

Em contraste com as práticas de recepção reconstuídas até agora, uma *interpretação polissêmica* implica um uso primário do conhecimento de senso comum, que não é exclusivamente conectável ao filme. Ou seja, há muitos discursos disponíveis pelos quais um filme pode ser decodificado e a interpretação varia a cada discurso que a pessoa escolhe. Ao fazer isso, não há uma única leitura de filme detectável e nenhum sentido definido construível, uma vez que os jovens salientam a polissemia pelo uso constante de diferentes estoques de conhecimento de senso comum. Os jovem não podem determinar qual leitura de filme (e qual estoque de conhecimento) é o "certo", "verdadeiro" ou "melhor". Por exemplo, uma garota interpreta sucessivamente o filme como uma crítica à religiosidade, ao conhecimento, propagando uma vida alternativa, produto capitalista da indústria de mídia.

Reduzir tal polissemia ou evitar sua emergência pela construção de certas leituras de filmes é o que faz o conhecimento comunicativo sobre as intenções do autor e seus modos de codificar filmes e distribuir mensagens (formalização estética). Para este propósito de "construção da mensagem", os jovens frequentemente se referem aos princípios da produção de filmes em geral, a leis de vários gêneros, a manuscritos de diretores e a outras coisas que potencialmente controlam audiências. Uma variedade desta prática de recepção como um limite na (re)construção de uma estrutura estética é tomar posse de um ponto de vista de interpretação explicitamente ideológico. Isso significa que, aos olhos de um jovem, um filme é de um tipo especial porque mostra alguns problemas ideológicos relevantes de um certo modo (tais como o desemprego numa dada sociedade, as relações de gênero numa dada cultura etc.). Este "mostrar" deve ser relacionado a algumas estruturas estéticas, mas não precisa ser elaborado com precisão. Além disso, é possível que os jovens descrevam a estrutura estética do filme sem construir as intenções do autor e, ao invés disso, referir-se a suas próprias percepções (como a emergência de medo, pena, raiva, instuídos por música, luz, trama, habilidades dramáticas etc.)

Conclusão

A análise de entrevistas narrativas permitiu reconstruir dois diferentes e fundamentais modos de recepção a respeito do emprego geral de filmes. Utilizados como um recurso para interação social, os filmes dão suporte à criação situacional de diferenças na interação e o "fazer" local de categorias sociais como gênero e pertencimento a um grupo de pares. Neste modo de valer-se de filmes como fonte para interação em grupo e relações sociais, a prática exibida no filme é de menor relevância. Em contraste, ela se torna o interesse principal quando os filmes são usados como fonte para experiência do mundo. Assim, o foco dos jovens recai na conectividade da prática mostrada no filme à sua própria na vida cotidiana. Enquanto o modos de recepção interacional é bastante explorado pelos Estudos Culturais, devido a razões metodológicas e metódicas (cf. tópico anterior), a prática de recepção que faz dos filmes fonte para experiência do mundo é raramente observada. Dessa forma, este capítulo se concentrou principalmente na produção de conectividade entre a prática social exibida num filme e a prática cotidiana. Do ponto de vista da Sociologia Praxeológica do Conhecimento este é o nível determinante no qual processos de apropriação podem acontecer.

A análise de narrações escritas permitiu validar e especificar este modos de recepção como uma prática de recepção de apropriação reprodutiva ou produtiva. Assim, uma tipologia foi reconstruída, na qual esta prática foi classificada entre outras. Quando essas práticas não estavam conectadas a espaços de experiências conjuntivas, elas não foram identificadas na análise das entrevistas. Os jovens não falaram sobre elas porque a entrevista não tratou a recepção de um filme específico, mas o emprego geral dos filmes pelos jovens. No entanto, a prática de produzir uma intensa conectividade entre pessoa e filme é tão importante para muitos jovens que eles também expressaram isso nas falas. Sobre esta questão, são necessárias mais pesquisas para tratar como ela se relaciona a qualquer "impacto" dos filmes sobre os jovens. Isso envolve discursos sobre a formação de orientações a partir da recepção de "comportamentos desviantes ou subversivos via recepção dos mídia", da "aprendizagem (implícita) pela recepção de mídia" ou mesmo do "efeito terapia ou cura via recepção de mídia". Em síntese, e de uma forma geral, sempre que falamos da interação de estruturas do conhecimento e da experiência com estruturas estéticas, a Sociologia Praxeológica do Conhecimento e o método documentário de interpretação apresentam um enquadramento metodológico desafiador de referências e ferramentas teórico-metodológicas relevantes.

BIBLIOGRAFIA

ANG, Ien (1996a). Ethnography and Radical Contextualism. In: HAY, James; GROSSBERG, Lawrence & WARTELLA, Ellen (orgs.) *The Audience and its Landscape*. Boulder: [s.e.], p. 247-262.

_____ (1996b). *Living Room Wars* – Rethinking Media Audiences for a Postmodern World. Londres/Nova York: [s.e.].

BOHNSACK, Ralf (2008a). *Rekonstruktive Sozialforschung* – Einführung in Methodologie und Praxis qualitativer Forschung. 7. ed. Opladen: Barbara Budrich/UTB.

_____ (2008b). *Qualitative Bild- Film und Videointerpretation* – Die Dokumentarische Methode. Opladen: Barbara Budrich/Farmington Hills.

_____ (2007). Zum Verhältnis von Bild- und Textinterpretation in der qualitativen Sozialforschung. In: FRIEBERTSHÄUSER, Barbara; VON FELDEN, Heide & SCHÄFFER, Burkhard (orgs.) *Bild und Text* – Methoden und Methodologien visueller Sozialforschung in der Erziehungswissenschaft. Opladen: Farmington Hills/Barbara Budrich.

_____ (2004). Group Discussion. In: FLICK, Uwe; VON KARDOFF, Ernst & STEINKE, Ines (orgs.) *A Companion to Qualitative Research*. Londres: [s.e.], p. 214-221.

DENZIN, Norman K. (1992). *Symbolic Interactionism and Cultural Studies* – The Politics of Interpretation. Oxford/Cambridge: [s.e.].

FISKE, John (1996). "Hybrid Vigor: Popular Culture in a Multicultural, Post-Fordist-World". *Studies in Latin American Popular Culture*, 15, p. 43-59.

_____ (1992). British Cultural Studies and Television. In: ALLEN, Robert C. (org.). *Channels of Discourse, Reassembled*: Television and Contemporary Criticism. Londres: Chapel Hill, p. 284-326.

_____ (1987). *Television Culture*: Popular Pleasures and Politics. Londres/Nova York: [s.e.].

GEIMER, Alexander & EHRENSPECK, Yvonne (2008). Qualitative Filmanalyse. In: FRIEBERTSHÄUSER, Barbara & PRENGEL, Annedore (orgs.) *Handbuch Qualitative Forschungsmethoden in der Erziehungswissenschaft*. Weinheim: [s.e.].

GEIMER, Alexander et al. (2007). "Eine qualitative Analyse erfahrungs- und entwicklungsbezogener Prädiktoren der unterschiedlichen Lesarten eines Postmortem-Spielfilms". *ZfE* – Zeitschrift für Erziehungswissenschaft, 10 (4), p. 493-511.

HOLLY, Werner; PÜSCHEL, Ulrich & BERGMANN, Jörg (orgs.) (2001). *Der sprechende Zuschauer* – Wie wir Fernsehen kommunikativ aneignen. Wiesbaden: [s.e.].

KEPPLER, Angela (2001). Mediales Produkt und sozialer Gebrauch – Stichworte zu einer inklusiven Medienforschung. In: SUTTER, Tilmann & CHARLTON, Michael (orgs.). *Massenkommunikation, Interaktion und soziales Handeln*. Wiesbaden: [s.e.].

KROTZ, Friedrich (1995). Kontexte des Verstehens audiovisueller Kommunikate – Das sozial positionierte Subjekt der Cultural Studies und die kommunikativ konstruierte Identität des symbolischen Interaktionismus. In: CHARLTON, Michael & SCHNEIDER, S. (orgs.). *Rezeptionsforschung* – Theorien und Untersuchungen zum Umgang mit Massenmedien. Wiesbaden: [s.e.], p. 73-91.

MANNHEIM, Karl (1982). *Structures of Thinking*. Londres: [s.e.].

_____ (1952). "On the Interpretation of Weltanschauung". In: MANNHEIM, Karl (org.) *Essays on the sociology of Knowledge*. Londres: [s.e.].

MIKOS, Lothar (2003). Zur Rolle ästhetischer Strukturen in der Filmanalyse. In: EHRENSPECK, Yvonne & SCHÄFFER, Burkhard (orgs.). *Film- und Fotoanalyse in der Erziehungswissenschaft*. [S.L.]: Leske/Budrich, p. 135-147.

MORLEY, David & SILVERSTONE, Roger (1993). Communication and Context: Ethnographic Perspectives on the Media Audience. In: JENSEN, Klaus Bruhn & JANKOWSKI, Nicholas W. (orgs.) *A Handbook of Qualitative Methodologies for Mass Communication Research*. Londres/Nova York: [s.e.].

NORCROSS, John C. et al. (2003). *Authoritative Guide to Self-help Resources in Mental Health*. Nova York: [s.e.].

POLANYI, Michael (1966). *The Tacit Dimension*. Garden City, NY: [s.e.].

WILSON, Thomas P. (1970). "Conceptions of Interaction and Forms of Sociological Explanation". *American Journal of Sociology*, 35 (4), p. 697-710.

WINTER, Rainer (2003). Polysemie, Rezeption und Handlungsmöglichkeit – Zur Konstitution von Bedeutung im Rahmen der Cultural Studies. In: JANNIDIS Fotis; LAUER, Gerhard & MARTÍNEZ, Matias (orgs.) *Regeln der Bedeutung – Zur Theorie der Bedeutung historischer Texte*. Tübingen: [s.e.], p. 431-453.

Capítulo 3

A interpretação de filmes segundo o método documentário*

Astrid Baltruschat

No âmbito da análise de dois curta-metragens produzidos para um concurso de criatividade, tentei desenvolver, baseando-me nos fundamentos do método documentário, um procedimento para interpretação de filmes que foram produzidos e dirigidos por iniciativa própria dos pesquisados.

Até o momento, o método documentário tem sido utilizado quase exclusivamente para a análise de filmes produzidos pelos próprios pesquisadores (WAGNER-WILLI, 2005; KLAMBECK, 2007; NENTWIG-GESEMANN, 2006) ou segundo o estímulo dos pesquisadores, focando o objetivo da pesquisa (BAUSCH, 2004). O filme serve, neste caso, apenas como instrumento para obtenção de dados. Tais categorias devem ser diferenciadas ainda dos filmes produzidos pelos pesquisados e que visam documentar, por exemplo, acontecimentos familiares ou culturais. Estes seriam comparáveis a materiais empíricos, como as fotografias familiares, cuja análise já foi apresentada no contexto da interpretação de imagens segundo o método documentário (BOHNSACK, 2005, 2007). Enquanto estes representam as vivências (mais ou menos) cotidianas dos pesquisados, os filmes aqui apresentados são artefatos, composições cinematográficas produzidas especificamente no âmbito do Concurso Melanchthon "Escola em Transformação" (original em alemão: *Schule im Wandel*) sob o mote "Refletir a escola! – A escola tem que ser fundamentalmente modificada?"[1]

Um dos dois filmes foi produzido por um grupo de alunos, o outro por um grupo de professores. O filme dos alunos tem o título *Melanchthon – eu acho legal!* e se enquadra no gênero documentário. O título contém o nome da escola, o *Melanchthon-Gymnasium*, um tipo de escola secundária. O filme dos professores chama-se: *Câmara do Horror – ou: a Escola*

---

* Tradução de Astrid Baltruschat. Revisão de Vinicius Liebel.

[1] Para mais informações sobre o concurso, consulte http://www.freunde-melanchthon-gymnsasium.de/wettbewerb/dokumente/ws_artikel_wettbewerb.pdf (pdf-file do artigo de KOCH, 2006).

Secundária nos tempos da reavaliação e é uma sátira[2]. Ambos os grupos filmaram em sua escola e representam eles mesmos os protagonistas dos filmes. Ambos os grupos pertencem a um mesmo espaço de experiências conjuntivas com referência à escola e ambos falam no filme sobre este espaço comum. Neste processo, eles são essencialmente os produtores do filme, tanto os que *reproduzem* quanto os que estão sendo *reproduzidos*, ou seja, eles atuam *por detrás* e também *diante* da câmera. Análogo à interpretação das fotografias familiares que foram tiradas pelos membros das famílias, aqui não é necessário fazer uma distinção relativa à produção dos dois tipos de produtores das imagens (cf. BOHNSACK, 2003a, p. 160). Se fosse necessário diferenciá-las, como no exemplo do retrato da família brasileira no sertão nordestino tomado por um fotógrafo profissional (BOHNSACK, 2003, p. 249-257), a distinção seria a seguinte: a montagem, o enquadramento, o plano, os movimentos da câmera e a composição total seriam considerados como produção dos produtores que *reproduzem* e, por outro lado, os movimentos dos atores, em particular os gestos e a mímica, seriam interpretados como produção dos produtores *reproduzidos*.

A interpretação de filmes, assim como a interpretação de imagens, obteve até o momento uma importância meramente marginal no âmbito dos métodos qualitativos nas Ciências Sociais (MAROTZKI & SCHÄFER, 2006, p. 66). A maioria destas obras ou tem como objetivo uma análise da recepção dos espectadores do filme e não focalizam o filme como um produto autossuficiente, ocupando-se principalmente da apropriação e da utilização dos filmes pelos usuários (MIKOS & WEGENER, 2005, p. 14), ou seguem o paradigma interpretativo (BOHNSACK, 2006, p. 9s.). Neste caso, as intenções supostas ou as construções de sentido que são atribuídas aos produtores do filme constituem o interesse central. Uma análise dos filmes nestes moldes mira as teorias subjetivas cotidianas dos pesquisados e, com isso, o conhecimento explícito que é expresso por eles.

Por outro lado, a interpretação de filmes segundo o método documentário não visa as teorias subjetivas dos produtores, mas seu saber prático, que dirige suas ações. Com isso, o método documentário objetiva um tipo de conhecimento sobre o qual os pesquisados não falam explicitamente, mas que, sem que eles precisem estar conscientes disso, define e estrutura suas ações e compreensão de mundo. Esta forma de conhecimento também pode ser denominada de "conhecimento implícito" ou, segundo Mannheim (1964, p. 97ss.), "conhecimento ateórico", pois não é expresso diretamente nas teorias cotidianas dos pesquisados, mas, antes de tudo, em suas ações práticas e forma seu *habitus*. Diferente da pesquisa que visa a recepção, a interpretação documentária de filmes aponta para o próprio filme como um produto autossuficiente, que é concluído em si mesmo.

Consequentemente, a tarefa que se impõe é a de desenvolver um procedimento que leve em conta a peculiaridade da mídia em questão, a saber, o filme. Análogo à interpretação documentária de imagens, em que a imagem é considerada como "uma intermediação de sentido, que não pode ser substituída por nada diferente" (IMDAHL, 1979, p. 190), da mesma forma

---

[2] No original alemão, a palavra *Revaluation* (de *Kammer des Schreckens oder Realschule in Zeiten der Revaluation*) é um neologismo produzido a partir da palavra *Evaluation* (avaliação).

deve ser levada em conta a singularidade e a especificidade do filme para apreender seu "sentido documentário", ou seja, "o sentido do ser" (PANOFSKY, 1932, p. 115, 118). Entretanto, temos que dar uma resposta à pergunta sobre o que consiste a essência do filme, ou seja, o que é especificamente cinematográfico. Voltarei à esta pergunta mais tarde.

A transcrição do filme

Ao contrário da imagem, um filme não pode ser compreendido com um simples olhar, pois não se apresenta como uma estrutura simultânea. Além disso, ele não é tomado como uma forma material, mas sim como algo fugaz e temporário, que é fixado no momento da apresentação. Por isso, a questão é como seria possível fazer uma transcrição do filme para facilitar o trabalho da interpretação e se isso deve ser feito.

Na análise dos filmes no âmbito das ciências cinematográficas, é praxe fazer um protocolo tabular e/ou descritivo do filme (cf. p. ex., FAULSTICH, 2002, p. 63-80; KORTE, 1999, p. 32-39; KORTE, 2005). Também no âmbito da pesquisa qualitativa, foram desenvolvidas maneiras de transformar um filme num documento escrito, por meio de métodos transcritivos. Porém, do ponto de vista do método documentário, estas formas não podem ser consideradas como uma transcrição, visto que abandonam o nível pré-interpretativo (cf. BOHNSACK, 2006, p. 42s.). Já quando uma imagem vai ser substituída por um texto, temos um ato de interpretação. Além disso, a particularidade do filme, que deve ser respeitada no sentido do método documentário, perde-se quando ele é transformado numa outra mídia. Justamente a assim chamada "complexidade de sentido da transcontrariedade", que Imdahl (1996, p. 107) acentuava como particularidade da iconicidade, não pode ser diretamente verbalizada, mas no máximo parafraseada na forma de contrastes, de dicotomias. Por fim, numa interpretação documentária, a retomada do filme permanece necessária. Entretanto, Stefan Hampl e Aglaja Przyborski (HAMPL & PRZYBORSKI, [no prelo])[3] desenvolveram um sistema de transcrição que pode resolver os problemas mencionados em grande parte.

No intervalo de um segundo (ou 0,5 segundo no outro filme) imagens singulares do filme foram cortadas e perfiladas. Em seguida, o texto falado pode ser adicionado às imagens, bem como ruídos ou músicas. Para sinalizar quais vozes ou sons vêm do "Off", foi usado uma cor de escrita diferente (aqui cinzento em lugar de preto). Desta maneira, a transcrição permanece consistentemente no nível pré-interpretativo, pois a dimensão visual é representada por um formato visual e, simultaneamente, a dimensão verbal é transferida a um formato textual. A complexidade do sentido icônico não se perde totalmente, mas fica conservada nas imagens. Além disso, consegue reproduzir a temporalidade da cena por meio de um eixo constante (na forma de uma partitura) no qual se marca a passagem do tempo. Esta técnica se mostra muito útil para se obter uma amostragem do filme, pois permite a visualização da montagem do mesmo e as mudanças entre os planos relativos aos períodos e sua frequência, além da relação

---

[3] Uma edição melhorada desse sistema assim como os filmes analisados neste artigo foram publicados na internet. Para mais informações, consulte www.moviscript.net

TC:	3:55	3:56	3:57	3:58	3:59	4:00
Cm:			W a s	m a c h s t	d e n n d u?	
Af.:	I c h	kann nicht	m e h r		S e h r	s c h o n!
Bm	(s u m m t)	♪ ♪	♪ ♪	♪ ♪	♪ ♪	♪ ♪
Geräusch:		Papier-	gerausche	- -	- -	- -
Kamera:		↑	↑	↑	↑	↑

entre o texto e a imagem em sua estrutura síncrona. Com isso se apresenta um sistema que, em complemento ao próprio filme, proporciona um precioso apoio e base para a interpretação.

A análise segundo o método documentário

O método documentário é caracterizado por uma mudança da forma de análise: passa-se da pergunta sobre *o que* à pergunta pelo *como*. Não é o *que*, o sentido literal ou o sentido imanente de uma mensagem que é o centro da atenção, mas o *como*, a maneira em que a mensagem se forma, de que ela é constituída e porque ela é feita em geral. No foco estão o *que* (das *"dass"*) e o *como* de uma mensagem. Porque dentro disso o "habitus", o conhecimento incorporado, pode ser reconstruído e, então, aquele conhecimento prático ateórico, aquele conhecimento pré-reflexivo se manifesta, como o método documentário visa (BOHNSACK, 2003b, p. 87s.; BOHNSACK, 2003a, p. 158). A distinção entre estes dois níveis de sentido exprime-se em duas fases distintas da interpretação.

Na primeira fase, na "interpretação formulada", o assunto que foi explicado, o *que*, só é recapitulado na medida do possível sem interpretação ou avaliação, apenas para compor a sequência temática (BOHNSACK, 2003a, p. 33s., 134s.).

Na segunda fase, na "interpretação refletida", a questão é *como* os atores explicam o assunto, como eles o colocam no contexto e como eles argumentam (BOHNSACK, 2003a, p. 34ss., 135ss.). Aqui é importante compreender a *constituição* das construções de sentido dos atores, sem examinar sua precisão ou julgá-la. Toda e qualquer questão de valor é deliberadamente excluída (BOHNSACK, 2003a, p. 64s.). Nesse sentido, a segunda fase da interpretação faz uma "ruptura com o senso comum" (BOURDIEU, 1996, p. 269), pois as construções de sentido dos atores e suas intenções subjetivas não interessam, como habitual, mas são propositalmente negligenciadas e abstraídas.

Numa comunicação por intermédio da linguagem pictórica, estas construções de sentido, que devem ser ultrapassadas, referem-se ao plano da Iconografia. Panofsky explica isso com o exemplo do cumprimento: o gesto da "movimentação do chapéu" só será interpretado como um cumprimento quando nós atribuimos uma intenção ao ator deste gesto. O que nós identificamos no nível da Iconografia como um cumprimento é, no nível pré-iconográfico, somente um movimento específico de levantar o chapéu (BOHNSACK, 2005, p. 249s.).

Esta diferenciação entre o nível da Iconografia e o nível da Pré-iconografia pode ser comparada com a diferenciação entre a conotação e a denotação. Barthes explica este fato pelo seguinte exemplo: Numa página de rosto de uma revista, um negro vestido numa farda francesa encontra-se diante do torre Eiffel. Esta descrição cobre o sentido no nível da denotação. No nível da conotação, esta imagem também poderia ser lida como uma referência à colonização francesa (BARTHES, 1970; HICKETHIER, 2001, p. 118). No senso comum, tendemos a "ler" imagens não abstratas ou gestos de uma maneira em que construimos mentalmente ações ou histórias que poderiam ocorrer numa imagem ou num filme (BOHNSACK, 2005, p. 253). Por isso, Barthes denomina este nível de sentido como "sentido óbvio" ou, como na tradução alemã, "o sentido que vai ao encontro (de)"[4], pois trata-se de um sentido que se impõe no primeiro momento ao observador.

---

[4] Barthes, 1990: "Der entgegenkommende und der stumpfe Sinn", esp. p. 49s.

Mas para avançar para o sentido documentário ou para o "sentido do ser" (Panofsky), é necessário ultrapassar o nível da conotação ou da Iconografia. Somente "depois de terem sido dissipados os signos da conotação" (BARTHES, 1990, p. 37), é possível atingir o nível de sentido que fornece o conhecimento sobre o *habitus* dos atores ou dos produtores. Barthes identifica este nível também como "o sentido obtuso" (*sens obtus*[5]) em oposição ao "sentido que vai ao encontro". Por esse motivo, uma interpretação documentária de filmes, análoga à interpretação de imagens, tem que se lançar, na medida do possível, ao nível pré-iconográfico para realizar essa "ruptura com o senso comum" (Bourdieu), o que está ligado à mudança na mentalidade de análise da questão do *que* para o *como*. De acordo com a primeira fase da interpretação documentária, na qual o *que* do assunto é recapitulado, não se pode estagnar no nível iconográfico, mas deve-se ainda "retroceder" este nível e colocar os códigos conotativos ou iconográficos "entre parênteses" (BOHNSACK, 2005, p. 253s.; BOHNSACK, 2006, p. 14-24)[6].

A interpretação formulada (ou: descritiva[7])

Por conta da complexidade de um filme, esta primeira fase da "interpretação formulada" é executada em diferentes graus de detalhamento: no início da interpretação, o filme deve ser observado em sua totalidade e ser tomado em sua própria sequencialidade. Aqui não interessa a história que o filme (supostamente) conta, seu "sentido óbvio" (Barthes), mas apenas a descrição da sequência das cenas sem ligações causais e sem construções de sentido. Nas Ciências Cinematográficas, isso corresponde à distinção entre o *story* e o *plot*[8] de um filme. Para tanto, convém fazer uma descrição da ordem sequencial do filme na qual as mudanças dos planos e das cenas (relativas aos lugares da ação e às pessoas que atuam) são marcadas. Esta descrição não busca o detalhe, mas visa uma classificação da sucessão em sequências superiores ou inferiores e sequências incluídas. Ela permanece o máximo possível no nível pré-iconográfico e usa somente um conhecimento generalizado (um conhecimento comunicativo, ao contrário de um conhecimento conjuntivo), que contém uma compreensão sobre as instituições e papéis sociais (p. ex., o conhecimento do que é uma escola ou de que são professores ou alunos – no exemplo de Barthes, a farda do negro já fora identificada como francesa). Esta classificação se orienta principalmente pelo visual para suspender, na medida do possível, o sentido iconográfico, o qual é dado por meio da inclusão da linguagem. Os temas que são explicitamente mostrados devem ser considerados apenas de forma secundária.

A fase da interpretação formulada ou descritiva vai ser repetidamente executada numa etapa mais avançada da interpretação: no contexto da "interpretação refletida", uma nova interpretação

---

[5] O título da edição original de Barthes, 1990: "L'obvie et l'obtus".

[6] Bohnsack fala neste contexto da precedência (*Primordialität*) do nível pré-iconográfico (p. 23).

[7] No âmbito da interpretação de filmes, a designação "interpretação descritiva" estaria no fundo mais correta.

[8] Faulstich descreve a *story* como uma simples sucessão de sequências, enquanto no *plot*, por meio das ligações causais ("porque..."), uma estrutura de sentido é constituída (FAULSTICH, 2002, p. 80s.; cf. tb. (semelhante): STEINMETZ, 2005, p. 42 e 34). Mikos usa ambos os termos de uma outra maneira (MIKOS, 2003, p. 43, 106, 128-135).

formulada deve ser efetuada para preparação de cada "metáfora de foco" (cf. abaixo) a ser interpretada. Neste caso, a interpretação formulada acontece em um elevado grau de detalhamento e se orienta, na medida do possível, no nível pré-iconográfico. A forma da descrição pode variar de acordo com a metáfora de enfoque escolhida para interpretação.

A interpretação refletida
Passo 1: Análise da estrutura formal do filme

Em princípio, o método documentário não visa a análise de elementos singulares isolados, mas a ligação mútua destes e sua relação com a totalidade. Por isso, em uma interpretação de um grupo de discussão, por exemplo, primeiramente o progresso da discussão é analisado, justamente para manter o foco na totalidade do processo. Ou, ainda, no caso de uma interpretação de imagens, a análise é iniciada pela observação da estrutura formal da imagem. Para tornar a estrutura do filme perceptível, um esquema gráfico da progressão do filme foi formulado. Este volta-se especialmente à troca dos planos e à montagem. Desta forma, a ordem de sequências incluídas torna-se evidente, bem como a mudança de lugares ou a continuidade de diferentes planos da ação. Assim também elementos que se repetem podem ser ilustrados.

No filme dos alunos, são notáveis os saltos permanentes entre um lugar da escola e um lugar privado (como nas cenas no sofá – marcadas com vermelho na Figura 2 a+b). Aqui já é possível perceber uma característica importante do filme dos alunos que será encontrada outra vez como estruturas homólogas na interpretação de elementos singulares. Neste sentido, este filme distingue-se manifestadamente, do outro exemplo aqui interpretado[9], visto que neste não há uma mudança de localidades. E é justamente este confinamento em um local fechado, que também se exprime no título *Câmara do horror*, que se revela uma das características principais do segundo filme. Somente duas cenas incluídas transcendem este lugar (1. um relógio em plano próximo; 2. o mesmo relógio junto a um retrato), sendo inseridas no filme (por meio da montagem) de uma maneira totalmente desregrada e sem ligação com o contexto.

O poder estruturante que é atribuído a estes símbolos se revela também na análise detalhada das cenas singulares como uma estrutura homóloga. Em lugar das mudanças de ambiente e diferentes cenas que compõem o eixo do primeiro filme, aqui o fio condutor da narrativa são as variações sobre uma mesma linha de ação, na qual a professora "Marianne" atua atrás de montes de papel e com as mãos borradas de vermelho (cf. o exemplo 3 da interpretação). Enquanto no exemplo dos alunos pode-se observar que repetidamente o foco se distancia do lugar e das situações típicas da escola por meio da troca constante dos lugares de ação, no filme dos professores percebe-se uma fixação por um lugar que parece uma prisão e que tem uma ligação a um poder com uma "cabeça dupla" (relógio e retrato). As orientações principais que estruturam a prática de ambos os grupos já podem ser vistas em forma rudimentar na estrutura global dos respectivos filmes. Pelo contraste das estruturas dos dois filmes, estas orientações podem ser especificadas mais precisamente mediante uma "análise comparativa".

---

[9] O esquema gráfico do filme dos professores encontra-se em Baltruschat, 2009.

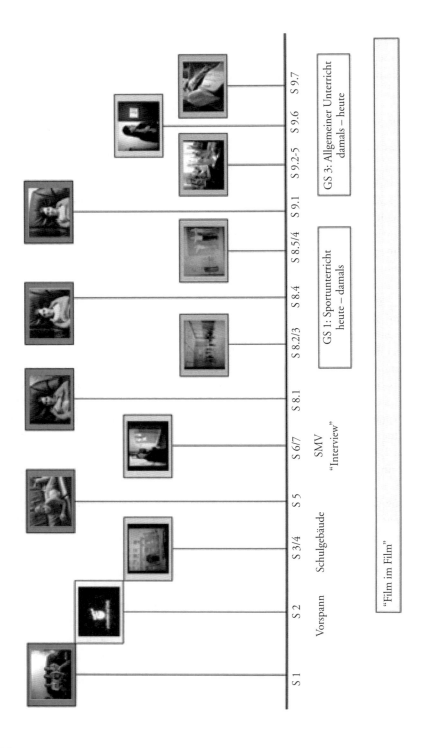

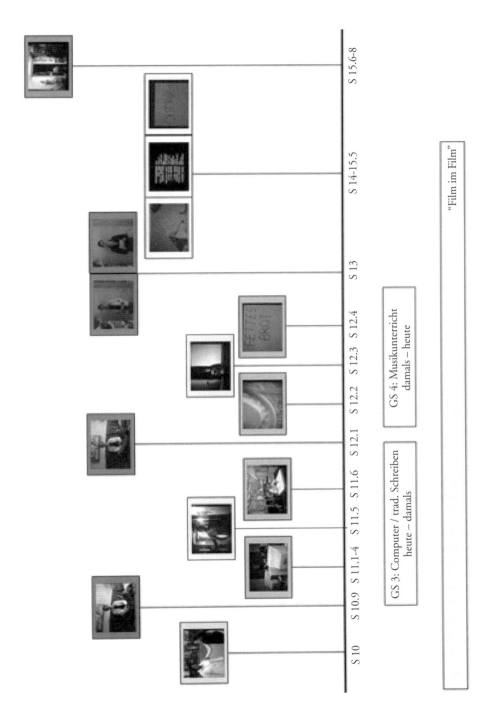

Passo 2: A seleção das metáforas de foco

Estes trechos e cortes que se distinguem por uma densidade interativa e metafórica são chamados no método documentário de "metáforas de foco". Nestes pontos, a percepção mútua e a identidade coletiva dos produtores surgem de maneira particularmente clara. Isso facilita o acesso ao seu espaço de experiências conjuntivas e às suas orientações conjuntas, que são registrados na totalidade do produto (BOHNSACK, 2003a, p. 138s.). Para a escolha de tais "metáforas de foco", faz-se a pergunta onde se encontra "o propriamente cinematográfico" (BARTHES, 1990, p. 65) do filme.

Barthes (1990, p. 64) responde a esta questão com a referência ao fotograma, em outras palavras, a uma imagem singular do filme: paradoxalmente, o específico cinematográfico não pode ser compreendido no filme mesmo, mas só num artefato importante, no fotograma. Segundo Barthes, ali se consegue transcender "o sentido óbvio", desvencilhar-se das conotações e assim avançar ao "sentido obtuso". Barthes mostra isso numa interpretação de um fotograma do filme *O encouraçado Potemkin* de Eisenstein (BARTHES, 1990). Através da mímica de uma velha, ele explica que naquele ponto revela-se uma dimensão de sentido que somente pode ser expressa na fala por intermédio de dicotomias. Aqui aparece aquela complexidade do sentido, que Imdahl chama a "complexidade de sentido da transcontrariedade (Sinnkomplexität des Übergegensätzlichen)" (IMDAHL, 1996, p. 107).

Por sua vez, um outro grupo de estudiosos de cinema, de Pudowkin até Deleuze, identifica a especificidade do filme na montagem, ou seja, no corte das cenas. Esta posição se reflete numa citação que é atribuida à Stanley Kubrick: "A montagem é o único processo no qual o filme não faz empréstimos das outras artes. Somente na montagem o filme é completo em si mesmo" (WEIDEMANN, 2005, p. 371). No âmbito das teorias da montagem, surge repetidamente o tópico sobre a "linguagem" própria do filme, que Balázs formula do seguinte modo: "O que é que a câmera não reproduz, mas cria por si mesma? Através de que torna-se o filme uma linguagem especial? Pelo close-up (plano próximo). Pelo plano. Pela montagem... Somente na montagem, no ritmo e no processo da ligação da série de imagens aparece o essencial: a composição da obra" (BALÁZS, 1930, p. 56). E Mikos constata: "Somente pela justaposição das imagens singulares se forma a realidade cinematográfica" (MIKOS, 2003, p. 207). Apenas pela concatenação das imagens com a ajuda da montagem é que emergem os significados, que não são contidos nas próprias imagens (MIKOS, 2003, p. 101).

Kracauer, por sua vez, com referência a Panofsky, considera que a especificidade do filme, ao contrário de outras formas de arte, não resulta de uma ideia abstrata, mas desenvolve-se diretamente da realidade física. Consequentemente, segundo Kracauer, são as "pequenas unidades", ou elementos de ações, ou seja, os "momentos da vivência cotidiana", ou ainda fragmentos singulares da realidade visível, que abrem uma dimensão de sentido que vai além do mero conteúdo da história que o filme conta (KRACAUER, 1964, p. 393).

Para a seleção das metáforas de foco, convém abranger estas respostas diferentes ao perguntar pelo específico do filme. Assim, tanto fotogramas singulares, como em Barthes, quanto gestos singulares ou elementos de cenas enquanto "pequenas unidades", como em Kracauer, ou mesmo a técnica da montagem podem ser postos no centro da atenção. Para cada um destes ramos vou apresentar a seguir uma interpretação exemplar. O enfoque especial serve aqui como critério de seleção de elementos ou passagens singulares, por exemplo, por seu peso diferenciado na composição do filme ou nos movimentos dos produtores retratados (*abgedildeten Bildproduzenten*), por quebras ou descontinuidades, por integração de significados metafóricos em palavra e/ou em imagem, por uma posição destacada na composição total ou por outras singularidades.

No filme, são duas as dimensões de relações que saltam à vista e que são importante para a interpretação documentária: de um lado encontram-se as relações *simultâneas*[10], como as que são encontradas no caso das imagens, e, por outro lado, resultantes da dimensão temporal do filme e semelhantes ao caso dos textos, tem-se as relações *sequenciais*[11]. As relações simultâneas não são limitadas somente às relações dentro da imagem (no assim chamado "fotograma"), mas também aparecem na construção da realidade cinematográfica, ou seja, do espaço cinematográfico como um todo, onde se juntam simultaneamente a esfera visual e a esfera acústica.

Segundo Bordwell (1985, p. 117), o espaço cinematográfico é formado de três componentes diferentes:

1) do espaço fotografado, o *shot space*;
2) do *editing space*, que se forma pela montagem e a mudança dos planos;
3) o *sonic space*, o espaço da acústica que se adiciona ao visual.

No agrupamento destes três componentes, desenvolve-se o "espaço cenográfico" (Bordwell), ou seja, o espaço "narrativo" ou "diegético" do filme (HICKETHIER, 2001, p. 85), que somente pode ser percebido na sequencialidade, no desenvolvimento do filme dentro da dimensão do tempo[12]. Portanto podemos observar, no caso dos filmes, de maneira distinta à das imagens singulares ou dos textos, como as duas dimensões de relações operam ao mesmo tempo: à sequencialidade adiciona-se o simultâneo. As relações simultâneas aparecem sincronizadas nos diferentes níveis (ou espaços) cinematográficos e desenvolvem-se nele sequencialmente.

As metáforas de foco selecionadas para uma análise detalhada podem ou limitar-se a dimensões e componentes singulares, ou, ainda, integrar várias ao mesmo tempo. No caso do fotograma para metáfora de enfoque, realiza-se, por exemplo, uma redução à dimensão da simultaneidade e aos componentes do "shot space", do espaço fotografado. Esta redução é possível quando ocorre a percepção de que o sentido documentário pode ser revelado nos fragmentos singulares, sem compreender a obra total com suas relações objetivas de sentido (MANNHEIM, 1964, p. 119-123). Estes fragmentos formam, no contexto do sentido documentário, "totalidades novas" (MANNHEIM, 1964, p. 123). No entanto, é fundamental que estes fragmentos não sejam examinados como isolados, mas relacionados

---

[10] Para a "estrutura simultânea" de imagens, cf. Bohnsack, 2003a, p. 168.

[11] Para a junção da sequencialidade e do simultâneo (*Verschränkung von Sequenzialität und Simultaneität*), cf. Wagner-Willi, 2005, p. 269ss.

[12] Por conta dessa peculiaridade do filme (do contraste com a imagem), Sachs-Hombach classifica o filme como uma "plástica temporal" (*Zeit-Plastik*): ao contrário da imagem, o filme é "tridimensional, porém a terceira dimensão não é a dimensão espacial, como numa escultura, mas a extensão temporal" (SACHS-HOMBACH, 2003, p. 130).

às outras partes e a uma totalidade, que, dessa forma, revela estruturas homólogas, uma vez que a totalidade está sempre presente como um sistema superior organizado também nos fragmentos singulares.

Por conta da importância superior do nível pré-iconográfico, a interpretação do texto falado, se for interessante, é feita apenas depois da interpretação do visual. Ele será então relacionado à sequência visual correspondente. O espaço acústico do filme (*sonic space*) pode adotar formas muito diferentes (p. ex., ruídos originais, música de fundo, fala etc.) e pode ser entrelaçado com os outros espaços do filme de maneiras muito diversificadas ("On – Off"; acentuação ou contrariedade ao visual etc.). Neste âmbito, isto pode apenas ser sugerido[13].

O princípio da análise comparativa

Dependendo do horizonte comparativo do pesquisador, diferentes aspectos vêm à mente quando ele interpreta uma imagem ou um outro elemento. Para controlar a subjetividade do pesquisador e para conter a multiplicidade de sentidos (*Polysemie*) do elemento interpretado, a análise comparativa tem uma importância primordial no método documentário. Quanto mais complexo e ambíguo um produto é, tanto mais importante é este princípio (BOHNSACK, 2007, p. 32-34).

Por causa da complexidade da interpretação de filmes, a quantidade de exemplos empíricos passíveis de interpretação e que podem ser utilizados para análise comparativa normalmente será pequena. Por isso, é muito importante se trabalhar todas as possibilidades de comparações e relações inerentes ao próprio filme, buscando renunciar, em grande parte, aos horizontes comparativos imaginários do intérprete.

Assim, por exemplo, sugere-se na interpretação do filme dos alunos uma comparação explícita, a qual os alunos mesmos fazem quando confrontam em quatro cenas a escola do passado com a escola do presente (cf. Figura 3 a+b: GS 1-4). As sequências correspondentes podem ser contrastadas e comparadas entre si, e os quatro pares resultantes desta comparação podem ser, por fim, confrontados. Desta maneira, o princípio do "contraste entre o que é comum" ou do comunal em contraste (BOHNSACK et al., 2001, p. 236) é realizado. Com base nessas relações, torna-se possível a busca pelas estruturas homólogas nas quais a totalidade do filme em seu sentido documentário vem à tona (BOHNSACK, 2006, p. 37; BOHNSACK, 2003a, p. 203s) e as quais, ao mesmo tempo, servem para verificação das orientações reconstruídas. Outras possibilidades de comparação resultam do contraste de imagens ou cenas que são diretamente conectadas umas às outras. Por exemplo, a utilização das duas sequências finais do filme dos alunos, que parecem bastante insólitas e que nos convidam a uma avaliação das relações e a uma análise comparativa.

---

[13] Mais informações para ligações diferentes entre a palavra e a imagem, cf. Hickethier, 2001, p. 107-109. Para ruído e música: Hickethier, 2001, p. 96-102; Faulstich, 2002, p. 131-143.

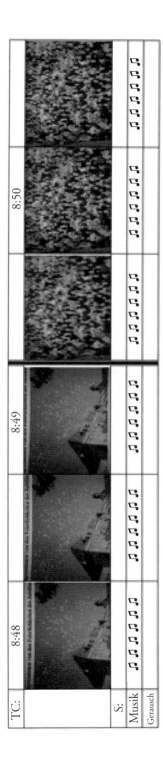

A procura pelas homologias continua em outras dimensões e em outros níveis de sentido do filme. Os resultados da interpretação são confirmados quando eles aparecem, por exemplo, tanto na imagem quanto no texto e, além disso, tanto no nível da estrutura total do filme quanto no detalhe singular. As formas como estes princípios basilares da interpretação podem ser aplicados serão mostradas e refletidas nos exemplos de análise de algumas metáforas de foco a seguir.

Exemplo 1: Metáforas de foco no âmbito da composição formal de fotogramas
Fotogramas do filme dos alunos para a comparação "passado – presente"

Fotogramas individuais possibilitam uma análise detalhada das relações simultâneas enquanto a sequencialidade é deixada de lado. Particularmente quando as estruturas de uma imagem são complexas ou, por exemplo, quando um plano fica mais distante durante um período, propõe-se a escolha de um fotograma como metáfora de foco.

Os exemplos seguintes ilustram a oportunidade mas também a limitação da utilização de fotogramas na interpretação de filmes. Para a interpretação de fotogramas, pode-se recorrer ao procedimento da interpretação documentária de imagens que neste contexto, só pode ser esquematizado de forma breve[14]. No âmbito da interpretação formulada, é feito primeiramente uma descrição detalhada da imagem no nível pré-iconográfico. Depois, na fase da interpretação refletida, a composição formal da imagem é analisada em três dimensões: a estrutura planimétrica geral, a coreografia cênica e a projeção perspectiva. Aqui a análise da estrutura planimétrica tem uma importância maior, segundo Imdahl (BOHNSACK 2005, p. 256). Como a interpretação de imagens não é o assunto deste capítulo. Deter-nos-emos à exemplificação de como os princípios do método documentário podem ser utilizados no tratamento de fotogramas com referência à interpretação de filmes.

Os produtores do filme dos alunos (*Melanchthon – eu acho legal*) impõem eles mesmos um horizonte comparativo quando contrastam a escola do passado com a escola do presente. Eles representam esta comparação em quatro cenas que apresentam a educação física, a aula em geral, a redação e a aula de música (cf. figura 2 a+b: GS 1-4). Os alunos põem o contra-horizonte explicitamente negativo desta comparação no passado, pois ao final do filme eles resumem: "A nossa opinião pessoal é que achamos o desenvolvimento do passado para o presente evidentemente melhor".

Recomenda-se manter este horizonte comparativo imanente do filme para uma análise comparativa interna à fonte. Os elementos singulares, os fotogramas, podem assim ser relacionados sistematicamente um com o outro e estas relações podem ser promovidas outras vezes com outras relações por meio da comparação. Assim, consegue-se uma "relação das relações" (BOHNSACK, 2006, p. 37), que já começa com as relações dentro da estrutura simultânea dos fotogramas. Desta maneira, chega-se a ambas as dimensões do filme: a estrutura simultânea

---

[14] Mais explicações e exemplos em Bohnsack, 2003a, p. 236-257; Bohnsack et al., 2001, p. 323-337; Bohnsack, 2005, p. 256-259.

e a sequencialidade. Quero ilustrar este procedimento pelo menos de forma básica e começo com o primeiro par de cenas, que apresenta a educação física.

À primeira vista, surgem os diferentes planos que foram escolhidos. As classificações dos planos da câmera, que são usuais na cinematografia, orientam-se pela relação entre a pessoa (ou o objeto) fotografado e seu ambiente. Por isso são utilizadas escalas diferentes que distinguem entre cinco, sete ou oito níveis diferentes de foco, nos quais os transições são contínuas

(KORTE, 1999, p. 25s.; HICKETHIER, 2001, p. 57-60). No esquema a seguir tais níveis são esclarecidos (STEINMETZ, 2005, p. 21-23).

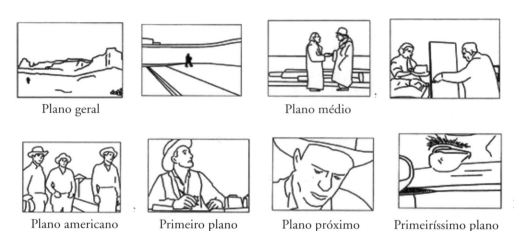

No plano geral, por exemplo, o indivíduo aparece no fundo e torna-se, assim, um elemento secundário em relação ao ambiente. No plano americano ou primeiro plano, ao contrário, a pessoa é o principal, enquanto o ambiente fica em segundo lugar. No primeiríssimo plano, por outro lado, a impressão holística da pessoa se perde em favor de detalhes individuais, que passam para o centro da atenção.

Através dos diferentes planos, os alunos contemporâneos aparecem diminuídos em um ambiente estruturado por linhas, enquanto os alunos antigos aparecem mais presentes na imagem. Estranho é também a nitidez das imagens e a contradição que dela resulta em referência à presença

dos atores no quadro: as pessoas do presente são avistadas mais focalizadas e desaparecem ao mesmo tempo em relação à quantidade de pessoas e ao ambiente, cujas linhas se tornam predominantes pelo corte. Apesar ou por causa da nitidez, os alunos da cena do presente enfim são menos presentes do que os alunos do passado, que são menos focalizados.

Observemos agora o segundo par de cenas com base no primeiro par. Mais uma vez os diferentes planos se sobressaem. Enquanto no passado foi escolhido novamente um plano médio, no presente dominam os planos próximo e primeiríssimo. Na configuração da imagem também fica aparente a fragmentação das pessoas fotografadas.

Isso leva a conclusões semelhantes aos do primeiro par de cenas, ainda que se chegue a elas de uma forma diferente: as pessoas inteiras também desaparecem na representação do presente, mas, neste caso, elas desaparecem graças ao foco nos detalhes.

O terceiro par de cenas não se distingue no plano escolhido, mas no posicionamento dos atores. Assim, forma-se a mesma desproporção entre o ator e o ambiente que foi expressa nas cenas anteriores: os atores do presente desaparecem atrás de objetos amplos (computadores). A visão dos alunos da cena do passado, ao contrário, não é obstruída.

Pela comparação destes três pares de cenas, confirma-se o ponto de comparação escolhido (o *tertium comparationis*) que estrutura essa comparação (BOHNSACK 2003a, p. 204). Ele consiste na relação entre os atores e seu ambiente. Essa relação surge graças aos diferentes ângulos da câmera nas primeiras cenas e continua no terceiro par de cenas, no posicionamento dos atores quanto ao ambiente (enquanto o plano permanece constante). No contraste com as cenas do passado, esta relação mudou nas cenas do presente desfavoravelmente para as pessoas filmadas.

O contraste entre o último par de cenas se exprime só e inicialmente nos fotogramas. Ele se forma especialmente pelo movimento da câmera e da construção do espaço (*editing space*) resultante. Isso pode ser melhor visualizado no filme em movimento.

Enquanto a música que toca na cena do passado tem correspondência no movimento circular "dançante" da câmera, na cena do presente não se consegue perceber de imediato uma relação entre a música e a composição da imagem ou o movimento da câmera. A câmera fica imóvel e somente o nome da banda que é ouvida aparece na imagem: *Fettes Brot* (Pão gorduroso). Aqui é contrastado um espaço tridimensional em movimento com uma falta de espaço: a imagem do presente permanece bidimensional e estática.

Enquanto a aula de música do passado é relacionada com o ambiente escolar pelo movimento da câmera para dentro da sala de música (7:05 – 7:06), a cena do presente se mantém indefinida quanto ao contexto fílmico, representando, através da montagem/corte, uma espécie de "não lugar". A cultura da música dos jovens se encontra à parte da esfera da escola. Além do letreiro com a inscrição "Pão gorduroso", a esfera dos jovens permanece inacessível[15].

Comparando-se estes quatro pares de cenas, revela-se que nas cenas do presente as pessoas em sua totalidade e individualmente andam no plano de fundo, são obstruídas ou ficam completamente de fora. Enquanto nas cenas do passado predomina uma relação balanceada entre a pessoa e seu ambiente, no presente há um "desequilíbrio" entre o ser humano e o ambiente, entre a pessoa e a instituição salta aos olhos.

Da perspectiva de um pedagogo engajado que aplicasse seu horizonte de interpretação neste filme, isso poderia ser compreendido como uma indicação de que as personalidades dos alunos estariam sendo prejudicadas pela pouca atenção a elas dispendida e, assim, como um apelo por sua intensificação. Mas quando observamos o sistema de relevância dos alunos, como é expresso em muitas passagens neste filme, chegamos a uma conclusão inversa: no nível do sentido documentário, expressa-se repetidamente uma retirada dos atores perante uma atenção excessiva e também exprime-se várias vezes uma separação clara entre a instituição escola e a esfera pessoal dos alunos. Assim, por exemplo, no final do filme (S 15: *Outtakes*), os alunos apresentam mais uma vez o olhar intrusivo de uma "câmera escondida" sobre sua esfera privada, que é rejeitado imediatamente.

---

[15] Nesse contexto, uma descrição detalhada da interpretação não é possível. Cf. Baltruschat, 2009.

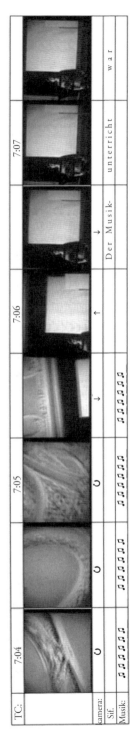

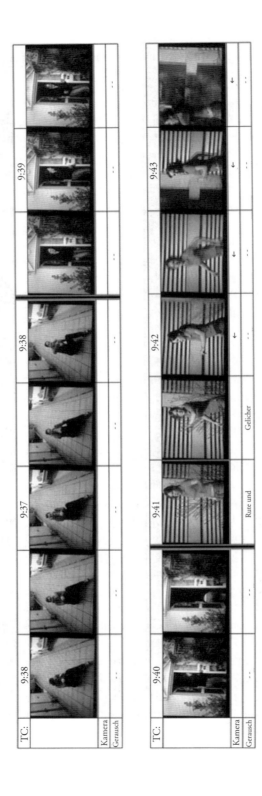

A partir do horizonte de comparação explícito dos alunos entre o passado e o presente, pode-se reconstruir um horizonte de comparação implícito, que se revela numa análise meticulosa da construção do filme. Neste novo horizonte de comparação, a cena que se passa ao ar livre (S 10, cf. Figura 2 a+b), e que é posicionada exatamente no centro do filme, torna-se um polo oposto às cenas que se passam na escola[16]. Este horizonte de comparação reconstruído não se move mais entre o passado e o presente, mas entre a instituição da escola e a vida além desta instituição, e também se expressa, por exemplo, na imagem no final do filme, que é um imagem dupla (cf. fig. 3).

Exemplo 2: Metáforas de foco no ramo da montagem
A sequência "O caminho" do filme dos professores

Para a análise de uma montagem, o conhecimento das convenções cinematográficas, da assim chamada "linguagem cinematográfica"[17], é bastante útil. Isto facilita perceber a produção específica da narração do filme pela montagem e pelo movimento da câmera. Estes elementos cinematográficos próprios da "linguagem do filme" representam um conhecimento comunicativo-generalizado e, com isso, uma forma de "nível iconográfico" que pode ser ultrapassado para perceber o *como*, a constituição específica da narração. Quero ilustrar isso no exemplo a seguir.

Por meio do movimento da câmera e da montagem, um espaço narrativo é constituído mediante as convenções cinematográficas, que nós "lemos" da seguinte forma: uma pessoa, de quem nós só identificamos os pés, anda lentamente em meio a um grupo de jovens. Seu olhar está direcionado para o chão, depois para o horizonte, e mais uma vez para chão etc. O olhar dela dirige-se para um nível abaixo do dos olhos dos jovens. Esta pessoa ou é muito pequena ou anda curvada.

Esta descrição representa, por assim dizer, o nível iconográfico ou conotativo desta sequência e descreve a história, que é contada aqui nos moldes da linguagem cinematográfica. No nível pré-iconografico, ou seja, no nível denotativo, temos só duas imagens muito diferentes que são justapostas alternadamente. Quando se compara as imagens, é possível observar que ambas mostram pessoas incompletas e fragmentadas: na primeira somente os pés aparecem, enquanto na segunda os torsos com cabeças e pés cortados.

Destas duas imagens diferentes uma coerência de sentido é formada por um movimento constante (da câmera) para frente. Este movimento é a ligação desta sequência. Aqui, trata-se

---

[16] Para mais informações, cf. Baltruschat, 2009.

[17] Muitas vezes as convenções para a formatação de filmes que se desenvolveram, por exemplo, para a montagem ou para o movimento da câmara, são consideradas como uma forma especial da "linguagem", que deve ser estudado tanto pelo produtor do filme quanto pelo espectador. Isso se exprime, também, nos títulos de livros e manuais de instruções técnicas que se dirigem ao usuário, p. ex., Arijon, 2003. "Grammatik der Filmsprache" (Gramática da lingua do filme) – para produtores. • Steinmetz, 2005. "Filme sehen lernen" (Aprender a ver filmes), para o espectador. Mas o termo "linguagem do filme" deve ser entendido metaforicamente, pois as estruturas cinematográficas somente se assemelham a uma língua. Cf.: Mikos, 2003, p. 10s.; Kessler, 2002, p. 108ss.

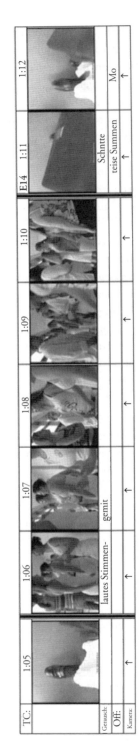
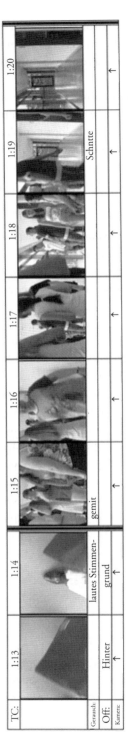

de uma técnica de montagem conhecida como *Match Cut* (STEINMETZ, 2005, p. 36) (to match: "juntar"; STEINMETZ, 2005, p. 24).

Para fins de comparação e contraste, evocamos aqui dois exemplos bem conhecidos dos *Match Cuts*: (1) No filme *Corra Lola, corra*, de Tom Tykwer, encontram-se numerosos *Match Cuts* nos quais a continuidade dos trechos é gerada envolta a um único tema, qual seja, o da personagem Lola correndo. (2) No filme *2001 – Uma odisseia no espaço*, de Stanley Kubrick, um osso é lançado no ar por um antropoide. Depois do corte, no lugar do osso surge uma nave espacial, que tem uma forma semelhante à do osso e que continua seu movimento[18].

Enquanto no primeiro caso a mulher correndo é o elemento que une os trechos na montagem, no segundo caso é o movimento e a forma de um objeto, que, mesmo permanecendo constantes, proporcionam a mudança do objeto em foco.

Comparando essas formas diferentes de *matching*, fica claro que o elemento relacionando o *Match Cut* no filme dos professores não é uma pessoa visível (como em Tykwer) ou um objeto (como em Kubrick), mas algo imaterial: trata-se de um movimento realizado pela câmera. A conexão entre essas duas cenas disparatas fica, entretanto, indeterminada e solta com a ausência da pessoa caminhando, da pessoa que deveria ser o elemento de ligação. Essa ausência se torna clara já no primeiro trecho (0:58 – 1:05), no qual se vê somente os pés, e é sublinhada mais uma vez pela forma de montagem. A ausência do pessoal, assim, surge como estrutura homóloga tanto na imagem quanto na montagem.

É interessante que esta seja a única cena do filme no qual professores e alunos se encontram. Mas esse encontro é caraterizado, pela forma de montagem, mais como um "não encontro". Como já vimos, o elemento relacionado no *matching* é apenas um movimento de "algo ausente". Com isso, mostra-se aqui uma quebra estranha no espaço acústico (*sonic space*), o que é algo insólito no *matching*. Normalmente a ligação de uma sequência realizada pelo *matching* é estabelecida por uma manutenção constante do espaço acústico, por exemplo, por um som de passos de corrida que permanece constante ou pela música de fundo que se mantém igual (p. ex. em *Corra Lola corra*)[19]. O contrário ocorre no exemplo "O caminho", do filme dos professores, onde o espaço acústico é interrompido de uma maneira brusca em cada corte. Quando comparado com a montagem imediatamente anterior a esta sequência, fica claro que essa forma de *matching* não está apenas relacionada com uma incapacidade técnica do grupo de produtores: ali os trechos diferentes são ligados por uma música de fundo que corre continuamente. O "não encontro" da professora com os alunos se exprime não somente pela ligação vaga das sequências das imagens, mas também é reforçado pelas quebras no espaço acústico. Fazendo-se uso da formatação acústica são construídos dois espaços diferentes, nos quais ambos os grupos agem separados um do outro – a professora em um e os alunos em outro.

Por fim, esse "não encontro" também é sublinhado pela composição das linhas de visão: compara-se essa passagem com um assim chamado *Eyeline-Match* (STEINMETZ, 2005, p. 24),

---

[18] Cf. trechos destes filmes no DVD de Steinmetz, 2005.

[19] No exemplo de Kubrick ocorre uma transição fluente de um espaço acústico para o outro.

no qual as linhas de visão dos atores são filmadas e montadas de maneira a parecerem olhar um ao outro[20]; o "não encontro" dos olhares nessa sequência fica assim mais claro. As linhas de visão obviamente desviam-se e ambas as partes se ignoram mutuamente. Além disso, chama a atenção o fato de a professora se mover "abaixo da altura dos olhos" dos alunos. A falta de comunicação entre ambos os grupos, entre a professora e os alunos, que é expressa aqui, repete-se, por um lado, na composição da imagem, na qual as cabeças dos alunos são cortadas (quer dizer, as partes do corpo que são relevantes para a comunicação) e na qual não se pode ver nada da professora além de seus pés. Por outro lado, esta falta de comunicação é reforçada pelo contraste com a alta densidade da comunicação desenvolvida entre os alunos. Enquanto estes últimos têm um intercâmbio muito vivo, a professora parece, especialmente pela formação do espaço acústico, viver num mundo isolado, no qual todos os ruídos de fora só entram abaixados, como se distantes, e apenas o ruído dos próprios passos se faz presente.

Esse isolamento também é reforçado por outras homologias: o movimento da câmera através do grupo dos alunos simula um olhar limitado, sem qualquer orientação para algo específico. Também no olhar voltado para o chão, onde nenhuma pessoa ou objeto entra no campo de visão além de seus próprios pés e sua bolsa.

Nessa representação do isolamento se exprime ao mesmo tempo um outro aspecto característico dessa sequência: a autorreferência e um ser fechado em si mesmo, no caso, a professora. Essa autorreferência também é acentuada por uma técnica narrativa cinematográfica que é aplicada aqui: a assim chamada "câmera subjetiva". Trata-se de um conceito narrativo cinematográfico no qual a câmera é dirigida de maneira a reproduzir o olhar do ator. Sua contraparte seria a "câmera objetiva", que reproduz "um olhar objetivo", quer dizer, um olhar de uma pessoa de fora voltada para o acontecimento (HICKETHIER, 2001, p. 130-132; FAULSTICH, 2002, p. 120). O único encontro entre professores e alunos é realizado nesse filme na forma de um olhar "subjetivo" da professora para os alunos (ou, mais precisamente, para o lado dos alunos). E essa professora aparece, segundo a linha de visão, a formatação da acústica e da imagem, como uma pessoa (ou melhor, como uma "não pessoa") completamente fechada em seu próprio mundo, que além disso desaparece detrás de uma bolsa gigantesca (uma metáfora para atividades "impessoais"). Com isso, esse "encontro" é caracterizado como um "não encontro", no qual predomina uma justaposição de dois mundos separados.

O procedimento da interpretação tem que ser refletido aqui mais uma vez de forma resumida: para entender de maneira mais precisa os aspectos caraterísticos dessa montagem, uma comparação foi feita com outros filmes nos quais formas típicas de *Match Cuts* podem ser observadas. Aqui foram realizadas *comparações externas a esse filme*. A cena diretamente anterior à sequência "O caminho", na qual o espaço acústico permaneceu constante, foi usada para uma *comparação interna desse filme*. Além disso, as sequências das imagens disparates, que foram ligadas pela montagem, foram comparadas entre si, e a partir dessa comparação se

---

[20] Cf. p. ex.: Fred Zinnemann. *High Noon*: Enquanto a esposa nova do xerife abandona a cidade, um encontro dos olhares deles é gerado pela técnica do *Eyeline Match*, apesar deles não serem vistos na mesma imagem (cf. trecho no DVD de Steinmetz, 2005).

tornou evidente o aspecto das pessoas fragmentadas. Finalmente, estruturas homólogas foram identificadas entre a maneira de montagem e a formatação da imagem, entre o movimento da câmera e a formatação da imagem e também entre a formatação do espaço acústico, a formatação da imagem e a forma de montagem. Assim, foram realizadas relações múltiplas entre os elementos singulares e entre as diferentes dimensões do filme.

O "espaço narrativo", que é constituído nesta sequência pela maneira especial de formatação do filme, fala de uma pessoa quase invisível, que caminha por um edifício e não vê nem à direita nem à esquerda. Isso descreve o nível do *que* – ou, na formulação de Barthes, o nível de sentido "que vai ao encontro", que é imediatamente percebido por um espectador experiente. O nível de sentido documentário somente se abre na análise do *como*, na análise da maneira específica da constituição desse "espaço narrativo". O *como* abre-se aqui na reflexão sobre a forma específica da montagem, da formatação da imagem, da formatação do espaço acústico e da formatação do conceito (da perspectiva) da narrativa cinematográfica.

Exemplo 3: Metáforas de foco no campo dos gestos e dos elementos da "realidade física"

A cena "Marianne" do filme dos professores

Segundo Kracauer e Panofsky, a especificidade do filme consiste no fato de que ele opera com a "realidade física" (KRACAUER, 1964, p. 389). "O material do filme é a realidade externa como tal" acentua Panofsky (1999, p. 54). E Balázs (2001, p. 26) destaca, entre outros, "a fineza e o vigor do gesto" que estabelece a arte do filme. Nisto revela-se "que a mídia filme abre um acesso até então desconhecido para um nível elementar do entendimento social e da realidade social", para a "dimensão da corporalidade, dos gestos incorporados, das gesticulações e da mímica" (BOHNSACK, 2006, p. 15). Especialmente para a reconstrução do *habitus*, entendido enquanto forma de conhecimento incorporado da prática das pessoas, esta dimensão tem uma importância primordial para a interpretação documentária. Da mesma forma, Mannheim aponta que a "linguagem corporal" é mais indicada para a compreensão da "estrutura das configurações ateóricas de sentido" do que "o principal portador do sentido teórico: a linguagem falada" (MANNHEIM, 1964, p. 136). Enquanto em uma imagem, gestos e movimentos só podem ser sugeridos, no filme eles podem ser realmente executados. Por isso eles recebem uma diferenciação relativa à velocidade, à evolução precisa do movimento e à intensidade, que não pode ser representada da mesma forma em uma imagem estática.

A cena "Marianne" vai ser apresentada a seguir como um exemplo para uma metáfora de foco na qual o gesto está no centro da interpretação.

A identificação e a classificação de uma ação como um cumprimento (no exemplo de Panofsky, visto antes) referem-se ao nível iconográfico e denotam o nível de sentido imanente, o nível do *que*. Para avançar para o nível do sentido documentário – ao contrário –, é necessário abandonar a atribuição do motivo do cumprimento e, em lugar disto, observar a constituição e a representação precisa desta ação, focalizando o *como* seu.

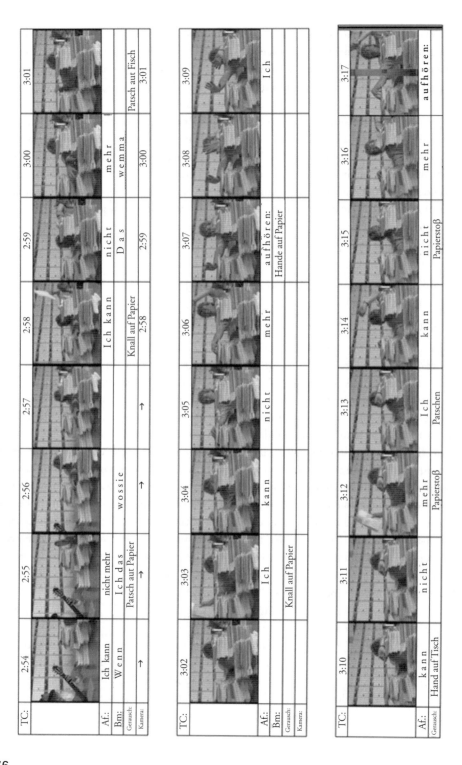

A ação que a professora "Marianne" ("Af" na Figura 11) executa atrás dos montes de papel não pode ser classificada inequivocadamente no nível iconográfico, pois, da maneira em que esta ação é executada, ela não faz parte do repertório das ações usuais dos professores. Esta ação pode ser descrita mais facilmente como um arranjar de documentos. Marianne está sentada detrás das pilhas de papel amontoados e aumenta estes montes juntando mais papéis a eles. Descrevendo esta ação no nível pré-iconográfico, pode-se identificar "pequenos comportamentos" (GOFFMAN, 1981, p. 107: *small behaviors*) que são contraditórios em si mesmos: por um lado, subitamente no início desta passagem, depois que Marianne aparece na imagem, ela estende sua mão direita à frente para pegar algo, o que parece como a mão de uma afogada que quer puxar-se à margem para ser salva. Por outro lado, sua mão esquerda puxa uma pilha de papel de trás para a frente. Assim, forma-se um movimento como um nadar de crawl, que, porém, parece inconsistente por conta das direções opostas para trás e para a frente.

Também contraditória é a maneira em que ela move os seus braços para baixo: em parte ela os deixa cair fracamente; em parte eles se batem vigorosamente para baixo, resultando na impressão de que o papel é batido. Assim, este movimento oscila entre uma agressão violenta e uma resignação frágil. Estes dois polos se revelam também nas *small behaviors* em que Marianne depõe seus braços em cima das pilhas de papel: na primeira vez, ela deixa baixar os braços fracamente sobre os documentos; na segunda, ela empurra-se sobre eles com os dedos em forma de uma garra.

Esta contradição se apresenta como estrutura homóloga também em outras dimensões de sentido: a entonação de Marianne se move entre um "molto pianíssimo" lamentando e um "molto fortíssimo" furioso. Aqui o texto também apresenta esta contradição em si: a frase sempre repetida "Eu não posso mais..." (*"Ich kann nicht mehr..."*) é repetida pela nona vez acrescida da palavra "... acabar" (*"...aufhören"*) e torna-se, por isso, ambíguo: por um lado, a frase inicial é intensificada pelo acréscimo de um apelo duplo "Eu não posso mais! Acaba!" (*"Ich kann nicht mehr! Aufhören!"*). Por outro lado, este texto recebe, quando é compreendido como uma frase só, o sentido oposto: "Eu não posso mais acabar!" (*"Ich kann nicht mehr aufhören!"*) – em outras palavras: "Eu quero, isto é, eu tenho mesmo que continuar!" O ritmo que acompanha o texto *"Eu não posso mais"* (*"Ich kann nicht mehr"*) pelo choque das mãos com a mesa e com as pilhas de papel acentua exatamente as palavras *"Posso!"* (*"Kann!"*) e *"Mais!"* (*"Mehr!"*) e insere uma forma de subtexto sob o texto falado, que igualmente aponta na direção do sentido oposto: "(Eu) Posso! Mais!" ((*Ich*) *kann! Mehr!*"). Como uma "contrassobreposição" (Imdahl), confrontam-se aqui a impotência de uma vítima, que queria acabar mas não pode, com a potência do impulso de um perpetrador, que não quer e não é capaz de acabar. Esta contradição se repete também no metafórico e na expressão simbólica das mãos borradas com vermelho e nas posturas das mãos da Marianne: as mãos sangrentas da vítima (7:35) e a garra ensanguentada do perpetrador (7:30) se contrapõem.

7:30   7:35

Quando se percebem os conhecimentos comunicativos generalizados no nível iconográfico, as tarefas seletivas dos professores na escola saltam aos olhos. Isto porque as pilhas de papel são, na verdade, as provas dos alunos, que são agrupados de acordo com as turmas, e a cor vermelha representa a cor típica para as correções dos professores. Neste nível, o vermelho das mãos da Marianne surge como uma consequência das abundantes atividades de avaliação. No âmbito destas atividades, a impotência e a agressão que são aqui documentadas apresentam ainda outros sentidos: diante das funções de seleção, ela se torna uma vítima e um perpetrador ao mesmo tempo. Ela não pode desistir destas funções e, por outro lado, ela mesma é por elas prejudicada (ela "sangra"). Ao mesmo tempo ela sofre uma mutação, transforma-se em um servidor compelido à violência, "batendo" nos documentos (como representantes dos alunos) e os fazendo "sangrar".

O tema do documento que "sangra" em lugar da pessoa a quem ele pertence, de maneira interessante, surge também no filme que é aludido no título do filme dos professores: *Harry Potter und die Kammer des Schreckens* (*Harry Potter e a câmara secreta*). Assim, a contradição e a oscilação entre impotência e agressão, entre os papéis de vítima e de perpetrador, que se revela no gesto de empilhar os papéis de Marianne, servem como estruturas homólogas para diferentes dimensões e níveis de sentido nessa cena, visto que ela desponta então como um fio condutor para todo o filme: a contradição e a oscilação anteriormente citadas se exprimem, além disso, em outras passagens do filme, revelando-se em cenas totalmente diferentes por outros meios e outras metáforas[21].

---

[21] Para mais informações, cf. Baltruschat, 2009

Assim, a orientação de sentido que foi reconstruída aqui é confirmada pelas homologias, que se mostram tanto nas dimensões de sentido diferentes dentro desta cena quanto para além dela.

▶ RESUMO DOS PASSOS DA INTERPRETAÇÃO

- Transcrição do filme
- Interpretação formulada (ou descritiva) I: descrição da sequência do filme
- Interpretação refletida I: esquematização da estrutura formal do filme
- Interpretação de metáforas de foco singulares:
    - Interpretação formulada (ou descritiva) II
    - Interpretação refletida II
- Interpretação do título do filme
- Interpretação total do filme (sinopse das orientações centrais)

A sequência de passos para interpretação proposta aqui somente representa uma sucessão ideal. O movimento circulatório de qualquer processo interpretativo, ou seja, hermenêutico ("círculo hermenêutico") é reforçado pela multiplicidade de sentidos (*Polysemie*) e a complexidade desta fonte única que é o filme. Assim, não é suspresa alguma que qualquer peculiaridade da estrutura total do filme se revele em sua importância completa apenas na interpretação das metáforas de foco, ou que um estudo intensivo do título do filme leve a uma análise mais detalhada de outras passagens. Até mesmo trabalhando com uma interpretação total podem aparecer surpresas ou descobertas novas que obriguem uma revisão mais precisa ou uma correção dos resultados da interpretação.

BIBLIOGRAFIA

ARIJON, Daniel (2003). *Grammatik der Filmsprache* – Das Handbuch. 2. ed. Frankfurt am Main: Zweitausendeins [Original: *Grammar of the Film Language*. Boston: Focal Press].

BALÁZS, Béla (2001). *Der sichtbare Mensch oder die Kultur des Films* (1924). Frankfurt am Main: Suhrkamp.

_____ (1930). *Der Geist des Films.* Halle: Knapp.

BALTRUSCHAT, Astrid (2009). *Die Dekoration der Institution Schule* – Filminterpretationen nach der Dokumentarischen Methode von Beiträgen zu einem Ideenwettbewerb zur Schulgestaltung. Berlim: Freie Universität Berlin [Tese de doutorado em Educação].

BARTHES, Roland (1990). *Der entgegenkommende und der stumpfe Sinn* – Kritische Essays III. Frankfurt am Main: Suhrkamp.

_____ (1970). *Mythen des Alltags.* 2. ed. Frankfurt am Main: Suhrkamp.

BAUSCH, Constanze (2004). Wunderschöne Rituale? – Ritualisierungsprozesse von Mädchen im Spannungsfeld von Fernsehbild und Körperpraxis. In: WULF, Christoph & ZIRFAS, Jörg (orgs.). "Innovation und Ritual – Jugend, Geschlecht und Schule". *ZfE Beiheft*, 2, p. 143-155. Wiesbaden: VS-Verlag.

BOHNSACK, Ralf (2009). *Qualitative Bild-, Film- und Videointerpretation* – Die Dokumentarische Methode. Opladen: Farmington Hills/Barbara Budrich.

_____ (2007a). "A interpretação de imagens e o método documentário". *Sociologias*, ano 9, n. 18, jun.-dez., p. 286-311.

_____ (2007b). Zum Verhältnis von Bild- und Textinterpretation in der qualitativen Sozialforschung. In: FRIEBERTSHÄUSER, Barbara; FELDEN, Heide von & SCHÄFFER, Burkhard (orgs.). *Bild und Text – Methoden und Methodologien visueller Sozialforschung in der Erziehungswissenschaft*. Opladen: Farmington Hills/Barbara Budrich, p. 21-45.

_____ (2006). *Dokumentarische Film- und Videointerpretation* [s.n.t.].

_____ (2005). Bildinterpretation und Dokumentarische Methode. In: WULF, Christoph & ZIRFAS, Jörg (orgs.). *Ikonologie des Performativen*. Munique: Wilhelm Fink, p. 246-262

_____ (2003a). *Rekonstruktive Sozialforschung* – Einführung in qualitative Methoden. 5. ed. Opladen: Leske/Budrich.

_____ (2003b). Die dokumentarische Methode in der Bild- und Fotointerpretation. In: EHRENSPECK, Yvonne & SCHÄFFER, Burkhard (orgs.). *Film- und Fotoanalyse in der Erziehungswissenschaft* – Ein Handbuch. Opladen: Leske/Budrich, p. 87-108.

BOHNSACK, Ralf; NENTWIG-GESEMANN, Iris & NOHL, Arnd-Michael (orgs.) (2001). *Die dokumentarische Methode und ihre Forschungspraxis* – Grundlagen qualitativer Sozialforschung. Opladen: Leske/Budrich.

BOHNSACK, Ralf; PFAFF, Nicolle & WELLER, Wivian (orgs.) (2009). *Qualitative Analysis and Documentary Method in International Educational Research*. Opladen: Farmington Hills/Barbara Budrich.

BOURDIEU, Pierre (1996). Die Praxis der reflexiven Anthropologie. In: BOURDIEU, Pierre & WACQUANT, Loïc (orgs.). *Reflexive Anthropologie*. Frankfurt am Main: Suhrkamp.

BORDWELL, David (1985). *Narration in the Fiction Film*. Wisconsin: Wisconsin University Press.

EHRENSPECK, Yvonne & SCHÄFFER, Burkhard (orgs.) (2003). *Film- und Fotoanalyse in der Erziehungswissenschaft* – Ein Handbuch. Opladen: Leske/Budrich.

FAULSTICH, Werner (2002). *Grundkurs Filmanalyse*. Munique: Fink.

KORTE, Helmut (2005). Sequenzprotokoll. In: MIKOS, Lothar & WEGENER, Claudia (orgs.). *Qualitative Medienforschung* – Ein Handbuch. Konstanz: UVK Verlagsgesellschaft, p. 387-394.

_____ (1999). *Einführung in die Systematische Filmanalyse*. Berlim: Erich Schmidt.

FRIEBERTSHÄUSER, Barbara; FELDEN, Heide von & SCHÄFFER, Burkhard (orgs.) (2007). *Bild und Text* – Methoden und Methodologien visueller Sozialforschung in der Erziehungswissenschaft. Opladen: Farmington Hills/Barbara Budrich.

GOFFMAN, Erving (1981). *Geschlecht und Werbung*. Frankfurt am Main: Suhrkamp.

HAMPL, Stefan & PRZYBORSKI, Aglaja (no prelo). *Ein Transkriptionssystem zur Erfassung von Filmen für die rekonstruktive Auswertung*. [s.n.t.].

HICKETHIER, Knut (2001). *Film- und Fernsehanalyse*. 3. ed. Stuttgart/Weinheim: Metzler.

IMDAHL, Max (1979). Überlegungen zur Identität des Bildes. In: MARQUARD, Odo & STIERLE, Karlheinz (orgs.). *Identität*. Munique: Fink, p. 187-211.

_____ (1996). *Giotto – Arenafresken; Ikonographie – Ikonologie – Ikonik*. 3. ed. Munique: Fink.

KESSLER, Frank (2002). Filmsemiotik. In: FELIX, Jürgen (org.). *Moderne Film Theorie*. Mainz: Theo Bender.

KLAMBECK, Amelie (2007). "*Das hysterische Theater unter der Lupe*" – Klinische Zeichen psychogener Gangstörungen. Wege der dokumentarischen Rekonstruktion von Körperbewegungen auf der Grundlage von Videografien. Göttingen: Vandenhoeck & Ruprecht.

KOCH, Klaus (2006). "Melanchthon-Wettbewerb – Fundgrube an Ideen zur künftigen Gestaltung von Schule". *WirtschaftsSpiegel*, 2, p. 22-26. Stuttgart: Deutscher Sparkassen Verlag GmbH.

KRACAUER, Siegfried (1964). *Theorie des Films* – Die Errettung der äusseren Wirklichkeit. 2. ed. Frankfurt am Main: Suhrkamp.

MANNHEIM, Karl (1964). Beiträge zur Theorie der Weltanschauungsinterpretation. In: MANNHEIM, Karl. *Wissenssoziologie*. Neuwied: Luchterhand, p. 92-154.

MAROTZKI, Winfried & SCHÄFER, Eva (2006). Film- und Videoarbeit. In: BOHNSACK, Ralf; MAROTZKI, Winfried & MEUSER, Michael (orgs.). *Hauptbegriffe Qualitativer Sozialforschung*. 2. ed. Opladen: Farmington Hills/Barbara Budrich.

MIKOS, Lothar (2003). *Film- und Fernsehanalyse*. Konstanz: UVK Verlagsgesellschaft.

MIKOS, Lothar & WEGENER, Claudia (orgs.) (2005). *Qualitative Medienforschung* – Ein Handbuch. Konstanz: UVK Verlagsgesellschaft.

NENTWIG-GESEMANN, Iris (2006). Regelgeleitete, habituell und interaktionistische Spielpraxis – Die Analyse von Kinderspielkultur mit Hilfe videogestützter Gruppendiskussionen. In: BOHNSACK, Ralf; PRZYBORSKI, Aglaja & SCHÄFFER, Burkhard (orgs.). *Das Gruppendiskussionsverfahren in der Forschungspraxis*. Opladen: Barbara Budrich, p. 25-44.

PANOFSKY, Erwin (1999). Stil und Medium im Film. In: PANOFSKY, Erwin. *Stil und Medium im Film & Die ideologischen Vorläufer des Rolls-Royce-Kühlers*. Frankfurt am Main: Fischer, p. 19-58.

_____ (1932). "Zum Problem der Beschreibung und Inhaltsdeutung von Werken der Bildenden Kunst". *Logos* – Internationale Zeitschrift für Philosophie und Kultur, XXI, p. 103-119 ["Wieder abgedruckt". *Aufsätze zu Grundfragen der Kunstwissenschaft*. Berlim: Hessling, p. 85-97].

SACHS-HOMBACH, Klaus (2003). Vom Bild zum Film – Zur begrifflichen Analyse wahrnehmungsnaher Kommunikationsformen. In: EHRENSPECK, Yvonne & SCHÄFFER, Burkhard (orgs.) *Film- und Fotoanalyse in der Erziehungswissenschaft* – Ein Handbuch. Opladen: Leske/Budrich.

STEINMETZ, Rüdiger (2005). *Filme sehen lernen* – Grundlagen der Filmästhetik. Frankfurt am Main: Zweitausendeins.

WAGNER-WILLI, Monika (2005). *Zwischen Vorder- und Hinterbühne* – Rituelle Übergangspraxen bei Kindern von der Hofpause zum Unterricht: Eine empirische Analyse in einer Berliner Grundschule. Wiesbaden: VS-Verlag.

WIEDEMANN, Dieter (2005). Film und Fernsehen. In: SACHS-HOMBACH, Klaus (org.). *Bildwissenschaft*: Disziplinen, Themen, Methoden. Frankfurt am Main: Suhrkamp.

Capítulo 4

A análise de charges segundo o método documentário

Vinícius Liebel

O uso de textos jornalísticos no estudo dos assuntos históricos é um dos expedientes mais utilizados tanto em pesquisas acadêmicas quanto em sala de aula. Relatos sobre problemas sociais, acontecimentos políticos ou eventos significativos são fácil e corriqueiramente tomados como fontes legítimas, bem como textos de colunistas e analistas podem ser considerados produtos de um determinado meio ou grupo social relacionado à revista ou ao jornal. Estranhamente, apesar de responderem aos mesmos requisitos, as charges não gozam do mesmo prestígio.

Carregando consigo a aura da pilhéria, a charge costuma ser julgada como elemento de menor valor no conjunto institucional do jornal e, portanto, como indigna de ser analisada. Some-se a isso a resistência da Academia em utilizar-se de fontes pictóricas em pesquisas nas Ciências Humanas (com exceção óbvia da História da Arte) e as charges acabam por ser excluídas dos estudos. Mas enquanto a abertura das Humanidades às fontes imagéticas pode ser observada nas últimas duas décadas – e o próprio desenvolvimento do método documentário para análise de imagens promovido por Ralf Bohnsack (cf. BOHNSACK, nesta obra) é prova disto –, as charges continuam sendo relegada em vários casos a um papel ilustrativo, raramente sendo de fato analisadas.

A utilização desse tipo de fonte em sala de aula também segue o mesmo padrão: é possível observá-las nos livros didáticos ou nas provas aplicadas servindo a propósitos adornantes, nunca tomadas enquanto elemento constitutivo de uma realidade histórica. Entretanto, as possibilidades de trabalho que se abrem com as charges e *cartoons* são bastante promissoras. Isto porque tais documentos se mostram espelhos privilegiados de uma visão contemporânea ao fato trabalhado, carregando consigo a crítica, na maioria das vezes na forma de humor (essa característica será melhor discutida adiante). Além disso, trata-se não apenas de uma fonte pictórica, mas também de uma fonte lúdica, o que a torna certamente mais atraente para o estudante. Sendo imagens, as charges e *cartoons* proporcionam uma apreensão quase imediata de suas mensagens, o que também aumenta seu magnetismo. Há, entretanto, de se fazer a ressalva de que, para compreender a imagem, o espectador tem de estar inserido ou ter conhecimento do contexto sob o qual ela foi criada. Assim como qualquer espécie de linguagem, a charge, para ser entendida, precisa chegar àqueles que detêm as chaves para interpretá-la corretamente.

Por meio do método qualitativo proposto por Bohnsack, uma análise mais profunda e capacitada de tais fontes se torna possível com a busca do significado documentário em contraposição ao simples sentido literal ou imanente (BOHNSACK, 2008a, p. 156ss.). O conhecimento da natureza da imagem e de sua forma constitutiva auxilia na percepção dos diferentes níveis de sentido que uma fonte pode proporcionar, quais sejam, o nível imanente, o nível expressivo e o nível documentário (MANNHEIM, 1964, p. 91ss.; WELLER, 2005), gerando uma compreensão mais profunda não apenas sobre a fonte, mas também sobre o(s) produtor(es) e sobre a sociedade em que ele(s) se inscreve(m). A forma e o meio utilizados auxiliam na localização espaçotemporal dos produtores da imagem e na interpretação de suas intenções, ações e predisposições mentais.

As especificidades e as diferenças existentes entre charge, caricatura e *cartoon*

A análise qualitativa pressupõe o resguardo e a atenção aos elementos específicos constitutivos das fontes. A diferenciação entre as mais frequentes formas de humor gráfico se torna assim mais que uma formalidade nomenclatural; trata-se do primeiro passo no reconhecimento e na análise.

Cartoon é o termo mais universal dentre os três aqui classificados. Apropriado do inglês, denomina o desenho humorístico publicado em jornais ou revistas (ou ainda na internet). No Brasil recebeu um significado ainda mais específico: designa um desenho atemporal, ou seja, que não carrega consigo a crítica a elementos próprios de seu tempo e que, portanto, poderá ser compreendido no futuro independente do conhecimento sobre o meio e a conjuntura no qual foi produzido (FONSECA, 1999, p. 26). Desta forma, o *cartoon* se contrapõe à charge, que, manifestando uma crítica, sátira ou ironia a determinada situação, acontecimento ou personagem, tem sua compreensão dependente do reconhecimento destes elementos. A charge, assim, faz um corte transversal no tempo e expõe um ponto que, de alguma forma, é digno de crítica ou registro em um determinado momento histórico.

Já a caricatura é a representação gráfica irrealista de uma pessoa, normalmente exagerada para apontar as características mais marcantes ou os defeitos físicos de seus alvos. Frequentemente lançando mão de elementos grotescos na caracterização do retratado, a caricatura segue uma tradição que remonta à Renascença e aos estudos de Leonardo da Vinci sobre o grotesco. A deformação que, por vezes, é resultante abre espaço para a ridicularização e a crítica ao personagem ou às suas ações. Este processo de ambientação da caricatura e a composição da imagem com elementos espaço-temporais que apontem para um determinado acontecimento ou uma caracterítica sociotemporal (que denuncie um *Zeitgeist*) é a questão fundadora da charge.

O emprego do humor e da violência na construção da charge é outro princípio definidor deste tipo de imagem. Estes dois elementos não precisam necessariamente estar presentes em sua composição (em raros casos as charges podem mesmo ser unicamente elogiosas), mas na grande maioria dos casos eles são, sim, parte constituinte do desenho. Neste sentido, o humor e/ou a violência empregados surgem como indicadores de características importantes da sociedade ou do grupo examinado, promovendo revelações acerca do *habitus* em questão bem como da estrutura mental, da *Weltanschauung* e do imaginário. A análise aprofundada por meio do método documentário proporciona uma visão mais detalhada da fonte, revelando traços importantes que passariam despercebidos em uma leitura menos detida da imagem, deixando para trás indícios determinantes da constituição da mesma e das formas de representação empregadas. Tais elementos, por si só, revelam-se esclarecedores quanto à constituição do próprio grupo produtor da imagem em questão.

Os produtores de imagem no caso das charges

A posição dos produtores das imagens ganha em importância no tratamento das fontes pictóricas sob o método documentário. Segundo Bohnsack (cf. nesta obra), a diferenciação principal se faz entre o produtor da imagem e o retratado e seus respectivos *habitus*, tomando os dois enquanto agentes ativos na composição (*abbildende und abgebildende Bildproduzenten*). Especialmente nos casos das fotografias, essa diferença pode ser prontamente percebida, pois o *habitus* do produtor da imagem se revela na composição e escolhas feitas durante e após o ato da criação da imagem, enquanto uma amostra do *habitus* dos retratados pode ser observado no produto em si. Como Bohnsack salienta, os *habitus* podem estar em harmonia ou em conflito, mas ambos são reconhecíveis. Neste ponto, o caso das charges coloca um senão.

O papel do retratado no caso específico das charges deixa de ser um papel "objetivo", ou seja, de modelo real e presente, e passa a ser um papel "subjetivo". No caso do modelo objetivo existe uma interação real no momento da produção entre o produtor e o retratado, e as ações de ambos têm influência: o produto final acaba por ser um resultado de uma equação que abrange as estruturas mentais de ambos bem como seus *habitus*, suas "disposições de agir e reagir de uma certa maneira" (THOMPSON, 2001, p. 24), as quais não precisam necessariamente ser compartilhadas ou idênticas. Tais elementos se encontram na representação: um retrato renascentista ou uma fotografia contemporânea são igualmente produtos de produtores e retratados.

No caso do modelo subjetivo o mesmo modelo de análise é seguido, mas o papel do retratado nesse processo é completamente diferente, pois aqui ele está ausente do momento de criação da imagem. Neste caso, não é necessária a interação entre os dois elementos, já que a imagem é um produto de uma interpretação sobre o retratado, de suas ações ou de suas ideias pelo produtor. Neste tipo de produção a criatividade e, em especial, as estruturas mentais do produtor assumem posição central. O retratado pode em verdade sequer existir no plano real; pode ser um personagem imaginário ou uma representação de uma personalidade ou de um grupo social. O importante aqui é o fato de que o retratado é uma criação pessoal do produtor (ou do grupo que o produtor representa) e, nos casos em que esse processo é baseado em elementos reais, as características intrínsecas a essa criação são também baseadas nas percepções do produtor sobre esses elementos.

O caso das charges se encaixa nesta segunda opção, especialmente se pensarmos nas imagens com forte conotação política. O caricaturista se apropria de uma personalidade pública ou de um fato socialmente relevante e os apresenta em suas próprias cores. Fazendo-se uso dessa representação crítica e/ou humorística, o desenhista apresenta seu julgamento ou seu elogio, sendo este o objetivo último da charge. No processo de criação da charge, o papel do retratado pode ainda ser considerado uma mescla entre subjetivo e objetivo, visto que ele muitas vezes existe e tem, portanto, uma presença também no plano da realidade. A charge todavia continua sendo uma representação pessoal da intenção ou da motivação do desenhista em mostrar uma imagem do retratado que, por meio de retratos ou de fotografias, não pode ser enxergada. O chargista age no exemplo do garoto que aponta para o monarca e denuncia: o rei está nu! – ainda que esta seja sua opinião pessoal.

Análise de imagens a partir do método documentário

Na busca pela transposição do sentido imanente (literal) para o sentido documentário das charges, ou seja, na "troca do questionamento sobre o que são os fenômenos ou realidades culturais e sociais pela pergunta como foram produzidos" (BOHNSACK, 2008a, p. 158), Bohnsack sugere que o caminho tomado seja baseado nas análises iconográfica e iconológica, de Panofsky, e icônica, de Imdahl. O objetivo é alcançar uma compreensão ampla do maior número possível de níveis técnico-imagéticos que compõem a fonte. Para tanto, podemos dividir a análise em quatro passos: as análises pré-iconográfica e iconográfica, que comporiam a interpretação formulada, e as análises técnico-estrutural e iconológica-icônica, formando a interpretação refletida.

Segundo essas diretrizes, o primeiro passo seria levantar os elementos primários e naturais da imagem, ou seja, aquilo que pode ser reconhecido na composição geral apenas a partir de nossas experiências cotidianas. Nessa fase da interpretação, o pesquisador irá descrever as linhas e cores, bem como os elementos representados em suas "formas naturais", como os animais, as pessoas, o cenário e as emoções dos representados.

Após a descrição dos elementos pré-iconográficos, deve-se procurar pelos motivos iconográficos. Aqui, a totalidade dos elementos pré-iconográficos deve ser interpretada e tomada enquanto temas ou alegorias. A representação de uma mulher com uma maçã na mão, por exemplo, deve ser reconhecida como uma alegoria de Eva. Cenas e histórias mitológicas e religiosas são os exemplos mais claros e frequentes nesse sentido. A busca, nesta fase, é pela compreensão do sentido geral da imagem.

O último passo na análise clássica de Panofsky é a Iconologia, ou seja, a interpretação da imagem por meio do estudo de sua singularidade como fonte histórica e social. Este passo compreenderá a caracterização de elementos determinantes no reconhecimento de elementos coletivos, como um país, uma época ou uma classe, bem como de religiões, ideologias e filosofias (PANOFSKY, 2006, p. 39). Isso indica, grosso modo, a análise da *Weltanschauung* e do *habitus* da sociedade ou grupo em questão.

Como complemento da metodologia clássica de Panofsky, o método documentário abrange também o método icônico de Imdahl. Max Imdahl segue as linhas da iconologia de Panofsky,

185

mas apresenta alguns elementos para análise que são relacionados principalmente com as teorias técnicas da arte. Para Imdahl é importante, por exemplo, o papel das cores, das linhas, das luzes e das formas na interpretação:

> [...] diferentemente da interpretação iconológica de Panofsky, a interpretação icônica tem início já no plano pré-iconográfico e, principalmente, na composição formal da imagem. A interpretação icônica pode – de acordo com Imdahl – manter-se em grande parte separada do conhecimento iconográfico prévio, isto é, da atribuição de sentido iconográfica (BOHNSACK, 2008a, p. 161).

A partir da análise "iconológica-icônica" a pesquisa ganha um novo foco, o qual se direciona para a composição geral da imagem. A busca pela questão do "como" no método icônico é dirigida especificamente à natureza da imagem, ou seja, aos elementos técnicos que sustentaram sua produção:

> O método icônico é uma metodologia de descrição de fenômenos, a qual – isso deve ser apontado – tem por base um conceito de forma e de imagem diferente daquele dos métodos iconográfico e iconológico. Ele dedica-se à síntese do "olhar que olha" e do "olhar que reconhece" enquanto fundação de uma apreensão de sentido bastante específica e ainda informulável e investiga como semântica e síntese influenciam na imagem (IMDAHL, 1988, p. 99).

A proposta icônica de Imdahl se refere, assim, ao estudo da imagem pela imagem, ou seja, de sua constituição formal. No caso das charges, alguns destes elementos, como espacialidade e proporcionalidade, podem ser bastante comprometidos pela natureza muitas vezes disforme e irregular da imagem. Entretanto outros elementos, como a planimetria, podem resultar em dados diferenciados para interpretação e lançar luz a questões para as quais ainda não se havia atentado.

A especificidade de cada passo interpretativo e suas aplicações na análise de charges pode ser melhor observado no exemplo seguinte de uma imagem retirada do semanário alemão *Der Stürmer*.

Exemplo de análise de charge segundo o método documentário
Discriminação da fonte

O jornal *Der Stürmer*, fundado em Nuremberg no ano de 1923, teve sua linha desde o início pautada pelo antissemitismo e foi de grande importância na ascensão e consolidação do partido nazista e do elemento antissemita em seu ideário. Inicialmente com um alcance apenas regional, limitado às áreas próximas de sua cidade natal, o jornal vivenciou uma progressiva e contínua evolução em seu volume de venda. Até 1933, ano da chegada de Hitler ao poder na Alemanha, o *Stürmer* já contava com uma circulação que englobava todo o estado da Bavária (a tiragem de 1933 era de aproximadamente 25 mil exemplares por semana).

A partir de então, aproveitando-se da influência que a máquina de poder nazista lhe proporcionava, tornou-se um jornal de circulação nacional. O crescimento de seu alcance foi acompanhado por um aumento estrondoso de sua tiragem: no ano de 1938 o número de exemplares impressos por semana já era de 470 mil e até o final do período nazista esse número alcançou o máximo de um milhão e meio de exemplares distribuídos[1].

O *Stürmer* foi publicado durante vinte e dois anos sob o mote "os judeus são nossa desgraça" e sobreviveu às conturbadas mudanças na estrutura política da Alemanha. O estilo do jornal pode ser classificado como "popular", ou seja, era voltado às camadas menos privilegiadas da população, especialmente aos trabalhadores: pequenos artigos e um grande número de ilustrações compunham as páginas do semanário, além da linguagem direta e plena de violência.

O jornal teve também um papel importante no processo de crescimento do movimento nacional-socialista. Até o ano de 1923 (ano de surgimento do *Stürmer*), o NSDAP era um partido praticamente restrito às fronteiras de Munique. Mas, no final de 1922, Hitler recebeu em seu movimento o primeiro grupo significativo de membros de outra cidade. Tratava-se de cidadãos de Nuremberg sob a liderança de Julius Streicher, o organizador do *Stürmer*[2]. Com isso, o jornal foi utilizado como meio difusor da propaganda nazista e antissemita durante grande parte da história do movimento nazista, ou seja, de 1923 a 1933, na fase do movimento, de 1933 a 1939, os primeiros anos de poder, e 1939 a 1945, os anos de guerra.

Em 1925, a luta de Streicher e do *Stürmer* contra os judeus ganha um novo membro: o chargista Philippe Rupprecht, conhecido nas páginas do jornal sob o pseudônimo "der Fips". O desenhista encontrou um terreno bastante fértil no *Stürmer* e alcançou grande sucesso com seu trabalho – durante grande parte de seu período na redação do jornal, ele foi seu chargista exclusivo. Dessa forma, Fips conseguiu desenvolver um estilo próprio que acabou sendo identificado com o próprio *Stürmer*. Como descreve Bytwerk,

> com exceção do ano de 1927, ele (Fips) manteve-se como único chargista regular até 1945, desenhando milhares de caricaturas vívidas e revoltantes contra os judeus. Seu estilo mudou durante sua carreira, mas as características essenciais de um judeu de Fips se mantiveram constantes. Ele ele baixo, gordo, feio, tinha a barba por fazer, babava, era um pervertido sexual, tinha o nariz curvado, com olhos de porco, uma incorporação da mensagem dos artigos do *Stürmer* (BYTWERK, 2000, p. 56),

As charges desenhadas por Fips não eram apenas ilustrativas, mas independentes, ou seja, não eram atreladas em sua forma ou conteúdo aos artigos e notícias do jornal. Elas poderiam

---

[1] Não foi possível conseguir os dados completos de circulação do *Stürmer*. Os dados levantados dão conta da circulação até o ano de 1938. O número máximo de um milhão e meio de exemplares vendidos é fornecido por Streicher, o fundador e editor do jornal em suas entrevistas durante o Processo de Nuremberg (GOLDENSOHN, 2007, p. 252-263) e se refere, provavelmente, às edições especiais do semanário por ocasião dos encontros nacionais do partido, onde o jornal era distribuído gratuitamente em grande quantidade.

[2] Streicher era o líder de um partido em sua cidade, o DSP, que seguia uma linha fascista e fortemente antissemita. A união do DSP ao NSDAP era um passo lógico, e ocorreu em 1922 sob a liderança de Hitler.

abordar temas diferentes ou lançar mão de diferentes representações da *Weltanschauung*. Trata-se aqui dos elementos constitutivos da mentalidade do produtor da imagem, não do representado.

A ideologia e a visão de mundo nacional-socialistas tinham no judeu seu maior inimigo. Todo problema social e econômico na Alemanha era respondido com a "questão judaica". O ódio aos judeus era o motivo central para o engajamento de boa parte dos nazistas e sua propaganda era dirigida diretamente para ele. As formas de representação do elemento judeu nas charges eram variadas, assim como os temas nelas abordados. O horror podia andar de mãos dadas com o humor para atingir o alvo das críticas, que muitas vezes eram dirigidas a múltiplas instituições e grupos sociais, mas que tinham invariavelmente no judeu seu ponto central.

A fonte

Fonte: *FIPS*. "*Der anständige Jude*". *Der Stürmer, jul./1936.*

A imagem selecionada para compor o exemplo de análise traz o título *Der anständige Jude* (O judeu decente) e foi publicada no jornal *Der Stürmer* no mês de julho de 1936, localizada, portanto, na segunda fase do movimento nazista, o dos primeiros anos de poder pré-guerra, entre 1933 e 1939.

Análise pré-iconográfica

Na imagem, dividida em dois quadros, estão representados dois homens em dois momentos diferentes. Na imagem da esquerda pode-se observar, do lado direito do observador, um dos dois homens sentado em um banco que se encontra sob uma árvore. Ele veste um paletó de cor clara e risca-de-giz, uma gravata e um chapéu também de cor clara. O indivíduo usa ainda um par de óculos de armação arredondada e segura com as duas mãos a ponta de uma bengala. Sua pose, ao sentar, revela as pernas abertas, com a bengala sendo segurada entre elas, em uma posição quase perpendicular ao chão. Seus ombros parecem relaxados e ele usa a gola da camisa alta e fechada. Tem o rosto sério, com a boca fechada e reta, assim como suas sobrancelhas. No pescoço, do lado esquerdo, algumas rugas aparecem e ele ostenta um bigode de corte quadrado e de cor clara, possivelmente grisalho.

À frente do senhor sentado se encontra um outro homem em pé. Este tem a mão direita semiestendida com os dedos médio e indicador esticados, bem como o polegar. Tem dois anéis nos dedos anular e mínimo e as costas da mão contêm pelos escuros em abundância. Na mão esquerda segura um chapéu escuro com as pontas do dedo indicador e do polegar, tendo ainda os outros dedos encolhidos, com exceção do mínimo, que está esticado. Está vestindo uma camisa de cor clara e um paletó escuro, com o chapéu no mesmo padrão de cor. Seu rosto não está completamente visível, uma vez que ele se encontra de perfil em relação ao observador da cena, mas alguns elementos são observáveis, como a boca grossa e fechada. Ele mantém os olhos cerrados e tem um nariz grande e curvado para baixo. A orelha também tem um tamanho da mesma forma desproporcional e o pescoço apresenta marcas/dobras de gordura. Apresenta pouco cabelo na cabeça, tendo uma careca redonda na região posterior/superior e um filete de cabelo atravessando a nuca, de orelha a orelha. Possui ainda fios esparsos no topo da cabeça e que estão penteados para os lados.

Já no segundo quadro encontramos os mesmos elementos representados, mas em posições alteradas. O primeiro personagem, que anteriormente estava sentado, encontra-se agora no canto do banco, fazendo um movimento com os ombros para cima ao mesmo tempo que contorce o tronco, ficando com as costas voltadas para o segundo elemento, que também aparece sentado no banco neste quadro. As pernas do primeiro homem estão agora cruzadas na altura dos calcanhares e sua perna direita parece fazer um movimento de encontro à perna esquerda. Ele continua segurando uma begala, mas dessa vez sobre seu colo e com os punhos cruzados sobre ela. Em seu rosto as sobrancelhas estão levantadas e sua boca aberta. A árvore que se encontrava sobre o banco no primeiro quadro está agora ligeiramente posicionada mais à direita, ocupando menos espaço na composição geral.

O segundo personagem também aparece agora sentado no banco, com suas costas voltadas ao primeiro elemento. Da mesma forma que seu interlocutor no primeiro quadro, o homem em terno escuro mantém as pernas abertas enquanto permanece sentado, mas, por sua vez, segura um jornal aberto. Neste segundo quadro pode-se perceber que ele usa uma gravata listrada e uma camisa de gola baixa. Agora, além dos dois anéis na mão direita, mais um na mão esquerda pode ser notado. O chapéu que ele segurava na primeira cena não está mais visível neste segundo quadro e ele fuma agora um charuto, o qual é ostentado e direcionado para o alto. Dele sai ainda uma fumaça rala em formato de círculos (quatro) e que seguem na direção oposta à da árvore. Apesar de ter um jornal em suas mãos e de ter sua cabeça voltada para o alto, sua atenção parece voltada ao homem de paletó claro, já que seu olho esquerdo está a ele direcionado, em um olhar "de canto de olho". Sua orelha esquerda agora pode ser observada e ela se mostra grande como a direita; diante da conjugação das duas imagens pode-se chegar à conclusão de que se trata de um leve caso de orelhas de abano. As dobras de gordura na região do pescoço também ficam mais nítidas neste segundo quadro.

Análise iconográfica

A charge concentra sua significação nas duas personagens representadas, as quais são identificadas como membros de grupos "raciais" distintos: o senhor em paletó claro seria um alemão/ariano[3] e, o de terno escuro, um judeu. Tais distinções representativas são historicamente construídas, e sua análise faz necessário um estudo em história tipológica (*Typengeschichte*) do elemento em questão. O judeu de nossa imagem, por exemplo, faz-se reconhecer a partir do formato de sua cabeça, das orelhas de abano e, principalmente, do nariz.

A caracterização dos judeus nessa linha não é um fenômeno moderno nem mesmo uma invenção nazista. Tal tipo de representação remonta à Idade Média, mas foi após o descobrimento da imprensa, no século XVI, que ela pôde ser de fato expandida. Entretanto, essa representação acabou por se tornar um "fenômeno de massas" apenas no século XIX, quando tais imagens foram amplamente impressas em livros e cartões-postais. Tal caracterização física mostra um elemento constante e que aponta para uma estigmatização do grupo: o "nariz judeu" passa a ser sempre representado em formato de um "6", o que não apenas promoveria a diferenciação do "grupo dos judeus" na ordem da identificação visual, mas, também, ao carregar consigo os preconceitos e sentimentos antissemitas, acabaria por salientar e reforçar os mesmos. O nariz, dentre todos os sinais de identificação que os judeus acabam por deter nessas representações, é usado como fator de discriminação de valores:

> [...] a relação do nariz como sinal de diferenciação contra outros e do nariz enquanto certificador, como sinal de um judeu "real" – isso faz do marcante nariz

---

[3] É fundamental fazer a ressalva de que a representação do alemão não segue o padrão de caracterização dos arianos. Estes costumam ser desenhados de forma anatomicamente mais explícita, com músculos à mostra e bem desenvolvidos. No caso aqui analisado, entretanto, outros elementos apontam para o pertencimento do retratado a esse grupo, como o formato da cabeça, a cor da pele e o nariz.

antissemita um significante. Como tal, ele é inserido em uma "eternidade atemporal" (Said), na qual ele é transformado em sujeito de uma frase que anuncia: "O judeu é..." O judeu [...] é o significado que o significante "nariz" produziu (CHARIM, 2008, p. 30).

O nariz do personagem judeu acaba por ser tomado como o elemento central da imagem, antes mesmo do próprio personagem, tornando-se o sinal de identificação e o estigma, contendo em si mesmo valores e preconceitos. Outras características físicas são tidas como componentes do "típico" judeu, como as orelhas de abano e o pé chato, mas apesar de servirem também ao propósito da identificação, é raro serem prontamente relacionados a um conjunto de significados tão complexo quanto o nariz em forma de seis.

O sujeito de nossa imagem que é identificado como judeu ainda carrega outros elementos que podem ser analisados iconograficamente. Suas vestimentas podem ser tomadas como fundamentalmente intrínsecos à sua caracterização, o que denunciaria uma pretensa situação confortável no campo financeiro. O "judeu endinheirado" é uma imagem que carrega consigo uma dimensão do preconceito, o qual segue colado aos judeus há séculos. Trata de uma suposta relação íntima que os judeus teriam com o dinheiro, que seria, em primeiro lugar, resultado da ganância e da avareza, tidas como intrínsecas à natureza judaica. Esta imagem se alastra desde a Idade Média no imaginário ocidental e vem se desenvolvendo desde então, ganhando novos contornos e facetas.

Esta imagem do judeu como mercador e usurário o acompanha há séculos e é reavivada de tempos em tempos. Na modernidade ela ganha um novo contorno com a associação dos judeus ao nascimento dos Estados nacionais e sua colocação em empregos públicos e burocráticos (ARENDT, 2000). Desta forma, o "judeu endinheirado" se torna uma das principais bases do antissemitismo moderno. Sua presença no imaginário ocidental não apenas influenciou a visão dos não judeus sobre os judeus, mas também a dos não judeus sobre si mesmos a partir da correlação entre conceitos opostos, como honestidade e desonestidade, altruísmo e avareza, bondade e maldade. A produção dessa fronteira imaginária pode ser automaticamente trazida à tona quando um leitor não judeu entra em contato com uma imagem nos moldes da aqui analisada. Tal caracterização age então no sentido da formação identitária (dos não judeus) e da promoção do preconceito (contra os judeus).

Na composição total da imagem, podemos identificar uma cena em dois momentos: no primeiro, o elemento reconhecido como o judeu é gentil e pede para o "ariano" por um espaço no banco. O gesto por ele promovido (de retirar o chapéu e fazer uma mesura, com a cabeça baixa) é normalmente aceito como um ato de deferência para com o interlocutor, frequentemente utilizado no cumprimento e/ou no pedido por algo. A gentileza e a educação do judeu, entretanto, revelam-se no segundo quadro uma mentira: no momento seguinte ao que o ariano concede o lugar ao judeu, este se apropria de todo o espaço no banco.

Composição formal

Como a imagem analisada não possui plano de fundo e como seu foco parece muito fechado, focalizando unicamente os dois elementos centrais e sem mostrar o ambiente, é impossível traçar uma linha do horizonte. Apesar disso, é possível encontrar algumas linhas no desenho que podem ser usadas no intuito de encontrar nele um senso planimétrico.

Aqui, a melhor possibilidade que se apresenta é a utilização das linhas do contorno do banco como linhas de horizonte. No quadro da esquerda podem-se visualizar linhas diagonais que cruzam o peito do alemão e os joelhos. A partir dela podemos ter ideia do posicionamento do observador da cena, que se encontraria em um ângulo diagonal em relação ao banco. No segundo quadro, o posicionamento do observador seria perpendicular ao banco, uma vez que podemos observar as linhas delimitadoras do "palco" da cena, o banco, de forma retilínea. Estas linhas traçadas nos dois quadros garantem a estabilidade do ambiente, isto é, evitam que os personagens "flutuem".

Na Imagem C pode-se observar dois triângulos divididos por linhas pontilhadas. No primeiro quadro a cena é dividida "meio a meio", ou seja, é dividida de forma igualitária entre os dois personagens; cada um ocupa seu espaço a partir da linha pontilhada. Já no segundo quadro a situação muda: os traços mostram que o judeu passa a ocupar a maior parte da cena, enquanto o alemão é colocado totalmente para fora do triângulo.

Interpretação iconológica-icônica

A análise anterior referente à posição dos personagens em relação ao triângulo possibilita a interpretação relativa à mentalidade do autor (e do jornal) sobre o lugar do judeu na sociedade alemã e sobre a relação entre judeus e alemães. Se tomarmos o banco como metáfora da sociedade do período, podemos observar que o judeu tenta excluir o alemão, tomando para si o espaço que antes era por este ocupado e aproveitando-se da boa-vontade do mesmo. No segundo quadro não existe mais espaço suficiente para os dois: ao alemão foi relegado apenas o canto do banco e, graças ao foco fechado da imagem, tem-se a impressão de que não existe possibilidades a ele senão a de sair de cena. O significado é claro: o judeu se utilizaria da falsidade para atingir seus objetivos egoístas, prejudicando quem quer que se colocasse em seu caminho, e isso é apresentado como um *habitus*, isto é, um *habitus* que presumivelmente seria característico do retratado e que acarretaria um problema real para a população alemã.

A situação seria uma justificativa para o antissemitismo e para as Leis de Nuremberg, promulgadas em 15 de setembro de 1935, pouco menos de um ano antes da publicação da charge pelo *Stürmer*. O pensamento generalizante sobre as características negativas e as maquinações dos judeus, assim como a exploração por eles executadas, são representadas aqui como verdades factuais das quais a dinâmica no banco seria apenas um exemplo. Essa exploração por meio de mentiras e fingimentos seria a fonte da suposta opulência dos judeus, e sua abastança seria denunciada na charge pela forma física do judeu, retratado como obeso (ao contrário do explorado alemão). As Leis de Nuremberg seriam, assim, necessárias para que os alemães pudessem se proteger da perfídia e da falsidade dos judeus, contra as quais eles não teriam chances. A ideia do "judeu aproveitador" e do "judeu traiçoeiro" são aqui apresentadas como imagens mentais, e a presença do jornal na ilustração permite ainda que essas imagens sejam da mesma forma estendidas à "imprensa judaica".

A formulação "imprensa judaica" é uma parte importante da teoria da conspiração judaica sobre a qual o antissemitismo nazista foi fundamentado. A existência dessa conspiração e dos "inimigos invisíveis" já era denunciada nas páginas do livro *Minha luta*, de autoria de Hitler. As supostas táticas da imprensa judaica, com as quais os alemães seriam ludibriados, foram ali claramente expostas. Segundo Hitler,

> tudo isso [o poder da imprensa] era a consequência, por um lado, da tática astuciosa dos judeus e, por outro, da conselheiral estupidez ou da ingenuidade do mundo oficial. O judeu era esperto o bastante para não consentir que toda a sua imprensa fosse, ao mesmo tempo, manietada. Uma parte estava sempre livre para acobertar a outra. Enquanto os jornais marxistas, da maneira mais baixa, combatiam o que de mais sagrado poderia parecer aos homens, investiam, pelos processos mais infames, contra o governo e açulavam grandes setores da população uns contra os outros, as folhas democrático-burguesas dos judeus davam a aparência da mais notável preocupação com esses fatos, concentravam todas as suas forças, sabendo exatamente que os imbecis só sabem julgar pelas aparências e jamais são capazes de penetrar no âmago das coisas. É a essa fraqueza humana que os judeus devem a consideração em que são tidos (HITLER, 2001, p. 182).

O papel da imprensa na teoria da conspiração judaica foi continuamente apresentado aos alemães nesses moldes, e ao povo alemão não era dada outra alternativa que a de acreditar no discurso. Nenhuma outra imprensa seria tão falsa quanto a judaica e o povo estaria, como o alemão da charge analisada, sob a constante pressão dos judeus. Esse ambiente conspiratório é reforçado pela imagem, que é um exemplo do constante martelar dessa ideia. Trata-se de uma representação de uma imagem presente na *Weltanschauung* nacional-socialista e que servia aos propósitos de perpetuação do *modus operandi* voltado ao terror e ao fortalecimento do poder nazista. A utilização de uma situação passível de ser reconhecida como cotidiana (estar sentado em um banco de praça e alguém pedir por espaço) como alegoria aproxima a mensagem do leitor, aumentando as possibilidades de compreensão e de absorção da mesma.

Interpretação dos elementos textuais

Os textos que por vezes estão no conjunto da charge, como títulos e legendas, devem ser analisados em separado pelo fato de poderem ser o fator determinante da compreensão da imagem, que por si só pode trazer uma significação completamente diferente. Não é exatamente o caso do presente exemplo, no qual os elementos textuais promovem um reforço da mensagem apresentada pelo conjunto pictórico.

Na legenda pode-se ler "*Sie gestatten gütigst... dass ich Platz nehme*", ou seja, "Você amavelmente permite... que eu tome lugar". O sentido da frase não pode ser apreendido em separado da cena representada: o alemão concede lugar no banco ao judeu, que se aproveita da "hospitalidade" de seu interlocutor e toma todo o espaço do banco. Formulada em primeira pessoa, a frase denota a consciência do judeu ao promover sua ação – o que daria mais uma "prova" da má constituição moral dos judeus e, portanto, da necessidade de afastamento destes do seio da sociedade alemã.

Já a apreensão do título, "*Der anständige Jude*" (O judeu decente) resulta na ironia da charge, fonte de seu humor, e a relação logicamente absurda entre a ideia de decência e a ação representada promove a graça da imagem. A expressão faz ainda referência a um conceito bastante debatido pelos nacional-socialistas. O judeu decente era um problema teórico para as ideias antissemitas, pois vários alemães alegavam que os judeus, "em geral", eram maléficos à sociedade, mas que conheciam ao menos um "judeu decente". Porém, acaso todo alemão conhecesse um judeu decente, não existiriam judeus ruins, pois "o número de judeus decentes sobreporia o número total de judeus", conforme sublinhou Himmler em discurso às SS em 17 de novembro de 1944. A charge analisada preenche essa lacuna ao "demonstrar" que a decência apresentada nada mais seria que fingimento, e que, na verdade, o "judeu decente" seria apenas uma máscara que os judeus vestiriam para atingir seus objetivos.

Considerações finais

O método documentário de análise de imagens, ao procurar expandir ao máximo possível os níveis de compreensão da fonte, permite ao pesquisador maiores possibilidades de exploração da mesma, uma vez que prima, para além do significado da fonte, pelos seus modos de constituição e de produção. Tal procedimento leva ao conhecimento amplificado acerca de seus produtores, da sociedade em que a imagem foi concebida. Na análise aqui apresentada, percebe-se o desenvolvimento de uma gama variada de questões caras ao período da publicação da charge baseadas em seus diferentes elementos focalizados. A transposição do sentido imanente para o sentido documentário ocorre, assim, na identificação de tais elementos e na busca por seu esgotamento interpretativo, lançando-se mão, para tanto, de um arcabouço teórico abrangente e multidisciplinar.

BIBLIOGRAFIA

ARENDT, Hannah (2005). *A condição humana*. Rio de Janeiro.

_____ (2000). *Origens do totalitarismo*. São Paulo.

BOHNSACK, Ralf (2008a). *Rekonstruktive Sozialforschung* – Einführung in qualitative Methoden. 7. ed. Opladen: [s.e.].

_____ (2008b). *Qualitative Bild- und Videointerpretation* – Die dokumentarische Methode. Opladen: [s.e.].

_____ (2007a). Dokumentarische Bildinterpretation am Beispiel eines Werbefotos. In: BUBER, Renate & HOLZMÜLLER, Hartmut (orgs.). *Qualitative Marktforschung* – Konzepte; Methoden; Analysen. Stuttgart: [s.e.], p. 951-978.

_____ (2007b). "A interpretação de imagens e o método documentário". *Sociologias*, ano 9, n. 18, jun.-dez., p. 286-311. Porto Alegre.

BOURDIEU, Pierre (2004). *O poder simbólico*. Rio de Janeiro: [s.e.].

_____ (2001). *Langage et pouvoir symbolique*. Paris: [s.e.].

BREMMER, Jan & ROODENBURG, Herman (2000). *Uma história cultural do humor*. Rio de Janeiro: [s.e.].

BYTWERK, Randall (2001). *Julius Streicher* – Nazi Editor of the notorious anti-semitic Newspaper Der Stürmer. Nova York: [s.e.].

CASTORIADIS, Cornelius (1982). *A instituição imaginária da sociedade*. Rio de Janeiro [s.e.].

CHARIM, Isolde (2008). Der negative Fetisch – Zur Funktionsweise rassistischer Stereotype. In. JÜDISCHES MUSEUM BERLIN. *Typisch! Klischees von Juden und Anderen* – Katalog der Ausstellung. Berlim/Viena: [s.e.].

FONSECA, Joaquim da (1999). *Caricatura*: a imagem gráfica do humor. Porto Alegre: [s.e.].

FRANCO JÚNIOR, Hilário (1998). *Cocanha* – A história de um país imaginário. São Paulo: [s.e.].

FREUD, Sigmund (1992). *Der Witz und seine Beziehung zum Unbewussten/Der Humor*. Frankfurt am Main: [s.e.].

GOLDENSOHN, Leon (2007). *The Nuremberg Interwiews* – Conversations with the defendants and witnesses. Londres: [s.e.].

HITLER, Adolf (2001). *Minha luta*. São Paulo: [s.e.].

IMDAHL, Max. (1996a). *Zur Kunst der Tradition* – Gesammelte Schriften, vol. 2. Frankfurt am Main: [s.e.].

_____ (1996b). *Reflexion; Theorie; Methode* – Gesammelte Schriften, vol. 3. Frankfurt am Main: [s.e.].

_____ (1988). *Giotto – Arenafresken; Ikonographie – Ikonologie – Ikonik*. Munique: [s.e.].

MANNHEIM, Karl (1964). *Wissenssozilogie* – Auswahl aus dem Werk. Berlim/Neuwied: [s.e.].

PANOFSKY, Erwin (2006). *Ikonographie & Ikonologie*. Colônia: [s.e.].

SCHMÖLDERS, Claudia (2002). *Hitlers Gesicht*. Munique: [s.e.].

THOMPSON, John (2001). Préface. In. BOURDIEU, Pierre. *Langage et pouvoir symbolique*. Paris: [s.e.], p. 7-51.

UPTRUP, Wolfram Meyer zu (2003). *Kampf gegen die "jüdische Weltverschwörung"*. Berlim: [s.e.].

WELLER, Wivian (2005). "A contribuição de Karl Mannheim para a pesquisa qualitativa: aspectos teóricos e metodológicos". *Sociologias*, 13, p. 260-300.

Capítulo 5

Educação hipertextual: por uma abordagem dialógica e polifônica na leitura de imagens

Ângela Álvares Correia Dias

Vivemos num universo comunicativo em que o surgimento de novos recursos tecnológicos e a consequente eclosão de novas formas de textualidade e interação têm maximizado as oportunidades de convívio e o intercâmbio de informações. Ritmos, códigos, gêneros textuais, linguagens e até mesmo valores estão sendo reestruturados, em resposta às novas possibilidades surgidas ou intensificadas pelas novas tecnologias da informação e comunicação. Dessa forma, é premente discutir e propor abordagens educativas que contemplem a polifonia, a multiplicidade e a diversidade do universo multifacetado ao qual o sujeito educando pertence. A questão, portanto, não é apenas uma adaptação do fazer pedagógico ao caráter reticular das novas formas de comunicação, mas às características hipertextuais das próprias relações sociais, em que "algo só é em uma relação com um outro e outro só é em sua relação com aquele" (SIMMEL, 1998, p. 30).

É com grande intensidade que alguns segmentos socioculturais têm alardeado os benefícios da educação mediatizada pelas novas tecnologias, proferindo-se discursos quase messiânicos em apologia às inovações técnicas e às possibilidades que se descortinam para a produção de materiais didáticos mais interativos. Outros, contudo, têm lançado palavras de temor e precaução em relação ao furor das novas tecnologias de comunicação – que inundam lares e escolas –, denunciando um volume expressivo de informações veiculadas por diversas mídias e provindas das mais variadas fontes, muitas vezes desprovidas de coerência ou de conteúdo, minimamente, duvidoso. No entanto, poucas são as vozes que levam a discussão acerca da Educação na contemporaneidade para além das elucubrações relativas à materialidade técnica e avançam em direção à reconstrução de orientações epistemológicas para a práxis educativa que contemplem, de maneira articulada, as transformações que constituem matriz e imagem do surgimento de novas maneiras e veículos de comunicação. Uma educação *para* e *pela* diversidade implica a preparação dos estudantes para o exercício do que Stuart Hall

(2003, p. 371) considera um dos momentos políticos mais significativos: "Aquele em que os acontecimentos que são normalmente significados e decodificados de maneira negociada começam a ter uma leitura contestária [...] [Momento em que] se trava 'a política da significação' – a luta no discurso".

É com essa preocupação que o Grupo de Pesquisa "Educação Hipertextual nas Produções Culturais e nas Práticas Sociais" propõe discussões acerca de princípios norteadores da produção de materiais educativos e do trabalho pedagógico que extrapolem a dimensão tecnológica e adentrem o domínio das produções culturais, das práticas sociais e da comunicação humana. Desse modo, a proposta de Educação Hipertextual considera a hipertextualidade, definida a partir do referencial teórico de Mikhail Bakhtin, como uma característica comunicativa e que, portanto, não constitui atributo imanente da materialidade técnica. A voz de Biazus (2001) vem agregar-se a esse discurso ao constatar, a partir de análises de *softwares*, sites e outros produtos veiculados em ambiente virtual, que

> este ambiente, por si só, não garante ao sujeito/educando a condição inventiva se aí não se instaurar um processo dialógico. Tal processo parece estabelecer-se com base em uma proposta pedagógica interativa que inclua situações com desafios favorecendo condições para decisões e escolhas, e estas, na medida em que valorizarem mudanças internas, gerarem processos de criação (p. 32).

Na perspectiva de uma educação que prepare para o convívio na diversidade, materiais e práticas pedagógicas devem pautar-se no diálogo e na multirreferencialidade, o que exige o rompimento com o modelo clássico de comunicação (emissor-mensagem-receptor), criticado pela linearidade e "por sua concentração no nível da troca de mensagens; e pela ausência de uma concepção estruturada dos diferentes momentos enquanto complexa estrutura de relações" (HALL, 2003, p. 387).

Com vistas ao rompimento com esse modelo, propomos uma prática dialógica, apoiada numa concepção ampliada de hipertextualidade e definida a partir dos conceitos bakhtinianos de polifonia, dialogismo e intertextualidade. Tais conceitos, aliados aos de interatividade, heterogeneidade e não linearidade – equivocadamente considerados inerentes ao meio eletrônico –, devem ser entendidos como possibilidades para a educação – mediatizada ou não –, assim como a noção de interdisciplinaridade como princípio organizador dos conteúdos de aprendizagem. Ao privilegiarmos o construto de Bakhtin como referencial teórico, questionamos a concepção cientificista e desenvolvemos pesquisas de cunho qualitativo, declinando da abordagem de teor universalizante e rígido na forma de circunscrever, recortar, definir e delimitar o objeto, como propõe o método positivista de investigação, que valoriza tratamentos numéricos e estatísticos. Como afirma Freitas (2003, p. 30),

> para Bakhtin, o objeto de estudo das ciências humanas é o homem ser expressivo e falante. [...] Isto é, o homem sempre se expressa através do texto virtual ou real que requer uma resposta, uma compreensão. Se não há texto, não há objeto para investigação e para pensamento. Bakhtin (1985) vê o texto como uma espécie de mônada que reflete em si todos os textos possíveis de uma determinada esfera

de sentido. O acontecimento na vida de um texto sempre se desenvolve na fronteira entre duas consciências, dois sujeitos. Daí que os estudos dos fenômenos humanos se realizam a partir de interrogações e trocas, portanto, pelo diálogo. Diálogo compreendido não apenas como uma relação face a face, mas de forma mais ampla implicando também uma relação do texto com o contexto.

Assim, um desafio está sempre em nossas preocupações: como projetar um percurso metodológico que não negligencie a essência da teoria bakhtiniana? Isto é, como construir categorias analíticas para nossas pesquisas sem, com isso, limitar a leitura das obras selecionadas à análise, categorização e classificação de hierarquias rígidas e mensuráveis, como ocorre numa distribuição por frequência ou tabulação, em métodos propostos pelo quadro de referência cartesiano. Neste, é preciso "dividir cada dificuldade a ser examinada em tantas partes quanto o possível e necessário para resolvê-las", ou seja, proceder à decomposição de uma totalidade em unidades menores, estudar uma a uma e, por último, "fazer, para cada caso, enumerações tão exatas e revisões tão gerais que estivesse certo de não ter esquecido nada", isto é, "recompor esses aspectos em estudo num todo coerente" (DESCARTES, apud MEKSENAS, 2002, p. 76).

Para evitar e desafiar esses valores estabelecidos pelo procedimento cartesiano, foram necessários vários deslocamentos, sobreposições e variações, tentando reunir, numa totalidade e sem rígidas separações, nem hierarquização, as categorias que contemplam os pilares do conceito de dialogismo relacionadas com as ideias de polifonia, intertextualidade e heterogeneidade e suas articulações com a comunicação mediada por hipertextos. Nesse processo, nossa busca é pautada pela tentativa de explorar um percurso prospectivo que contemple um conjunto de categorias analíticas, com fronteiras tênues, que se mantenham em consonância com a teoria do dialogismo bakhtiniano, e nele ir mapeando e apontando, pela via da observação atenta, a manifestação das características que compõem nosso objeto de análise – a interatividade, a intertextualidade, a heterogeneidade e a não linearidade – que, em síntese, contribuem para a composição de um tecido comunicativo dialógico e polifônico.

Nessa perspectiva e considerando as relações entre as transformações tecnológicas, a profusão de linguagens veiculadas nas mídias e o tratamento dado nas escolas, em especial à linguagem imagética, a análise da inclusão de imagens em materiais e experiências comunicativas configura um aspecto bastante relevante em nossas pesquisas.

Para além dos problemas identificados no trabalho com imagens, dentro da especificidade do contexto escolar, voltamo-nos, também, para o universo de produções culturais realizadas com intencionalidade não didática, a fim de compreender como exemplares da cultura extraescolar incluem o discurso imagético e o articulam com os demais discursos e, a partir disso, procuramos construir alguns apontamentos que instiguem os educadores a refletirem sobre estratégias de educação que considerem a pedagogicidade desses textos não verbais. A seguir, apresentamos uma seleção, em retrospectiva, das pesquisas que vêm sendo produzidas no âmbito do Grupo Educação Hipertextual, em que utilizamos uma sistemática de análise do discurso imagético e de suas relações com outros discursos em produções culturais sob a perspectiva bakhtiniana e a partir das categorias de análise citadas.

Análise do discurso imagético: resultados de pesquisa
Moulin Rouge: Amor em vermelho

O primeiro trabalho diz respeito à análise do filme *Moulin Rouge*: Amor em vermelho (2001[1]), o qual se observou ser uma obra contemporânea, que rompe com os princípios tradicionais da estética apostando no híbrido, na mixagem e nas ações de simultaneidade, como veremos ao longo de nossa explanação[2]. O diretor australiano Baz Luhrmann, como aponta o crítico Kleber Mendonça Filho (2001), chegou ao cinema com o estridente *Vem dançar comigo* (1992), inaugurando seu peculiar estilo kitsch, de cores berrantes e ritmo francamente histérico. Em seu segundo filme, deixou de lado o kitsch e investiu no pop, para adaptar Shakespeare em *Romeu e Julieta* (1996), acrescentando pistolas, televisão e rock à clássica tragédia. Luhrmann chega ao seu terceiro filme, *Moulin Rouge* (2001), com um mix de kitsch, pop e uma estética barroca.

Moulin Rouge é um espetáculo musical, repleto de cores vibrantes, luzes, som e dança, que se inicia por um abrir de cortinas, que voltam a fechar-se após o término da história. O filme gira em torno do intenso amor entre Christian, um pobre escritor, e Satine, a mais bela cortesã do Moulin Rouge, célebre cabaré francês que marcou época. A história é ambientada na Paris de 1899, um período de transição entre dois séculos: um tempo de efervescência. A vida parisiense se ilumina com a eletricidade, é acelerada pelos automóveis e pelo telefone. É um turbilhão nas novas praças e ruas, nos magazines e museus, nas exposições e salões, atraindo artistas de todas as partes, que desembarcam por mar e terra para fruir da boêmia e da efervescência de ideias e realizações multifacetadas. Cabarés, como o Moulin Rouge, viram motivos de pinturas e cartazes com significações maiores do que um mero papel pintado.

Um período em que as barreiras sociais são diluídas; a revolução cultural dá esperança de vida melhor para todos e uma rica profusão cultural, que promete bastante divertimento. A classe média se mistura com a classe operária; e a cultura popular se encontra em seu auge. Excêntricos e artistas, em grande número, passam a frequentar os cabarés, teatros de variedades e cafés, ao mesmo tempo em que a classe média, aristocratas e semimundanos – que se sentiam cada vez mais atraídos pela vida noturna – também se habituam a frequentar esses locais.

Essa mistura de culturas e de estratos sociais é retratada no filme *Moulin Rouge*, no qual artistas, indivíduos da classe média e aristocratas se juntam na mesma mesa, num ambiente de divertimento, criação, luxo, festim e frivolidade. Esse processo de hibridação marca o primeiro princípio de heterogeneidade presente no filme, revelado por uma relação amorosa que envolve quatro personagens principais, representativos de diferentes camadas sociais; uma espécie de "grupo carnavalesco", como diria Bakhtin. Um jovem escritor (Ewan Mcgregor), boêmio e pobre, viaja para Paris em busca da boêmia, da liberdade e, sobretudo, da descoberta do amor. Envolve-se com um grupo do artista Toulouse-Lautrec (John Leguizano), que vem a ser um

---

[1] Vencedor do Oscar de melhor direção de arte em 2002.

[2] Esta pesquisa culminou em uma dissertação de mestrado defendida por Hélio Chaves Filho, pesquisador do Grupo Educação Hipertextual (cf. CHAVES FILHO, 2003).

personagem importante da trama, e acaba por conhecer o Moulin Rouge, onde se apaixona pela estrela máxima do cabaré, Satine (Nicole Kidman). Ocorre que, enquanto o jovem escritor faz a cortesã descobrir o amor, tem que disputá-la com um duque que nutre por ela uma obsessão doentia. É o mito do Orfeu, de Shakespeare, adaptado a um musical e a uma casa de espetáculos na França, que narra a perda do amor, de uma relação intensa que foi interrompida.

Tudo no *Moulin Rouge* é excessivo: cor, música, cenário e também as atuações, evocando uma proposição visual dinâmica, exagerada e plurívoca. Um excesso de detalhes que, por vezes, passam despercebidos aos nossos sentidos, tamanha a profusão de cores, luzes, dimensões e texturas expostos no filme, caracterizando o segundo princípio da heterogeneidade nele presente. Essa multiplicidade de cores e luzes, mesclada com um fluxo incessante de imagens, cria um clima quase fantástico no filme. Um clima totalmente consonante com nosso mundo contemporâneo – marcado pela transitoriedade, fragmentação e velocidade –, sem tempo de olhar e contemplar; "um tempo aflito", como aponta Coutinho (2003, p. 27). Em seu livro *O estúdio de televisão e a educação da memória*, Laura Coutinho recorre a um trecho de Milton José de Almeida em que ele comenta sobre a interseção do olhar da câmera e o mundo, como representação e escrita histórica:

> As imagens do cinema e da televisão governam a educação visual contemporânea e, em estética e política, reconstroem, à sua maneira, a história dos homens e da sociedade. São imagens e sons da língua escrita da realidade, artefatos da memória. Por serem discursos em língua da realidade, trazem dela o inconcluso, a ambiguidade, a mistura, o conflito, a história (ALMEIDA, 1994, p. 9-10).

Ao vincular a realidade do mundo em seus ângulos variados, o filme *Moulin Rouge* traz outro embate heterogêneo: as constantes referências ao teatro e à linguagem circense. Embora seja uma linguagem cinematográfica, entrecruzada com a expressão videográfica, mescla-se circo, teatro e dança numa estética ousada, incorporando luz, cor, música e efeitos especiais com uma linguagem multimídia arrojada e pop, radicalmente contemporânea. Nessa profusão de linguagens, encontramos outro momento marcante do filme, que é a montagem ágil e frenética: um ritmo quase alucinante, incrementado pelo estilo dos cortes de um plano para outro que nos leva, como descreve o editor do filme, Jill Bilcock, "numa viagem de montanha-russa desde seu início até o final, com áreas de luz, sombras e mudanças de velocidade quando menos as esperamos. Baz e eu fizemos o mantra rápido, rápido, rápido, mas assim que a história se concentra em Christian e Satine – a história de amor, a tragédia –, nós começamos a diminuir a marcha".

Um ritmo completamente sintonizado com o tipo de cinema que atrai as novas gerações, acostumadas com a lógica do espetáculo que satura-se de movimentos, ritmo e velocidade mediante processos de fragmentação, distorção, superposição e fusão por meio da aceleração de planos sucessivos. Nesse espetáculo, como descreve Machado (2000, p. 179-180),

> as imagens são puros estímulos visuais (cor, movimento, ritmo), e mesmo quando podem ser reconhecíveis enquanto referências miméticas, o que importa nelas é a massa, a metamorfose das cores e texturas ao longo do tempo. Uma montagem ágil, sincopada e rapidíssima (quase ao nível do fotograma) faz as imagens dan-

çarem no ritmo da música de tal forma que, a partir de uma certa velocidade de apresentação, o que conta não é mais o que se pode reconhecer como figura do mundo visível, mas as sugestões puramente icônicas das cores e formas, ou o seu movimento faiscante na tela [...] nas quais as ideias tradicionais de sucessão e de linearidade já não são mais determinantes, substituídas que foram por conceitos mais flutuantes, como os de fragmento e dispersão.

Baz Luhrman ousa, pujantemente, com sua câmera de olhar rápido e vertiginoso, provocando sensações de vertigens e fantasias que povoam o imaginário dos espectadores, com rodopios e piruetas, avanços e freadas que a câmera do diretor é capaz de fazer e montar, imprimindo um fluxo descontínuo que sacode e dissolve a perspectiva naturalista. Nesse sentido, as câmeras são frequentemente virtuais e rodopiam, num movimento ultrarrápido, em redor dos cenários digitais com perspectivas e escalas irreais, como a paisagem de Paris que foi produzida digitalmente, criando uma aura surreal e artificial. Rompe-se, assim, com o modelo narrativo e figurativo naturalista assumindo facetas da multilinearidade: a descontinuidade, a instabilidade e a fragmentação, nas quais as referências lógicas se desvanecem em prol de uma ordem rebelde a toda lei. Desse modo, isso perturba, assim, o cânone clássico da legibilidade e compreensão da mensagem, e prefigura formas de comunicação que apelam para outros modelos de mobilização da inteligência e sensibilidade do espectador.

Essa perspectiva foi explicitamente adotada pelo diretor, como podemos verificar num trecho de uma entrevista coletiva, realizada no Rio de Janeiro, para divulgar o filme: "Optei por uma escrita nada naturalista, que foi se transformando em algo cada vez mais barroco [...] com isso, a plateia precisa trocar de marcha rapidamente e acompanhar o ritmo da narrativa, como num jogo". Este jogo, provocado pela fugacidade e pela alternância de seus movimentos, propicia um caminho labiríntico: como "um bosque de caminhos imprecisos [...] um espaço de incertezas e de ambiguidades que exige muito dos viajantes para que eles achem suas trilhas e prossigam sua viagem" (COSTA, 2001, p. 23). Como alerta o próprio diretor: para entrar no jogo do filme, "é preciso conhecer as regras para participar e não ser passivo". Abre-se, assim, um espaço fruitivo para o espectador, convidando-o a participar da construção da obra, tornando-o responsável pela organização da narrativa.

O pano de fundo em *Moulin Rouge* é a profusão de lazer, boemia e prazeres da Paris da década final do século XIX, na qual se misturam cantoras de cabarés, dançarinas, garçonetes, prostitutas, artistas, entre outros. Esses personagens, principalmente as dançarinas, trazem para as cenas do filme a arte da *Belle Epoque*, retratadas e captadas pelos quadros e desenhos do pintor Tolouse-Lautrec. Nesse sentido, a primeira manifestação intertextual, explícita, no filme refere-se à intercomunicação entre as imagens celebradas na tela do artista, nas quais ele retrata a beleza e a boêmia das noites parisienses, e os cenários, os figurinos e os efeitos visuais do filme; é como se as pinturas do artista tomassem a lente fotográfica do diretor para retratar as cenas e os personagens do filme. Da mesma forma, o uso de uma iluminação eclética e a saturação de cor, "zooms" e cortes rápidos de filmagens, apontam para o estilo de Lautrec, ao mesmo tempo em que captura o frenesi e a exuberância com os quais o cabaré se tornou famoso.

Em síntese, *Moulin Rouge* é, todo, multiplicidade. A profusão de cenários e roupas coloridas apresentadas no filme evoca a intertextualidade. Ângulos de câmera aéreos, balés aquáticos, o sapateado, o tango e os shows dos anos de 1990 estabelecem uma verdadeira rede intertextual. Criando múltiplos contatos no interior do filme, as imagens se interconectam com as demais formas discursivas numa relação eminentemente dialógica, numa atmosfera polifônica.

Caramuru – A invenção do Brasil

Outro trabalho mais recente consiste na análise do documentário *Caramuru – A invenção do Brasil*, de Guel Arraes e Jorge Furtado[3]. Essa produção pertence a um conjunto de atividades desenvolvidas no Brasil para comemorar os 500 anos da chegada dos portugueses em nosso território. Seu roteiro inicial foi produzido para a minissérie *A invenção do Brasil*, exibida pela Rede Globo de Televisão e, posteriormente, foi adaptada para o cinema com o título anterior, cuja versão em DVD traz um documentário interativo homônimo, que se constituiu no objeto da análise aqui referida (SANTOS, 2007).

A composição narrativa se baseia numa ampla rede – plural e heterogênea – de linguagens: documentários jornalísticos, filmes, imagens computadorizadas que remetem aos games, cartoons, pinturas, mapas, músicas, literatura e narração (realizada por Marcos Nanini). O documentário estabelece, desse modo, uma justaposição dinâmica entre a narração e as imagens para permitir a construção de sentidos. A narrativa não se prende a uma produção de imagens que represente visualmente o texto narrado; pelo contrário, a relação entre a oralidade e o texto imagético muitas vezes se torna desconexa e até contraditória. Essa contradição entre a informação visual e a oral pode ser ilustrada no trecho em que Marcos Nanini narra (conta a história) o retorno de Vasco da Gama à Lisboa:

> Nas primeiras horas da manhã do dia 9 de setembro de 1499, os sinos de todas as igrejas de Lisboa repicavam em sinal de regozijo. O Comandante Vasco da Gama estava enfim retornando a Portugal depois de dois anos e dois meses além-mar. Tinha navegado pelas águas de dois oceanos, sangrara quase vinte mil quilômetros e havia descoberto o caminho marítimo para a Índia. O povo nas ruas comemorava o alvorecer de uma nova era. O mundo nunca mais seria o mesmo (transcrição do documentário *Caramuru – A invenção do Brasil*, 2001).

As imagens que acompanham a narração dizem respeito à cobertura jornalística de uma manifestação popular nas ruas dos Estados Unidos, ao recepcionar os astronautas que retornavam da Lua. Ali, o narrador contrasta, de forma irônica, dois episódios históricos: "Os astronautas não encontraram nada na Lua. Trouxeram algumas pedras. Vasco da Gama encontrou uma civilização muito mais rica que a sua. Trouxe almíscar, porcelanas, rubis, esmeraldas. E o produto mais valioso de todos: pimenta" (transcrição de *Caramuru – A invenção do Brasil*, 2001).

A comparação estabelecida indica a importância do feito realizado pelos antigos navegadores em um tempo em que a tecnologia náutica ainda era pouco desenvolvida. O documentário

---

[3] Dissertação de Mestrado defendida por Geraldo Severino dos Santos, membro do Grupo Educação Hipertextual (cf. SANTOS, 2007).

segue; e o choque entre culturas e as transformações advindas com a chegada dos europeus no Novo Mundo são tratados pelos autores de forma lúdica e irônica, permitindo que o espectador, diante do ato narrativo, entenda que, pelo diálogo, as culturas distintas e conflitantes também se refazem. Há que se evidenciar que

> o dialogismo diz respeito ao permanente diálogo, nem sempre simétrico e harmonioso, existente entre os diferentes discursos que configuram uma comunidade, uma cultura, uma sociedade. É nesse sentido que podemos interpretar o dialogismo como o elemento que instaura a constitutiva natureza interdiscursiva da linguagem (BRAIT, 1997, p. 98).

No documentário, Guel Arraes e Jorge Furtado abandonam a postura discursiva monofônica ao trazer à tona o hibridismo dialógico oriundo de nossa realidade sciocultural. Desse modo, a obra vai se constituindo pelo entrelaçamento de diversos discursos. É o texto dentro do texto, filme dentro do filme, estabelecendo um texto múltiplo, entrecortado, fragmentado, dando mostras de uma ampla abertura dialógica.

Kristeva (1974, p. 64), nos propõe que "todo texto é a absorção e a transformação de um outro texto". Assim, o texto não se apresenta como uma obra original, mas está impregnado de outras obras e de outros textos, permitindo a exposição das múltiplas vozes que se apresentam no embate da criação da obra. Esse embate dialógico entre textos é o que configura a intertextualidade. É nesse sentido que Bakhtin afirma que as palavras *estão habitadas*, não havendo palavra pura ou um texto original; todos têm em si a presença de outros textos. Essa profusão de discursos possibilita uma releitura do processo de descobrimento do Novo Mundo, permitindo uma (re)significação dos sujeitos envolvidos, mediante a integração de uma profusão de referenciais que aludem, criam e recriam o imaginário social. Deste modo, também redimensiona o papel do português como o centro do processo histórico da formação do Brasil. A obra não se detém em um discurso unificador; ela avança continuamente para outro foco, perfazendo, assim, uma oscilação entre uma diversidade de linguagens textuais e visuais que geram interpretações infindas.

O entrelaçamento de textos é traço marcante do documentário *Caramuru*, no qual diversos gêneros se cruzam e se confrontam, em travessias intertextuais amplas e ricas. Dentre os múltiplos textos, podemos observar algumas pinturas de Bruegel (que consideramos textos imagéticos), que retratam a vida cotidiana, as práticas e os eventos culturais e sociais dos europeus à época do descobrimento do Brasil. As obras de Bruegel são resgatadas por Guel Arraes e Jorge Furtado para compor o cenário do documentário e vão se diluindo na narrativa, assim como se diluem as fronteiras entre os vários campos do conhecimento, criando um efeito intertextual e multidisciplinar. O período em que Bruegel viveu é caracterizado pelo determinismo de uma lógica para a produção artística (e científica), que estabelece modelos universais para a produção. Essa realidade é negligenciada por Bruegel ao inserir em sua obra o tema popular:

> O realismo moral de Bruegel consiste justamente nisso: em aceitar os homens como eles são, com todos os seus preconceitos e misérias. Sua pintura, assim como não é dominada pela ideia de um homem ideal, cuja firmeza de ação dependa

da racionalidade do julgamento, da mesma maneira está longe da ideia de uma realidade ordenada, proporcional e simétrica, que poderia ser concebida por esse tipo ideal de homem – uma realidade harmônica e edificante, como a "natureza" dos pintores italianos (ARGAN, 1999, p. 464).

A transgressão de Bruegel ao modelo da objetividade e da linguagem pictórica formal, destituída de qualquer ambiguidade, abre espaço para o pintor captar em suas telas o processo relacional homem/mundo, no qual os limites entre o popular e o artístico são redefinidos. Essa transfiguração do cotidiano em arte rompe com o modelo idealista do cientificismo, incitando o reconhecimento do popular como componente da realidade cultural e como pertencente ao campo das ideias. Ao estabelecer relações entre dois campos até então mantidos em sentidos distintos – o científico e cultural, como modelo ideal de sociedade, e o popular, como uma expressão das classes sem acesso à "cultura" –, as telas de Bruegel instauram uma dinâmica de construção intertextual entre o popular e oficial, permitindo um efeito discursivo entre a dinamicidade e a complexidade do modo de vida europeu e as produções das artes plásticas.

Em *Caramuru*, podemos observar semelhante estratégia, na medida em que Guel Arraes e Jorge Furtado entrelaçam, ao longo da narrativa, a carta de Pero Vaz de Caminha e as pinturas de Horace Venet e de Vitor Meireles. A "reconstrução" da história do descobrimento é, assim, permeada por diálogos de textos e recortes discursivos. Mesmo que as citações não sejam explícitas, é evidente a interação entre os textos no conjunto da obra. Desse modo, *Caramuru* vai mixando textos verbais e não verbais advindos de vários focos da cultura, a partir da transformação contínua de gêneros textuais.

Torna-se evidente que a obra reconstitui a própria lógica cultural, que pode ser reconhecida pela opção por apresentar, nas cenas do filme, textos históricos, comentários e obras de arte em conjunto com expressões atuais, como os *cartoons* e os games; produções culturais retratadas por uma abordagem satirizada pelos autores. Esse processo promove um jogo labiríntico de intertextualidade entre diversas formas sígnicas – do linguístico ao imagético – perfazendo, assim, a integração na produção de sentido. Os contrastes são gerados pela fragmentação da obra, tanto quanto pela multiplicidade de gêneros e pela forma estética, tornando-a uma expressão das múltiplas vozes que interagem na sociedade.

Os dois exemplos citados são apenas uma amostra do que vem sendo trabalhado no âmbito das pesquisas do Grupo Educação Hipertextual no tocante à análise do uso de imagens em produções culturais com fins educacionais. Ao adotarmos uma abordagem qualitativa, questionamos a concepção cientificista legada pelo Positivismo, segundo a qual o mundo pode ser apreendido por uma consciência cognoscente (um ato de contemplação) na qual o pesquisador deve distanciar-se do fenômeno a ser estudado na medida em que esse distanciamento garantiria a objetividade, o controle e, consequentemente, a ausência de ambiguidades (TEVES, 2002, p. 54). Essa fundamentação lógica e quantificável não leva em conta que tanto o processo de percepção de uma realidade como o de pensamento é produto da história e das relações sociais desenvolvidas na sociedade. Quando a relação homem e sociedade, em suas múltiplas interações, e os conflitos sociais, tornam-se ponto de partida para a construção metodológica da investigação, é fundamental que o pesquisador aproxime-se do objeto de pesquisa numa postura de compreensão histórico-cultural do contexto e do desvelamento da realidade do qual ele faz parte:

> Cada pessoa tem um determinado horizonte social orientador de sua compreensão, que lhe permite uma leitura dos acontecimentos e do outro impregnada pelo lugar de onde fala. Deste lugar no qual se situa é que dirige seu olhar para a nova realidade. Olhar que se amplia na medida em que interage com o sujeito. É nesse jogo dialógico que o pesquisador constrói uma compreensão da realidade investigada, transformando-a e sendo por ela transformado (FREITAS, 2000, p. 37).

Explícito nessa concepção é que o cruzamento, simultâneo, entre o olhar do pesquisador e a realidade investigada, é fio condutor para os difusos caminhos trilhados pelos pesquisadores; na constante abertura para o diálogo, para o porvir, sinalizando sempre um caráter de incompletude em contraponto às respostas prontas, fechadas e monológicas. Como nos ensina Bakhtin, "o discurso monológico anula a necessária tensão entre conhecimento e verdade no âmbito das ciências humanas". Em contraste, o "diálogo é combate e jogo, jogo entre opiniões em confronto [...] somente a tensão entre múltiplas vozes que participam do diálogo da vida pode dar conta da integridade e da complexidade do real".

Em consonância com essa concepção bakhtiniana, a análise de um produto cultural pressupõe o confronto e o diálogo com distintos textos culturais, ou seja, com diferentes discursos que se entrecruzam e se conflituam. Para nosso *corpus* de pesquisa, elegemos múltiplos fragmentos imagéticos e textuais com o objetivo de analisar como os textos hipertextuais estão situados e contextualizados em condições sócio-históricas na qual o significado não é apenas uma questão de formatação ou estruturação linear ou não linear. Ao adentrarmos no "quebra-cabeça" bakhtiniano, começaram a emergir as estratégias metodológicas das duas pesquisas apresentadas anteriormente. O processo foi lento e gradativo, às vezes vertiginoso e opaco, tornando-se translúcido em meio às várias pausas e fruições reflexivas que se fizeram ocorrer. Sendo a obra de Bakhtin plural, interxtextual e multívoca, portadora de muitos sentidos, fomos levados a um vasto domínio que combina e articula um universo múltiplo de temas pertencentes a várias áreas do conhecimento e percorre as principais tendências e correntes do pensamento e da ciência do século XX, como aponta Roncari (1999, p. XI)[4]. Após muitas idas e vindas neste universo bakhtiniano, e apesar da escuridão inicial, a possibilidade de uma reflexão mais profunda esteve sempre presente, requerendo o vagar da reflexão, na medida em que seus textos se opõem a um consumo passivo e exigem elaboração ativa do leitor, além de não permitirem a instantaneidade nem a perenidade, havendo, assim, necessidade de estabelecer uma verdadeira relação e fruição dialógica com a obra do autor (CHAVES, 1999). Nesse vagar, as categorias analíticas foram se aflorando e sendo estabelecidas à proporção que, simultaneamente, líamos vários textos e adentrávamos na própria análise das obras selecionadas, recurso usado frequentemente nos estudos de caráter exploratório, como é citado por Laville e Dione (1999).

---

[4] No prefácio do livro *Dialogismo, polifonia, intertextualidade* [a respeito de Baktin].

Considerações finais

Nessa perspectiva, nosso grupo de pesquisa persiste desenvolvendo distintas, mas convergentes, reflexões acerca do uso de diferentes linguagens – inclusive a imagética – nas produções culturais que surgem no bojo de um conjunto relacional contemporâneo e que exigem novas formas de comunicação, pautadas na recusa da harmonia, do equilíbrio, da ordem rígida e monolítica, na ânsia de liberdade e de movimento, na vontade de emocionar e de refletir criticamente. As pesquisas que empreendemos são frutos de nossa convicção de que pensar educação mediada, hoje, não significa apenas adaptar procedimentos computacionais à prática educativa, mas repensar as bases teóricas e metodológicas e recriar o modo de construir a aprendizagem e a formação de professores, com vistas a enfrentar os desafios presentes na cultura contemporânea e no surgimento de um novo tipo de leitor/observador. Consideramos ser necessário preparar os estudantes para compreender e assimilar textos e expressões que lhes chegam – pelos mais variados meios e linguagens, inclusive a imagética –, rompendo com preceitos tradicionais e ultrapassados que propugnam por uma suposta suficiência e até superioridade do texto verbal escrito, especialmente aquele veiculado pelo livro didático. É com o desejo de ampliar as noções de linguagem, de discurso, do que é didático e do que pode ter uso educativo, bem como por enxergar a emergência da instauração de processos educativos e comunicativos mais polifônicos e dialógicos, que seguimos com nossas análises e, sobretudo, atentamos às vozes e imagens do mundo que, a nosso ver, a escola não deve, nem pode, ignorar.

BIBLIOGRAFIA

ALMEIDA, Milton J. (1994). *Imagens e sons*: a nova cultura oral. São Paulo: Cortez.

ARGAN, Giulio C. (1999). *Clássico anticlássico*: o Renascimento de Brunelleschi a Brueguel. São Paulo: Companhia das Letras.

BIAZUS, Maria Cristina V. (2001). *Ambientes digitais e processos de criação:* gerando a produção de sentido. Porto Alegre: UFRGS [Tese de doutorado em Educação].

BRAIT, Beth (1997). *Bakhtin*: dialogismo e construção do sentido. Campinas: Unicamp.

CHAVES FILHO, Hélio (2003). *Educação hipertextual*: por uma abordagem dialógica, polifônica e intertextual. Brasília: UnB [Dissertação de mestrado em Educação].

COSTA, Antônio Carlos G. (2001). *Aventura pedagógica*. Belo Horizonte: Modus Faciendi.

COUTINHO, Laura M. (2003). *O estúdio de televisão e a educação da memória*. Brasília: Plano.

FREITAS, Maria Tereza; JOBIN, Solange & KRAMER, Sonia (orgs.) (2003). *Ciências humanas e pesquisa:* leitura de Bakhtin. São Paulo: Cortez.

HALL, Stuart (2003). *A identidade cultural na Pós-modernidade*. Rio de Janeiro: DP&A.

KRISTEVA, Julia (1974). *Introdução à semanálise*. São Paulo: Perspectiva.

LAVILLE, C. & DIONNE, J. (1999). *A construção do saber* – Manual de metodologia da pesquisa em ciências humanas. Porto Alegre: Artmed.

MACHADO, A. (2000). *O quarto iconoclasmo e outros ensaios hereges*. Rio de Janeiro: Rios Ambiciosos.

MEKSENAS, Paulo (2002). *Pesquisa social e ação pedagógica*: conceitos, métodos e práticas. São Paulo: Loyola.

SANTOS, Geraldo Severino dos (2007). *Rompendo as fronteiras do saber: o documentário interativo Caramuru* – A invenção do Brasil sob a ótica da matriz teórica de Mikhail Bakhtin. Brasília: UnB [Dissertação de Mestrado em Educação].

SILVA, Geórgia Antony G. de Matos Costa e (2001). *Hipertexto eletrônico* – Uma análise semiótica sobre a inserção da concepção de hipertexto no *Jornal RadcalI*. Brasília: UnB [Dissertação de mestrado em Educação].

SIMMEL, Georg (1998). O indivíduo e a liberdade. In: SOUZA, J. & OËLZE, B (orgs.). *Simmel e a Modernidade*. Brasília: UnB.

TEVES, Nilda (2002). Imaginário social, identidade e memória. In: FERREIRA, L & ORRICO, E. (orgs). *Linguagem, identidade e memória social*: novas fronteiras, novas articulações. Rio de Janeiro: DP&A.

Parte IV

Entrevista narrativa e
pesquisa biográfica

Capítulo 1

Pesquisa biográfica e entrevista narrativa*

Fritz Schütze

O interesse pelas estruturas processuais no curso da vida[1]

Na pesquisa biográfica no campo das Ciências Sociais predomina o interesse pelo ciclo de vida de grupos etários de uma dada sociedade (coortes) e de grupos de pessoas (agregados sociais) com determinadas características sociais (por exemplo: mulheres das classes populares). É evidente que essa concepção não apreende o que o portador individual da biografia experimenta como seu destino pessoal. Contudo, não se pode partir do princípio de que tudo o que esteja relacionado com o destino pessoal seja irrelevante para a teoria sociológica. Eventos negativos, como tornar-se desempregado, alcoólatra ou paciente psiquiátrico, não são compreensíveis para além da circunstância de que eles afetam de modo central a identidade do portador da biografia, agindo eficazmente sob o efeito de um destino pessoal. Muito, e por vezes tudo, depende da forma como o portador da biografia experiencia o encadeamento negativo de eventos e como ele o processa teoricamente.

Pretendo defender a tese de que é importante perguntar-se pelas estruturas processuais dos cursos da vida individuais, partindo do pressuposto de que existem formas elementares que, em princípio (mesmo apresentando somente alguns vestígios), podem ser encontradas em muitas biografias. Além disso, existem combinações sistemáticas dessas estruturas processuais elementares que, enquanto tipos de destinos pessoais possuem relevância social. As categorias teóricas, com as quais as estruturas processuais dos cursos de vida podem ser descritas de modo estrutural, existem somente em parte na pesquisa biográfica no campo das Ciências Sociais, pela mesma estar largamente orientada para as macroestruturas.

---

* Publicado originalmente em *Neue Praxis,* 1, 1983, p. 283-293. Tradução de Denilson Werle. Revisão de Wivian Weller.

[1] A base empírica para as explanações teóricas e metodológicas deste capítulo resultam de descrições estruturais de 30 entrevistas narrativas, que realizei em conjunto com Gerhard Riemann e/ou também sozinho. As reflexões formuladas aqui surgiram a partir do estreito contexto de discussão com Joachim Matthes, Gerhard Riemann, Günther Robert e Anselm Strauss. Certamente, sou responsável por todas as imprecisões e possíveis falhas. Os estímulos para escrever este artigo vêm de Günther Robert.

Conceitos como "ciclo de vida" e "ciclo familiar" são termos comuns que não têm qualquer outra função a não ser a de pontos de medida para definir o contínuo temporal do envelhecimento de coortes que interessam sociologicamente. São pontos de medida que se referem às fases e transições no curso da vida, sobre os quais pode-se supor, do ponto de vista teórico-sociológico, que são relevantes para a condução da vida, e, por outro lado, sobre os quais não se pode dizer com certeza como eles de fato ocorrem, como adquirem sua relevância biográfica e como estão incorporados no curso da vida como um todo do respectivo portador da biografia.

Para especificar suficientemente meu interesse de pesquisa, torna-se importante traçar uma delimitação adicional. Em geral, espera-se de sociólogos que não estão orientados pelo paradigma macroteórico das estruturas sociais, mas sim pelo paradigma interpretativo, que estejam interessados principalmente nas interpretações biográficas dos sujeitos envolvidos em seus modelos de análise. De minha parte, pretendo deixar claro que os modelos de análise e interpretações biográficas dos portadores da biografia somente me interessam no contexto da reconstrução da história de vida e não para além dele. É certo que a história de vida está impregnada de forma marcante pelos modelos de análise e pelas interpretações do portador da biografia, mas é justamente esse contexto que vale a pena desvendar. E para tanto a pergunta heurística inicial de grande auxílio é a seguinte: "O que aconteceu nas histórias de vida que nos interessam sociologicamente?" Em minha opinião, a pergunta "Como o portador da biografia interpreta sua história de vida?" deve ser explicada de forma satisfatória somente quando o pesquisador conseguir relacionar os esforços teóricos interpretativos do portador da biografia com o contexto de vida no qual ocorreram os desencadeamentos de processos fáticos. Somente nesse momento será possível realizar afirmações do tipo: "O portador da biografia segue orientações de vida ilusórias"; "Ele engana-se sobre si mesmo"; "Ele elaborou para si mesmo uma impressionante justificativa para sua história"; "Ele detém uma falsa consciência sobre sua situação de vida de fato", e assim por diante.

Portanto, é fundamental ter em vista, desde o início, a estrutura temporal e sequencial da história de vida do portador da biografia. A história de vida é uma sedimentação de estruturas processuais maiores ou menores, que estão ordenadas sequencialmente, e, que por sua vez, estão ordenadas sequencialmente entre si. Com a mudança da estrutura processual dominante no decorrer do ciclo da vida, altera-se também a respectiva interpretação da história de vida como um todo por parte do portador da biografia. Mesmo assim, deveria ser possível apreender, por meio de métodos de pesquisa apropriados, as estruturas processuais sedimentadas a partir das mudanças de análise.

Nesse momento, uma postura analítica sequenciada pode auxiliar. É necessário colocar-se questões como: "O que vem primeiro? E o que se segue?"; "Como começa? E como termina?"; "Como é a sucessão interna de eventos externos e internos e o estado de coisas entre o início e o final?"; "Como é realizada a transição entre um ponto final e um novo ponto de partida?" Estas são inicialmente questões triviais. Contudo, nelas se encontra uma impressionante força heurística.

A técnica da entrevista narrativa autobiográfica e passos para a análise de narrativas autobiográficas improvisadas

A questão sobre as relações temporais e sequenciais no curso da vida pode ser resolvida empiricamente somente quando um método de levantamento de dados, que apreenda dados primários cuja análise permita retornar às relações temporais e à sucessão objetiva do processo da história de vida representada pelos mesmos, estiver à disposição. Essas condições são preenchidas pelas narrativas autobiográficas improvisadas, quando podem ser trazidas à luz e mantidas por meio da entrevista narrativa.

A entrevista narrativa autobiográfica compreende três partes centrais. Com uma questão narrativa orientada autobiograficamente (seja sobre toda a história de vida ou sobre uma fase da história de vida que interessa particularmente sob o ponto de vista sociológico, como, por exemplo, uma fase de desemprego, ou sobre aspectos determinados da história de vida, como, por exemplo, a carreira profissional no contexto da história de vida como um todo) desencadeia-se – como *primeira* parte – a narrativa autobiográfica inicial. Na medida em que o objeto da narrativa seja efetivamente a história de vida do informante e transcorrendo compreensível de forma que o ouvinte possa segui-la, não deverá ser interrompida pelo pesquisador-entrevistador. Somente após a indicação de uma coda narrativa (por exemplo: "Então, era isso: não muito, mas mesmo assim ..."), o pesquisador-entrevistador começa com suas perguntas.

Na *segunda* parte central da entrevista, o pesquisador-entrevistador inicia explorando o potencial narrativo tangencial de fios temáticos narrativos transversais, que foram cortados na fase inicial em fragmentos nos quais o estilo narrativo foi resumido, supondo-se não serem de importância; em fragmentos pouco plausíveis e de uma vaguidade abstrata, por se tratarem de situações dolorosas, estigmatizadoras ou de legitimação problemática para o narrador, bem como em fragmentos nos quais o próprio informante demonstra não ter clareza sobre a situação. É importante que essas perguntas sejam efetivamente narrativas. Para cada fragmento com possibilidades de narrativas adicionais, particularmente naqueles pouco plausíveis, deve restaurar-se primeiramente o *status quo ante* do processo narrativo. O último fragmento narrado de forma detalhada é evocado na memória e, em seguida, o entrevistador prossegue: "Sim, e, então, não consegui acompanhar o restante. Será que poderia, a partir deste ponto, contar mais uma vez?"

A *terceira* parte da entrevista narrativa autobiográfica consiste, por um lado, no incentivo à descrição abstrata de situações, de percursos e contextos sistemáticos que se repetem, bem como da respectiva forma de apresentação do informante; por outro, no estímulo às perguntas teóricas do tipo "por que?" e suas respostas argumentativas. De agora em diante, trata-se de explorar a capacidade de explicação e de abstração do informante como especialista e teórico de seu "eu". As perguntas subsequentes do pesquisador-entrevistador deveriam iniciar com um incentivo ao potencial de descrição e teorização, desde que este se torne evidente nos fragmentos autobiográficos comentados, na descrição de acontecimentos centrais ou na conclusão da apresentação de determinadas fases da vida, assim como nos fragmentos que esclarecem questões de fundo situacional, habitual e socioestrutural.

A entrevista narrativa autobiográfica produz dados textuais que reproduzem de forma completa o entrelaçamento dos acontecimentos e a sedimentação da experiência da história de vida do portador da biografia, de um modo que só é possível no contexto de uma pesquisa sociológica sistemática. Não apenas o curso "externo" dos acontecimentos, mas também as "reações internas", as experiências do portador da biografia com os acontecimentos e sua elaboração interpretativa por meio de modelos de análise conduzem a uma apresentação pormenorizada. Nesse processo narrativo cumulativo são destacados os contextos maiores do curso da vida, marcados e anotados em posições de relevância especial. Por fim, surgem os entroncamentos das experiências resultantes de acontecimentos e desenvolvimentos que não estavam totalmente conscientes para o próprio portador da biografia, que estavam ofuscados, até mesmo reprimidos ou que deveriam permanecer ocultos por detrás de um biombo de legitimação secundária. O resultado é um texto narrativo que apresenta e explicita de forma continuada o processo social de desenvolvimento e mudança de uma identidade biográfica, isto é, sem intervenções ou supressões decorrentes da abordagem metodológica ou dos pressupostos teóricos do pesquisador.

Passos para a análise de narrativas autobiográficas improvisadas

Somente dados textuais que apresentam o processo social de forma contínua, ou melhor, que o trazem à tona, permitem uma análise "sintomática" dos dados que iniciam com uma apresentação textual dos dados e uma descrição completa da sequência dos mesmos. Mas justamente essa dimensão de uma análise completa dos dados só pode ser realizada tomando-se como referência os indicadores formais da estrutura textual. Os principais indicadores formais no texto narrativo são os elementos marcadores que indicam a finalização de uma unidade de apresentação e que, daí em diante, começa a seguinte. O primeiro passo da análise – a *análise formal do texto* – consiste em eliminar inicialmente todas as passagens não narrativas, para, em seguida, ordenar o texto narrativo "puro" segundo seus segmentos formais.

No segundo passo da análise, realiza-se uma *descrição estrutural do conteúdo* das partes apresentadas, que estão formalmente delimitadas umas das outras pelos elementos marcadores. Nesse momento da interpretação, também são empregados indicadores formais internos, tais como elementos de ligação entre as apresentações de eventos específicos ("então", "para", "porque", "todavia", e assim por diante); marcadores do fluxo temporal ("ainda", "já", "já naquele tempo", "de repente", e assim por diante) ou ainda marcadores relativos à falta de plausibilidade e necessidade de detalhamento adicional (pausas demoradas, diminuição repentina do nível da atividade narrativa, autocorreção com encaixes associados à apresentação de explicações de fundo). Durante a descrição estrutural do conteúdo, tornam-se claras as gradações de relevância em relação aos elementos marcadores a serem considerados, isto é, entre os elementos marcadores que têm apenas uma significância circunscrita ao local e aqueles que se aplicam a fragmentos textuais maiores. A descrição estrutural trabalha separadamente as estruturas processuais do curso da vida delimitadas temporalmente, ou seja, determinadas etapas da vida arraigadas institucionalmente; situações culminantes; entrelaçamento de eventos sofridos;

pontos dramáticos de transformação ou mudanças graduais; assim como desenvolvimentos de ações biográficas planejadas e realizadas.

No terceiro passo – na *abstração analítica* –, o resultado da descrição estrutural do conteúdo é liberado dos detalhes apresentados nos fragmentos de vida específicos, ou seja, as expressões estruturais abstratas de cada período da vida são colocadas em relação sistemática umas com as outras, e, a partir dessa base, a biografia como um todo é construída, isto é, desde a sequência biográfica das estruturas processuais que dominaram a experiência em cada ciclo da vida até a estrutura processual dominante na atualidade.

Somente depois de averiguados o decurso dos eventos centrais e a sedimentação biográfica da experiência torna-se possível explicitar, num quarto passo exploratório – na *análise do conhecimento* –, os aportes teóricos argumentativos próprios do informante sobre sua história de vida e sua identidade. Esses aportes podem ser observados tanto nas passagens narrativas das duas partes iniciais da entrevista como na seção argumentativa e abstrata da parte conclusiva da entrevista narrativa, levando em consideração o fluxo do acontecimento, a sedimentação da experiência e a mudança entre as estruturas processuais dominantes do fluxo da vida. Esse processo requer ainda uma interpretação sistemática das funções de orientação, assimilação, interpretação, autodefinição, legitimação, ofuscamento e repressão do portador da biografia. Sem conhecer o quadro biográfico dos acontecimentos e das experiências para a produção teórica do conhecimento pelo próprio portador da biografia, é impossível determinar a importância da produção de teorias biográficas para o curso da vida.

O próximo passo da análise consiste em desligar-se da análise do caso individual e fazer uma *comparação contrastiva* de diferentes textos de entrevistas. Que outros textos de entrevista serão escolhidos para a comparação na respectiva pesquisa depende dos fenômenos sociais relacionados ao curso de vida julgados importantes para a análise sociológica biográfica pretendida. Podem ser fenômenos relativamente concretos, como, por exemplo, os mecanismos institucionalizados de aconselhamento para a escolha e decisão em relação à profissão (Que "papel decisivo" é desempenhado pela orientação profissional das repartições de trabalho, qual a influência da escola em contraste com a influência exercida pela família na escolha da profissão?). Nesses casos, deveriam ser selecionados para a comparação textos de entrevista nos quais estivessem expressos de maneira clara os antecedentes da "escolha" da profissão, bem como o papel da orientação profissional por meio das repartições de trabalho e da escola. Ou podem interessar fenômenos relativamente abstratos, como as estruturas processuais fundamentais no curso da vida que são mais ou menos efetivas em todas as histórias de vida. Aqui podem ser formuladas questões do tipo: Podem ser estabelecidos aspectos gerais sobre os processos biográficos de sofrimento em contraste com ações biográficas planificadas e desenvolvidas? Mas uma questão dessa ordem requer a escolha de textos de entrevistas que tratem explicitamente de processos de sofrimento.

Tanto em relação aos interesses de análise concretos quanto generalizantes, a escolha se orienta inicialmente por uma estratégia de *comparação mínima* entre os textos de entrevista, que, em vista dos fenômenos que interessam, indiquem semelhanças em relação ao texto de origem. Por exemplo, no texto final poderia ser mostrado o fenômeno de que o conselheiro profissional da repartição do trabalho aplicou estratégias profissionais reducionistas para logo se livrar do jovem que busca conselhos, e que esta tática teve consequências negativas em longo prazo para o percurso profissional do portador da biografia. A partir da estratégia de comparação mínima, poderia ser escolhido outro texto de entrevista no qual as estratégias profissionais reducionistas do orientador profissional tenham consequências biográficas negativas. A escolha de um segundo texto muito semelhante ao primeiro tem a função de intensificar as categorias surgidas na análise das consequências negativas para o destino profissional e a vida do indivíduo em questão devido a estratégia profissional reducionista do conselheiro, sobrepondo-se, dessa forma, à especificidade do caso individual. Quando se trata de analisar apenas a forma geral dessa estratégia reducionista da orientação profissional e suas consequências no caminho restante da vida, então, em princípio, dois textos de entrevista são suficientes para a comparação mínima. No entanto, caso devessem ser trabalhadas diferentes consequências biográficas em diferentes estratégias reducionistas, seriam necessários mais textos contrastantes.

Depois dessa estratégia de comparação mínima, em uma estratégia de *comparação máxima* serão selecionados textos de entrevista com diferenças contratantes em relação ao texto inicial, mas que ainda apresentam pontos de comparação. Assim, estando interessados nos efeitos da orientação profissional institucionalizada sobre o curso da vida, poder-se-ia selecionar textos de entrevistas – em alguns casos, estes ainda precisam ser coletados – nos quais as indicações de planos pessoais de jovens e o aconselhamento profissional por parte das repartições de trabalho, da escola ou da casa dos pais, apareçam de forma intensiva. A análise deve voltar-se agora para o como, ou seja, como são as estratégias de orientação nas quais a expectativa profissional do jovem em sua profundidade e amplitude é averiguada e incorporada no processo de planejamento e, ainda, em que medida o resultado do processo de aconselhamento pode ser reconhecido como estando situado na própria linha biográfica, podendo ser assimilado no próprio planejamento biográfico do jovem. A *comparação teórica máxima* de textos de entrevista tem a função de confrontar as categorias teóricas empregadas no discurso com categorias opostas, e assim destacar estruturas alternativas dos processos biográficos sociais em sua eficácia biográfica diferenciada e desenvolver possíveis categorias elementares que, mesmo nos processos alternativos confrontados uns com os outros, ainda são comuns entre si.

Por fim, as diferentes categorias teóricas serão relacionadas sistematicamente umas com as outras em um último passo de análise, o sexto, a saber, a *construção de um modelo teórico*. Trata-se aqui da ação recíproca dos processos biográficos sociais, a alternância espaçotemporal de um pelo outro e sua contribuição para a formação biográfica como um todo. Quando grupos específicos (por exemplo: jovens de internatos, mulheres de carreira, altos executivos ou indivíduos sem teto) são investigados em suas oportunidades e condições biográficas, resultam – ao final da análise teórica – modelos processuais de tipos específicos de cursos de vida, de suas fases, de suas condições e domínios de problemas, ou ainda modelos processuais de fases elementares específicas, módulos gerais de cursos de vida ou das condições constitutivas e da estrutura da formação biográfica como um todo.

A estrutura processual da trajetória ilustrada em um estudo de caso

Meu trabalho de pesquisa biográfica analítica está essencialmente orientado para o desenvolvimento de um modelo processual do curso da vida como um todo. Este modelo não pode ser desenvolvido aqui por razões de espaço. Contudo, pretendo esboçar e ilustrar empiricamente uma das categorias elementares do modelo teórico, a categoria de "trajetória".

Se os esquemas biográficos de ação constituem o princípio intencional no curso da vida e o padrão de expectativa institucional – tal como o ciclo de vida – representa o princípio normativo objetivo do curso da vida, as trajetórias correspondem ao princípio de condicionamento por meio das condições socioestruturais e externamente determinantes da existência. De modo algo antiquado, junto com Aristóteles, pode-se falar de processos de sofrimento.

Trajetórias sociais representam uma estrutura global densa de encadeamentos de eventos condicionados cristalizados. Nesse contexto, "condicionado" significa que o portador da biografia não experiencia os eventos na forma de objetos de orientação intencionais e acessíveis, mas como condicionantes que aparecem externamente às suas intenções. Sua estrutura implica uma mudança essencial – em parte previsível, em parte imprevisível – das dimensões características, das definições da situação e das autodefinições do portador da biografia em questão. Trajetórias negativas – curvas descendentes – reduzem progressivamente os espaços e possibilidades de ação e de desenvolvimento do portador da biografia em função de determinadas formas de evolução da sedimentação de condições de atividade "heterônomas" que não podem ser controladas por ele. Em contraste, trajetórias positivas – curvas ascendentes – abrem, por meio do estabelecimento de novos posicionamentos sociais, novos espaços, possibilidades de ação e desdobramentos da identidade do portador da biografia.

Com base em análises de uma série de entrevistas narrativas, concluo que as trajetórias percorrem as etapas da construção do potencial das trajetórias, da passagem de fronteira de um estado agregado intencional para um estado agregado condicional de atividades sociais, da busca e manutenção de um equilíbrio precário, da desestabilização da situação de vida ("espiral"), da perda colossal da orientação, da assimilação teórica e das estratégias esquemáticas de adaptação e de fuga. Isto não deve ser entendido como se o portador da biografia tivesse de percorrer todas essas etapas, na medida em que a trajetória é posta em andamento. No entanto, para cada etapa que o mecanismo da trajetória põe termo, são necessárias atividades especiais do portador da biografia, processadores especiais da trajetória, respectivamente, de terceiros da trajetória (parentes, amigos, e assim por diante), os quais pesquisei sob o ponto de vista das transformações da trajetória. Cada uma dessas transformações (por exemplo, do estorno, ou seja, do retorno à posição anterior) da trajetória traz consigo custos sociais especiais para o indivíduo em questão e para os agentes do processo de transformação.

Nessa breve contribuição não é possível destacar a estrutura complexa do transcorrer da trajetória, muito menos os processos de transformação das trajetórias. Irei me limitar a um exemplo individual de trajetória e, mesmo assim, somente em um esquema geral. Escolhi o caso de um aluno de internato oriundo de uma situação de pobreza. Sua biografia está marcada, em primeiro lugar, por uma trajetória de determinação de alheios no internato e de fracasso na escola. Ele foi despachado pela mãe depois que apareceu um novo marido na família. De modo extraordinário – ao passo que as biografias de outros internos são consideradas – ele conseguiu se livrar da coerção estrutural da trajetória, após uma primeira perda colossal de orientação – a de não passar de ano – e depois de uma mudança forçada de internato, porque, aos olhos da administração da instituição, ele era muito rebelde. No novo internato o portador da biografia consegue se desenvolver livremente, pois as pressões relativas ao comportamento em uma instituição total são muito mais brandas. Ele está cursando o Ensino Fundamental e encontra-se diante da escolha da profissão. Nesse momento, a influência da mãe é novamente decisiva. Ela é guiada pela opinião de conseguir para seu filho, o mais rápido possível, uma posição como funcionário público ou empregado para se ver finalmente livre de suas obrigações maternais.

Em outras palavras: o portador da biografia conseguiu livrar-se da primeira trajetória de determinação de alheios e do fracasso escolar. O potencial da trajetória que sempre reconduz o portador da biografia em situações de transição de fronteiras para estruturas de eventos condicionais é, todavia, mais eficaz. Não consiste apenas na ausência de um pano de fundo familiar, cujos membros acompanham o jovem em situações difíceis, apoiando-o a partir do incentivo ao desenvolvimento de um planejamento biográfico e linha de vida próprios. Além disso, o pano de fundo familiar sempre reativa tendências eficazes no sentido de não assumir responsabilidade alguma e de eliminar o jovem do contexto da vida familiar.

Depois da apresentação de sua tentativa frustrada de tornar-se agente de polícia devido a seu defeito visual, o informante passa a descrever como se deu a orientação profissional da repartição de trabalho que o levou a uma escolha profissional com a qual o portador da biografia não consegue se identificar[2]:

> E (Jovem): Sim, fazer o que então? – Uma pena, pensei eh – aí ganhei não sei quando um, um catálogo na mão – sobre mecânica de aviões,
> LF (Entrevistador): Hm,
> E: – me aceitaram, achei bem interessante – era justamente a época em que – me havia interessado por aviões.
> F: hm
> E: e foi assim, alguma coisa manual, técnica (   ) faria bem, mas ficar aqui sentado no escritório, com gravata e jaqueta,
> F: hm,
> E: isto, isto, isto não é pra você, não.
> F: hm,
> E: não tive também uma orientação profissional, eu cheguei lá – na repartição de trabalho, queria – queria perguntar onde tem algo, pensei que teria de ir a Bremen né, Vocke-Wulff fica lá né, (   ) mas há ali – aqui próximo o que haveria, bom ele disse, nenhuma vaga para aprendizes disponível em toda Alemanha, se bem que também tinha outras, por fim, o diploma (   ) 8 dois, 3 três, 1 cinco – em

---

[2] Os códigos de transcrição adotados não se orientam pelas normas ortográficas de pontuação, mas procuram destacar elementos de ligação e de entonação do narrador. Trechos imcompreensíveis foram sinalizados entre parêntesis e o número de espaçamentos vazios diz respeito ao tempo de gravação inaudível. O sinal " – " (travessão) indica uma pequena pausa e foi utilizado para facilitar a leitura [N.R.].

matemática – que também foram melhores em matemática. Já haviam estado outros dois outros ali, e eles (					)
J: hm,
E: sim, lá com minha mãe, – ela dizia de vez em quando – ainda consigo me lembrar bem, quando uma vez estive lá de visita e – ela também foi novamente junto até Münster, de trem aqui – e ficamos na estação de trem – ali, ali esse é um belo posto, na bilheteria né, – e então – por fim ela dizia mais vezes, ela gostaria de me ver estudando algo do mundo dos negócios né, (			) e sempre de jaqueta, sentando a bunda sempre na cadeira, – (		) isto, isto não é nada né, que eu, é assim a ideia, que eles afinal não trabalham direito, só apontam os lápis né, rabiscam um pouco de papel né, e – além disso não tinha nenhuma outra ideia, sobre o que eles – fazem, em todo caso – eu não queria isso, né. E agora – onde isso também não era, que eu – tinha que mudar, tinha que ser algo mais diversificado. Pois é, disse ele, algo como gerente logístico, seria algo mais diversificado né,
F: hm,
E: Bom, e aí foi assim também – 5 minutos para as 12, e eu me deixei persuadir,
F: hmhm,
E: e então recebi dele quatro cartões e – me mandei primeiro para Ködler, e – sim, ainda queriam em empregar.

A propósito, pode-se notar que situações relativas ao aconselhamento profissional como a descrita antes são apresentadas com muita frequência nas entrevistas autobiográficas narrativas. Seria desejável poder examinar os conselhos profissionais reducionistas, como indicados pelo narrador, não apenas no reflexo indireto no decorrer da entrevista narrativa, mas também por meio da análise conversacional e interacional de textos atuais relativos às orientações profissionais. Concomitante a uma triangulação metódica desse tipo é significativo, em textos autobiográficos adicionais, continuar examinando sistematicamente por meio da comparação mínima e máxima dos casos a eficácia do aconselhamento profissional institucionalizado e suas medidas preventivas, com o intuito de estabelecer categorias alternativas generalizadas de possíveis diferentes processos sociais de influência. O que aparece de forma particularmente interessante com as questões de pesquisa indicadas, especialmente sob o ponto de vista de que muitos clientes do aconselhamento profissional, estão sob forte pressão de expectativas externas de alheios ou sob a pressão de acontecimentos da trajetória específica, que não estão sequer em condições de atualizar de modo suficiente as competências necessárias para a ação e interpretação de processos breves de análise, de ponderação e escolha do que lhe é oferecido na orientação profissional e que está voltado para um período mais longo de suas vidas.

No decorrer da entrevista, torna-se claro que a cena ocorrida durante a orientação profissional desencadeou uma nova trajetória marcada pela determinação de alheios, desta vez uma determinação alheia por meio de uma profissão não desejada. A situação do curso e da profissão produz, inicialmente, um quadro de coerções externas, que reduzem a motivação e a capacidade de ação do portador da biografia, e o domínio sobre a condução da vida provoca uma situação de constante pressão. Depois de ter descrito o que achou do aprendizado e da conversa com os instrutores, o informante continua:

> E: ... acho que, foram 14 dias mais tarde, pude então – começar o curso. Sim – eu to- toquei o curso, todos os trimestres até o semestre as repartições foram mudando, né, para não ficar parado num só lugar, – mesmo assim depois de um meio ano assim, – de algum modo eu não estava mais gostando, não muito né ( ) aguarde um pouco, próxima, próxima repartição, prá ver como é lá né, – talvez você seja também muito precipitado, de modo que – aquilo que se começou, têm que se levar também até o fim né, aguarde mais um pouco, então passou um ano, um ano e meio, e ainda não – não agradou né, agora a metade já passou, – então dois anos se passaram, – e assim foi – veio a prova, – que aos trancos e barrancos consegui fazer.

No que se segue não é mais possível expor em detalhes a sedimentação da trajetória. De forma resumida, o que pode ser afirmado é que a trajetória profissional determinada por alheios leva gradualmente a uma frustração e depressão. Mas lhe antecedem anos de luta pela manutenção do equilíbrio precário com algumas transformações da trajetória (especialmente descolamentos organizatórios, concretamente: mudanças de emprego) e o período de serviço nas forças armadas, que se caracteriza como fase na qual é "dado um tempo" ao trabalho [original: *time-out*]. A derrota definitiva da orientação está associada a uma depressão pesada, que o leva a uma tentativa de suicídio aos 27 anos de idade. Na contribuição apresentada somente é possível referir-se à transição entre a fase do equilíbrio precário e a confusão geral, ou seja, a desestabilização dos sistemas controladores da ação e superação de um cotidiano penoso.

O narrador descreveu justamente sua última mudança de emprego. Visto de modo estrutural, nessa mudança de emprego ele caiu em uma armadilha. Aceitou a oferta para o cargo de gerente logístico em uma companhia de produção para organizar suas atividades próprias de expedição. Nesse ínterim, a empresa muda sua forma de entrega para serviço de expedição porque, como se sabe, é mais barato. (É provável que o informante tenha sido contratado exatamente por essa razão. Mas isto não fica claro no instante de sua ocupação e até mesmo durante o processo narrativo, como evidenciado na estrutura narrativa.):

> E: ... – então ia assim – por um bom tempo ia bem, mas de alguma maneira – de alguma maneira todo o trabalho também não me dava nada, né,
> F: hm,
> E: estava ali também como gerente logístico, mas, aos poucos – eles foram mudando, da, da entrega própria, para a expedição, assim fizeram a coisa.

Durante os cinco minutos seguintes, são descritas e esclarecidas as técnicas da mudança de entrega para o serviço de expedição. Em seguida, o narrador continua:

> E: Com isso também muita coisa naturalmente deu errado
> F: hm,
> E: Um aquário se quebrou e coisas do gênero, por causa dos muitos descarregamentos, juntar tudo,/eh/reunir-se numa comissão, descarregar de novo ali, ir novamente para o expedidor, que – novamente repõe no depósito, do depósito em um LKW né, às vezes por causa do trânsito não conseguia chegar até o local,

> e ele passava para um outro expedidor, que conseguia chegar ao local de destino, e mais uma vez descarregar, é claro que as caixas não ficam mais bonitas né,
> F: hm,
> E: então, havia entregas erradas né, e quantidades erradas né, e cada remessa trazia um monte de aborrecimentos né, e então vinha sempre mais, cada vez faziam mais – eh isso – com expedições né, desfaziam, – desfaziam escritórios regionais e todas essas coisas assim
> F: hm, hm,
> E: ali – só havia aborrecimentos, de modo que não se sabia nem por onde se deveria começar né,
> F: hm,
> E: e aí – tive as primeiras férias, então eu retornei, então – aconteceu algo, não tive férias, fiquei doente, por causa do depósito ( ) lá né, até, até um único,
> F: hmhm,
> E: e então – o chefe da seção, ele também esteve antigamente na Lattner, ( ) ele terminou lá o curso profissional justamente lá onde eu comecei, – ele – eu já o conheci lá. Ele me colocou então numa disposição lá dentro, que eu ainda nunca tinha feito antes – umas três semanas, e também não ficou nisso, mas fiz então assim alguns dias umas turnês pela Alemanha, pelo Sul da Alemanha, Frankfurt, Stuttgart e – e Munique, fiquei ali um par de dias, estive uma vez em Melsungen, de modo que fiquei com tudo em cima de mim né, outros encolheriam os ombros né, eu só podia contar comigo né, e – não andava nem pra frente nem pra trás, e e e era muito estresse né, e tudo uma merda! – então chegou em algum momento o ponto, onde eu não dava mais conta, onde eu principalmente dali em diante comecei a ver navios né,
> F: hm
> E: – achava que não dava conta de mais nada né, também assim – tomar iniciativas próprias, para mudar por si mesmo, /eh/ olhar no jornal ou ir lá na repartição de emprego né
> F: sim,
> E: ou telefonar, pedir um horário de atendimento né, isso –não dava mais né, lá, eu não sei porque, mas eu não conseguia fazer mais nada né.

A partir desta citação, torna-se claro o contexto constituído na trajetória entre uma série externa de acontecimentos e as mudanças de características da identidade pessoal provocadas por condicionantes da trajetória. Este contexto está sendo conceituado aqui somente com algumas palavras-chave como a redução dramática das competências de ação e de compreensão de situações alheias no território interno da identidade pessoal.

Alternativas de análise e aplicação da entrevista narrativa autobiográfica

Até o momento, apresentou-se a análise de um caso esquematizado parcialmente para ilustrar as estruturas processuais elementares no curso da vida e as categorias teóricas biográficas correspondentes da curva de evolução. Ao mesmo tempo, esse esquema pretende tornar plausível três diferentes dimensões de impacto que a interpretação sociológica de entrevistas narrativas pode tomar.

Primeiro: Destaque das estruturas processuais elementares no curso da vida. Sob esse dispositivo, a história de sofrimento do informante Georg deveria ser substanciada em uma pesquisa de caso mais profunda. Assim, pela via de uma estratégia de comparação mínima, poderia ser pesquisada a história de vida de um outro aluno do internato, na medida em que predomine também o caráter de sofrimento. Como resultado teríamos então, em primeiro lugar, uma categoria para trajetórias de determinação de alheios por meio da socialização primária institucionalizada. Uma vez que se trata de um modelo de condicionamento no curso da vida em geral (e não algo especial no interior da socialização institucionalizada, respectivamente, no interior das instituições totais), de agora em diante a pesquisa de uma autobiografia na qual predomina o sofrimento deveria prosseguir com uma outra esfera central da experiência, completamente diferente (por exemplo, a emigração, o tornar-se desempregado, e assim por diante).

Segundo: No centro do interesse sociológico da análise pode estar um processo social mais específico em seu impacto sobre o curso da vida. Assim, na história de vida do informante Georg poderia ser pesquisado o impacto decisivo da socialização primária numa instituição total sobre o curso da vida, ou também as consequências biográficas das estratégias profissionais reducionistas do aconselhamento profissional institucionalizado. Os respectivos casos de comparação teriam de ser trabalhados em estratégias de comparação mínima e máxima (selecionados ou ainda a serem coletados). A fim de pesquisar a socialização primária em instituições totais e seu impacto sobre o curso da vida, poder-se-ia analisar, inicialmente, um outro caso histórico do internato em seus impactos biográficos específicos. Para a estratégia de comparação mínima deveria escolher-se, para começar, um outro caso de socialização primária em um internato público para crianças e jovens pobres, cujo comportamento não chamasse a atenção. Como primeiro passo da estratégia de comparação máxima, poder-se-ia selecionar um caso de socialização institucional em uma típica "instituição privada", analisando-se respectivamente, os casos de socialização primária em uma "instituição de massas" e a educação em um "internato de elite". Para estabelecer um novo contraste máximo, dever-se-ia analisar em um passo adicional um caso de um internato para jovens com "problemas extremos" de educação (levando-se em conta os mecanismos severos de controle social). Os passos da análise contrastiva a partir da comparação máxima com base em textos narrativos autobiográficos muito diferentes em termos de conteúdo somente podem ser concluídos quando, no decorrer do desenvolvimento de um modelo denso relativo ao destino biográfico da socialização primária institucionalizada, não seja mais possível pensar em "novos" tipos de impactos (em oposição aos já descobertos e analisados) da educação em instituições totais. Atinge-se então uma saturação do modelo teórico por meio de passos analíticos da comparação máxima.

Terceiro e último: com base no levantamento, transcrição e análise de uma narrativa autobiográfica improvisada, como a do informante Georg citada anteriormente, é possível realizar uma orientação biográfica com o entrevistado, se este assim o desejar. Justamente nos casos de uma aplicação prática desse tipo de análise sociológica da biografia, torna-se naturalmente estratégico apreender de forma segura a formação biográfica completa, a estrutura processual atualmente dominante no curso da vida – na história de vida anteriormente citada, trata-se de uma trajetória profissional determinada por alheios –, bem como o quadro condicionante para a estrutura processual atualmente dominante no curso da vida. O narrador da história de vida citada provavelmente não está ciente do estreito vínculo entre a escolha forçada de uma profissão não desejada e sua susceptibilidade à depressão. A orientação deveria destacar de modo discursivo essa hipótese de vínculo e examinar sua potencialidade no processamento e orientação da história de vida, assim como da forma como a vida é conduzida pelo entrevistado. Em seguida, poder-se-ia procurar discutir possíveis caminhos práticos de libertação da coerção objetiva da trajetória profissional determinada por alheios, por exemplo, oportunidades de aprendizagem de uma nova profissão e de seus passos técnicos de realização.

BIBLIOGRAFIA

GLASER, Barney & STRAUSS, Anselm (1979). Die Entdeckung gegenstandsbezogener Theorie: eine Grundstrategie qualitative Sozialforschung. In: HOPF, C. & WEINGARTEN, E. (orgs.). *Qualitative Sozialforschung*. Stuttgart: Klett-Cotta.

HOERNIG, E.M. (1980). "*Biographische Method in der Sozialforschung*". *Das Argument*, 123, p. 677-687.

KOHLI, Martin (1981). "Wie es zur '*biographischen Methode*' kam und was daraus geworden ist – Ein Kapitel aus der Geschichte der Sozialforschung". *Zeitschrift für Soziologie*, 10, p. 273-293.

SCHÜTZE, Fritz (1983). Kognitive Figuren autobiographischen Steggreiferzählens. In: KOHLI, M. & ROBERT, G. (orgs.). *Biographie und Soziale Wirklichkeit*. Stuttgart: Metzler.

_____ (1981). Prozesstrukturen des Lebenslaufs. In: MATTHES, J.; PFEIFENBERGER, A. & STOSBERG, M. (orgs.). *Biographie in handlungswissenschaftlicher Perspektive*. Nuremberg: Verlag der Nürnberger Forschungsvereinigung e.V., p. 67-156.

STRAUSS, Anselm (1968). *Spiegel und Masken* – Die Suche nach Identität. Frankfurt am Main: Suhrkamp.

Capítulo 2

Trajetórias militantes: análise de entrevistas narrativas com professores e integrantes do Movimento Negro

Karine Pereira Goss

As metodologias qualitativas de pesquisa partem do princípio de que os agentes sociais têm possibilidades de orientar suas ações e, consequentemente, suas trajetórias de vida. Eles possuem conhecimento e avaliam suas opções, apesar de estarem vinculados a estruturas sociais. Segundo Garfinkel, na interpretação de Heritage (1999) a cognoscibilidade dos agentes não pode ser marginalizada quando pretendemos compreender a ação social. A análise sociológica, portanto, não deve prescindir do conhecimento dos atores a respeito de seu mundo social. O trabalho aqui descrito parte desse pressuposto.

Esse artigo apresenta dados da pesquisa "Identidades militantes em ações coletivas contemporâneas em Florianópolis, SC" (cf. GOSS, 2003). O objetivo foi analisar, por meio de entrevistas narrativas e observação participante, as trajetórias de vida de militantes em dois tipos diferentes de organizações: o Sindicato dos Trabalhadores em Educação na Rede Pública de Ensino do Estado de Santa Catarina (Sinte), instituição de caráter tradicional, relacionada à esfera do mundo do trabalho, e o Núcleo de Estudos Negros (NEN), que pode ser classificado como representante dos "novos movimentos sociais". Esses movimentos se diferenciam dos movimentos tradicionais, de acordo com Laclau (1986), porque tendem a criar e politizar espaços alternativos de lutas e porque a posição que o sujeito assume nas relações de produção não determina necessariamente suas demais posições em outros espaços sociais.

Entrevista narrativa: breves considerações[1]

O estudo de narrativas na investigação social tem conquistado um amplo espaço dentro das Ciências Sociais nos últimos anos. Embora as narrativas tenham se tornado um método muito difundido sua discussão vai, contudo, muito além de seu emprego como método de

---

[1] As considerações sobre a entrevista narrativa resultam de um trabalho realizado em conjunto com Tereza Cristina Bertazzo Viana, para a disciplina Metodologias Qualitativas e Interpretação de Dados, ministrada pela Profa.-Dra. Wivian Weller na Universidade Federal de Santa Catarina (UFSC), em agosto de 2003.

investigação. A narrativa como uma forma discursiva de diversos tipos de histórias, foi abordada por teóricos culturais e literários, linguistas, filósofos da história, psicólogos e antropólogos. O uso de narrativas como forma de expressão, de narrar um fato ou contar uma história está presente em toda experiência humana. O contar histórias implica a construção de estados intencionais que podem aliviar ou tornar familiares acontecimentos e sentimentos que confrontam a vida cotidiana normal (cf. JOVCHELOVITCH & BAUER, 2002).

A fim de romper com o esquema pergunta-resposta recorrente em outros instrumentos de coleta de dados, o sociólogo alemão Fritz Schütze desenvolveu uma técnica denominada "entrevista narrativa" (cf. SCHÜTZE, neste livro). O sociólogo criou ainda um método específico para o tratamento dos dados conhecido como "análise de narrativas" (*Narrationsanalyse*). Seu principal campo de pesquisa se refere à análise biográfica e as principais correntes que influenciaram seu método foram o Interacionismo Simbólico, a Fenomenologia Social e a Etnometodologia (cf. APPEL, 2005; BOHNSACK & WELLER, 2006).

De acordo com a sistematização realizada por Jovchelovitch e Bauer a respeito da teoria de Schütze, uma narrativa contém elementos indexados e não indexados que devem ser diferenciados para que se possa iniciar uma análise. Schütze chama de elementos indexados todas as referências concretas dentro da narrativa: quem fez, o que, quando, onde e por quê. Já os elementos não indexados vão além dos acontecimentos e expressam valores, juízos e toda uma forma de uma generalizada "sabedoria de vida". Embora toda narrativa possua, em sua maioria, uma estrutura semelhante à estrutura de orientação para ação, ou seja, um contexto, acontecimentos sequenciais e uma certa cronologia, Jovchelovitch e Bauer atentam para o fato de que a compreensão de uma narrativa não passa apenas pelo entendimento da sequência cronológica dos fatos ou acontecimentos que são apresentados, mas também é preciso conhecer sua dimensão não cronológica, expressa pelas funções e sentidos do enredo. A técnica da entrevista narrativa se constitui em uma forma específica de coleta de dados. Schütze sugere uma sistematização dessa técnica por meio da reconstrução dos acontecimentos sociais a partir da perspectiva dos informantes[2].

Procedimentos adotados na análise das entrevistas narrativas

Na pesquisa em questão optou-se – durante o processo de análise das entrevistas narrativas – por uma integração das propostas de Fritz Schütze (análise narrativa) e de Philipp Mayring (análise temática[3]), da forma como foi sistematizado por Jovchelovitch e Bauer

---

[2] Sobre as etapas a serem seguidas durante a entrevista narrativa, cf. Schütze (neste volume), bem como Jovchelovitch e Bauer (2002). Para mais detalhes sobre a condução das entrevistas narrativas na pesquisa com professores e integrantes do Movimento Negro, cf. Goss (2003).

[3] Na tradução do texto de Jovchelovitch e Bauer para o português, adotou-se o termo "análise temática". No entanto, a tradução correta de acordo com a proposta de Mayring seria "análise de conteúdo", pois este é o termo que o próprio autor utiliza e com o qual se identifica. Essa proposta foi explicitada por Flick (2004, p. 201-205). Contudo, optou-se por manter o termo "análise temática" no presente capítulo.

(2002)[4]. Mayring (apud JOVCHELOVITCH & BAUER, 2002) recomenda uma sequência de codificação que foi empregada no exame do material coletado. É uma espécie de "redução do texto qualitativo" (JOVCHELOVITCH & BAUER, 2002, p. 107), em que passagens das entrevistas são reduzidas a algumas palavras-chave. O texto é disposto em três colunas: na primeira é colocada a transcrição completa da entrevista, na segunda faz-se uma condensação, apontando os temas mais importantes e, na terceira, selecionam-se as palavras-chave. Esse tipo de análise temática é produtivo por dois motivos. Em primeiro lugar porque proporciona que os dados ou temas possam ser observados pela frequência com que aparecem nas entrevistas. O segundo aspecto é que, nesse processo, há mais uma vez a necessidade de releitura das entrevistas, e isso contribui para um mergulho no universo discursivo dos pesquisados. Gaskell (2002, p. 85) afirma que se deve procurar por "temas com conteúdo comum e pelas funções desses temas". Além disso, o autor sugere a construção de uma matriz, com os objetivos e as finalidades da pesquisa colocados como temas no título das colunas e o relato de cada entrevistado como se fossem as linhas.

Ainda de acordo com a interpretação de Jovchelovitch e Bauer (2002), é aconselhável que a "entrevista narrativa" se processe em quatro fases. A primeira fase é a da iniciação, em que o entrevistador formula o tópico ou a questão central da pesquisa. Na segunda, o entrevistado começa sua narração e não deve ser interrompido. A terceira é a etapa de questionamento, na qual o entrevistador pode obter determinados esclarecimentos depois de o entrevistado ter finalizado seu discurso mais autônomo (quando menciona que já falou tudo, que não sabe mais o que falar etc.). A quarta e última fase é aquela na qual, após encerrada a gravação, o entrevistado ainda tem espaço para uma conclusão.

A proposta de Schütze (cf. capítulo do autor neste livro) é um pouco diferente daquela sistematizada por Jovchelovitch e Bauer (2002). Para Schütze, a entrevista narrativa autobiográfica é composta por três partes principais. Na primeira parte, a narrativa é orientada para que o entrevistado discorra sobre toda a sua história de vida ou sobre uma fase dessa história. Nessa etapa da entrevista o informante não deverá ser interrompido pelo pesquisador. A interrupção poderá ocorrer somente após a indicação de uma *coda* narrativa, ou seja, quando o entrevistado sinaliza que terminou sua narrativa, afirmando, por exemplo: "Era isso o que eu tinha a dizer".

Na segunda parte da entrevista, o pesquisador procura explorar aqueles fragmentos de narrativa que não ficaram suficientemente claros, às vezes, para o próprio informante. Essa é a fase, de acordo com Appel (2005), em que devem ser feitas perguntas de caráter imanente, ou seja, esclarecimentos de fatos que já tenham sido abordados pelo entrevistado.

A terceira parte da entrevista narrativa autobiográfica consiste na descrição de situações e eventos repetitivos (cf. capítulo de Schütze neste livro) e na realização de perguntas de tipo teórico, como "por quê?" Nesta fase o pesquisador sugere que o informante elabore as explicações para os acontecimentos de sua vida. Na interpretação de Appel (2005), esta seria a fase

---

[4] Essa integração se deu em virtude da ausência de textos sobre o método de Fritz Schütze em língua inglesa, espanhola ou portuguesa, no período em que foi realizada a análise dos dados. Atualmente já existe um número maior de fontes que possibilitam um aprofundamento da proposta de Schütze e que se encontram disponíveis para download em www.biographicalcounselling.com – Acesso em 30/01/09.

na qual se podem fazer perguntas de tipo exmanente, relacionadas a atitudes e fatos que o informante ainda não havia citado.

A partir da teoria de Schütze (1987, trad. DW, 2003), foram utilizadas as seguintes categorias centrais para a análise das entrevistas com militantes do Sinte e do NEN: a) reflexões teóricas e posições avaliativas; b) atividades teóricas e valorativas. Essas últimas, por sua vez, subdividem-se em: teorias explicativas, explicações de fundo, descrições abstrativas, teorias interpretativas e valorações globais, teorias explicativas históricas e autobiográficas. No caso desta pesquisa, serão utilizadas principalmente as teorias explicativas e as explicações de fundo.

As "reflexões teóricas e posições avaliativas" partem do princípio de que há uma mudança do ponto de vista temporal da apresentação. São reflexões que têm uma forte conexão com o ponto de vista atual do narrador ou portador da história e utilizam o passado como referência temporal para afirmar o "sistema de orientação atual" (1987, trad. DW, p. 4). Nesse caso, a avaliação do narrador nasce de sua posição atual, que é sua referência temporal.

As atividades teóricas e valorativas, de acordo com Schütze (p. 1),

> são intuitiva e claramente perceptíveis em sua delimitação frente às apresentações narrativas parciais que reproduzem os acontecimentos e vivências do narrador e/ou o portador da história. Assim, a delimitação é audível primeiramente pelo fato de o modo de expressão do relato refletido e/ou comentado não ser narrativo, mas sim argumentativo, abstrato-descritivo e/ou afirmativo-valorativo no sentido de uma suposição, afirmação, explicação, justificação, avaliação, comparação, interpretação, juízo, valoração, acusação, ponderação, e assim por diante.

As "teorias explicativas", que fazem parte das atividades teóricas e valorativas, segundo Schütze (1987, trad. DW, 2003, p. 25), "envolvem reflexões sistemáticas do narrador, logo, portador da história ou do acontecimento sobre motivos, fatores de dissolução e condições no decorrer dos acontecimentos".

As "construções de fundo" ou "explicação de relações de fundo", de acordo com Schütze, podem ser definidas como

> uma afirmação "no modo de proposição geral", em cujo conteúdo a situação histórica apresentada na narração tem um significado; que da realização de uma comparação resulta qual a situação histórica "cuja" apresentação pessoal e/ou cujo espaço social sob o recurso à caracterização por meio de características universais é contrastada e avaliada em relação a outras situações vivenciadas, pessoais e/ou espaços sociais; que o narrador de uma reflexão conclusiva considere o efeito da evolução da história sobre o portador da história [...], ou que o narrador pondere e julgue valorativamente a evolução do acontecimento e o envolvimento do portador da história nesse acontecimento; e assim por diante (SCHÜTZE, 1987, trad. DW, 2003, p. 3).

As "construções de fundo", ainda segundo o autor, (SCHÜTZE, 1987, trad. DW, 2003, p. 26), têm como uma de suas funções "ajudar o narrador a reestabelecer a perdida ordem valorativa e cognitiva do mundo".

Contexto das entrevistas

Na pesquisa que deu origem ao capítulo foram realizadas entrevistas com cinco membros de cada uma das organizações. O critério utilizado para a seleção dos entrevistados foi o maior tempo de participação em cada uma das instituições. Os encontros duraram de uma a duas horas cada um. As entrevistas foram gravadas e transcritas integralmente pela pesquisadora.

Em primeiro lugar, será analisada a entrevista de Jussara, militante do movimento negro. A entrevista foi realizada em sua casa. É preciso acrescentar que a pesquisadora já mantinha contatos anteriores com a entrevistada, devido ao seu trabalho no Núcleo de Pesquisa em Movimentos Sociais (NPMS) da Universidade Federal de Santa Catarina (UFSC).

Em segundo lugar, será analisada a entrevista de Virgínia, militante do Sinte e do Partido Socialista dos Trabalhadores Unificado (PSTU). A entrevista com Virgínia foi realizada na sede do sindicato. A pesquisadora já realizava observação participante no sindicato por ocasião da entrevista e manteve contatos anteriores com a entrevistada por meio de sua irmã, que também era militante sindical.

Após o exame das duas entrevistas, serão traçadas algumas conclusões a respeito da pesquisa qualitativa que utiliza entrevista em profundidade e sua importância para a interpretação de histórias de vidas coletivas.

Análise narrativa e temática da entrevista de Jussara, do NEN[5]

Jussara[6] tem 43 anos de idade. Foi uma das fundadoras do NEN, mas não participa da organização desde 2000. Formou-se em Pedagogia pela Universidade do Estado de Santa Catarina (Udesc) e possui mestrado em Educação pela Universidade Federal de Santa Catarina (UFSC). É separada e tem dois filhos.

A pesquisadora formulou a seguinte questão de pesquisa no início da entrevista: "E assim, eu quero que tu me conte a tua trajetória de vida e eu vou falar agora, e depois eu não vou ficar te interrompendo. Eu quero que tu fale da tua trajetória de vida, explicitando a tua militância, como é que começou".

Jussara inicia a narração de sua trajetória de vida pelos dados que a identificam: o nome, o local onde estudou e onde morou. Já no início da entrevista relata uma "construção de fundo" para explicar o motivo da escolha de sua profissão. Em suas palavras:

> Eu costumo dizer que comecei o magistério com nove anos porque a minha mãe era professora do Mobral e naquela época ela sempre me levava para acompanhá-la, porque tinha que ir e vir durante a noite. [...] E era bem assim mesmo; então muitos alunos, eu me lembro bem da minha mãe, que queria que eu fizesse os meus deveres no fundo da sala, e depois que eu acabava de fazer, eu ficava muito agitada, eu não queria ficar sentada, então eu saía pela sala de aula e fazia a mesma

---

[5] É importante destacar que, apesar dessa análise se concentrar na trajetória de vida de Jussara, somente em comparação com as histórias de outros entrevistados é possível construir aquilo que Schütze denomina de "movimento social coletivo". Em outras palavras, as situações e/ou experiências semelhantes vivenciadas por determinadas pessoas faz com que suas histórias não sejam somente individuais, mas representem um movimento coletivo ou um determinado grupo social.

[6] Todos os dados citados são relativos à época da realização da pesquisa (2002).

coisa que a minha mãe fazia com alguns alunos. Então eu digo que ali comecei a me interessar pelo magistério, fiz o curso de Pedagogia.

O exemplo da mãe diante da vida serviu de inspiração para a entrevistada. Não só o exemplo, mas a forma como criou a filha foram determinantes para Jussara. Quando a entrevistada narra o fato de seu tio Paulo ter lhe presenteado na formatura da 8ª série com uma caneta, ela aponta a responsabilidade que a família depositava em seu futuro:

> Então assim, tem umas coisas muito significativas. Eu acho que a minha tia Valdionira e a minha tia Esmeralda me influenciaram muito, claro que a primeira foi a minha mãe porque a jornada de ser professora e mãe e dona de casa, isso foi de fundamental importância, porque eu não fui educada para ser de casa. A minha mãe jamais me educou para ser de casa. Eu não me lembro de nenhum momento. Eu penei muito quando eu casei. Mas eu sou muito grata a ela [...]. Eu fui aproveitada muito cedo pela minha mãe, como ela era professora, ela manuseava com livros, eu lia tudo que ela tinha. Eu lia os livros, eram livros de escola, que tinha os exercícios. Eu lia e fazia os exercícios e ela ia me dando mais coisas para fazer e eu ia fazendo e eu gostava, eu me ocupava daquilo. Enquanto as meninas brincavam na rua, eu ficava lá numa pedra fazendo aquilo o dia inteiro se deixassem. Minha família me ensinou muito com isso. Os meus tios me ensinaram. O meu tio Paulo me deu, quando eu me formei na 8ª série, uma caneta, e eu escrevo isso na minha dissertação de mestrado, porque é muito sábio dar uma caneta para uma mulher negra e não qualquer coisa que sirva pra casa, que sirva pra estética. É uma opção dar uma caneta para uma mulher negra e ali está corporificado que desejo que ele tinha para mim. E eu senti isso, eu senti o tamanho da responsabilidade, tanto é que eu não me [...] esqueci. Eu esperei para acabar o mestrado para liberar uma coisa que estava ali o tempo inteiro.

Nesta passagem, a informante faz uma avaliação sobre a influência familiar na sua trajetória de vida. De acordo com as categorias de Schütze, ela faz uma "avaliação da trajetória biográfica", ou seja, está construindo uma teoria sobre a própria biografia. A atitude da mãe, educando os filhos para "enfrentarem o racismo com altivez" e, a não baixarem a cabeça perante os brancos, auxiliou Jussara a ver a si mesma como pessoa com direitos. Ela não introjetou comportamentos humildes. Ao contrário, foi capaz de confrontar um sistema educacional que a colocava em posição inferior e de levar adiante os estudos e sua vida profissional. Ela conseguiu superar as dificuldades porque, através do núcleo familiar, constituiu uma identidade positiva em relação a si mesma. Isto foi decisivo mais tarde, quando começa a militar, pois desde a infância percebe-se como negra e assume-se enquanto tal. Logo após esta "construção de fundo", Jussara inicia outra que tem o objetivo de explicar a construção de sua identidade negra:

> Mas antes disso, quando eu estava nessa faixa etária de nove anos, eu me vi como uma negra. Isso eu escrevi a uns cinco anos atrás para uma organização norte-americana. Eu me lembro que eu estava uma tarde em casa, vendo sessão da tarde e passou o filme *Ao mestre com carinho*, com Sidney Portier. Então, eu me lembro que eu chorei muito sozinha porque era a primeira vez que eu via um negro bonito, fisicamente bonito, fazendo um papel bonito que era o de

professor, não era de bandido. Era um papel que fazia uma coisa de autoestima muito legal, mexeu muito comigo, então eu jamais esqueci daquele filme. E ali eu tive a primeira vez [...], com nove anos eu não absorveria, mas eu absorvi de uma maneira emocional. Eu tive esse reforço na minha autoestima e aquilo foi significativo porque nada mais me abalou depois daquilo.

Jussara compõe sua identidade profissional, por meio do que Schütze chama de "teoria sobre o eu" ou "autodescrição biográfica": "Eu sou uma professora por essência, eu não me vejo de outra forma. Eu não seria jamais uma executiva de uma organização não governamental, esse lugar não me pertence". Essa autodescrição, se comparada com sua primeira "construção de fundo", a respeito de ela ter iniciado o magistério aos nove anos acompanhando a mãe no Mobral, demonstra que houve uma influência muito grande desse acontecimento para que a informante se autocaracterize como "uma professora por essência". Esta passagem pode ser considerada também como uma "representação valorativa de afirmações fundantes argumentativas". Para Schütze (1987, trad. DW, 2003), essas argumentações estão imediatamente sinalizadas nas falas e diretamente relacionadas aos acontecimentos. Jussara afirma então que só vai conseguir se centrar quando rompe com as expectativas da família. Esse rompimento faz parte de um processo de "avaliação da sua trajetória biográfica", quando acredita ter construído uma história:

E daí eu só vou conseguir me centrar quando eu já estou [...], quando eu olho e digo eu já fiz uma história. E aí eu começo, eu vou me separar porque eu não preciso mais ser a mulher feliz no casamento que não é feliz, eu não preciso mais [...] bonitinha, a minha mãe precisou morrer pra eu conseguir me separar. Eu comecei a perceber essas relações de expectativas, porque tem que ter um casamento bonitinho, uma casa bonitinha, uma família bonitinha, aí depois disso também todas as outras coisas também se encaixaram, de eu poder fazer as coisas no meu tempo e não mais no tempo da expectativa dos outros.

A informante vincula sua trajetória profissional à militância, ou seja, uma influenciou a outra e vice-versa. Para ela, sempre foi muito problemático separar a vida de militante da vida profissional. Isso levou ao fato de seu currículo ser totalmente voltado para as relações raciais:

Isso sempre foi muito problemático no profissional. É assim, eu tenho vinte anos de militância, quase vinte anos de militância, e eu estava olhando agora o meu currículo o. quando me chamam para fazer uma entrevista. Foi a primeira vez que eu ouvi alguém dizer "o teu currículo é o currículo que a gente gostaria". Por quê? Porque o meu currículo é essencialmente focalizado nessa temática das relações raciais. Então tudo o que nele, cursos, seminários, o próprio mestrado, tudo é voltado para esse tema.

Jussara afirma que sua militância no movimento negro foi estruturada a partir de sua formação de pedagoga e que o fato de ser uma militante influenciou o rumo de sua carreira. Nesse sentido, faz uma avaliação sobre sua trajetória profissional, a partir do que Schütze denomina de "avaliação da trajetória biográfica", construindo assim uma teoria sobre sua biografia. Num outro momento, ela faz "avaliações comparativas" sobre sua trajetória profissional. Essa comparação ocorre quando avalia sua situação profissional atual em relação à possibilidade de não ter seguido o caminho da militância: "Na verdade eu fico brincando que se eu não fosse uma militante nos anos de 1980, num momento crucial da minha formação, eu seria uma negra bem-sucedida".

A identificação de "avaliações comparativas" dentro das narrativas acontece quando há situações semelhantes a essa, quando "o motivo da avaliação, a saber, uma expectativa frustrada segundo a qual o trabalhador estaria numa situação melhor no novo posto de trabalho do que no antigo [...] realiza-se uma comparação implícita entre a antiga e a nova posição de trabalho" (SCHÜTZE, 1987, trad. DW, 2003, p. 24). A narradora retoma a questão da identidade negra enfatizando a importância da palavra enquanto um resgate da memória e dos valores:

> Então, na realidade o mundo da escrita foi fundamental. O que pesa que depois nos meus trinta, quarenta anos, eu tenha descoberto a importância do mundo da palavra [...]. Mas que na realidade eu vou aprender que lá no mundo da escrita, que me fez pessoa, que me fez militante do movimento negro foi o mundo da palavra, da minha avó que era analfabeta, das pessoas do movimento negro que falavam e que eu ouvia com muita atenção [...]. Então eu tive dois momentos, o da escrita, exatamente para poder ir aprendendo códigos. E o da palavra, para poder retomar um pouco essa coisa dos meus valores. Eu acho que eu vou me centrar como uma negra a partir dos meus trinta anos, eu sempre me senti, mas eu era uma negra que eu tinha uma dupla função. Eu, uma ativista do movimento negro e também saber interferir no mundo dos brancos. Quer dizer, a partir dos meus trinta anos eu já não me preocupo mais como eu vou interferir no mundo dos brancos. Eu vou lá e interfiro, sem aquela coisa dupla que me acompanhou, que me incomodou um pouco.

Jussara analisa sua antiga postura em relação à vida e algumas transformações que foram ocorrendo em sua trajetória. Segundo suas palavras, ela era uma "pessoa intransigente e fechada", que, com a maturidade, ou seja, dos trinta para os quarenta anos, foi se transformando em uma pessoa mais "relaxada". Segundo Schütze (1987, trad. DW), há aí uma mudança de orientação temporal em direção ao presente através do deslocamento da atenção da apresentação de acontecimentos históricos de outrora para reflexões atuais sobre os acontecimentos de outrora e de seus contextos de fundo:

> As pessoas me viam como intransigente, porque eu entendia que eu precisava entender o código. [...] Então essa coisa de estudar, de ser muito fechada, hoje eu já sou mais solta, mas teve um período que eu tive uma dificuldade [...]. Eu sofri com isso, quando eu cheguei na metade do meus trinta, então dos trinta para os quarenta é que eu consegui fazer um movimento e pensar "também não é por aí". Eu consegui relaxar um pouco quando eu conheci o Nordeste, também isso me ajudou muito. No Sul, essa visão eurocêntrica do que é trabalhar, do que é se divertir, do que é viver, nessa outra perspectiva me ajudou bastante e também quando eu me separei, saí do NEN, eu dei uma outra guinada na minha vida que foi importante para mim.

Nesta passagem podemos verificar explicitamente uma transformação interna do narrador. E, segundo Schütze (1987, trad. DW, 2003, p. 3),

> quanto mais claro for o processo de transformação na narração para a oposição de falas, tanto mais fortemente o modo de narrar deve levar em conta, nas partes teóricas e avaliativas, a diferença entre o sistema de orientação passado e o presente: tanto mais concisamente devem ser formuladas diferenças do quadro de referências das vivências e do orientar-se de outrora e o da reflexão e juízos atuais.

Quando a informante consegue quebrar com as expectativas familiares, por meio de um processo de autocrítica, ao mesmo tempo percebe os problemas da militância e do movimento negro: "Então eu falo com muito mais tranquilidade, hoje eu faço as críticas e autocríticas com mais facilidade, hoje eu consigo entender inclusive os problemas do movimento. Eu sei, mãezona, protetora, que não nota os defeitos do movimento. Ele tem".

A entrevistada apresenta uma trajetória biográfica ascendente. Sua condição de vida melhorou quando comparada a da infância e da época em que vivia com seus pais. Seu projeto biográfico, nos termos de Schütze (1987, trad. DW), já é esboçado e pensado desde a infância, dentro do núcleo familiar. A família a reconhece como inteligente e nutre muitas expectativas em relação a elam, e isto acaba influenciando decisivamente em seu futuro.

As "teorias explicativas", segundo Schütze, que Jussara utiliza para justificar as escolhas acertadas em sua trajetória de vida: a possibilidade de completar seus estudos até o ensino superior, de encaminhar-se ao mercado de trabalho e de possuir um *status* político importante dentro do movimento negro, estão diretamente relacionadas à vida familiar. O núcleo familiar teve importância decisiva não só por proporcionar uma estrutura material adequada mas também por incentivar na entrevistada uma postura combativa frente às situações discriminatórias. Justamente por ter estruturado fortemente sua identidade pessoal e social, as inúmeras experiências positivas e negativas vivenciadas durante sua trajetória de vida serviram para a fortalecer ainda mais. Nesse sentido, ela constrói sua "teoria sobre o eu" (SCHÜTZE 1987, trad. DW), ou seja, sobre a maneira como constituiu sua consciência negra, como algo processual desenvolvido a partir do núcleo familiar e das experiências positivas e negativas que vivenciou.

Análise narrativa e temática com Virgínia, do Sinte[7]

Virgínia[8] tem 33 anos, é solteira e professora do Ensino Fundamental. É natural de Curitibanos, mas morou em outras cidades antes de mudar-se para Florianópolis. Foi coordenadora do Sinte regional.

Da mesma forma que na entrevista com Jussara, a pesquisadora solicitou que a informante contasse sua história de vida, explicitando principalmente sua militância. Muitas vezes as entrevistadas[9] não sabiam por onde começar sua história de vida. Este foi o caso de Virgínia. A pesquisadora então, sugeriu: "Me diz o teu nome completo, onde tu nasceu?" A partir desses dados mais objetivos, a entrevistada se soltou. Mesmo tendo começado sua fala contando sobre sua militância, logo construiu uma relação com a infância e iniciou dessa fase da vida a sua narração.

> Na minha família, pensando na minha infância. Eu estudei em um colégio de freiras até os 15 anos. Colégio altamente reacionário, isso me deu uma grande aversão pela igreja até hoje. Aquela coisa assim que pra eu fazer primeira comunhão o meu pai me prometeu um brinco, porque senão eu não ia. Eu acho que me fez questionar algumas coisas. O meu pai é ateu, mas de posição política sempre

---

[7] Da mesma forma que a entrevista de Jussara, a entrevista de Virgínia está diretamente relacionada com as outras quatro entrevistadas, porém, apresenta peculiaridades que serão ressaltadas.

[8] Os dados citados são relativos à época da realização da pesquisa (2002).

[9] No Sinte regional, foram entrevistadas somente militantes mulheres.

foi um cara de direita, um cara muito fechado que nunca se intrometeu na vida da gente, no que a gente faria ou deixaria de fazer. Não sei se é omisso a palavra, como é que eu vou dizer? Ele sempre deixou a responsabilidade da educação para minha mãe. Mas de posição sempre foi um cara de direita. A minha mãe, a história da família da minha mãe, é uma família que sempre foi do MDB, família de esquerda. Totalmente contraditória com a posição do meu pai. O meu pai achava que o tempo da ditadura era a maior maravilha, que ela tinha que voltar hoje porque resolveria tudo. Hoje ele está um pouquinho diferente.

Outro tema presente na entrevista é a relevância das questões sociais como motivação para a militância. Aparece também em seu depoimento quais características são mais relevantes para uma "boa militante", e que, juntamente com outros traços, formam sua identidade pessoal e coletiva[10]. A entrevistada começou a militar cedo, aos 16 anos, no grêmio estudantil de sua escola. Depois trabalhou como bolsista em uma escola em que a diretora era presidente da associação dos professores, entrando em contato com o "pessoal mais de esquerda":

> E daí em 1987 eu trabalhei na prefeitura de [...]. Aí comecei a participar de algumas reuniões do PT, meio sem entender, mas nessa época eu me filiei ao PT, eu era filiada interna porque naquela época não se votava aos 16 anos e só podia ser filiado ao partido a partir dos 18. Em 1987 eu entrei na faculdade para fazer História na Unisul[11], em Tubarão. Aí entrei obviamente no centro acadêmico, (risos). Aí no centro acadêmico deixa eu me lembrar, conheci um pessoal da juventude do PT. [...] Fizemos uma greve grande na universidade, foi a minha primeira experiência de apanhar da polícia. Aquelas histórias escandalosas de sair na rádio, apanhar da polícia.

Depois disso, ela passou em um concurso e foi trabalhar em uma escola municipal em Joinville. Lá fez sua primeira greve e acabou despedida. Mudou-se então para Criciúma, onde começou a militar definitivamente no Sinte, fazendo parte da coordenação regional. A preocupação com as "questões sociais" vem desde a adolescência, a partir de um certo sentimento de insatisfação comum a essa idade. Mas até o momento de participar de uma organização percorre um longo caminho de idas e vindas, crises e renúncias. E mesmo quando ela resolve participar, começa timidamente, levada por um impulso, por uma vontade de contestar, sem um maior conhecimento do funcionamento de um sindicato ou de um partido. Assim ela conta sobre seu começo na militância:

> Ninguém me perguntou, mas aí eu sei que eu fui a secretária da [...]. Eu não me lembro se foi em 86 ou no ano seguinte, em 87. Foi a minha primeira experiência, aliás uma experiência de total inexperiência, porque eu mal era secretária e mal sabia escrever uma ata. E nesse contexto de eu começar a descobrir estas coisas, começar a entender o que era o movimento. Era tudo muito novo e também era uma carga de informação muito grande. Porque as pessoas, eu tinha um amigo

---

[10] Apesar de terem origens familiares, sociais e regionais diversas, essas mulheres, ao fazerem parte de um mesmo grupo, compartilham de uma "definição comum de realidade", conforme os termos de Schütze (1979), empregados por Velho (1999a). Dentro do sindicato elas operam a partir de uma "mesma província de significado" (VELHO. Op. cit., p. 17), que as faz identificarem-se apesar da variação individual que possam apresentar.

[11] Universidade do Sul do Estado de Santa Catarina.

que era trotskista, então me dava um material que eu não entendia bulhufas de nada do que estava escrito. Trotskismo o que será que era isso? O máximo, nas aulas de Sociologia, eu sabia quem era Marx, no segundo grau do magistério.

Aos poucos Virgínia adentra no movimento e no Partido dos Trabalhadores (PT) e acaba se inteirando de um conhecimento mais específico, próprio do campo político. Conforme Bourdieu (1989), é a partir do conjunto de relações que se estabelece no campo, das posições que os diversos sujeitos assumem dentro dele e da criação e desenvolvimento de uma linguagem específica só inteiramente decifrada por aqueles que dele participam, que se forma essa realidade única e autônoma dos diversos campos sociais. Ao analisar o campo jornalístico, por exemplo, Bourdieu (1997) mostra como os debates televisivos não passam de uma oposição combinada, que denomina de "verdadeiramente falsos". O autor afirma que o público não tem consciência dessa "combinação" ou, se tem, é algo muito difuso: "Eles sentem que há algo, mas não veem a que ponto esse mundo é cerrado, fechado sobre si mesmo, fechado, portanto, aos seus problemas, à sua existência mesma" (p. 43). Há, inicialmente, para quem começa a militar, essa dificuldade de compreensão dos códigos próprios ao campo político, mas, com o passar do tempo e com a aquisição de experiência, o campo torna-se familiar. Porém, como salienta Bourdieu, torna-se um mundo fechado só inteligível para seus agentes, dificilmente entendido por quem está "de fora".

A opção pela militância política é associada a determinadas características temperamentais. Virgínia considera-se rebelde, combativa, não "engole sapo", é crítica e lutadora. Tais características a acompanham desde a adolescência, e, ao mesmo tempo, conformam uma espécie de *habitus*. Virgínia, ao reconstruir sua história de vida, caracteriza-se como uma adolescente rebelde, na época em que estudava em um colégio de freiras:

> Ele [o pai] sabia que eu não gostava de estudar em colégio de freira, porque eu tive um problema na 7ª série, eu era meio rebeldinha. Uma vez nós fomos para um retiro, na 6ª série, e eu sempre saía com um grupo de meninos. Eu e uma prima minha que estudava comigo. A gente resolveu que não queria ficar no retiro e fomos tudo tomar banho de piscina, era um hotel. A hora que tu olha assim, estava a irmã Eli, de hábito cinza, parada ali. Aí bilhete para os pais, mas quando eu cheguei em casa eu contei a situação, aí a minha mãe já sabia quando foi na escola. Eu nem ganhei muito esporro. Aí na 7ª série um garoto lá colocou um lixeiro, quando a professora de português entrou, caiu o lixeiro na cabeça. E eu tive um ataque de riso, de chorar, me finei, a professora imediatamente fez uma prova, sabe prova relâmpago porque ninguém tinha falado o nome do guri, que que os outros tinham a ver com isso? No outro dia eu cheguei na escola, e a gente chegava na fila e ia para a capela, rezar: ó minha mãe [resto da oração] eu tenho trauma disso até hoje, eu nunca esqueci! (risos). [...] Chegamos lá, estava suspensa sei lá quantos dias, eu ia perder todas as provas finais, porque eu tinha posto o lixeiro na cabeça da professora, mas eu não fiz isso! O guri confessou para a irmã que era ele. Aí ela disse: tu tá fazendo isso para proteger a Virgínia porque ela é tua amiga. A gente sabe porque a professora contou como ela se comportou na sala. Ri, eu ri, eu só fiz isso. [...] Foi um escândalo, fui para casa, chorei. Daí a minha mãe foi na escola, a freira disse para a mãe que a filha dela era uma artista, tem coisas que a gente não esquece na vida, porque traumatiza. Ela devia trabalhar

na Rede Globo, ela é uma artista. E eu disse assim: a senhora devia queimar no fogo do inferno (risos), me deu tanto prazer dizer aquilo, gostei tanto.

Na análise que Schütze propõe dos componentes não indexados das entrevistas, essas seriam as "construções de fundo", ou seja, aquelas explicações que os entrevistados encontram no passado para justificar seu comportamento ou opção de vida. Neste caso, Virgínia cita um episódio vivido na época escolar no qual já transparece seu traço "rebelde". O conceito de *habitus*, formulado por Bourdieu (1994), também é pertinente para essa análise, pois a partir de seu significado é possível demonstrar como as pessoas internalizam determinados comportamentos e modos de interpretação, por meio de suas preferências, gostos e estilos. Ainda de acordo com Bourdieu, o *habitus* serve como uma "matriz de percepções, de apreciações e de ações"; ele orienta as ações e produz determinadas práticas. Nesse sentido, funciona como um tipo de coordenador oculto que favorece a integração dos grupos, ajusta-os e permite que cada agente seja ao mesmo tempo produtor e reprodutor de suas condições de vida.

Virgínia vivencia inúmeras crises. Apesar de afirmar que não consegue voltar atrás e simplesmente deixar de militar, fica a todo momento questionando-se sobre suas escolhas:

> E quando eu cheguei, em cima da minha mesa tinha uma carta de demissão, eu fui demitida por causa da greve, no dia seguinte da greve eu fui demitida. Aí aquilo eu acho assim que traumatizou, eu fiquei muito mal, altamente deprimida, [...], mas assim baqueou. Eu fui demitida por ter feito greve, então foi uma punição muito grande para que a minha história pudesse dar conta naquela época. Eu tinha 18, 19, 20 eu acho. E nessa época eu já estava há um ano e meio em Joinville. Aí eu me desfiliei do PT, saí da executiva do Sinte e entrei numa crise fudida (risos), numa crise tipo: meu Deus o que eu fiz da minha vida! Eu fiquei esse tempo todo meio que, como é que se diz, me mudei porque saí da prefeitura não por uma questão de trabalho, mas por meu posicionamento político, porque se eu não tivesse entrado naquela greve, saí na RBS[12] na cara de um piquete. E tudo, a história de ter vindo para Florianópolis. Eu estava lá em Criciúma, estudando, minhas 40 horinhas, morava num apartamento no centro, estava com a vida mais ou menos tranquila, vim para Florianópolis, mudou tudo, o aluguel muito mais caro, o custo de vida maior, com menos aulas. Aí tinha uma liberação da executiva, quando eu saí tinha só 10 horinhas, tinha uma liberação de 30 horas para a executiva, fiquei só com 10 horas para sobreviver nesta cidade até achar mais aulas. Quer dizer, teve toda uma mudança na minha vida quando eu vim para cá (risos) e ninguém se preocupou de me perguntar, entende? Desestrutura a vida de uma pessoa por uma situação, então quando eu saí da executiva, morava no Pântano do Sul e arrumei aula lá em Forquilhinha. Tens noção do que que é isso? Do Pântano do Sul tu levas uma hora e 10 até o centro e depois tu vais para Forquilinha. [...]. Eu fiquei uns seis meses em crise. Vale a pena?

A cada vez que conseguia estruturar financeiramente sua vida, Virgínia tinha de fazer uma escolha em relação à sua militância, e em detrimento de seu bem-estar. Isto a incomoda muito e por esse motivo sua entrevista pode ser analisada como uma maneira de exprimir-se, de fazer uma avaliação sobre si mesma "em um quadro neutro, limitado no tempo e no espaço"

---

[12] Rede Brasil Sul de Comunicações.

(PIERRET, 1999, p. 309). Na interpretação de Pierret, a partir de Bourdieu, a entrevista em determinadas situações atua como um tipo de "autoanálise assistida". O sociólogo afirma que a pessoa aproveita a entrevista para explicitar experiências dolorosas sobre sua vida e que há muito tempo estavam reservadas. O pesquisador nesses casos funciona como um "depositário"[13], aquela pessoa indicada para guardar certas reflexões e "desabafos" da entrevistada sobre sua vida.

Além da renúncia, outra característica presente no depoimento de Virgínia é o sacrifício. Ela conta o quanto teve de se sacrificar por sua opção política. Goldenberg (1997), em sua pesquisa com militantes comunistas brasileiras, percebeu que os elementos considerados fundamentais para uma "boa militante" eram a coragem, o sacrifício, a dedicação e a abnegação. Essas características, apesar da distância histórica e conjuntural que separa as militantes analisadas pela antropóloga daquelas entrevistadas pela pesquisadora, encaixam-se perfeitamente na narração da militante do Sinte regional. Parece que o modelo ainda predomina em algumas organizações, apesar de todas as modificações que a militância política passou nessas últimas décadas:

> Se tu busca uma saída individual tu vai resolver aquele problema imediato ali, e a conjuntura as coisas que estão colocadas, quer dizer, eu acredito numa luta. Eu não acredito que eu vou mudar a minha vida e tudo bem, isso é muito medíocre. As coisas que me incomodam vão continuar incomodando. Mas eu podia assim, estar lá fazendo uma greve, dentro da escola, essa coisinha assim, essa militância. Eu falei que não queria mais estar na diretoria do sindicato. Daí em 95 eu voltei para a executiva, numa chapa de oposição. [...] Contra a minha vontade, porque foi uma discussão de quem ia para chapa. Aliás, a gente formou uma chapa achando que não ia ganhar, porque uma chapa de oposição, todo mundo achava que não ia ganhar, e era para contribuir, eu aceitei. Só que a gente ganhou (risos) e aí criou um problema para a minha vida, porque eu não queria mais aquilo. Eu estava trabalhando em uma escola particular, tinha 40 horas no estado, eu estava tentando dar um pouco uma ajeitada na minha vida. E aí eu fiquei num baita pepino, porque eu não ia perder a escola particular que eu ganhava três vezes mais do que eu ganhava no Estado por 20 horas. Então eu reduzi a minha carga horária no Estado, senão eu ia ficar absolutamente louca. Eu até tentei ficar liberada à tarde para o sindicato, à noite trabalhar no Estado e de manhã trabalhar na escola particular, mas trabalhar na escola particular e no sindicato, às vezes tinha situações assim de fazer atividades de noite, na greve por exemplo, dormir no acampamento. [...] Ninguém em seu juízo perfeito faria um negócios desses, não tem cabimento. Então quando eu disse que às vezes tu tens que dar conta de algumas coisas, é isso. Tu podes estar hoje envolvida num movimento, militando no sindicato 24 horas por dia como criança pequena? Não, não dá. Acho que tu não consegue isso.

A militância torna-se fonte de prazer e não de angústia, resposta e não dúvida, quando se transforma em um projeto de vida, quando deixa de ser uma das atividades que faz parte da

---

[13] Esse termo, de acordo com Pierret (1999), é proveniente da análise do segredo desenvolvida pelo antropólogo Zempléni a partir do estudo de George Simmel intitulado "Segredo e sociedades secretas". Na interpretação do antropólogo, um segredo só é comunicado "a confidentes escolhidos por decisão individual ou então [...] aos que partilham um cargo ou uma função na cidade em virtude de uma decisão histórica anterior" (ZEMPLÉNI, apud PIERRET, op. cit., p. 312).

vida e torna-se prioritária. No entanto, nem todas as militantes têm acesso ao mesmo "campo de possibilidades"[14], as mesmas condições de ocuparem um lugar de destaque na militância sindical e/ou partidária. É um investimento alto que deve ser feito para que os "lucros" possam ser obtidos: são finais de semana em reuniões e viagens, noites passadas em acampamentos, afastamento da família e pouca recompensa financeira. Nem todas conseguem suportar tais desafios.

Virgínia se questiona a todo o momento. Em seus depoimentos, surgem dúvidas em relação a outros caminhos que poderia ter seguido em sua vida se tivesse agido com mais coragem, força de vontade e determinação. A escolha da militância e da vida política como projetos de vida não parecem satisfazê-la. Porém, ela não encontra disposição para a tomada de um outro curso de vida e, apesar de lutar por uma mudança estrutural mais radical da sociedade, proveniente de uma revolução, em sua vida pessoal aceita a realidade tal como se apresenta. Além de manifestar dúvidas em relação ao seu projeto de vida, Virgínia tem dificuldades no domínio de certas características próprias ao *habitus* militante e ao campo político. Afirmou na entrevista que não consegue falar para um grande público, como, por exemplo, nas assembleias e que isso prejudica seu crescimento dentro do partido e do sindicato.

O grau de adesão a determinado projeto coletivo difere de um sujeito para outro. Mas, apesar de o projeto não ser uma determinação estritamente racional, ele não deixa de ser, conforme salienta Velho (1999b, p. 104), "resultado de uma deliberação consciente a partir das circunstâncias, do *campo de possibilidades* em que está inserido o sujeito. Isso implica reconhecer limitações, constrangimentos de todos os tipos [...]". Algumas militantes têm maior consciência de suas limitações e até onde conseguem chegar e isso torna-se fonte de angústia. Outras, entretanto, transformam o crescimento político dentro da militância em seu projeto de vida.

Concluindo

Ao longo da pesquisa foi possível observar que, apesar das diferenças existentes nas formas de militância nos dois tipos de instituições, há também algumas similaridades. Os sujeitos não se tornam militantes por acaso; há uma série de fatores, desde a família, classe social, experiência de vida, contexto social, entre outros, que concorrem para essa escolha. Além disso, nos dois casos a militância se constitui em uma forma de reconhecimento que se torna uma opção de vida.

Segundo Schütze (1992, p. 192), os processos biográficos individuais são condicionados por mecanismos coletivos e, a todo momento, os indivíduos em suas trajetórias estão reagindo a esses mecanismos. Há, portanto, um entrelaçamento constante dos processos biográficos individuais dentro das biografias coletivas. O autor desenvolveu a categoria de "movimento social coletivo" justamente para melhor caracterizar esse permanente entremear das trajetórias individuais e coletivas. De acordo com sua definição, há pessoas que vivem problemas ou experiências que têm uma mesma causa central e é nesse ponto que suas trajetórias deixam de representar somente os indivíduos e tornam-se coletivas.

---

[14] *Campo de possibilidades*: "trata do que é dado com as alternativas construídas do processo sócio-histórico e com o potencial interpretativo do mundo simbólico da cultura" (VELHO, 1999a, p. 28).

A "avaliação da trajetória biográfica" (SCHÜTZE, 1987; trad. DW, 2003) é diferenciada para as duas entrevistadas. Enquanto Jussara apresenta uma avaliação positiva de suas trajetória, Virgínia a todo o momento se questiona acerca de suas escolhas.

A militância é um projeto de vida definido pelas pessoas a partir do momento em que param para pensar e devem decidir seus rumos. De acordo com Velho (1999b), o ponto de partida para a definição de um "projeto" é o fato de as pessoas poderem escolher. Isso mostra que a opção pela militância é o resultado de toda uma trajetória de vida. As escolhas, no entanto, são feitas de acordo com os diferentes tipos de constrangimentos que os sujeitos enfrentam em suas vidas. Para alguns militantes, a opção por seguir em frente é mais fácil. Para outros, é a consequência de uma série de conflitos, de idas e vindas. Alguns adquirem um *status* mais elevado dentro de suas organizações. Outros, no entanto, não chegam a alcançá-lo.

É preciso, por fim, acrescentar que as identidades das militantes, sejam orientadas pela consciência étnica ou pelo marxismo-leninismo, por serem constantemente criadas e inventadas não significa que sejam inautênticas ou que aqueles que as produzem o façam de má-fé. Tanto Jussara quanto Virgínia compartilham de um sentimento subjetivo de participar de um grupo social, produzem para si mesmas definições comuns das situações cotidianas e acreditam em suas construções.

BIBLIOGRAFIA

APPEL, Michael (s.d.). "La entrevista autobiográfica narrativa – Fundamentos teóricos y la praxis del análisis mostrada a partir del estudio de caso sobre el cambio cultural de los Otomíes en México". *Forum Qualitative Sozialforschung / Forum Qualitative Social Research* [*On-line Journal*], art. 16. [Disponível em http://www.qualitativeresearch.net/fqs-texte/2-05/05-2-16-s.htm

BAUER, Martin W. & JOVLOVITCH Sandra (2002). Entrevista narrativa. In: BAUER, Martin, W. & GASKELL, George (orgs.). *Pesquisa qualitativa com texto e imagem*: um manual prático. Petrópolis: Vozes.

BOHNSACK, Ralf & WELLER, Wivian (2010). "O método documentário na análise de grupos de discussão". In: WELLER, W. & PFAFF, N. (orgs.). *Metodologias da pesquisa qualitativa em educação*: teoria e prática. Petrópolis: Vozes.

BOURDIEU, Pierre (1997). *Sobre a televisão* – Seguido de A influência do jornalismo e Os jogos olímpicos. Rio de Janeiro: Zahar.

_____ (1996). *As regras da arte*. São Paulo: Companhia das Letras.

_____ (1994). Esboço de uma teoria da prática. In: ORTIZ, R. (org.). *Pierre Bourdieu*. São Paulo: Ática.

_____ (1989). *O poder simbólico*. Lisboa: Difel.

FLICK, Uwe (2004). *Uma introdução à pesquisa qualitativa*. Porto Alegre: Bookman.

GOLDENBERG, Miriam (1997). "Mulheres e militantes". *Revista Estudos Feministas*, vol. 5, n. 2, p. 253-364. Rio de Janeiro.

GOSS, Karine Pereira (2003). *Identidades militantes em ações coletivas contemporâneas em Florianópolis (SC)*. Florianópolis: UFSC [Dissertação de mestrado].

HERITAGE, John C. (1999). Etnometodologia. In: GIDDENS, A. & TURNER, J. *Teoria Social Hoje*. São Paulo: Unesp.

LACLAU, Ernesto (1986). "Os novos movimentos sociais e a pluralidade do social". *Revista Brasileira de Ciências Sociais*, vol. 1. n. 2, out.

RIEMANN, Gerhard (2003). "A Joint Project Against the Backdrop of a Research Tradition: An Introduction to 'Doing Biographical Research' [36 paragraphs]". *Forum Qualitative Sozialforschung*/Forum Qualitative Social Research [*On-line Journal*], 4 (3), set. [Disponível em http://www.qualitative-research.net/fqs-texte/3-03/3-03hrsg-e.htm – Acesso em 20/03/08].

SCHÜTZ, Alfred (1979). *Fenomenologia e relações sociais*. Rio de Janeiro: Zahar.

SCHÜTZE, Fritz (2010). Pesquisa biográfica e entrevista narrativa. In: WELLER, Wivian & PFAFF, Nicolle (orgs). *Metodologias Qualitativas em Educação*: teoria e prática. Petrópolis: Vozes.

_____ (2007a). "Biography Analysis on the Empirical Base of Autobiographical Narratives: How to Analyse Autobiographical Narrative Interviews – Part I. Module B.2.1". *Invite* – Biographical Counselling in Rehabilitative Vocational Training – Further Education Curriculum [Disponível em http://www.biographicalcounselling.com/download/B2.1.pdf – Acesso em 20/03/08].

_____ (2007b). "Biography Analysis on the Empirical Base of Autobiographical Narratives: How to Analyse Autobiographical Narrative Interviews – Part II. Module B.2.2". *Invite* – Biographical Counselling in Rehabilitative Vocational Training – Further Education Curriculum [Disponível em http://www.biographicalcounselling.com/download/B2.2.pdf – Acesso em 20/03/08].

_____ (1992). "Pressure and Guilt: War Esperiences of a Young German Soldier abd their Biographical Implications (Part 1)". *International Sociology*, vol. 7 n. 2, jun.

_____ (1987). Para a identificabilidade intuitiva das atividades de representação valorativa e teórica. In: SCHÜTZE, Fritz. "Die Technik des narrativen Interviews in interactiosfeldstudien". *Unpublished manuscript*. [s.l.]: University of Bielefeld, p. 145-186 [Tradução de Denílson Luis Werle].

VELHO, Gilberto (1999a). *Projeto e metamorfose* – Antropologia das sociedades complexas. Rio de Janeiro: Zahar.

_____ (1999b). *Individualismo e cultura*: notas para uma antropologia da sociedade contemporânea. Rio de Janeiro: Zahar.

WELLER, Wivian (2009). "Narrativas biográficas de jovens negros em São Paulo e jovens de origem turca em Berlim". *Minha voz é tudo o que eu tenho* – Práxis estética e experiências discriminatórias de jovens negros em São Paulo e de jovens turcos em Berlim. Belo Horizonte: UFMG.

Capítulo 3

Migrantes altamente qualificados: oportunidades, restrições e motivos da imigração*

Arnd-Michael Nohl
Ulrike Selma Ofner

A pesquisa de migração tende, frequentemente, a utilizar a etnicidade como uma categoria essencial. A etnicidade, aqui, é importante em dois aspectos: em primeiro lugar, os participantes da pesquisas são caracterizados e classificados por ela, ou seja, alguém faz uma pesquisa sobre "brasileiros", sobre "porto-riquenhos" ou sobre "turcos" e, assim, utiliza a etnicidade como o padrão categórico que estrutura a subsequente amostragem e toda a pesquisa. Em segundo lugar, grande parte da pesquisa – e também dos estudos na área de pesquisa qualitativa – analisa a origem étnica dos migrantes. Em outras palavras, tentam descobrir como a vida de um imigrante se caracteriza por sua própria etnicidade.

Em nosso projeto de pesquisa sobre o capital cultural durante a migração, tentamos evitar tais perspectivas de etnização que ficam sob a superfície de estudos que, por sua vez, categorizam seus participantes pesquisados com marcas étnicas desde o início[1]. No entanto, tivemos de levar em conta a etnicidade como elemento de discurso dentro de nosso campo. Ao se oferecer oportunidades para que os imigrantes participem no sistema econômico do país de imigração, não se pode evitar o contato com o conceito de etnicidade. Até mesmo os chamados *global players*, atores políticos e sociais de destaque internacional, não estão necessariamente imunes às atribuições de categorias "étnicas".

Antes de nos concentrarmos em nosso material empírico, é preciso dizer algumas palavras sobre o conceito de etnicidade, sobre a forma como ela é usada nas Ciências Sociais. Em seguida, apresentaremos os principais conceitos teóricos de nossa pesquisa e sua metodologia, que é baseada no método documentário (cf. BOHNSACK, 2008; BOHNSACK et al., 2007;

---

* Revisão da tradução para o português: Vinícius Liebel.

[1] Para a composição metodológica deste projeto de pesquisa, cf. Nohl, Schittenhelm, Schmidtke e Weiss (2006). Outros resultados do projeto de pesquisa foram publicados como *working papers*, cf. www.cultural-capital.net

NOHL, 2008). Somente assim torna-se possível a discussão de alguns resultados importantes de nosso projeto de pesquisa.

Etnicidade: um conceito contestado

Raramente encontra-se um conceito nas Ciências Sociais que seja tão crítico, ao ponto de se chegar a um consenso na sociedade moderna, e, ao mesmo tempo, tão veementemente contestado, como o conceito de etnicidade (CORNELL & HARTMANN, 1998). A dificuldade de se chegar a um acordo sobre uma definição para este conceito decorre, apenas até certo grau, da complexa realidade que ele pretende descrever. Essencialmente, o contestado significado de etnicidade se refere à sua dupla natureza, como uma categoria política e um conceito analítico ao mesmo tempo. A pesquisa neste campo demonstrou que existe um risco sério de que o discurso acadêmico concretize e legitime construções de identidade por meio da promoção de características culturais como essenciais para determinados grupos sociais. Nessa perspectiva, identidades étnicas adquirem o caráter de uma dada fundação quase ontológica ou a-histórica, baseadas em interesses coletivos formulados. A exclusão social é justificada e a mobilização política é encenada.

A "virada construtivista" em estudos sobre etnicidade e nacionalismo (Benedict Anderson, Eric Hobsbawn, Ernest Gellner, entre outros) pode ser vista como uma tentativa de questionar a validade de abordagens essencialistas ou primordialistas, ao mesmo tempo que pretende abrir novas questões de pesquisa para a relevância persistente de identidades étnicas na sociedade contemporânea e na política. Em sua essência, esta tradição tratou da etnicidade como um subconjunto de categorias de identidades, focando em como os marcadores de identidade étnica são atribuídos com significado e significância nas práticas culturais e discursivas. Frequentemente, a pesquisa não vai muito além da conclusão de que formas codificadas etnicamente de identidade coletiva são "meramente" construídas e, consequentemente, são o resultado histórico de uma tentativa arbitrária de intelectuais ou de empresários políticos.

Cultura

Semelhante à etnicidade, a cultura, como termo, foi com frequência criticada com o objetivo de construir fronteiras culturais ou étnicas na pesquisa de migração (BOMMES, 1996; GÜMEN, 1996). No entanto, a ideia de cultura sempre consistiu em um conteúdo analítico além da construção de fronteiras. A fim de compreender o conflito político e as estratificações sociais que dizem respeito às dimensões simbólicas, uma reconsideração do termo "cultura" tornou-se necessária[2].

Sociedades contemporâneas mostram uma variedade de mundos sociais e culturais, bem como várias formações de grupos definidos por símbolos e práticas culturais. A fim de com-

---

[2] Pesquisas sobre estratificação social e conflito político enfatizaram por um longo tempo os recursos materiais em detrimento da diferenciação cultural (WEISS et al., 2001).

preender tais formas simbólicas cambiantes e seus diferentes significados, Andreas Wimmer (1996; 2005) propõe um processo-modelo de cultura que inclui, entre outros, a cultura incorporada, de acordo com o conceito de *habitus* de Bourdieu. A cultura incorporada é a base inquestionável das negociações, da constituição das fronteiras de grupos e das representações coletivas que são os resultados da negociação. Elas existem além dos mundos das vidas dos grupos sociais (WIMMER, 1996, p. 407), por meio de suas representações na mídia e na vida pública. A etnicidade pode ser – mas não precisa ser – um entre muitos tipos de representação, de cultura incorporada.

A cultura incorporada dá forma a práticas de vida e a padrões do pensar cotidianos, de maneira que as pessoas podem não estar sempre conscientes (MANNHEIM, 1982). Tais padrões implícitos de cultura podem ser semelhantes entre os grupos que são representados como etnicamente diferentes (SCHITTENHELM, 2005). Por exemplo: entrevistamos imigrantes que são definidos pelos outros como estonianos, turcos, persas ou indianos, mas – sendo médicos altamente educados com um diploma estrangeiro – seguem padrões culturais semelhantes para encontrarem seus caminhos no mercado de trabalho. Há também pessoas que representam a si próprias como de mesma etnicidade, embora suas culturas incorporadas sejam bastante divergentes. Ao se comparar, por exemplo, médicos turcos que vieram para a Alemanha no início dos anos de 1970 com médicos que vieram na década de 1990, descobriu-se diferenças consideráveis entre gerações.

Levando em conta os padrões de pensamento e de percepção implícitos – discutidos em conceitos de cultura na Sociologia do Conhecimento –, esta análise dos significados e práticas culturais não é baseada apenas na autoapresentação cultural de um grupo, mas em dimensões diversas que moldam mundos sociais e culturais. A existência de atributos comuns de cultura incorporada é resultado de experiências e de perspectivas semelhantes em relação a uma determinada posição social, uma formação de grupo e de experienciações étnicas e de outras rotulagens. Especificamente, podemos observar que, entre outras categorias, educação, classe, gênero, etnia e experiências de rotulagem étnicas são importantes e influenciam a cultura incorporada. Essas dimensões se sobrepõem e se misturam na prática incorporada do *habitus* (cf. LENZ, 1996; GÜMEN, 1996; BOHNSACK & NOHL, 1998). No conflito político e simbólico, vê-se frequentemente uma dimensão enfatizada para fins de distinção (p. ex., para representar a si mesmo ou outros, a partir de diferentes etnicidades ou sexos).

Habitus e etnia durante a integração ao mercado de trabalho

Devido ao fato de a etnicidade representar outros, ou de ser representada por outros, ela pode (mas não precisa) ser uma noção importante para a integração de imigrantes altamente qualificados no mercado de trabalho. Quando os imigrantes procuram emprego, têm de relacionar seu *habitus* ao mercado de trabalho. Investigamos esse processo analítico com o conceito de "capital cultural". Ao desenvolver o conceito de capital cultural, Bourdieu criou um nome para os aspectos da cultura que são valorizados como recurso em campos e espaços sociais. Ele distingue três formas de capital cultural, das quais duas são importantes para nossa investigação: capital cultural incorporado refere-se às reservas de conhecimento e habilidade que estão estreitamente relacionadas com o *habitus* – a cultura incorporada. Assim como a educação adquirida no decorrer da vida, tais reservas de conhecimentos e habilidades podem ser certificadas pelas organizações educativas e, assim, tornam-se capitais culturais institucionalizados.

Quando imigrantes altamente educados procuram emprego no mercado de trabalho dos países receptores, o reconhecimento de seu capital cultural torna-se precário. Ou mais precisamente: imigrantes podem não ter certeza alguma se seus recursos de conhecimentos e habilidades serão reconhecidos no mercado de trabalho como capital cultural. Dessa forma, estamos preocupados aqui com a relação das pessoas com seus conhecimentos e habilidades incorporados de um lado, e com as organizações presentes no mercado de trabalho e suas expectativas do outro lado. Essa relação é, sem dúvida, influenciada por muitos outros fatores, principalmente pelo Estado e pelos conflitos relativos à exclusão simbólica; é também estruturada por organizações educacionais nas quais pessoas receberam conhecimentos e habilidades, sejam elas certificadas ou não. Assim, o capital cultural é uma categoria relacional, na plena acepção da palavra (cf. SCHITTENHELM, 2006).

Embora a relação das pessoas e do mercado de trabalho seja mediada por vários fatores, pode-se assumir que o capital cultural desempenha um papel fundamental para a integração do mercado de trabalho com os conhecimentos sociais de hoje. Contudo, o capital cultural também é um dos fatores-chave contestados no processo de migração. O capital cultural, como uma relação entre as pessoas e as organizações do mercado de trabalho, torna-se precário no período de migração em pelo menos três aspectos:

Em primeiro lugar, mesmo para os imigrantes que receberem títulos educacionais no país de acolhimento, continua a ser pouco claro se tais títulos, obtidos no sistema educativo, são igualmente válidos no mercado de trabalho. Eles compartilham esta incerteza com candidatos nativos do país[3].

Em segundo lugar, os imigrantes que obtiveram sua formação acadêmica em seu próprio país ou num terceiro país podem descobrir que seus títulos educacionais não são reconhecidos como capital cultural institucionalizado pelas organizações governamentais e dos empregadores no país de acolhimento. É possível até mesmo que seus conhecimentos e habilidades incorporados não sejam avaliados.

Em terceiro lugar, os imigrantes podem ter de enfrentar pré-julgamentos sobre suas identidades étnicas, que são avaliadas pelos empregadores com mais peso do que seus capitais culturais. Tais pré-julgamentos podem conduzir à exclusão simbólica dos imigrantes. No entanto, os empregadores podem também apreciar a etnicidade de um imigrante, pois acrescenta (ou é suposto que adicionaria) algo a seu capital cultural (por exemplo, um advogado do Brasil que

---

[3] Bourdieu não supôs simplesmente que o capital cultural é utilizado sempre no país onde ele foi adquirido. Ele também partiu do princípio de que o sistema educacional e o sistema econômico associam-se, p. ex., nas mesmas expectativas com os certificados e diplomas. Em *A miséria do mundo* (BOURDIEU, 1999) é pela primeira vez tematizado empiricamente que não é assim.

entrevistamos encontrou um trabalho em Berlim na sucursal de uma agência internacional de consultoria como especialista latino-americano de direito fiscal)[4, 5].

Metodologia: análise comparativa

O design metateórico de nosso projeto é gerar uma pesquisa empírica sobre a integração dos imigrantes no mercado de trabalho. Nossa abordagem se baseia no método documentário desenvolvido por Ralf Bohnsack de acordo com a Sociologia do Conhecimento de Karl Mannheim.

Esse método comparativo de análise de dados qualitativos visa reconstruir as experiências práticas e orientações implicitamente articuladas pelos nossos temas de pesquisa durante entrevistas narrativas. Experiências e orientações identificadas em casos diferentes são, em seguida, captadas a partir de casos singulares e construídas como tipos. Reconstruímos diversas experiências dos migrantes durante seu *status* migratório no mercado de trabalho. As experiências que são significativas em casos diferentes são, então, captadas a partir de casos singulares e construídas como tipos[6]. Inclui-se a noção de gênero, redes sociais, linguísticas, diferentes motivações para a migração, bem como uma variedade de estratégias para utilizar os conhecimentos e habilidades como capital cultural. Ambas as experiências e as estratégias (implícitas) de migrantes podem incluir experiências de rotulagem étnica. Por exemplo, reconstruímos uma estratégia típica que leva em consideração o capital cultural entre médicos. Eles encontram emprego porque é suposto (ou eles próprios supõem) que utilizem suas habilidades linguísticas e competências culturais para tratar doentes com antecedentes migratórios.

Esta abordagem visa desenvolver conceitos para compreender a integração no mercado de trabalho dos imigrantes em relação a diversos aspectos da sociedade. Ao utilizar os conceitos de capital cultural e *habitus* para pesquisa de migração, acreditamos que podemos escapar das armadilhas do conceito analítico de etnicidade sem abandonar o *insight* que ele pode trazer em um nível empiricamente descritivo.

Como já foi mencionado anteriormente, podemos mostrar os diferentes *modus operandi* nos quais acadêmicos estrangeiros convertem seus conhecimentos e habilidades

---

[4] O precário reconhecimento de capital cultural mostra que as expectativas de organizações econômicas em relação ao capital cultural não se referem apenas ao funcionamento eficiente das organizações econômicas. Apesar da busca pelo lucro ser a função última das organizações no sistema econômico, o objetivo geral é trazido à prática de formas diversas. Entre outras, a etnicidade dos candidatos ao emprego bem como a cultura incorporada dos agentes de decisão podem ter influência durante esse processo. Cf. Nohl 2007 (*ZfE-Artikel*), Weiss 2006.

[5] Nas explanações das seções 1 a 3, recorremos às reflexões e formulações de uma fala de Arnd-Michael Nohl, Karin Schittenhelm, Oliver Schmidke e Anja Weiss, realizada em novembro de 2006, em Berlim.

[6] Pesquisas anteriores realizadas com o método documentário mostraram que é possível distinguir os dois modos diferentes nos quais a etnicidade (assim como outras noções de diferença, como gênero e classe social) pode aparecer: por um lado, estamos aptos a reconstruir a forma como etnicidade, gênero e classe social são experienciadas como um rótulo/representação (discriminatório/a) usado(a) por outros. Por outro, analisamos como etnicidade, gênero e classe social dimensões de afiliação social e comunhão em culturas incorporadas.

em capital cultural ou encontram empregos de qualquer forma, isto é, as trilhas que levaram os imigrantes altamente qualificados até sua posição no mercado de trabalho, no momento da entrevista. Ao interpretar os dados qualitativos com o método documentário, nós não apenas sumarizamos e recapitulamos o significado iminente e temático das narrações, mas ainda melhor, objetivamos reconstruir esse significado em que as orientações práticas implícitas dos migrantes são documentadas. Assim, nossas interpretações tentam evidenciar – entre outras coisas – as estratégias práticas implícitas empregadas por imigrantes quando eles aproveitam seus capitais culturais. Estas estratégias nos permitem reconstruir os fatores estruturais moldando os constrangimentos e as oportunidades que imigrantes enfrentam quando tentam entrar no mercado de trabalho. Comparar diferentes contextos nacionais é mais uma ferramenta crítica para identificar as peculiaridades desses fatores estruturais.

A fim de melhorar a validade de nossas interpretações e identificar estratégias típicas durante a mudança de *status* para o mercado de trabalho, comparamos grupos de imigrantes com *status* diferentes uns com os outros. Em primeiro lugar, distinguiu-se imigrantes que receberam seus títulos educacionais no país de acolhimento daqueles que receberam seus certificados educativos no exterior. Em segundo lugar, comparou-se os imigrantes cujos acessos ao mercado de trabalho são restritos pela lei de migração com aqueles que têm pleno acesso legal. E, em terceiro lugar, contrastou-se o acesso ao mercado de trabalho da Alemanha para a Turquia e para o Canadá, respectivamente. Com estas comparações, pretendemos esclarecer empiricamente os diferentes fatores (organizações educacionais, as expectativas do mercado de trabalho, a lei de migração), que influenciam o capital cultural como uma categoria relacional.

Aqui, gostaríamos de focar apenas os casos empíricos que analisamos na Alemanha. Mais especificamente, analisaremos dois imigrantes que obtiveram seus títulos educacionais no exterior e que, em seguida, vieram à Alemanha, onde obtiveram uma autorização de residência que lhes permitia pleno acesso ao mercado de trabalho. Nossas comparações também incluem outros imigrantes, isto é, aqueles com acesso subordinado ao mercado de trabalho, por exemplo, refugiados, por um período de tempo mais ou menos longo.

O principal critério adotado para escolher os entrevistados (além da amostra teórica) foi o abandono do país de origem pelo menos cinco anos antes da entrevista. Como critérios adicionais, foram selecionadas as seguintes características:
- Não ter mais de 45 anos.
- Ter um diploma ou experiência profissional no domínio de:
  - Economia / Administração;
  - TI;
  - setor de saúde.

À primeira vista, poderia-se ter a impressão de que se trata da migração de trabalho no senso comum. Mas, para nossa própria surpresa, foi muito difícil encontrar "o clássico imigrante de trabalho" quando procuramos participantes para a entrevista com graus acadêmicos no exterior. Na verdade, entre as 45 pessoas entrevistadas, apenas dois se encaixaram nessa categoria.

Orientações e motivações que levaram estrangeiros acadêmicos à Alemanha

Então, ocupemo-nos das orientações e motivações que levaram estrangeiros acadêmicos à Alemanha.

Mais uma vez, isso deve ser considerado num contexto mais amplo. Sejam quais forem as razões – únicas ou um conjunto de motivos – elas não foram constituídas num vácuo, mas estavam intimamente relacionadas às condições macro e mesoestruturais em que estavam envolvidas. A tipologia que nós elaboramos trata das motivações e das experiências que influenciaram a decisão de migrar e de permanecer na Alemanha.

Nos dados empíricos pôde-se identificar cinco tipos principais de orientações, razões, motivos etc.:
- Orientação de companhia (1)
- Orientação de melhoria (2)
- Orientação de qualificação (3)
- Procura de refúgio (4) e
- Wanderlust (desejo de mudança) (5)

Essas orientações podem ocorrer como causas únicas ou como motivações interferentes para se sair do país de origem e determinar o processo que conduz da emigração à imigração. Isso não significa que não haja outras orientações fora as cinco que foram apontadas como particularmente notáveis. Por exemplo, contatos sociais no país de imigração poderiam apoiar a decisão de ficar, sem ser um único motivo significante para a migração. Nós também identificamos sobreposição, alteração, orientações novas e obsoletas que motivam imigrantes a consolidar sua presença nos próprios países de residência.

Orientação de companhia

A companhia de outras pessoas como um motivo para migrar ou como um motivo para permanecer na Alemanha tem consequências negativas para a carreira dos imigrantes entrevistados em nossa amostra. Eles a levaram em consideração e não houve nenhum caso do chamado casamento *Green Card*, o que chamamos em alemão de *Scheinehe*.

Orientação de melhoria

Definimos "melhoria" como uma esperança para o melhoramento socioeconômico. Nas entrevistas, aspirações de um nível de vida superior, segurança social, campos profissionais atraentes e salários mais elevados são considerados como orientações de melhoria. Apenas em casos muito raros isto ocorreu juntamente com a oportunidade antecipada do uso do capital cultural estrangeiro na Alemanha.

Orientações de qualificação

Encontramos em nossos dados empíricos diferentes tipos de qualificação: termos de estudo no exterior, pós-graduação, posições pré-doutorais, experiência profissional no exterior e especialização médica. Se a qualificação era o único motivo para a migração, a ideia original não era a de ficar na Alemanha, mas a de voltar depois de ter acumulado o capital cultural que aspiravam. No entanto, surgiram outras orientações que tornaram o plano de voltar para casa obsoleto. Nas amostras de orientações de companhia ou de melhoria, ou na combinação de ambas, era importante permanecer na Alemanha.

Procura de refúgio

As narrações biográficas revelaram que algumas pessoas tiveram de abandonar seu país de origem devido à ameaça de guerra, a agitações armadas ou à perseguição política. Outras possíveis orientações se revelaram motivos meramente adicionais que podem exercer um ímpeto positivo no estabelecimento de exílio – como a formação de uma família, sucesso profissional, rede social etc.

Wanderlust (desejo de mudança)

O "desejo de mudança" tem uma orientação de menor importância em nossos dados empíricos do que os quatro tipos elaborados anteriormente. Havia sempre outras orientações combinadas com *Wanderlust* – como a qualificação e a melhoria. Portanto, não é surpreendente que os migrantes com *Wanderlust* são, ao mesmo tempo, orientados estrategicamente para promover sua carreira.

Conexões comuns entre a utilização do capital cultural, as orientações relacionadas à migração e as fases da mudança de *status*

Se tomarmos as orientações biográficas que conduzem ou consolidam a imigração na Alemanha como uma dimensão de inclusão no mercado de trabalho e a utilização de conhecimentos e competências, a inclusão dos imigrantes altamente qualificados no mercado de trabalho acontece numa combinação destas dimensões tipificadas. Nossa tipologia também contém uma tipificação elaborada de uma terceira dimensão: as mudanças de *status* durante a migração. Gostaríamos de discutir a seguir quatro das sete combinações significativas dessas dimensões. Na terminologia do método documentário, a reconstrução de tais conjuntos significantes de dimensões tipificadas implica a construção de tipos sociogenéticos.

Desta forma, passemos para alguns resultados de nossa descoberta de *conexões comuns entre a utilização do capital cultural, as orientações relacionadas à migração e as fases da mudança de status*.

Embora nos refiramos a apenas um ou dois casos de cada tipo, a tipologia é baseada na análise comparativa de cerca de 40 entrevistas narrativas. Uma interpretação documentária em grande escala só é possível quando se trabalha em equipe. Portanto, queremos que saibam que a tipologia aqui apresentada é o produto cooperativo de Sarah Thomsen, Yvonne Henkelmann e dos autores deste capítulo.

O capital cultural perdido dos refugiados

Nossa primeira maneira típica de utilização dos conhecimentos e das habilidades está profundamente ligada ao drama social dos refugiados, especificamente das pessoas que fugiram da ex-Iugoslávia e da guerra civil para a Alemanha. Essas pessoas não receberam *status* jurídico legal ou permissão para trabalhar quando fugiram para a Alemanha. Depois de viver em acampamentos para refugiados por anos, apenas alguns bósnios receberam uma autorização de residência devido aos traumas que sofreram durante a guerra.

Sra. Orsolic é uma dessas pessoas de "sorte". Em seu país natal ela tinha obtido um diploma em Economia e tinha feito carreira em uma empresa, da qual se tornou gerente. No entanto, ao mesmo tempo, a guerra na Bósnia surgiu e forçou a Sra. Orsolic e sua família ao exílio. Sra. Orsolic teve que esperar mais de oito anos por sua autorização de residência e de trabalho, tempo em que ela ficou em uma casa para refugiados em Berlim. Entretanto, durante esses anos, ela tentou tornar-se útil e ajudou seus correfugiados prestando serviços de tradução e auxílio a outros problemas da vida diária.

Após oito anos de espera, a Sra. Orsolic recebeu autorização de trabalho. Ela não consegue encontrar nenhum trabalho em sua profissão, embora seu conhecimento de alemão fosse muito bom. Apesar das frequentes consultas no centro de empregos, nunca lhe foi dado um trabalho relativo a seu diploma de Economia ou qualquer outra oportunidade de treinamento. Quando finalmente entendeu que não seria capaz de trabalhar como economista, Sra. Orsolic foi persuadida a continuar no trabalho que fazia anteriormente, em base voluntária, na residência para os refugiados. Ela recebeu um treinamento muito curto e insuficiente como tradutora, a fim de se tornar uma "mediadora". Este treinamento é dado apenas aos estrangeiros e deve capacitá-los a ajudar as pessoas do mesmo país de origem a se comunicarem com os escritórios alemães, serviços médicos etc. Ela passou então a trabalhar como uma "mediadora", ainda que com uma remuneração muito baixa e com pouco serviço. Com isso, tentou transformar o conhecimento de sua língua materna e da língua alemã em um emprego.

Ao analisarmos a história de vida da Sra. Orsolic, compararmos com outras histórias de vida homólogas e, em seguida, ao separá-la do caso simples, podemos identificar uma forma muito típica de utilizar os conhecimentos e habilidades no mercado de trabalho alemão. Essas pessoas, que não são capazes de utilizar os conhecimentos e as competências que adquiriram em seu país natal no mercado de trabalho alemão, só podem utilizar tais habilidades não acadêmicas que estão profundamente ligadas à sua identidade social. No caso da Sra. Orsolic, é a identidade social como estrangeiro, ou melhor, como bósnia. Devido a essa identidade social, ela é forçada a se tornar uma "mediadora".

Além dessa identidade "etnizada", a identidade ligada ao gênero pode também se tornar importante. Sra. Pasic, por exemplo, que fora deixada desempregada e também sem uma autorização de trabalho por anos, agora trabalha como "mediadora" e como babá. São pessoas que, devido às razões jurídicas, foram capazes de sair do *status* de refugiados apenas após vários anos e, em seguida, encontraram-se em um novo mercado de trabalho, onde não podem utilizar seus antigos diplomas universitários mas apenas as habilidades que lhes são classificadas devido à sua identidade étnica ou a seu gênero. Ao se questionar sobre o porquê da situação difícil dessas pessoas, a resposta está nos fortes motivos de sua migração. Uma mãe que tem de fugir da guerra não pode voltar ao seu país facilmente, mesmo que a guerra já tenha acabado. Isso acontece porque – como é evidente nos casos citados – seus filhos cresceram na Alemanha e estão prestes a concluir uma carreira escolar bem-sucedida. As mães sacrificam suas próprias carreiras para o bem de seus filhos. (A propósito: o marido da Sra. Orsolic – um economista como sua esposa – está trabalhando como artesão sem qualificações, a fim de alimentar sua família).

Médicos passam por "aperto"

A segunda maneira típica na qual o capital cultural é constituído durante a inclusão dos imigrantes no mercado de trabalho está, mais uma vez, profundamente ligada à estrutura jurídica e aos motivos de migração. No entanto, nesse tipo, há uma relação positiva. Todas as pessoas que receberam treinamento médico em seus próprios países trabalharam lá por um tempo. Mais tarde, foram aceitos como alemães étnicos ou se casaram com um(a) alemão(ã) e, em seguida, estabeleceram-se na Alemanha. Dr. Nazar, por exemplo, migrou para Hamburgo depois de se casar com uma mulher turca que cresceu na Alemanha. Por sua esposa possuir cidadania alemã, ele obteve autorizações de residência e de trabalho. Um tio de sua esposa o apresentou aos turcos que vivem em Hamburgo e o ajudou a se tornar membro da Associação dos Médicos Turcos. Lá, ele é um ativista e, em um curto espaço de tempo, conheceu muitos doutores de origem turca. Antes mesmo de aprender alemão suficientemente, foi-lhe oferecido um posto de trabalho. Começou então a trabalhar em uma clínica visitada frequentemente por turcos e por outros migrantes. Mais tarde, ele se tornou proprietário dessa mesma clínica médica.

A inclusão desimpedida dentro do mercado de trabalho, analisada no caso de vários médicos, não veio por puro acaso. Ao contrário, está intimamente ligada às condições sociais e legais na Alemanha. Em primeiro lugar, os motivos de migração dessas pessoas poderiam ser facilmente transformados em residências estáveis e autorizações de trabalho. Em segundo lugar, eles foram capazes de lucrar com a legislação profissional para médicos porque eram considerados alemães étnicos ou eram casados com uma pessoa alemã.

A lei federal para médicos, na realidade, só permite que cidadãos alemães exerçam a profissão (nos últimos anos, esta foi alterada e agora todos os membros da UE têm direito). No entanto, os refugiados tinham ganhado o *status* de asilo e os estrangeiros casados com alemães eram autorizados a fazer um estágio em assistência médica por um período de dois anos e, em seguida – depois de se naturalizar – lhes era dado pleno direito legal de exercer a medicina. No entanto, o legislativo decidiu acabar com esse exemplo de boa integração e impôs um exame bastante difícil, o que deixa espaço para vários tipos de discriminação a todos os médicos estrangeiros.

Se olharmos agora para as condições sociais nas quais Dr. Nazar e seus outros colegas com diplomas estrangeiros trabalham, vemos que seu sucesso é significativamente dependente do fato de a Alemanha, há muito tempo, ser um país de imigração. Devido a problemas linguísticos, ou à discriminação (assumida), esses imigrantes preferem ir a um médico ou a um dentista considerado estrangeiro ou do mesmo país de origem. Alguns dos médicos que entrevistamos disseram que cerca de 90% de seus pacientes são de seus próprios países. Alguns doutores também cuidam de pessoas de países diferentes por falarem várias línguas, como russo, polonês ou francês. A manifestação de uma economia étnica não é, obviamente, resultado de uma estratégia deliberada e destinada por parte dos próprios médicos. Pelo contrário, estes doutores tiveram dificuldade para encontrar um posto de trabalho nas clínicas que pertenciam a alemães nativos.

Considerando que essa segunda maneira tipificada de utilizar conhecimentos e habilidades depende de condições jurídicas e de etnicidade, a terceira maneira na qual o capital cultural está sendo construído é identificado entre imigrantes cuja inclusão no mercado de trabalho é bastante independente. Predominantemente gerentes e consultores econômicos vivem tais histórias de vida.

O capital cultural transnacional e o pertencimento a um espaço

Comecemos com um exemplo que poderia ilustrar brevemente o que está por trás dessa fórmula abstrata:

Quando ainda estava na Índia, sua pátria, Sr. Katekar já tinha subido os primeiros degraus da escada de sua carreira como engenheiro. Quando percebeu que sua carreira profissional havia atingido um beco sem saída, Sr. Katekar decidiu frequentar um programa de estudos de mestrado em comércio, mas não conseguiu encontrar nenhuma universidade que lhe aceitasse na Índia. Por isso, preferiu a London School of Business. Devido à sua má situação financeira, Sr. Katekar teve que trabalhar em empresas de telecomunicação durante os períodos de férias. Quando entrevistado para um emprego em uma empresa internacional, um gerente alemão lhe perguntou sobre as aulas de alemão que ele havia feito na escola primária e surpreendentemente ofereceu-lhe um emprego em Munique. Durante sua graduação, Sr. Katekar se mudou imediatamente para a Alemanha e assumiu a posição oferecida.

Encontramos pessoas como Sr. Katekar, que foram capazes de entrar no mercado de trabalho alemão imediatamente em um nível elevado, nos departamentos de ciência de universidades, bem como em empresas internacionais no mercado livre. A característica comum a todos esses imigrantes é que eles já receberam seus títulos acadêmicos em uma universidade com reputação internacional, ou ainda em uma universidade fora de seu país de origem. Sua educação acadêmica, portanto, foi transformada em capital cultural transnacional. Por exemplo, um biólogo formado na Universidade de Xangai foi facilmente aceito em um cargo na Universidade de Frankfurt.

No entanto, existe uma diferença significativa entre os cientistas naturais e os diplomados em Economia: as competências linguísticas. Os cientistas naturais conduzem sua vida profissional em inglês, de modo que só aprenderam alemão para as necessidades do dia a dia. Porém, os gerentes e consultores de empresas já tinham – como Sr. Katekar – aprendido alemão antes de migrar.

Considerando que para os outros imigrantes a questão principal é saber como utilizar seus títulos acadêmicos estrangeiros no mercado de trabalho alemão, alguém pode perguntar para pessoas como o Sr. Katekar por que elas ficam na Alemanha. Por que o Sr. Katekar não procura trabalho em outro país? Por que o Dr. Yan, que poderia ter grandes oportunidades nos Estados Unidos, prefere ser biólogo na Alemanha? Essas pessoas, que já foram muito independentes e que não se sentiam vinculadas a país algum quando eram solteiras, apaixonaram-se por alguém na Alemanha e encontraram uma família. Sr. Katekar, por exemplo, casou-se com uma mulher que ele conheceu num curso de ioga. Após se tornar pai, não pensa em trabalhar em outro país.

Se retornarmos à teoria e atentarmos ao conceito de capital cultural, observaremos que o conhecimento e as habilidades podem ser dependentes de um espaço específico; mesmo se forem aceitos internacionalmente, podem ainda ser transformados em capital cultural transnacional. Em contraste com o discurso da globalização, o capital cultural pode ser vinculado a um espaço específico, pois as pessoas têm outras necessidades além do trabalho; elas atam seus corações com aqueles que amam. O capital cultural não é um capital constituído entre os organismos educativos e o mercado de trabalho. É também formado por outras dimensões sociais, como, por exemplo, pela família.

Equilíbrios instáveis: a fundação de uma família utilizando o capital cultural

A última estratégia de utilização de conhecimentos e competências é bastante diversa daquelas anteriormente apresentadas, pois os indivíduos em questão não dominam um capital cultural transnacional e nem podem tirar proveito da oportunidade de se estar casado com uma pessoa alemã (como os médicos). No entanto, a razão de terem migrado para a Alemanha era um homem pelo qual se apaixonaram. Uma dessas mulheres – e esse tipo é identificado apenas entre as mulheres – nos diz o porquê dela não se casar com o homem que amava:

> O ponto importante para mim foi que eu não queria casar com ele. Bem, eu adoraria me casar com ele, mas não quero casar a fim de receber uma autorização para me tornar residente. Por esta razão, usei o seguinte método...

Para não ser dependente de um visto por meio do casamento, a Sra. Piwarski construiu uma empresa na Alemanha e, dessa forma, recebeu um visto. Em primeiro lugar, ela ofereceu serviços para empresas polonesas que queriam fazer negócios na Alemanha. Mais tarde, ela ofereceu serviços de consultoria para empresas alemãs que queriam expandir seus negócios na Polônia. Embora seu campo profissional fosse bastante restrito, ela conseguiu encontrar uma posição na Alemanha sem recorrer à ajuda de seu namorado. Somente quando ela já havia se estabelecido na Alemanha casou-se e começou uma família.

As pessoas que são tão autoconfiantes e autônomas, naturalmente, não gostam de depender de um mercado étnico (por exemplo, por meio da venda de habilidades na Polônia). Fabiola Guzman, por exemplo, concluiu o mestrado na universidade para não ser uma especialista apenas para a América Latina. Após a conclusão de formação como contadora, ela encontrou um emprego sem qualquer conexão com seu país de origem. Mulheres imigrantes como Fabiola Guzman e Sra. Piwarski estão interessadas em manter um equilíbrio, mesmo que instável e cheio de surpresas, porém que mais tarde se estabilize.

Diferentes sentidos de etnicidade

Os casos apresentados revelam típicas ligações entre a utilização do capital cultural, as orientações de migração relacionadas e as fases da mudança de *status*. Ao mesmo tempo, eles revelam os diferentes significados e significâncias da etnicidade:

- As refugiadas; Sra. Orsolic e Sra. Pasic, são reduzidas a seus conhecimentos linguísticos e à sua suposta capacidade de mediação entre instituições alemãs e as pessoas de mesma "origem étnica", simplesmente porque compartilham do mesmo passaporte. Por causa do sexo, competências lhes são atribuídas, como a limpeza ou o cuidado de crianças e idosos. As possibilidades no mercado de trabalho significam uma grave deterioração de seu capital cultural potencial.
- Todos os médicos também estão fortemente relacionados com suas reais ou supostas "propriedades étnicas". Mas isso não atrapalha, de maneira exclusiva, suas possibilidades de utilizar conhecimentos e competências acadêmicas no país de acolhimento. Embora o capital cultural incorporado suponha auxiliá-los com seus graus acadêmicos a se integrarem ao mercado de trabalho, esta possibilidade é bastante ambígua, pois a atribuição étnica mantém muitos dos doentes estrangeiros na Alemanha e deixa os imigrantes médicos na categoria separada da "economia étnica".
- Migrantes altamente qualificados, com um capital cultural transnacional amplamente apreciado, como os universitários anteriormente citados, Sr. Katekar e Dr. Yan, parecem bastante imunes à discriminação étnica – pelo menos no campo profissional. Mas temos um exemplo de um especialista de TI (o qual não foi citado), que fora "saudado" por um empregador em potencial com as palavras "mas você é negro". Segundo o africano especialista em TI, ele não obteve o emprego – apesar de excelentes referências – por conta de preconceitos relacionados ao continente de seu nascimento. Neste caso, a exclusão simbólica sobrepõe o capital cultural. O absurdo da discriminação etnicamente correlacionada é impressionante ao se referir a todo um continente (ou quase todo o continente).
- Aqueles que utilizam seus conhecimentos e competências relacionados a seus países de origem no domínio da Economia, como gestores, pela primeira vez depois da migração têm dificuldades em se livrar de partes de seu capital cultural, que estão relacionadas a seu país de origem. O abandono da rotulagem é em grande parte relacionado com altos esforços para conquistar um novo capital cultural sob a forma de novas qualificações no país de acolhimento (institucionalizados ou intraempresa).

Como os resultados apresentados dos dados empíricos mostram, a implementação do método documentário permite um profundo conhecimento sobre as dimensões biográficas e o contingente papel da etnicidade para a integração do mercado de trabalho alemão. Além disso, o impacto de outros aspectos da vida influenciam o desenvolvimento profissional além de carreiras estratégias elucidadas.

BIBLIOGRAFIA

BOHNSACK, Ralf (2008). *Rekonstruktive Sozialforschung* – Grundlagen qualitativer Sozialforschung.Opladen: Barbara Budrich.

BOHNSACK, Ralf; NENTWIG-GESEMANN, Iris & NOHL, Arnd-Michael (orgs.) (2007). *Die dokumentarische Methode und ihre Forschungspraxis* – Grundlagen qualitativer Sozialforschung. Wiesbaden: VS-Verlag.

BOHNSACK, Ralf & NOHL, Arnd-Michael (1998). Adoleszenz und Migration – Empirische Zugänge einer praxeologisch fundierten Wissenssoziologie. In: BOHNSACK, R. & MAROTZKI, W. (orgs.). *Biographieforschung und Kulturanalyse*. Opladen: Leske/Budrich, p. 260-282.

BOMMES, Michael (1994). Die Beobachtung von Kultur – Die Festschreibung von Ethnizität in der bundesdeutschen Migrationsforschung mit qualitativen Methoden. In: KLINGEMANN, C. & NEUMANN, M. (orgs.). *Jahrbuch der Soziologiegeschichte*. Opladen: [s.e.], p. 205-226.

BOURDIEU, Pierre (1997). *Das Elend der Welt*. Konstanz: UVK.

CORNELL, Stephen & HARTMANN, Douglas (1998). *Ethnicity and Race* – Making Identities in a Changing World. [s.l.]: Pine Forge Press.

GÜMEN, Sedef (1996). "Die sozialpolitische Konstruktion 'kultureller Differenzen' in der bundesdeutschen Frauen- und Migrationsforschung". *Beiträge zur feministischen theorie und praxis* – Vol. 42: Entfremdung. Migration und Dominanzgesellschaft. [s.l] [s.e.], p. 77-89.

LENZ, Ilse (1996). Grenzziehungen und Öffnungen – Zum Verhältnis von Geschlecht und Ethnizität zu Zeiten der Globalisierung. In: LENZ, I.; GERMER, A. & HASENJÜRGEN, B. (orgs.). *Wechselnde Blicke*. Opladen: Leske/Budrich, p. 200-228.

MANNHEIM, Karl (1982). *Structures of Thinking*. Londres: Routledge/Kegan Paul.

NOHL, Arnd-Michael (2008). *Interview und dokumentarische Methode* – Anleitungen für die Forschungspraxis. Wiesbaden: VS-Verlag.

_____ (2007). "Kulturelle Vielfalt als Herausforderung für pädagogische Organisationen". *Zeitschrift für Erziehungswissenschaft*, 10 (1), p. 61-74.

NOHL, Arnd-Michael et al. (2006). "Cultural Capital During Migration – A Multi-level Approach for the Empirical Analysis of the Labour Market Integration of Highly Skilled Migrants". *Forum Qualitative Sozialforschung*, vol. 7, n. 3, art. 14, mai. [Disponível em http://www.qualitative-research.net/fqs-texte/3-06/06-3-14-e.htm].

SCHITTENHELM, Karin (2006). Statuspassagen zwischen Schule, Ausbildung und Arbeitswelt – Eine Analyse auf der Grundlage von Gruppendiskussionen. In: BOHNSACK, Ralf; PRZYBORSKI; Aglaja & SCHÄFFER, Burkhard (orgs.). *Gruppendiskussionen in der sozialwissenschaftlichen Forschungspraxis*. Opladen: Barbara Budrich, p. 93-108.

_____ (2005). *Soziale Lagen im Übergang* – Junge Migrantinnen und Einheimische zwischen Schule und Berufsausbildung. Wiesbaden: VS-Verlag.

WEISS, A. et al. (orgs.) (2001). *Klasse und Klassifikation* – Die symbolische Dimension sozialer Ungleichheit. Opladen: Westdeutscher Verlag.

WIMMER, Andreas (2005). *Kultur als Prozess* – Zur Dynamik des Aushandelns von Bedeutungen. Wiesbaden: VS-Verlag.

_____ (1996). "Kultur – Zur Reformulierung eines ethnologischen Grundbegriffs". *Kölner Zeitschrift für Soziologie und Sozialpsychologie*, vol. 48 (3), p. 401-425.

Parte V

Etnografia e Educação

Capítulo 1

Etnografia em contextos escolares: pressupostos gerais e experiências interculturais no Brasil e na Alemanha*

Nicolle Pfaff

No sentido literal, a palavra grega "etnografia" denota a descrição (*graphein*) de um povo ou cultura (*ethnos*) estranha, uma vez que fez parte da antiga antropologia colonial. Atualmente, em várias publicações o termo também denota um estilo específico de pesquisa, caracterizado pela observação sem viés de fenômenos sociais e por um conjunto específico de procedimentos de coleta de dados, incluindo métodos tão diversos como a observação participante, entrevistas ou filmagens. Ambas as significações serão esboçadas sucintamente nas seções seguintes, começando com alguns aspectos do desenvolvimento histórico da Etnografia como uma abordagem e metodologia nas Ciências Sociais.

Etnografia: um estilo de pesquisa

Vidich e Lyman (2006) destacam em sua visão geral sobre a história da pesquisa qualitativa que a Sociologia e a Antropologia deram início à tentativa de compreender o "outro", inaugurando, portanto, o trabalho de campo etnográfico de observação. Contudo, a Etnografia como um estilo de investigação remonta a uma época em que a Antropologia, a Sociologia ou a Educação ainda não se haviam estabelecido como disciplinas científicas. O trabalho de campo etnográfico começou já nos tempos do início da colonização, quando as culturas recém-descobertas em outros lugares do mundo demonstraram que as culturas conhecidas não representavam a única forma de vida social existente. Dessa forma, os chamados povos "incivilizados" do Novo Mundo – ainda que dominados por uma atitude apreciativa e condescendente – constituíram os primeiros objetos da pesquisa etnográfica (cf. GINSBURG 1991).

---

* Tradução de Renato Souza. Revisão de Wivian Weller.

> Antes da profissionalização da Etnografia, as descrições e avaliações das raças e culturas mundiais eram feitas por missionários, exploradores, bucaneiros e administradores das colônias, todos eles ocidentais. Seus relatos – encontrados em igrejas e nos arquivos nacionais e locais por todo o mundo, e, em sua maioria, desconhecidos para os etnólogos contemporâneos – foram escritos a partir da perspectiva de uma civilização conquistadora, ou por representantes desta, confiantes em sua missão de civilizar o mundo (VIDICH & LYMAN, 2006, p. 53).

A profissionalização dessa incipiente etnografia incluiu a especialização da Antropologia como tradição literária e científica, assim como um processo de fraternização e crescente empatia com as culturas investigadas. Sobretudo Borislaw Malinowski (1922) desenvolveu o trabalho de campo etnográfico clássico como metodologia científica. Todo o processo de profissionalização aconteceu no século XIX, quando também no campo da Educação os primeiros estudos etnográficos tratavam da comparação da organização escolar e da vida escolar em diferentes regiões da Europa (cf. DEPAEPE & SIMON, 1995). Outras perspectivas educacionais podem ser encontradas nos primórdios da Antropologia, por exemplo, a observação da vida familiar e as práticas de formação de povos e tribos estranhas. Já naquele período a universalidade das práticas e instituições educacionais despertou o interesse científico pela organização dos processos educacionais a partir de uma perspectiva comparativa.

No início do século XX, o trabalho de campo etnográfico como metodologia de pesquisa concernente à vida social era utilizado cada vez mais em outras áreas, tais como a Sociologia e a Educação. Métodos etnográficos também passaram a ser utilizados na psicologia escolar e do desenvolvimento dos países de língua alemã, entre outros, por Clara e William Stern, Charlotte e Karl Bühler. Esses pesquisadores fizeram uso da Etnografia em combinação com a pesquisa biográfica com o intuito de investigar percursos de vida, processos de aprendizagem e de desenvolvimento (cf. KRÜGER, nesta obra). Outros estudos diziam respeito aos mundos da vida de crianças de grandes cidades (MUCHOW & MUCHOW, 1935/1978) ou aos desempregados de uma pequena cidade no sul da Alemanha (JAHODA; LAZARSFELD & ZEISEL, 1933). A primeira forma de etnografia relacionada à escola e ao currículo foi a que Else e Peter Peterson desenvolveram no começo da década de 1920, com base em observações de inspiração fenomenológica em sua escola alternativa Jena-Plan.

Ao mesmo tempo, na sociologia norte-americana a abordagem etnográfica desfrutava de grande popularidade. Depois de uma variedade de estudos antropológicos sobre nativos norte-americanos, a Etnografia foi aplicada cada vez mais a certos segmentos da própria sociedade, extendendo-se gradualmente para o campo da Sociologia. Esses estudos diziam respeito a grupos sociais e minorias, tais como afro-americanos, imigrantes europeus e asiáticos ou gangues de jovens nos subúrbios das cidades maiores. Destacam-se aqui os trabalhos desenvolvidos pela Escola de Chigaco, entre outros, William Thomas e Florian Znaniecki (1927), Frederic Trasher (1927) e William Whyte (1943), que sob a inspiração de Robert E. Park realizaram excelentes pesquisas sobre grupos de jovens e de imigrantes a partir de uma perspectiva etnográfica. Contudo, nas décadas seguintes até a década de 1960, a pesquisa etnográfica – assim como outros métodos qualitativos – perdeu sua influência na maioria das disciplinas das Ciências Sociais e os métodos estatísticos relacionados às abordagens quantitativas passaram a adquirir maior popularidade. Somente no contexto dos movimentos de emancipação e das reformas educacionais durante o final dos anos de 1960 e início dos anos de 1970 é que os métodos qualitativos de caráter reconstrutivo foram novamente empregados na maioria das disciplinas das Ciências Sociais (cf. WELLER & PFAF, 2010).

Também na ciência educacional brasileira verifica-se, em meados da década de 70 do século passado, um primeiro debate sobre a aplicação de métodos qualitativos (cf. ANDRÉ, 1978). Métodos etnográficos também passaram a ser empregados em uma ampla variedade de pesquisas (cf. André e Gatti neste volume). Nesse período de ascensão internacional da pesquisa qualitativa em diversas disciplinas e tradições de pesquisa, o desenvolvimento de novos métodos de pesquisa qualitativa de caráter reconstrutivo caminhou junto com grandes debates metodológicos sobre os princípios filosóficos, procedimentais e éticos da aplicação de métodos qualitativos. Atualmente, o trabalho etnográfico está estabelecido na maioria das disciplinas das Ciências Sociais, e foi relacionado com a maioria das tradições filosóficas e metodológicas em que se baseiam os enfoques qualitativos (cf. ATKINSON, 2001). Dessa forma, também foram formulados alguns princípios básicos do trabalho etnográfico, que serão apresentados a seguir (cf. HITZLER, 2003).

Primeiro: a Etnografia tem sempre a ver com a investigação de mundos da vida estranhos ou desconhecidos. Ainda que tenha ocorrido um imenso processo de transformação e aplicação da Etnografia em outras disciplinas além da Antropologia, que introduziram o estudo de elementos e fenômenos da própria cultura em suas abordagens, estes devem ser vistos como mundos e esferas culturais estranhas ou desconhecidas. Isto tem várias implicações para o etnógrafo, o qual precisa distanciar-se das esferas familiares da vida – como veremos ao longo deste capítulo –, que deve questionar e duvidar de seu próprio conhecimento em relação ao campo investigado, e ainda precisa compreender e ressaltar a diferença entre sua perspectiva sobre os fenômenos sociais e as perspectivas dos membros do grupo ou do meio social investigado.

Segundo: A Etnografia visa reconstruir a perspectiva dos sujeitos do campo. Exige, portanto, que o etnógrafo se torne um estudante ou autodenominado neófito em relação ao comportamento e práticas sociais dos sujeitos da investigação. Relacionada a esse objetivo geral da pesquisa etnográfica insere-se a crítica pós-modernista aos estudos etnográficos, a qual exige a desconstrução das interpretações do pesquisador e sustenta o pressuposto geral da contingência dos agentes, processos e espaços sociais (VIDICH & LYMAN, 2006, p. 68-73). Essa crítica também é dirigida à típica combinação composta pela descrição e análise no campo da pesquisa etnográfica, uma vez que a Etnografia clássica objetiva, por um lado, traçar um retrato da vida social em uma cultura estranha, e, por outro, analisar as estruturas e princípios subjacentes a essa realidade social (FRIEBERTSHÄUSER, 2002). Devido a essa crítica pós-modernista, a pesquisa etnográfica atual apenas descreve a partir da perspectiva dos sujeitos e, na medida do possível, utiliza as próprias palavras dos sujeitos investigados, ao passo que a análise representa o ponto de vista do pesquisador.

Um último princípio básico da metodologia etnográfica é a triangulação de diversos métodos de coleta de dados, o que inclui uma série de instrumentos diversificados e adaptáveis ao trabalho de campo no respectivo contexto social (cf. FLICK, 2000; ATKINSON, 2001).

A Etnografia como método de coleta de dados

Além de se compreender a Etnografia como uma abordagem metodológica, o termo é usado para descrever um esquema de coleta de dados, o qual inclui diferentes formas de observação participante e entrevistas, mas de um modo geral está aberto a todos os tipos de coleta de dados (cf. ATKINSON, 2001). É interessante observar que – em contraste à noção da Etnografia como um conjunto de métodos de coleta de dados – não existe uma conceitualização dos métodos etnográficos para a análise de dados. Contudo, os métodos utilizados para analisar os diversos materiais produzidos no trabalho de campo etnográfico são tão diversificados quanto os métodos de coleta de dados. A teoria fundamentada (*grounded theory*) é geralmente utilizada para a análise de uma ampla variedade de materiais com dados textuais com o objetivo de desenvolver pressupostos teóricos (cf. GLASER & STRAUSS, 1998; STRAUSS & CORBIN, 2001 e 2008); outros estudos utilizam métodos interpretativos que estão relacionados a certos métodos de coleta de dados (cf. GEERTZ, 1973). No campo da pesquisa educacional, observa-se uma predominância da descrição a partir da perspectiva dos sujeitos investigados ou do comportamento social em certos espaços sociais. De acordo com Hammerslay (1985), a construção ou elaboração de *insights* teóricos sobre as estruturas básicas das esferas investigadas não constitui um objetivo da pesquisa etnográfica em Educação. Nesse sentido, discutir-se-á a seguir a importância da análise de dados em combinação com os respectivos métodos de coleta de dados.

Observação participante

Sem dúvida, métodos de observação devem ser compreendidos como essenciais para a coleta de dados dentro da abordagem etnográfica. Desse modo, a observação participante, a obtenção do acesso a um determinado campo social por parte do pesquisador, exigindo que se apresente como pesquisador ao campo e a seus atores individuais com o objetivo de encontrar sua posição entre eles, selecionar situações e fenômenos, estruturar as próprias observações, e, por último, relatar as observações de uma forma adequada aos problemas de pesquisa (cf. EMERSON; FRETZ & SHAW, 2001).

O acesso ao campo exige, por um lado, a preparação para lidar com questões organizacionais, e, por outro, o enfrentamento de problemas éticos da pesquisa etnográfica, o que também se aplica à pesquisa etnográfica em escolas, como veremos adiante. Em relação às questões organizacionais de acesso ao campo destaca-se a seleção dos contatos, o tempo a ser dispensado para a realização do trabalho de campo, assim como o tempo para a elaboração de relatórios e para a análise dos dados (cf. KAWULICH, 2005). Os problemas éticos se relacionam à informação dos sujeitos sobre a pesquisa e à apresentação do tema da pesquisa, a qual se espera que seja tão verdadeira quanto possível, sem deixar de levar em consideração que o conhecimento dos atores sobre a pesquisa poderá eventualmente influenciar o comportamento dos mesmos durante a pesquisa (cf. GIRTLER, 2004). Desde a profissionalização da Etnografia e seu desenvolvimento como uma metodologia científica, existe o consenso de que as observações e descrições de mundos da vida estranhos ou desconhecidos devem permanecer livres de avaliações pejorativas e depreciativas.

Uma questão-chave no trabalho de campo etnográfico é decidir sobre o limite da participação no campo. Essa decisão é influenciada pelo problema de pesquisa, pelo tempo de observação e pelo contexto social investigado (cf. DEWALT & DEWALT, 2002). Embora pareça fácil permanecer incógnito e sem ser descoberto como pesquisador enquanto se estuda as práticas num estádio de futebol, é preciso explicar-se imediatamente ao se fazer etnografia escolar em uma sala de aula. A extensão da participação depende ainda de características pessoais, uma vez que o sexo, a idade ou o pertencimento étnico-racial podem exercer um forte impacto sobre as relações entre o pesquisador e os sujeitos investigados (cf. KAWULICH, 2005). Entretanto, diferentes atitudes podem ser distinguidas em relação ao grau de participação do pesquisador no campo investigado, variando desde participante total até observador total (cf. GOLD, 1958).

Outra questão importante diz respeito ao foco e à estrutura da observação. Assim como o âmbito da participação, diferentes graus de estrutura podem ser diferenciados, indo desde observações padronizadas do comportamento com questionários preparados e protocolos de observação até cenários em que a observação está completamente aberta a escolhas situacionais do pesquisador. Enquanto algumas publicações recomendam uma rápida seleção e delimitação de situações interessantes (KNOBLAUCH, 2001), outras defendem o livre acesso e a possibilidade de escolher certos contextos para o pesquisador (GIRTLER, 2004).

Não apenas a observação, mas também seu registro em termos de textos e narrativas são cruciais para o sucesso do trabalho etnográfico (cf. EMERSON; FRETZ & SHAW, 2001). Anotações e diários de campo oferecem importantes subsídios para a análise em profundidade dos dados coletados. O estilo e o tamanho dos textos produzidos variam, portanto, entre narrativas em forma de ensaio ou números produzidos em tabelas e dependem do nível de estruturação da observação. Assim, desenvolvimentos técnicos atuais apoiam a prática de relatar as entrevistas, mas da mesma forma conversas e práticas podem ser facilmente gravadas em áudio ou vídeo (cf. ARDÈVOL; ESTALELLA & DOMÍNGUEZ, 2008). Embora essas técnicas apoiem a pesquisa abrindo grandes possibilidades de analisar e citar os sujeitos investigados sem a transmissão pelo pesquisador, elas também geram grande dispêndio de tempo na preparação e análise dos dados.

Entrevistas em contextos etnográficos

Além dos métodos observacionais, diferentes tipos de entrevistas sempre fizeram parte das investigações etnográficas. Embora alguns autores descrevam as entrevistas etnográficas como um tipo próprio de entrevista (HEYL, 2001), caracterizado por uma relação específica entre pesquisador e sujeito assim como uma particular extensão e abertura da entrevista, é possível afirmar que – na realidade – todos os tipos de entrevista existentes são utilizados em contextos de pesquisa etnográfica.

Existem pelo menos dois motivos que justificam a realização de entrevistas durante a pesquisa de campo etnográfica. Um deles está relacionado à produção de dados textuais que representam diretamente a perspectiva dos sujeitos da pesquisa. O outro diz respeito à necessidade de informações sobre as pessoas, contextos sociais, rituais ou cenas, que não são utilizados como único material para a análise em profundidade, mas como importante ferramenta para o exame dos fatos protocolados pelo pesquisador durante a estadia no campo.

Vários estudos etnográficos têm sido realizados com base na ajuda de uma pessoa no campo, que faz contatos, abre certos espaços sociais ocultos para o pesquisador e explica práticas exóticas (WILLIS, 1979; FERGUSSON, 2000; WELLER, 2011). Essa pessoa geralmente é a primeira a ser entrevistada e pode também ajudar a selecionar pessoas para mais entrevistas. Quem afinal deve ser entrevistado é uma questão que está relacionada ao problema de pesquisa e ao campo investigado. Tem-se enfatizado bastante a relação entre entrevistados e pesquisadores (HEYL, 2001) como a necessidade de compreender o entrevistado como um especialista em seu campo social, enquanto o pesquisador deve comportar-se como um recém-chegado ou aluno e retrair-se com suas interpretações e entendimentos. Nesse sentido, a questão ética relacionada à garantia de anonimato do informante é de especial importância. Como os campos investigados geralmente são espaços sociais relativamente pequenos e claramente definidos, há uma especial necessidade de proteção dos direitos individuais (cf. LIPSON, 1994). Para tanto, é importante subsumir informações que levem a uma identificação dos espaços ou pessoas investigadas, codificando-os com nomes fictícios.

A crescente utilização e diversificação dos formatos de entrevista no âmbito dos métodos de pesquisa qualitativa nas Ciências Sociais e na Educação desde os anos 1990 também pode ser observada no que diz respeito à variedade de instrumentos utilizados no trabalho de campo etnográfico. No entanto, é preciso distinguir entre entrevistas com indivíduos ou com grupos inteiros. Em segundo lugar, dentro de ambas as categorias existem diferentes formas relacionadas ao grau de estruturação da situação da entrevista pelo pesquisador. Por exemplo: grupos focais ou entrevistas conduzidas por meio de um roteiro de questões fechadas são fortemente estruturadas e enfocam tópicos e questões claramente definidas pelo pesquisador; em contraste, entrevistas narrativas e grupos de discussão atribuem às pessoas entrevistadas maior liberdade para escolher e discutir tópicos relevantes para os sujeitos, desvelando seus significados, experiências e pontos de vista (cf. FLICK, 2004). A análise das entrevistas que adquirem a forma de texto por meio da transcrição, deve ser realizada com base em um método de interpretação que esteja em consonância com o respectivo tipo de entrevista, tais como a interpretação estrutural da narrativa (cf. Schütze nesta obra), a interpretação documentária (cf. Bohnsack e Weller, 2010) ou por meio de uma estratégia de análise superordenada como desenvolvida pela teoria fundamentada (cf. STRAUSS & CORBIN, 2008).

A Etnografia em contextos escolares

Fazer etnografia em contextos educacionais significa – antes de mais nada – investigar um espaço social conhecido e familiar. Escolas e outras instituições educacionais são de existência global, e, na maioria dos casos, independentemente de suas orientações culturais específicas, trazem algumas estruturas básicas semelhantes. Sendo uma instituição fechada com uma atribuição pública, a escola em geral e o professor em particular se encontram no foco da crítica pública por quase todos os problemas relacionados principalmente aos jovens. Ademais, uma vez que as avaliações comparativas internacionais realizadas em diferentes países, tais como Iglu, Timms ou Pisa, vem demonstrando sistematicamente que o desempenho do aluno tem estado abaixo da média, a educação escolar enfrenta ainda a pesada crítica no que concerne à sua tarefa fundamental, ou seja, a transmissão de conhecimento. Essa crítica pública a respeito do trabalho das escolas e professores torna mais difícil o acesso ao campo para a realização de pesquisas em Educação. Este representa talvez um dos motivos que faz com que a maior parte da etnografia escolar utilize a escola apenas como um espaço de observação que é limitado e de fácil controle; pouquíssimos estudos tratam diretamente da vida escolar e dos processos educacionais, tais como as salas de aula (cf. ANDRÉ, 2002, no que diz respeito ao Brasil; HAMMERSLAY, 1985, para o Reino Unido, e ZINNECKER, 2000, para a Alemanha). Independentemente do objeto de estudo etnográfico nas escolas, os pesquisadores precisam lidar com algumas particularidades da escola como um campo social, as quais têm impacto sobre o processo de pesquisa.

Etnografia em espaços sociais afins

Sendo a escola um espaço social universal que fez parte da vida de qualquer pesquisador, ela está vinculada a certas experiências e preconceitos que constituem a respectiva perspectiva sobre a instituição. Ao contrário, a Etnografia, como um estilo e método de investigação científica, espera que o pesquisador desenvolva uma atitude de estranhamento com relação ao objeto e ao espaço social da investigação (cf. ALSOP 2002). Portanto, estratégias e práticas de estranhamento em necessárias a fim de investigar e observar a escola como um espaço social sem ficar no que se imagina da instituição e sem presumir seu próprio entendimento sobre papéis, tais como de professor e de aluno, sobre sequências cronológicas, tais como a sucessão de aulas e intervalos, ou rituais, como saudações matinais, copiar a tarefa ou zombar dos professores escrevendo cartas durante a aula. Como todo pesquisador foi aluno um dia, sente-se familiarizado com a maioria das práticas sociais observáveis nas escolas e inclinado a expressar esses entendimentos ao invés de anotar sequências de ação conforme são observáveis. Mais complicado ainda é a prática da etnografia escolar para pesquisadores com formação para o Magistério, uma vez que eles têm uma relação ainda mais próxima com as continuidades e práticas institucionais. Ao mesmo tempo, a realização de observações etnográficas de aulas e da vida escolar pode se constituir uma importante experiência formativa para estudantes universitários que se tornarão professores no futuro (cf. GUSMÃO, 1997; BREIDENSTEIN, 2008; cf. tb. Wiezorek e Riemann, nesta obra). Nesse sentido, é de especial importância assumir um certo distanciamento em relação ao papel de professor, concentrando-se no acesso às informações, na observação e descrição da vida escolar de forma imparcial. É necessário ainda evitar julgamentos, avaliações e críticas em relação ao comportamento dos alunos, mantendo-se, pelo contrário, contido e na posição de observador.

O trabalho etnográfico em situações sociais reguladas

Outro fator complicador da observação em contextos escolares é a organização hierárquica e fortemente regulada da vida escolar. Hierarquias, noções, práticas e papéis rigidamente estabelecidos precisam ser considerados no acesso e durante o trabalho de campo (cf. BARR & DREEBEN, 1983). Para assegurar boas condições de pesquisa e amplo acesso às informações, é importante considerar as hierarquias e responsabilidades entre professores e diretores. Em última instância, o grau de envolvimento e de participação de um pesquisador com certos grupos sociais dentro da escola terá forte impacto nas informações que apreende deste e de outros grupos de *status*. Portanto, é necessário levar em conta o tema da pesquisa ao decidir sobre o desenvolvimento de relações sociais com sujeitos individuais ou grupos de *status*. Por exemplo, ao se estudar a cultura de grupos (*peer culture*) e as práticas sociais de alunos, sua receptividade e franqueza a respeito de temas relacionados à escola podem ser limitadas pelo fato de o pesquisador passar muito tempo na sala dos professores ou, de modo inverso, podem aumentar o distanciamento do pesquisador para com os professores.

O acesso a salas de aula e a situações educacionais depende da vontade e abertura dos professores, que Zinnecker descreve como "pedagogos profissionalmente qualificados, guardiães oficiais do autoconceito e da apresentação externa de suas instituições". Segundo o autor, "eles se empenham muito no sentido de deter o monopólio sobre a interpretação a respeito de suas instituições. (Jovens)-etnógrafos, em determinados setores da organização educacional, têm, portanto, problemas para obter *status* ou legitimação" (2000, p. 394). Considerando-se esse aspecto, algumas pesquisas têm buscado integrar os professores interessados na Etnografia, concedendo-lhes uma participação no observar, explicar e interpretar a vida da escola (cf. HAMMOUTI, 2002; MELLO & SOUZA, 2004).

Etnografia em contextos sociais complexos

Um último ponto a ser discutido aqui é a complexidade de papéis, distribuição do tempo e rituais, que fazem da escola e de outras instituições educacionais contextos sociais extremamente complexos. Fazer etnografia na escola significa, portanto, decodificar a constituição de papéis em certas instituições e suas relações entre si, estudar sequências cronológicas, a estrutura organizacional e o significado dos diferentes rituais no dia a dia da escola (cf. ZANTEN; DEROUET & SIROTÁ, 1995; ZINNECKER, 2000; ARRANGO, 2004). Como afirma Hammerslay (1985), descrever situações educacionais em sua estrutura e sequências corresponde somente a um aspecto da pesquisa; mais produtivo e relevante é analisar seu significado e significância para processos de aprendizagem e de escolarização em geral, bem como sua influência no processo de socialização individual e nas carreiras escolares. Somente esta abordagem reconstrutivista da Etnografia – segundo o autor – representa uma contribuição efetiva para as teorias da educação.

Em relação à contribuição da pesquisa etnográfica no que diz respeito a questões relativas à escola já existem uma série de estudos, entre os quais destacam-se os trabalhos sobre aspectos do chamado "currículo oculto" das escolas, que explicam como se dá a transmissão de comportamentos e valores, de papéis de gênero e de classe, entre outros (cf. APPLE, 1990 e 1995; TITMAN, 1994; SCHMIDT & GARCIA, 2001). Outras pesquisas etnográficas realizadas em âmbito internacional têm se dedicados à análise da cultura de grupos no espaço escolar (WILLIS, 1979; WAGNER-WILLI, 2005) ou à análise de papéis de gênero (THORNE, 1993;

FERGUSSON, 2000; CARVALHO 2001). Por último, mas não menos relevante, rituais na vida escolar tornaram-se um tópico importante da pesquisa etnográfica (cf. McLARREN, 1991; WULFF et al., 2004 e 2007). Uma vez que estes não são óbvios, torna-se crucial conhecê-los e compreendê-los. Como afirma Arango:

> *Los rituales escolares subyacen de múltiplas formas en las prácticas regulares de escolarización, aun cuando no se tenga conciencia plena de su significación ni de su presencia. Así, por ejemplo, se entra y sale de las escuelas en un horario inmodificable, se marcan territorios para la licencia o la prohibición, se fijan turnos o filas en concordancia con un orden prescrito, se generan estrategias de evitación y de defensa, en fin, se crean y modifican rituales en el uso del lenguaje* (2004, p. 13).

Etnografia escolar como prática social: lições aprendidas em contextos interculturais no Brasil e na Alemanha

Já se ressaltou que a Etnografia é uma prática social na qual o pesquisador toma parte da realidade social investigada; isto está claro para todos aqueles que alguma vez tenham trabalhado como etnógrafos. Também se afirmou que o estranhamento, a imparcialidade e a abertura são cruciais para o acesso bem-sucedido ao campo e para o estabelecimento das relações com os sujeitos. Ao se fazer uma pesquisa em um ambiente cultural estranho ou desconhecido esses importantes aspectos do trabalho etnográfico precisam ser considerados e o pesquisador dever estar atento a eles, sobretudo quando o campo social diz respeito à escola.

O material analisado na sequência é oriundo de uma pesquisa sobre questões de gênero entre *peer groups* constituídos por pré-adolescentes, na qual a autora realizou observações *in loco* e grupos de discussão com alunos do 6º ano em uma escola pública e em uma escola particular no Distrito Federal no final de 2007 e início de 2008[1]. O material coletado na Alemanha é oriundo de um estudo qualitativo longitudinal, cuja primeira fase foi realizada no final de 2006 e início de 2007 em cinco escolas com características contrastantes no âmbito do sistema escolar alemão[2]. Uma vez que o foco da pesquisa se concentra em questões relacionadas aos *peers groups*, os exemplos a seguir não se relacionam a situações de aprendizagem como práticas centrais da vida escolar, mas ao ambiente social da vida escolar e à cultura de grupos.

Ser um estranho: relações sociais com diferentes atores

> É difícil não participar da interação, todos querem falar comigo. Um menino quer que eu o leve para a Alemanha para que ele se torne um astro do futebol por lá.

---

[1] Com base em uma estadia de pesquisa da autora na Universidade de Brasília, financiada por uma bolsa de pesquisa da Fundação Alemã para a Pesquisa Científica (DFG).

[2] O estudo é financiado pela Fundação Alemã para a Pesquisa Científica (DFG), conduzido por Heinz-Hermann Krüger e realizado no Centro de Educação e Pesquisa Escolar na Universidade Martin Luther de Halle-Wittenberg. (cf. KRÜGER et al., 2008).

> Ele diz que sua mãe tem mais filhos e não vai se importar. Eu recomendo que ele primeiro se torne um bom jogador de futebol, e que depois ele poderia escolher o país para onde ele quer ir e me refiro ao clima da Alemanha, que é muito frio. Mas mesmo assim ele e outros garotos querem se juntar a mim (Diário de campo; protocolo de um trajeto da escola para casa; 3ª visita à escola pública).

A sequência citada de um protocolo de campo de uma pesquisa etnográfica demonstra claramente o que todo etnógrafo estrangeiro vivencia quando está no campo: o investigador é de particular interesse e é solicitado a estabelecer relacionamentos com os sujeitos no campo e a participar em diversas interações (cf. JOHNSON; AVENARIUS & WEATHERFORD, 2006). Ao mesmo tempo, etnógrafos são confrontados com estereótipos a respeito de sua própria formação cultural, social ou vocacional, no exemplo citado, da Alemanha como uma nação que adora o futebol e que oferece muitas oportunidades. Mesmo que isto possa ser uma experiência embaraçosa ou enervante para o etnógrafo – como afirmam Johnson et al. (2006) –, para que as pessoas no campo se tornem sujeitos da investigação é necessário construir primeiramente uma base de confiança para a investigação que se seguirá. Outra situação nos primeiros dias da pesquisa etnográfica na mesma escola indica que esse período da inserção do etnógrafo também inclui diferentes interpretações de papéis, os quais ajudam a definir o *status* do etnógrafo no campo:

> Um jovem alto entra e eu calculo que avancei no horário da aula seguinte. Peço desculpas e rapidamente apanho os questionários remanescentes. Um dos meninos mais ousados pergunta ao professor se ele já me conhecia, afirmando que eu seria bem bonita. O professor diz que não. Eu me desculpo novamente pelo avanço em seu horário de aula e guardo minhas coisas. Digo à classe que estarei de volta na segunda-feira e o professor sorri por causa do meu português. Eu acrescento que ele pode ficar à vontade para me corrigir, mas ele responde que leciona matemática e não português. A turma explode em gargalhadas. Um dos meninos replica que o professor também seria capaz de ensinar português e que algumas aulas particulares comigo poderiam ser ótimas. O professor e eu ficamos vermelhos. A turma está vibrando e me aclama aplaudindo de pé (Diário de campo; protocolo relativo à sessão de aplicação de questionários em uma turma de 6º ano, 2ª visita à escola pública).

No contexto social da escola, isso implica uma definição de *status* em relação aos papéis mais relevantes de professor e de aluno. No entanto, neste exemplo a etnógrafa torna-se objeto de um jogo dos alunos com o jovem professor. Tentando "arranjar" a etnógrafa para o professor, os alunos atribuem o papel de professora à etnógrafa, na medida em que ambos são vistos como adultos, portanto, com permissão para manterem relações sexuais. Ao mesmo tempo, o papel de aluna também é atribuído à etnógrafa com base na autodefinição como estudante de português. No entanto, essa situação um tanto embaraçosa e engraçada fez com que os alunos colocassem posteriormente o *status* de adulto da etnógrafa em segundo plano, tornando-a mais próxima deles, e, portanto, mais confiável aos alunos que passaram a corroborar com o trabalho de campo realizado nessa turma.

Compreendendo a prática social: quadros interpretativos

O conhecimento da cultura como base para a compreensão e a reconstrução de práticas sociais é um ponto crucial da pesquisa etnográfica (cf. GEERTZ, 1973; ALSOP, 2002). Isto implica conhecer a linguagem, os símbolos culturais, os debates públicos, as instituições, bem como as normas e valores, que não dizem respeito somente ao trabalho etnográfico dentro de um cenário cultural diferente, mas também aos contextos sociais desconhecidos dentro da própria cultura do investigador.

Como exemplo de um processo de aprendizagem do etnógrafo e a adaptação de um debate público ao campo de investigação, podemos citar o problema da violência, que pode ser constatado como de especial importância e preocupação entre professores, alunos e pais durante o período de investigação na escola pública localizada em uma região administrativa distante do Plano Piloto no Distrito Federal. A citação a seguir descreve as experiências da etnógrafa, que é informada a respeito do perigo da cidade pelas crianças durante a investigação. Essa descrição inclui ainda vários sentimentos e reflexões da pesquisadora diante da representação das crianças:

> Também neste lugar, as crianças me contaram que recentemente alguém morreu aqui. Fico um tanto chocada pela normalidade com que elas falam sobre o assunto. Elas discutem o perigo do lugar por um bom tempo. Enfim, "perigoso" parece ser hoje a palavra mais popular neste trajeto à escola. Começo a pensar sobre o porquê disso: será porque eles vivenciam tanta violência ou porque a sociedade faz tanto estardalhaço sobre sua segurança? (Diário de campo; protocolo do trajeto de Isabela da escola para casa; 8ª visita à escola pública).

Observar as pessoas em suas práticas sociais também implica relatar o conteúdo de suas interações. No exemplo anterior, a conversa entre os alunos em seu caminho da escola para casa é dirigida à etnógrafa que recebe informações sobre o local e suas características sob a ótica das pessoas que ali residem. Da mesma forma que professores e pais, os alunos também percebem a cidade como um lugar perigoso onde a violência contra as pessoas pertence à vida cotidiana. A etnógrafa expressa seus sentimentos sobre isso e ao mesmo tempo reflete sobre a relevância desse tópico para as crianças. Essa experiência e a reflexão da etnógrafa nesse exemplo devem ser compreendidos como base para o seguinte registro alguns dias depois:

> Um menino do 6º ano faz uma metralhadora a partir de uma placa de isopor. Quando ele finalmente termina, começa alegremente a correr em volta e a "atirar" em outros garotos. Essa prática poderia, sem sombra de dúvida, ser observada em outros lugares. Mas com todas essas discussões sobre violência e perigo, chama muito a minha atenção que ocorra justamente aqui. Acho que estou bastante condicionada por toda essa conversa sobre a cidade ser perigosa (Diário de campo; protocolo relativo à tarde de observação junto a Isabela e Joana; 12º visita à escola pública).

Sem compartilhar da experiência da violência ou de ser vigiada e ficar confinada – como as crianças costumam ficar depois da escola, quando não têm permissão para voltarem a casa sozinhos nem para sair de casa –, a etnógrafa assume "violência" e "perigo" como uma moldura interpretativa das práticas sociais observadas. Assim, ela vai a campo e representa um estereótipo das pessoas do lugar sobre o ambiente em que residem, o que, em última instância, deve ser entendido como um processo necessário na etnografia e descrição de um campo social (cf. RABINOW, 1986).

Dificuldades de comparação: considerando contextos sociais de aprendizagem e de ensino

A pesquisa em escolas, desde seus primórdios, tem sido quase sempre realizada a partir de uma perspectiva comparativa (cf. DEPAEPE & SIMON, 1995). Ao mesmo tempo, um dos resultados centrais da pesquisa sobre a cultura escolar e a atmosfera da escola revela que as práticas sociais de ensino e de aprendizagem dependem fortemente dos contextos sociais em que elas ocorrem. Espera-se normalmente que exemplos obtidos por meio de grupos de discussão constituídos por *peer groups* oriundos de contextos educacionais e sociais distintos na Alemanha e no Brasil apontem diferenças na relação entre alunos e seus professores. Observa-se, no entanto, que o contexto educacional é mais significativo para os tipos de distinção do que propriamente o contexto cultural:

> Af: como é a professora de ciências. A professora de ciências nossa! É aquela chata
> Bf: se ela vê alguém em pé aí ela anota esse nome aí Maria num sei o quê
> Ef: não, mais o nome= a voz dela é irritante essa Angelina , ela é Angelina?
> Af: ((   )) o braço dela é esquisito
> Bf: eu odeio essa professora ((   )) ela só grita, ela não sabe conversar com ninguém
> Af: ela só sabe tira ponto::: da gente
> [Maria-Clara e amigas, 11-12 anos, alunas de uma escola pública, distante do Plano Piloto, Brasília, linhas 235-242].

Na conversa sobre a professora de ciências, as meninas a depreciam de duas maneiras. Por um lado, elas a descrevem como draconiana, quando se queixam de advertências por mau comportamento e desconto de pontos. Ao mesmo tempo, as meninas depreciam aspectos físicos da professora, como a voz irritante ou os braços esquisitos. É interessante que a mesma forma de distinção pejorativa pode ser encontrada em alunos de escolas de baixa qualificação na Alemanha (cf. ZSCHACH, 2008). As expressões utilizadas contém as duas dimensões observadas no exemplo anterior, ou seja, a de ser draconiana e de ter peculiaridades físicas. René e seu amigo declaram durante o grupo de discussão (GD: René, 209-213).

> Bm: ... só porque eu tava conversando durante a aula (2) olha a Smith cara essa horrorosa ela exagera
> Am: ela tem um um um nariz desse jeito
> Bm: é (2) e ela anda sempre com os mesmos trapos ...

Uma forma muito diferente de distinguir os professores, porém, pode ser encontrada entre alunos pertencentes a meios sociais com capital econômico mais elevado. Dois meninos de uma escola particular brasileira descrevem o professor "mais chato" da seguinte forma:

> Am: O mais chato?
> Bm: O mais chato? É a professora de ciências. [...]
> Bm: Ela é muito exigente.
> Am: Assim, ela exige muito entendeu? Ela não responde as perguntas que a gente faz pra ela quando ela tá escrevendo no quadro.
>
> [Mateus e Oscar, 12 anos, escola particular, Plano Piloto, Brasília, linhas 532-537]

A crítica distintiva dessas crianças não se refere às características pessoais ou à rigidez, mas diz respeito à capacidade como professora de transmitir o conhecimento. Os meninos se queixam de que a professora de ciências não responde as perguntas relacionadas ao assunto da aula, o que implica uma crítica à sua capacidade de explicar a matéria e à sua competência profissional. Em escolas alemãs de qualificação mais elevada, uma crítica semelhante também foi formulada por alunos alemães. Nadja e suas amigas declaram, por exemplo, o seguinte:

> Aw: ☺ Com a gente é sempre assim ela escreve não sei que regras que a gente não entende (.) de algum jeito
> Cw: É verdade
> Aw: Pega o menos e o mais e faça isso e coloque isso com aquilo é um exemplo mas eu sei que esse não é tão bom ☺
> Muitas: ☺ 2 ☺
> Ew: É a senhora F. fica fazendo um monte de formulações que poderiam ser explicadas numa única frase, no final a página fica cheia
> Muitas: ☺
> Ew: Mas mesmo assim ela é simpática (.) só que isso não ajuda
> ?w: mhm
>
> [Nadja e amigas, 10 e 11 anos, escola alemã de nível ginasial, linhas 179-189]

Considerações finais

A Etnografia deve ser entendida como uma abordagem científica multidisciplinar e como um método de coleta de dados que tem sido largamente aplicado em escolas, as quais passaram a constituir um objeto de pesquisa nas Ciências Sociais e na Educação desde a década de 70 do século passado, quando os procedimentos de pesquisa qualitativa passaram a ser re-utilizados em escala internacional. Até o presente, a pesquisa etnográfica escolar está mais voltada para a análise de aspectos culturais dos *peers groups*, das relações sociais na escola e de questões respectivas à organização escolar do que às práticas fundamentais da escola, como o ensino e a aprendizagem. Como já afirmado por diferentes autores, isto se deve a algumas particularidades globais da escola como campo de pesquisa, as quais dificultam a pesquisa etnográfica relacionada às questões de ensino e aprendizagem. Outros fatores se referem à importância da vida dos próprios pesquisadores, à forte hierarquia dentre os grupos profissionais dentro da escola, às muitas reservas da administração escolar e dos professores em relação à permanência do pesquisador em sala de aula, e, por fim, mas não menos importante, pelo fato de a escola se constituir como um cenário social complexo que inclui diferentes papéis e relações de papéis, rituais, hierarquias e estruturas.

Com base nas experiências adquiridas em um ambiente cultural estranho ou desconhecido à pesquisadora, é possível afirmar que a Etnografia depende, acima de tudo, da construção de uma relação de reciprocidade entre o etnógrafo e as pessoas no campo investigado. Em segundo lugar, o etnógrafo precisa estudar e compreender, mas, acima de tudo, refletir e analisar os quadros interpretativos que levam ao entendimento cultural do contexto investigado, ainda que a escola aparenta ser um campo social familiar. Portanto, pesquisadores em contextos escolares devem ser capazes de compreender como alunos, professores e outros grupos ligados à escola percebem suas práticas sociais e o ambiente social no qual elas estão inseridas. Por fim, embora não menos relevante, a comparação de práticas de distinção em relação a professores por parte de alunos de diferentes meios educacionais e culturais demonstrou que estudos comparativos de caráter internacional ou transcultural precisam levar em conta outras características, tais como as especificidades sociodemográficas do campo, as diferenças de classe, raça/etnia e de geração.

BIBLIOGRAFIA

ALSOP, Christiane K. (2002). "Home and Away: Self-reflexive Auto-/Ethnography". *Forum Qualitative Social Research*, vol. 3, n. 3 [Disponível em http://nbnresolving.de/urn:nbn:de: 0114-fqs0203105].

ALVES, MARIA T.G. & SOARES, José F. (2007). "As pesquisas sobre o efeito das escolas: contribuições metodológicas para a sociologia da educação". *Sociedade e Estado*, vol. 22, n. 2, mai.-ago., p. 435-473.

ANDRÉ, Marli E.D.A. (2002). *Etnografia da prática escolar*. São Paulo: Papirus.

_____ (1997). "Tendências atuais da pesquisa na escola". *Cadernos Cedes*, vol. 18, n. 43. Campinas.

ÁNGEL, Díaz de Rada (2007). "School Bureaucracy, Ethnography and Culture: Conceptual Obstacles to doing Ethnography in Schools". *Social Anthropology*, vol. 15, n. 2, p. 205-222.

APPLE, Michael (1995). *Education and Power*. Nova York: Routledge.

_____ (1990). *Ideology and Curriculum*. Nova York: Routledge.

ARDÈVOL, Elisenda; ESTALELLA, Adolfo & DOMÍNGUEZ, Daniel (2008). *La mediación tecnológica em la práctica etnográfica* [Disponível em http://www.scribd.com/doc/5524061/ Etnografia-de-la-Mediaccion-Congreso-de-Antropologia-Espanol].

ARRANGO, Gabriel J.M. (2004). *La investigación cualitativa-etnografica y el campo pedagógico* [Disponível em http://webapps.udem.edu.co/RenovacionCurricular/Descargas /DiplomadoDidactica/FormacionInvestigacion/Etnografia.pdf].

ATKINSON, Paul (org.) (2001). *Handbook of Ethnogrphy*. Thousand Oaks: Sage.

BARR, Rebecca & DREEBEN, Robert (1983). *How Schools Work*. Chicago: University of Chicago Press.

BREIDENSTEIN, Georg (2008). "Offenen Unterricht beobachten – konzeptionelle Überlegungen". *Zeitschrift für Grundschulforschung*, vol. 1, n. 1, p. 110-121.

CARVALHO, Marília P. (2001). "Mau aluno, boa aluna? – Como as professoras avaliam meninos e meninas". *Revista Estudos Feministas*, vol. 9, n. 2, p. 554-574. Florianópolis.

DEPAEPE, Marc & SIMON, Frank (1995). "Is there any Place for the History of 'Education'". *Paedagogica Historica*, vol. 31, n. 1, p. 9-16.

DEWALT, Kathleen M. & DEWALT, Billie R. (2002). *Participant Observation*: a Guide for Fieldworkers. Walnut Creek, CA: AltaMira Press.

EMERSON, Robert M.; FRETZ, Rachel I. & SHAW, Linda L. (2001). "Participant Observation and Field Notes". In: ATKINSON, Paul (org.). *Handbook of Ethnogrphy*. Thousand Oaks: Sage, p. 352-369.

FERGUSON, Anne A. (2000). *Bad Boys*: Public schools in the Making of Black Masculinity. Ann Arbor, MI: The University of Michigan Press.

FLICK, Uwe (2004). *Uma introdução à pesquisa qualitativa*. Porto Alegre: Bookman.

_____ (2000). *Triangulation*. Wiesbaden: VS-Verlag.

FRIEBERTSHÄUSER, Barbara (2002). *Fremde Lebenswelten verstehen* – Ethnographische Feldforschung und Kulturanalysen in der Erziehungswissenschaft. Weinheim/Munique: Juventa.

GEERTZ, Clifford (s.d.). "Thick Description: Toward an Interpretive Theory of Culture". In: GEERTZ, C. (org.). *The Interpretation of Cultures*: Selected Essays. Nova York: Basic Books.

GIARELLI, James M. (1988). Qualitative Inquiry in Philosophy and Education: Notes on the Pragmatic Tradition. In: SHERMAN, Robert W. *Qualitative Research in Education*: Focus and Methods. Londres. Nova York/Filadélfia: The Falmer Press, p. 22-27 [Explorations in Ethnography Series].

GINSBURG, Faye D. (1991). "Indigenous Media: Faustian Contract or Global Village?" *Cultural Anthropology*, vol. 6, n. 1, p. 92-112.

GIRTLER, Roland (2004). *10 Gebote der Feldforschung*. Münster: LIT Verlag.

GLASER, Barney A. & STRAUSS, Anselm L. (1998). *Grounded Theory* – Strategien qualitativer Forschung. Berna: UTB.

GOLD, Raymond L. (1958). "Roles in Sociological Field Observations". *Social Forces*, vol. 36, n. 2, p. 217-223.

GUSMÃO, Neusa M.M. (1997). "Antropologia e Educação: origens de um diálogo". *Caderno Cedes*, vol. 18, n. 43, p. 8-25. Campinas.

HAMMERSLAY, Martin (1985). "From Ethnography to Theory: A Programm and Paradigm in the Sociology of Education". *Sociology*, vol. 19, n. 2, p. 244-259.

HAMMOUTI, Nour-Din El (2002). "Diários etnográficos 'profanos' na formação e pesquisa educacional". *Revista Europea de Etnografía de la Educación*, vol. 3, n. 2, p. 9-20.

HEYL, Barbara Sherman (2001). Ethnographic Interviewing. In: ATKINSON, Paul (org.). *Handbook of Ethnography.* Thousand Oaks: Sage, p. 369-376.

HITZLER, Ronald (2003). Ethnografie. In: BOHNSACK, Ralf; MAROTZKI, Winfried & MEUSER, Michael (orgs.). *Hauptbegriffe Qualitativer Sozialforschung.* Opladen: Leske & Budrich, p. 48-51.

JAHODA, Marie; LAZARSFELD, Paul F. & ZEISEL, Hans (1975). *Die Arbeitslosen vom Marienthal –* Ein soziographischer Versuch. Frankfurt: Suhrkamp [Leipzig, 1933].

JOHNSON, Jeffrey C.; AVENARIUS, Christine & WEATHERFORD, Jack (2006). "The Active Participant-Observer: Applying Social Role Analysis to Participant Observation". *Field Methods*, vol. 18, n. 2, p. 111-134.

KAWULICH, Barbara B. (2005). "Participant Observation as a Data Collection Method". *Forum Qualitative Social Research*, vol. 6, n. 2 [Disponível em http://nbnresolving.de/urn:nbn:de:0114-fqs0502430].

KNOBLAUCH, Hubert (2001). "Fokussierte Ethnographie". *Sozialersinn*, vol. 2, n. 1, p. 123-141.

KRÜGER, Heinz-Hermann (2007). *Outlines of a Modern Critical Educational Science –* Discources and Fields of Research. Frankfurt am Main/Berlim/Berna/Nova York: Peter Lang.

KRÜGER, Heinz-Hermann et al. (2008). *Kinder und ihre Peergroups.* Leverkusen: Barbara Budrich.

LIPSON, Juliene G. (1994). Ethical Issues in Ethnography. In: MORSE, Janice M. (org.). *Critical Issues in Qualitative Research Methods.* Thousand Oaks: Sage, p. 333-355.

McLAREN, Peter (1991). *Rituais na escola –* Em direção a uma economia política de símbolos e gestos na Educação. Petrópolis: Vozes.

MALINOWSKI, Bronislaw (1939). *1922:* Argonauts of the Western Pacific. Nova York: Dutton.

MATTOS, Lúcia Guimarães de (2006). "Estudos etnográficos da Educação: uma revisão de tendências no Brasil". *Educação em Foco*, vol. 11, n. 1, mar.-ago., p. 39-58.

MELLO, Lucrécia Stringhetta & SOUZA, Neusa Maria Marques de (2004). "Unificação dos espaços pedagógicos na formação do professor – Vivências participativas em atividades de ensino, pesquisa, extensão e gestão escolar". *Revista Científica Ciências Humanas e Sociais*, vol. 11, n. 1, p. 29-37. Campo Grande.

MUCHOW, Martha & MUCHOW, Hans Heinrich (1978). *Der Lebensraum des Grosstadtkindes.* Weinheim/Munique: Juventa.

PARK, Robert E.; BURGESS, Ernest Watson & MCKENZIE, Roderick Duncan (1925). *The city.* Chicago, Ill.: University of Chicago Press.

RABINOW, Paul (1986). Representations are social Facts: Modernity and Post-Modernity in Anthropology. In: CLIFFORD, James & MARCUS, George E. (orgs.). *Writing Culture –* The Poetics and Politics of Ethnography. Berkeley/Los Angeles: University of California Press, p 234-261.

SCHMIDT Maria A.M.S. & GARCIA, Tânia M.F.B. (2001). "Discutindo o currículo 'por dentro': contribuições da pesquisa etnográfica". *Educar*, n. 17, p. 139-149. Curitiba.

STRAUSS, Anselm & CORBIN, Juliet (2008). *Pesquisa qualitativa* – Técnicas e procedimentos para o desenvolvimento de teoria fundamentada. Porto Alegre: Artmed.

_____ (2001). Grounded Theory Methodology: An Overview. In: DENZIN, Norman K. (org.). *Handbook of Qualitative Research*. Londres/Nova York: Sage, p. 273-285.

TITMAN, Wendy (1994). *Special Places, Special People:* The Hidden Curriculum of School Grounds. Surrey: WWF.

THORNE, B. (1993). *Gender Play* – Girls and Boys in School. New Brunswick, NY: Rutgers University Press.

TRASHER, Frederick M. (1927). *The Gang*: A Study of 1.313 Gangs in Chicago. Chicago: University of Chicago Press.

VIDICH, Arthur J. & LYMAN, Stanford. M. (2006). Métodos qualitativos: sua história na Sociologia e na Antropologia. In: DENZIN, Norman & LINCOLN, Yvonna (orgs.). *O planejamento da pesquisa qualitativa*: teorias e abordagens. Porto Alegre: Artmed, p. 49-90.

WAGNER-WILLI, Monika (2005). *Kinder-Rituale zwischen Vorder- und Hinterbühne:* Der Übergang von der Pause zum Unterricht. Wiesbaden: VS-Verlag.

WELLER, Wivian (2011). *Minha voz é tudo o que eu tenho* – Manifestações juvenis em Berlim e São Paulo. Belo Horizonte: Editora UFMG.

WHYTE, William Foot (1943). *Street Corner Society.* Chicago: University of Chicago Press.

WILLIS, P. (1979). *Spass am Widerstand* – Gegenkultur in der Arbeiterschule. Frankfurt: Syndikat.

WULF, Christoph et al. (2007). *Lernkulturen im Umbruch* – Rituelle Praktiken in Schule, Medien, Familie und Jugend. Wiesbaden: VS-Verlag.

_____ (2004). *Bildung im Ritual:* Schule, Familie, Jugend, Medien. Wiesbaden: VS-Verlag.

YIN, Robert K. (2001). *Estudo de caso*: planejamento e métodos. Porto Alegre: Bookman.

ZANTEN, Agnes Henriot-Van; DEROUET, Jean-Louis & SIROTÁ, Regine (1995). Abordagens etnográficas em Sociologia da Educação: escola e comunidade, estabelecimento escolar, sala de aula. In: FORQUIN, J.C. (org.). *Sociologia da Educação*: dez anos de pesquisas. Petrópolis: Vozes, p. 205-295.

ZINNECKER, Jürgen (2000). "Pädagogische Ethnographie". *Zeitschrift für Erziehungswissenschaft*, vol. 3, n. 3, p. 381-400.

ZSCHACH, Maren (2008). Schule als Kontext und Gegenstand der Peerkultur. In: KRÜGER, Heinz-Hermann et al. *Kinder und ihre Peergroups*. Leverkusen: [s.e.], p. 280-300.

Capítulo 2

Considerações sobre a etnografia na escola e prática investigativa sobre as relações raciais e de gênero

Eliane dos Santos Cavalleiro

O presente capítulo apresenta algumas reflexões sobre a investigação educacional no campo das relações raciais, em especial a pesquisa etnográfica no cotidiano escolar. A temática racial e de gênero vêm sendo pesquisada por esta autora desde a década de 90 do século XX. As pesquisas e publicações realizadas buscaram contribuir para o conhecimento de como o racismo, o preconceito e a discriminação racial, presentes na sociedade brasileira, configuram-se no cotidiano escolar (cf. CAVALLEIRO, 2008, 2007, 2005, 2003, 2000). A partir dessas experiências, apresenta-se, para reflexão, os caminhos percorridos para a elaboração, bem como as dificuldades vividas para realização de pesquisas etnográficas em escolas. Corroboro com muitos estudiosos (entre outros: CONNOLLY, 1998; BOGDAN & BIRKLEN, 1994; ANDRÉ, 1995) que compreendem o método etnográfico como uma importante metodologia para os educadores e educadoras pensarem, analisarem e compreenderem a interação no cotidiano escolar com os pares, com alunos e alunas, familiares e comunidade em geral, pois a pesquisa etnográfica coloca pesquisadores(as) (também professores e professoras) em interação com o material empírico. A partir da compreensão de que a escola se constitui como um lócus fundamental para a construção e socialização de conhecimento sobre a igualdade entre os grupos humanos, a valorização das culturas e o respeito à diversidade presente na sociedade, essa interação torna-se valiosa diante do desejo, e, ao mesmo tempo, da necessidade de construirmos conhecimentos sólidos sobre as relações que nesse espaço são concretizadas.

Parte-se, portanto, da premissa de que o objetivo da investigação etnográfica em ambientes escolares está relacionado com o desvendar e o compreender aspectos culturais do processo de ensino e aprendizagem, considerando que as relações nesse ambiente estão impregnadas de aspectos das relações sociais mais amplas. Considera-se também que pesquisador e pesquisados – homens e mulheres, adultos e crianças – são reflexos das relações sociais. Deriva daí a imperiosidade de cuidarmos para não contaminarmos nossas análises com nossos valores, preconceitos e estereótipos absorvidos e construídos ao longo de nossa experiência social.

Sendo assim, duas perguntas apresentam-se como balizadoras para a elaboração e realização dos nossos estudos e pesquisas: Há em nós educadores(as) e pesquisadores(as) –mulheres, homens, negros, brancos –, socializados em uma sociedade cujo racismo e sexismo se encontram presentes nas diversas agências socializadoras, uma tendência a olhar as relações com o filtro do pertencimento racial ou de gênero? Tais pertencimentos grupais interferem nas produções intelectuais? Essas não devem ser compreendidas como perguntas retóricas; essas respostas constituem questões orientadoras para a elaboração do projeto de pesquisa, bem como é de fundamental importância para seu desenvolvimento.

A natureza qualitativa da análise

Considerando a temática em análise – a etnografia na escola –, a natureza do problema – o racismo e o sexismo presentes na sociedade brasileira –, bem como de seus derivados no cotidiano escolar, e os objetivos a serem alcançados, a saber: conhecimento sobre como o racismo, o sexismo e seus derivados que operam no cotidiano escolar para a configuração de uma educação antidiscriminatória, antirracista e antissexista, falaremos necessariamente da elaboração e realização de pesquisas cujo parâmetro está calcado em uma abordagem qualitativa. Abordagem essa que, a partir do contato do(a) pesquisador(a) com o sujeito da pesquisa, torna possível apreender não só a realidade objetiva, como também a experiência subjetiva e as perspectivas daqueles(as) que se constituem nossos parceiros (os sujeitos da pesquisa) na construção do conhecimento.

Com o uso dessa metodologia, mais do que conhecer o que acontece no cotidiano estudado, é possível compreender como nossos interlocutores e nossas interlocutoras vivenciam suas experiências. Ou seja, é possível: a) conhecer o que é dito e o que não é dito; b) quem são os sujeitos que falam ou não falam; c) quem escuta ou deixa de escutar; e d) como as situações são vividas e percebidas. Assim, para além da quantidade dos acontecimentos, do número de pessoas envolvidas nas situações presenciadas, torna-se primordial a compreensão do problema, a compreensão da realidade que se coloca diante de nós. Logo, o que deve importar é a natureza qualitativa da análise.

O que constitui a abordagem etnográfica no contexto escolar?

A Etnografia envolve geralmente um número pequeno de informantes, de colaboradores(as) participantes do escopo da pesquisa, visto que é imprescindível o contato direto do/a pesquisador(a) com os(as) participantes para a familiarização com a realidade pesquisada, a observação de fenômenos de interesse para o estudo durante sua ocorrência, além da análise sobre seu contexto de incidência e de reincidência, bem como a ação ou reação de todos e todas envolvidos no desenrolar das situações.

A qualidade da análise, como já dito, para além do discurso objetivo ou da quantificação das ações, reside no estudo da subjetividade, dos sentimentos e das emoções que mobilizam ou paralisam os indivíduos. A qualidade que se busca é aquela agregada de valor, que compara a realidade pesquisada com outras vivências e experiências, tanto nos aspectos sociais, econômicos, quanto nos culturais e históricos. Assim, a análise qualitativa ganhará amplitude, possibilitando inferências, pois considera e incorpora o exame de outras realidades, comunidades locais ou globais, o que resultará na construção de novas hipóteses para a realidade estudada. Ganhará qualidade a pesquisa etnográfica quando os(as) pesquisadores(as) tiverem atenção para comparar os dados, confrontar as falas sobre a realidade, cruzar os dados, perceber a possibilidade de intersecção entre as categorias etc.

A comparação sistemática é um dos elementos constitutivos da Etnografia. Na escola torna-se necessária uma comparação interna, no que diz respeito aos participantes da pesquisa, considerando o lugar social de cada um: idade, sexo, classe social, pertencimento étnico-racial, posição institucional, posições socioculturais etc. Além, é claro, da comparação externa com outras realidades e com a literatura sobre o tema. No que se refere aos estudos das dinâmicas de gênero e relações raciais, é importante a busca por etnografias que analisem o tema em outros contextos que, por analogia, poderão suscitar hipóteses sobre nosso contexto de pesquisa.

Nessa linha de raciocínio, a pergunta orientadora pode ser: O que se dá em outras instituições escolares onde também ocorrem relações interpessoais entre homens e mulheres, negros e brancos, adultos e crianças? O que aproxima ou distancia esses estudos e pesquisas da realidade que estou pesquisando? Assim, é possível se chegar a generalizações a partir de dados particulares.

Por sua vez, o estranhamento sobre a realidade estudada e o rompimento com preconceitos e ideias pré-concebidas constituem também elementos fundamentais para a realização da etnografia na escola. É necessário reconhecer que, devido ao processo de socialização que ocorre na sociedade a partir de nosso diálogo com as diversas instituições sociais, nós pesquisadores e pesquisadoras estamos envolvidos com as relações que estruturam a sociedade – como as de raça, de gênero e de classe social. Logo, o contato com as questões oriundas do racismo e do sexismo, bem como de seus derivados – preconceito e discriminação –, acontecerá para todos(as), incluindo aqui também o cientista social, o que de partida elimina qualquer possível neutralidade em nossas escolhas. Os dados, as situações, as falas que escolhemos para compor nosso rol de análise não nascem da neutralidade do pesquisador(a).

A posição social do pesquisador(a), seu pertencimento racial e de gênero, entre outras identidades, além dos interesses e possibilidades, permearão a escolha do tema e estabelecerão uma relação com o universo da pesquisa. Vale ainda atentar para o fato de que até mesmo elementos como a relevância e valorização do tipo de pesquisa no mercado acadêmico e industrial interferiram negativa e/ou positivamente na elaboração e realização da pesquisa, o que pode resultar em uma interferência na categorização e análise dos dados.

Logo, diante dessa compreensão, no caso da pesquisa sobre questão racial e de gênero, há, via de regra, um vínculo com questões sociais e com o movimento social, porque derivam da compreensão de que racismo e sexismo constituem um obstáculo para o pleno desenvolvimento de um determinado grupo e, assim, o pesquisador em geral está impregnado ou carregado dessa situação/relação.

O fato de o(a) pesquisador(a) ser uma pessoa negra investigando as relações raciais no cotidiano escolar exige cuidado com as impregnações do pertencimento que, por um lado, pode garantir observações mais refinadas próprias de quem vive as situações de discriminação, mas, por outro, corre-se o risco de apresentar alguma rigidez na observação, e ainda análises que partem de ideias pré-concebidas, consideradas a partir de sua experiência e percepção individual. O que também não deve ser desconsiderado.

Essa preocupação ainda deve ser considerada por pesquisadores(as) brancos(a) na realização de estudos e pesquisas sobre a temática racial no cotidiano escolar. O fato de esse pesquisador(a) ser um indivíduo branco em uma sociedade onde há uma estrutura racista e também uma ideologia de democracia racial, bem como um olhar positivamente valorativo sobre a branquitude (cf. GESSER & ROSSATO, 2001; CARONE & BENTO, 2002), esse pertencimento não pode ser desconsiderado, sob pena de que elementos importantes para a análise sobre a configuração do racismo no cotidiano escolar sejam negligenciados.

Consequentemente, é fundamental lembrar que, em um estudo acadêmico, a qualidade da análise será constituída a partir do amálgama a experiência/conhecimento desse(a) pesquisador(a) sobre a realidade pesquisada em consideração aos dados colhidos no campo e ainda os conhecimentos apresentados em outros estudos e pesquisas, realizados por negros e brancos, o que evitaria que a observação e a análise fossem perpassadas de maneira contundente por um olhar condicionado.

Igualmente podemos considerar as questões oriundas de uma pesquisa sobre "a mulher" a partir do olhar do pesquisador homem, e vice-versa, o que não invalida e nem menospreza tais estudos sobre os gêneros. Não se afirma aqui a impossibilidade, pois compreende-se a complexidade como instigante e material fundamental para a análise. Coloca-se, contudo, a necessidade de prevenção contra possíveis contaminações e também desconsiderações sobre a realidade pesquisada.

Para todos, portanto, negros e brancos, homens e mulheres, a fim de evitar uma contaminação, é preciso o estabelecimento de diálogo com os diferentes, assim os dados coletados, e a análise sobre esses, deve ser posta à prova no diálogo com pesquisadores (homens e mulheres; negros e brancos), o que evitaria que a observação e a análise fossem perpassadas de maneira contundente por olhar igualmente preconceituoso.

A complexidade que permeia esse tipo de pesquisa impõe que cada pesquisador ou pesquisadora se dê conta de qual é seu lugar no mundo. Quer dizer, que identifique e reconheça seus vínculos de pertencimento. Fazer pesquisa sobre a questão racial e de gênero nos obriga, por vezes, a brincar de mudar de lugar (qual seria o olhar do branco? do negro? qual seria o olhar do homem? da mulher?) e atentar para as características identitárias próprias e as do outro.

O que está posto aqui é que cada um de nós – depois do trabalho de campo, pautado nas orientações para observar a postura corporal, a organização do espaço, o discurso, a prática etc. – precisa debater e pensar sobre suas observações, buscando, na análise, transcender o senso comum a fim de construir uma interpretação sobre a realidade. Uma imperiosidade para se investigar é como os indivíduos percebem e definem seu universo, sem que o(a) pesquisador(a) imponha classificações próprias à cultura dos sujeitos investigados, e sim valorize suas percepções, sentimentos e possibilidades de ser e estar no mundo.

Desse modo, a resposta para as perguntas lançadas anteriormente, ou seja, se existe em nós educadores(as) e pesquisadores(as) (mulheres e homens, negros e brancos), socializados(as) em uma sociedade cujo racismo e sexismo se encontram presentes nas diversas agências socializadoras, uma tendência a olhar e a analisar as relações com o filtro do pertencimento racial e de gênero, e, se esses pertencimentos grupais interferem nas produções intelectuais é afirmativa. E dessa percepção deriva a importância de, anteriormente ao início do trabalho de campo, bem como no decorrer dele, reconhecermos nosso pertencimento racial e de gênero e, assim, investigarmos as possibilidades de construirmos o conhecimento não apenas a partir do que nós pensamos e acreditamos ser o "certo".

Nesse caminhar, no que diz respeito à organização do trabalho de campo e à seleção dos instrumentos para o desenvolvimento de uma pesquisa etnográfica, a opção por entrevistas e pela observação sistemática da realidade tornam-se imperativas, pois favorecem a obtenção de dados – objetivos e subjetivos – para o desenvolvimento do trabalho. Aliar esses dois instrumentos de coleta de dados é importante, pois possibilitam confrontos entre o discurso e a ação dos participantes da pesquisa.

Uma importante característica da Etnografia constitui "a preocupação com o significado, com a maneira própria com que as pessoas veem a si mesmas, suas experiências e o mundo que as cerca. O pesquisador deve tentar apreender e retratar essa visão pessoal dos participantes" (ANDRÉ, 2005, p. 29). Para esse intento, a observação de campo é fundamental, na medida em que permite acompanhar o desenrolar das relações intersubjetivas no cotidiano pesquisado, que, no caso da escola, compreende as relações entre o corpo docente, o discente, técnicos e familiares. E esse instrumento metodológico se mostra basal para se conhecer o universo em foco.

A observação de campo sistemática possibilita a familiarização com os elementos constituintes do cotidiano escolar e também a familiarização dos sujeitos envolvidos com o(a) pesquisador(a). Só a permanência no campo, durante um período prolongado de tempo, permitirá presenciar acontecimentos relevantes para o desenvolvimento da análise. E, ao mesmo tempo, a observação sistemática e contínua permite a aproximação da perspectiva dos participantes sobre a questão/tema pesquisada(o).

O roteiro de observação para coleta de dados

É fundamental, para esta etapa do trabalho, a elaboração de um roteiro norteador da coleta de dados. Para sua construção podemos nos apoiar em algumas (duas ou três) sessões de observação prévias (com registro contínuo), que se dá após um contato formal com os profissionais da escola, mais especificamente com as professoras de cada sala de aula a ser sistematicamente observada. O registro contínuo será fundamental para se ter uma noção geral do que acontece no ambiente escolar: situações, diálogos, ambientes etc., tanto no que diz respeito ao espaço físico quanto à dinâmica da instituição e também as situações de interação entre os sujeitos.

Após a realização das observações prévias, será possível elencar elementos que serão norteadores das observações sistemáticas. Apresenta-se a seguir alguns elementos importantes para a observação no cotidiano escolar, que não encerram porém outras possibilidades, mas que constituíram importantes parâmetros para o "desvelamento" de práticas de socialização no cotidiano escolar nas pesquisas realizadas (cf. CAVALLEIRO, 2008, 2007, 2005, 2003, 2000). O roteiro a seguir traz como foco central a observação da relação entre professor(a) e aluno(a). Dentre os aspectos que merecem maior atenção no momento da observação, destacamos os seguintes: as expressões verbais, as práticas não verbais, assim como a prática pedagógica.

A observação das expressões verbais

Na observação das expressões verbais é importante realizar uma distinção entre expressões positivamente valorativas ou elogiosas e as expressões negativamente valorativas ou depreciativas. É importante observar ainda se elas ocorrem de forma explícita/direta ou de forma implícita/indireta, como destacado a seguir:

a) Expressões positivamente valorativas ou elogiosas: Explícita/direta: observar se o(a) professor(a) elogia a criança por sua inteligência, seu desenvolvimento, sua estética ou pelo seu comportamento (estímulos em geral).
Implícita/indireta: observar se o(a) professor(a) elogia o(a) aluno(a) para a turma ou para outros(as) professores(as). Aqui são incluídas falas positivas a respeito da família, da cultura ou do grupo étnico ao qual a criança pertence.

b) Expressões negativamente valorativas ou depreciativas:
Explícita/direta: observar se o(a) professor(a) deprecia a inteligência do aluno(a), seu desenvolvimento, sua estética, ou seu comportamento. Inclui a fala negativa a respeito da cultura, da família e do grupo étnico.
Implícita/indireta: observar se o(a) professor(a) faz comentários depreciativos, que podem até ser irônicos, a terceiros. Podem referir-se a um único indivíduo, sobre sua cultura ou sobre o grupo étnico.

A observação das práticas não verbais

A observação das práticas não verbais pode ser organizada em torno dos seguintes conceitos:

a) Aproximação: se o(a) professor(a) propõe contato físico ao aluno(a), por meio de abraço, beijo, carinho ou olhar e comportamento que evidencie afeição.
b) Afastamento: se o(a) professor(a) evita, dificulta o contato físico.
c) Aceitação: se, na relação com o/a aluno(a) o(a) professor/a aceita contato físico através de abraço, beijo, carinho ou olhar e comportamento que evidencie afeto.
d) Rejeição: se o(a) professor(a) rejeita o contato físico proposto pela criança.

A observação da prática pedagógica

A observação da prática pedagógica e da relação professor(a) e aluno(a) em sala de aula nem sempre é possível, uma vez que em algumas escolas o acesso do(a) pesquisador(a) à observação desse momento da vida escolar não é permitido pela direção da escola, por pais ou professores(as). Trata-se, no entanto, de um importante espaço de observação e de compreensão das relações entre professores(as) e alunos(as)e os jogos de autoridade que ali ocorrem, assim como da forma como conteúdos programáticos, julgamentos e posicionamentos étnico-raciais e de gênero são transmitidos e perpetuados.

Nesse sentido, o(a) pesquisador(a) deve estar bem preparado para esse momento da pesquisa etnográfica na escola. Para a observação da prática pedagógica, sugere-se uma organização em torno dos seguintes conceitos:

a) Positiva: se o(a) professor(a) apresenta durante a aula elementos sobre a variedade dos grupos étnico-raciais no Brasil por meio de cartazes, livros, revistas, desenhos ou de outro meio qualquer.

b) Negativa: se o(a) professor(a) apresenta os elementos sobre a variedade étnico-racial de forma preconceituosa em seu material didático.

c) Invisível: se o material didático do(a) professor(a) simplesmente não faz menção à variedade étnico-racial do Brasil.

Os mesmos critérios de observação podem ser mantidos para a observação das relações entre alunos e alunas, e entre profissionais da escola e familiares. Mediante esse roteiro é possível observar, descrever e analisar as formas de interação, formais e informais, estabelecidas entre os atores escolares: adultos e crianças, negros e brancos, bem como identificar nas práticas pedagógicas padrões de conduta que favoreçam ou dificultam o respeito e a valorização da diversidade étnico-racial presente em nossa sociedade.

Compreende-se que observar e presenciar sistematicamente, no cotidiano da escola, as relações sociais dos indivíduos possibilita ampliar a compreensão do problema, quer sob o ponto de vista das professoras, quer sob o ponto de vista das crianças e de seus familiares. Mediante a etapa de observação sistemática, conhece-se com profundidade a rotina escolar e, assim, esboçam-se aspectos relevantes para a análise objetivada no estudo.

Considerações finais

A etnografia do cotidiano escolar, portanto, permite o desenvolvimento de estudos consistentes e profundos sobre as relações sociais estabelecidas nas escolas. Por sua vez, agrega qualidade e importância às pesquisas ao aproximar o(a) pesquisador(a) da perspectiva dos participantes, facilitando a apreensão dos significados que esses indivíduos atribuem às suas experiências. E, no que tange à construção de conhecimento sobre relações étnico-raciais e de gênero nas escolas, a Etnografia mostra-se essencial para desvendar práticas que orientam a socialização de crianças e jovens, bem como para elucidar percepções e compreensões daqueles que estão sendo socializados.

BIBLIOGRAFIA

ANDRÉ, Marli E.D.A. (2005). *Estudo de caso em pesquisa e avaliação educacional.* Brasília: Líber Livro.

_____ (1995). *Etnografia da prática escolar.* São Paulo: Papirus.

BENTO, Maria A.S. (2002). Branqueamento e branquitude no Brasil. In: CARONE, Iray & BENTO, Maria (orgs.). *Psicologia social do racismo.* Petrópolis: Vozes, p. 25-57.

BOGDAN, Robert & BIKLEN, Sari (1994). *Investigação qualitativa em Educação*: uma introdução à teoria e aos métodos. Porto: Porto Ed.

CAVALLEIRO, Eliane (2009). *Veredas das noites sem fim* – Socialização e pertencimento racial em gerações sucessivas de famílias negras. Brasília: UnB.

_____ (2007). Em busca de uma infância cidadã: socialização, identidade e pertencimento racial. In: COSTA, Maria F.V.; COLAÇO, Veriana F.R. & COSTA, Nelson B. (orgs.). *Modos de brincar, lembrar e dizer:* discursividade e subjetivação. Fortaleza: UFC, p. 117-139.

_____ (2005). Discriminación y pluralismo cultural en la escuela en Sao Paulo, Brasil. In: HEVIA, Ricardo (org.). *Discriminación y pluralismo:* valorando la diversidad en la escuela. Santiago do Chile: Unesco/Orealc, p. 27-78.

_____ (2000). *Do silêncio do lar ao silêncio escolar:* racismo, preconceito e discriminação na Educação Infantil. São Paulo: Contexto.

CONNOLLY, Paul (1998). *Racism, Gender Identities and Young Children* – Social Relations in a Multi-ethnic Inner-city Primary School. Nova York: Routledge.

GESSER, Verônica & ROSSATO, César (2001). A experiência da branquitude diante de conflitos raciais: estudos de realidades brasileiras e estadunidenses. In: CAVALLEIRO, Eliane (org.). *Racismo e antirracismo na Educação*: repensando nossa escola. São Paulo: Summus, p. 11-36.

Capítulo 3

Análise do Discurso em Educação: um exemplo do ensino de Filosofia

Anne Schippling

Situação atual da investigação de discursos

A investigação de discursos passou, nas últimas décadas, por uma expansão nas diferentes disciplinas, como Ciências Linguísticas e Literárias, História ou Sociologia. Concretizou-se por uma presença científica forte devido aos processos de desenvolvimento e de mudança da sociedade em torno da chamada "sociedade do saber", que provocou um interesse crescente pela investigação de discursos. Em virtude de uma percepção maior da contingência do saber em sociedades modernas, os discursos, como "processos e tentativas de atribuição e estabilização de sentido" (KELLER, 2007, p. 9), tornam-se importantes para a sociedade e com um papel fundamental enquanto objeto de análise.

Paralelamente a modelos centrais de Análise do Discurso (p. ex., VAN DIJK, 1985, 1997; DEPPERMANN, 2001; PHILIPPS & HARDY, 2002), da Análise do Discurso linguística histórica (cf. BUSSE, 1987; BUSSE; HERMANNS & TEUBERT, 1994; WENGELER, 2003; SARASIN, 2003; BUSSE; NIEHR & WENGELER, 2005), da Análise do Discurso crítica (cf. FAIRCLOUGH, 1995; 2003; VAN DIJK, 1993; WODAK, 1996; JÄGER, 1993) e da investigação de discursos culturalística (BOURDIEU, 1982; WUTHNOW, 1989), encontram-se teorias do discurso que se desenvolveram, principalmente, em torno do pós-estruturalismo francês. Para a atual expansão do conceito, a teoria do discurso de Michel Foucault é fundamental (cf. FOUCAULT, 2005), sobretudo os trabalhos *Folie et déraison* (FOUCAULT, 1975) e *Surveiller et punir* (FOUCAULT, 2004). Foucault analisa, nestas obras, os lugares ou as instituições nos quais nascem e se desenvolvem discursos: trata-se de uma perspectiva que influenciou decisivamente a compreensão de discursos até hoje.

Contudo, a maioria das publicações nas últimas décadas sobre a Teoria do Discurso, por exemplo, os estudos sobre a obra de Foucault, somente se dedicaram de uma maneira indireta à realização metodológica das análises de discursos e podem ser caracterizadas como "pouco satisfatórias" na perspectiva da investigação empírico-qualitativa (KELLER, 2007, p. 52). Uma exceção constitui o processo empírico-metodológico da teoria do discurso do filósofo francês Jean-François Lyotard (1983).

Análise do discurso em situações pedagógicas tendo como base a teoria da linguagem de Jean-François Lyotard

Jean-Francois Lyotard (1983) desenvolveu em sua obra *Le différend* – designada por ele próprio como o seu "livro filosófico" – uma teoria da linguagem que surge de sua teoria da pós-modernidade. Na obra *A condição pós-moderna*, Lyotard (2003, p. 12) descreve a modernidade como uma ideia marcada por "metanarrativas", de que é exemplo a "narrativa das Luzes" a partir da qual a crença na emancipação da humanidade foi mantida. Na Pós-modernidade esta crença perde sentido; "o projeto moderno de emancipação da humanidade" é, como constata Lyotard, "inconsistente" (1993a, p. 95-96). A Pós-modernidade se distingue pela queda das metanarrativas. Lyotard (1993b, p. 27) propõe a seguinte divisa para a pós-modernidade: "Já pagamos o suficiente pela nostalgia do todo e do uno, da reconciliação do conceito e do sensível, da experiência transparente e comunicável [...] a resposta é: guerra ao todo, testemunhemos em favor do 'impresentificável', ativemos os diferendos, salvemos a honra do nome". Pretensões à universalidade não só perdem sua validade como também passam a ser combatidas, tal como Lyotard exprime em sua divisa de "guerra ao todo". Nascem a consciência e a aceitação da "pluralidade radical" de orientações e modelos, portanto, de diferentes discursos como condição-base das sociedades" (WELSCH, 1993, p. 4-5).

A teoria da linguagem de Lyotard pode ser entendida como uma teoria sobre a pluralidade de diferentes discursos que se manifestam no "diferendo". Na obra *Le différend*, marcada pela virada do paradigma da filosofia da consciência para a filosofia da linguagem, o autor pressupõe a existência de vários gêneros de discurso, radicalmente heterogêneos uns em relação aos outros, entre os quais, por ausência de um metadiscurso avalizador, desenvolve-se um diferendo indissolúvel. Lyotard define o diferendo da seguinte maneira: "Ao contrário de um litígio, um diferendo seria um caso de conflito entre duas partes (no mínimo) que não poderia ser decidido equitativamente por falta de uma regra de julgamento aplicável às duas argumentações" (1989, p. 9). Quando um diferendo for considerado e tratado como um litígio, quando, portanto, com o objetivo de conseguir uma arbitragem do diferendo, a regra de julgamento de um modo de discurso seja aplicada a outros modos de discurso, cometer-se-á uma injustiça em relação aos mesmos. Eles são reprimidos ou mesmo suprimidos em virtude da afirmação da existência de um metadiscurso que exige ser a instância de arbitragem.

A ideia de uma defesa dos "diferendos" que constitui o cerne da sua obra *Le différend* manifesta a dimensão ética da filosofia da linguagem de Lyotard como forma de reação contra a repressão dos diferentes gêneros de discurso. Neste contexto, Lyotard assinala que "o pensamento, o conhecimento, a ética, a política, a história, o ser, segundo cada caso, estão em jogo no encadeamento de uma frase noutra" (1989, p. 11). Para Lyotard, trata-se de uma "ética da justiça" que ultrapassa uma "mera justiça de discursos" (MÜNNIX, 2000, p. 170). Aqui o valor da justiça já não está ligado à ideia do consenso que tende para a unidade e universalidade, mas associa-se a uma lógica de discordância. Lyotard constata neste âmbito: "O consenso tornou-se um valor em desuso e suspeito, contrariamente à justiça. É, pois, necessário chegar a uma ideia e a uma prática da justiça que não esteja ligada à do consenso" (2003, p. 131). Com esta ideia, Lyotard critica a teoria do agir comunicativo de Jürgen Habermas (1985) que ambiciona um consenso universal por meio do discurso.

Com base na teoria do diferendo de Lyotard, Hans-Christoph Koller, da Universidade de Hamburgo, desenvolveu um procedimento qualitativo-empírico, o qual, até este momento, foi sobretudo aplicado para o estudo de processos educativos na área da investigação biográfica. Segundo Koller, "a teoria da linguagem de Jean-François Lyotard pode não somente servir numa perspectiva sistemática-teórica, mas também como ponto de referência para uma análise empírica de processos educativos (1999, p. 19). Na obra *Bildung und Widerstreit* (*Educação e contestação*), Koller analisa os efeitos das condições pós-modernas sobre as histórias de vida individuais e como nessas condições se realizam processos educativos (p. 18-19). Em primeiro lugar, o autor identifica conflitos na história de vida dos indivíduos, os quais, seguidamente, no horizonte da problemática da pluralidade de discursos na pós-modernidade, observa como possíveis casos de um diferendo. Koller (1996, p. 116) propõe em relação ao procedimento empírico-qualitativo, desenvolvido com base na teoria da linguagem de Lyotard, a análise de situações pedagógicas de interação e comunicação e, especialmente, a análise de transcrições de aulas (p. 134).

Procedimento para análise de discurso recorrendo à teoria pós-moderna segundo Hans-Christoph Koller

O procedimento para análise de discurso segundo Hans-Christoph Koller (1999) implica um exame sequencial de frases. Procede-se inicialmente com a determinação do conjunto ou tipo de frases ao qual cada uma delas pertence. Lyotard (1989, p. 10 e 149) faz uma distinção entre frases descritivas, cognitivas, prescritivas, interrogativas e ostentativas. O número das diferentes famílias de frases, que dispõem de um determinado sistema de regras, é ilimitado.

O sistema de regras para as frases advém do universo específico da frase em análise, no qual as instâncias da frase se relacionam de forma particular. Lyotard (1989, p. 34-35) constata que "de uma maneira mais simples pode-se dizer que uma frase representa aquilo de que trata o caso [...]: o seu referente; do mesmo modo que aquilo que o caso significa: o sentido [...] para onde ou para qual endereço esta dimensão de sentido é dirigida: o destinatário; enfim, através de quem ou em nome de quem o sentido (ou seja o significado) do caso é transmitido: o emissor. O universo da frase surge da situação na qual estas instâncias se relacionam". Somente quando o universo da frase, o qual é caracterizado por um determinado sistema de regras, é definido, os conjuntos ao qual pertencem as frases podem ser analisados.

Sublinhe-se que Lyotard defende a ideia de que não existem instâncias, como, por exemplo, sujeitos, independentes das frases, que precedem as frases. Para Lyotard (1989, p. 108), a frase "eu duvido" não segue que "eu sou", mas que "houve uma frase". Os sujeitos falantes podem ser situados na frase como emissores, destinatários ou referentes. Uma frase pode possuir várias instâncias (vários referentes, significados, emissores ou destinatários). Todas as instâncias não estarão necessariamente presentes em uma frase (p. 35). O silêncio é considerado por Lyotard como uma frase negativa (p. 34).

Depois da determinação de cada conjunto de frases, procede-se, em um segundo momento, com a análise dos modos de discurso. Simultaneamente, analisa-se de que forma esses modos de discurso se relacionam e que formas de diferendo aparecem. As frases estão ligadas para um determinado fim. A ligação é obrigatória, mas há possibilidades ilimitadas de ligar uma frase (p. 58). Para isso, existem regras que caracterizam uma ligação como adequada. Dessa forma, uma frase interrogativa requer uma resposta. A regra, que define o *como* da ligação, não é, no entanto, obrigatória. Assim, a uma questão também pode seguir-se uma outra questão ou um riso. As regras para a ligação de frases de diferentes conjuntos constituem um modo de discurso com um determinado fim. Lyotard propõe como fins da ligação, por exemplo, "saber, ensinar, ter razão, seduzir, justificar, avaliar, comover, controlar" (p. 10). Da mesma forma, juntamente com os sistemas de regras para frases, encontra-se um número ilimitado de modos de discurso como sistemas de regras superiores. Lyotard menciona o modo de discurso científico (p. 249), o modo de discurso narrativo (p. 229), o modo de discurso econômico (p. 229) e o modo de discurso filosófico (p. 168).

O terceiro momento é dedicado à análise da manifestação do diferendo. Segundo Koller e Stoffers (1996, p. 190-191) e Koller (1999, p. 183), existem três diferentes constelações do diferendo. Numa primeira constelação se manifesta um discurso dominante, o qual impede a articulação de um diferendo com os outros discursos. Nesta constelação, o diferendo se caracteriza pelo silêncio, porque algo não pode ser articulado devido à dominação por um determinado discurso. Um outro caso seria quando o diferendo de diferentes discursos se apresenta na forma de um litígio, sendo resolvido recorrendo-se à regra de julgamento de um dos discursos que está aplicado aos outros modos de discurso. Nas duas constelações do diferendo referidas comete-se, segundo Lyotard (1989, p. 9), uma injustiça, porque nos dois casos a heterogeneidade dos modos de discurso suprimidos não são reconhecidas. Concomitantemente, Lyotard requer que o diferendo seja mantido em aberto, o que possibilita o reconhecimento de todos os discursos e que, desta forma, não se desenvolvam formas de supressão[1]. Aqui aparece a terceira constelação do diferendo dos discursos: Esta se realiza abertamente e nenhum discurso é suprimido; portanto, todos os discursos têm a possibilidade de se desenvolverem.

A Análise de Discurso no ensino de Filosofia

A ruptura na consciência iluminista europeia afeta marcadamente as concepções de educação e de cultura. Uma ideia de educação que esteja ligada à crença iluminista no progresso se encontra, portanto, também ela, forçosamente em crise. A condição pós-moderna parece ter consequências negativas para a educação, especialmente para a educação filosófica. Maria Formosinho e João Boavida (1999, p. 14) atestam face à vivência pós-moderna uma "crise educativa". Esta situação atinge, especialmente, a educação filosófica que, precisamente, distinguia-se

---

[1] Lyotard (1983) desenvolve emsua obra *Le différend* uma teoria da justiça, que se dirige contra a supressão dos discursos.

pela suposição de que o progresso da humanidade, sua emancipação, nasce alicerçada por uma razão universal. O declínio da "narrativa das Luzes" (LYOTARD 2003, p. 12) arrasta com ela a ideia de uma razão universal.

O ensino de filosofia é um espaço onde se realiza ou, pelo menos, se deveria realizar uma educação filosófica tendo como base o uso da razão. Um olhar empírico-qualitativo possibilita investigar a situação da educação filosófica e responder à questão se a mesma se encontra em crise e como essa crise se constitui.

Para a investigação da educação filosófica no ensino de filosofia, uma análise do uso da razão pelos seus participantes é necessária. Já que para o filósofo Immanuel Kant a educação Filosófica está estreitamente ligada "ao talento da razão" (1911, p. 542), uma análise empírica do uso da razão, da reflexão filosófica, parece, à primeira vista, uma tarefa difícil, provavelmente inútil. A reflexão filosófica não se manifesta diretamente no mundo empírico. O único acesso imaginável se realiza através da linguagem. Partindo da análise de estruturas da linguagem, abre-se um acesso empírico à razão. Herbert Schnädelbach afirma: "Quando a razão é uma realidade da linguagem, em consequência, ela é igualmente histórica; porque a linguagem em si é algo histórico, empírico, um fato no espaço e no tempo" (1991, p. 108). Segundo a virada linguística (*linguistic turn*), a passagem do paradigma da filosofia da conciência para o paradigma da filosofia da linguagem, a razão torna-se linguisticamente apreensível e se reflete em modos de discurso heterogêneos uns em relação aos outros.

Desta forma, o processo da análise do discurso, que Hans-Christoph Koller (1999) desenvolveu tendo como base a teoria do discurso de Jean-François Lyotard, presta-se especialmente para o estudo de estruturas racionais nas aulas de filosofia, porque nos modos de discurso de Lyotard se ocultam "configurações concretas de racionalidade" (WELSCH, 1990, p. 7). Mostra-se que uma análise empírica-qualitativa da reflexão filosófica na aula de filosofia é inteiramente plausível por isso da filosofia de linguagem de Lyotard.

Exemplo de análise: sequência de uma aula de Filosofia

A título de ilustração e de acordo com o procedimento da análise de discurso segundo Koller (1999), será analisada a seguir uma sequência tomada de uma aula de Filosofia para uma turma do 11º ano de uma escola secundária portuguesa[2]. Trata-se de uma situação em que é solicitado aos alunos que analisem um texto com o intuito de encontrar a tese[3]:

> Professora: Como é que tu formulaste a tese? – Margarida, João Manuel ... ((6 sec.)) João Manuel acorda!
> Aluna 1: ((lê até +)) (O autor defende uma tese continuista, a continuidade do senso comum.) A tese/ (+)
> Professora: ((quase gritando até +)) Chega, (+) – é a tese. O autor defende uma tese continuista, portanto a ciência é uma continuidade do senso comum. Esta

---

[2] As observações e gravações das aulas de Filosofia do 11º ano foram realizadas entre janeiro e julho de 2003.

[3] O material empírico completo encontra-se publicado em Schippling, 2009.

é que é a tese. Os argumentos ainda não pedi. O que eu pedi primeiro, e vocês têm que se habituar, é saber escolher claramente a tese.

Para caracterizar o relacionamento dos modos de discurso e a situação do diferendo entre eles, é necessário, numa primeira fase, a realização de uma análise sequencial das estruturas das frases. Nesta fase, será determinada, com base na análise das instâncias da frase e do relacionamento entre elas (universo da frase), a família de cada frase:

Frase 1: | *Como é que tu formulaste a tese?* |

Trata-se aqui de uma frase interrogativa e, ao mesmo tempo, prescritiva. O referente da frase é marcado com a expressão "a tese".

Frase 2: | *– Margarida, João Manuel ... ((6 sec.)) ...* |
Esta frase é uma prescrição que se dedica aos destinatários, marcados na frase através de seu nome.

Frase 3: | *João Manuel acorda!* |
Um dos dois destinatários, novamente marcado pelo seu nome na frase, recebe uma outra prescrição.

Frase 4: | *((lê até +)) (O autor defende uma tese continuista, a continuidade do senso comum.)* |
Esta é uma frase constatativa e serve para o cumprimento da prescrição das frases 1, 2 e 3.

Frase 5: | *A tese/ (+)* |
Trata-se aqui de uma tentativa para continuar o cumprimento da prescrição das frases 1, 2 e 3 (frase constatativa). Esta frase é interrompida pela frase seguinte.

Frase 6: | *((quase gritando até +))* <u>Chega</u>, *(+)* |
A função desta frase prescritiva e, ao mesmo tempo, exclamativa, é a interrupção da frase precedente. A prescrição desta frase é reforçada pelo caráter exclamativo da frase.

Frase 7: | *– É a tese.* |
É uma frase constatativa com o referente "a tese".

Frase 8: | *O autor defende uma tese continuista, portanto a ciência é uma continuidade do senso comum.* |
Segue-se novamente uma frase constatativa que corresponde ao sentido da frase 4.

Frase 9: | *Esta é que é a tese.* |
Esta frase é igualmente uma frase constatativa que repete e reforça o sentido da frase 7.

Frase 10: | *Os argumentos ainda não pedi.* |

Aqui trata-se de uma frase constatativa com um caráter prescritivo que se dedica aos destinatários da frase.

Frase 11: | *O que eu pedi primeiro, e vocês* <u>*têm*</u> *que se habituar, é saber escolher claramente a tese.* |
Esta frase tem um caráter declarativo e, ao mesmo tempo, prescritivo. Os destinatários da prescrição são marcados na frase pela expressão "vocês".

Numa segunda fase, segue-se uma análise dos modos de discurso, que também podem ser entendidos como configurações de racionalidade. Posteriormente será analisado que tipo de relacionamento caracteriza os diferentes modos de racionalidade e quais as formas do diferendo que existem. Nesta sequência da aula, efetua-se uma alternação entre frases prescritivas (frases 1, 2, 3, 6, 10, 11), que têm em parte um outro caráter como o caráter interrogativo (frase 1), e frases constatativas, que, por um lado, servem para o cumprimento das prescrições (frase 4, 5) ou que, por outro, repetem o cumprimento das prescrições (frases 7, 8, 9). As frases prescritivas são emitidas aos alunos, que tentam, em frases constatativas, cumprir as prescrições. No entanto, esta tentativa é interrompida, pelo discurso da professora, logo que ultrapasse o cumprimento estrito da prescrição inicial (frases 5, 6). Por causa do caráter exclamativo da frase 6, a prescrição em relação à interrupção da frase precedente é reforçada. As frases constatativas, que repetem o cumprimento da prescrição, são emitidas pela professora para consolidar o cumprimento da prescrição (encontrar a tese do texto). O discurso prescritivo ou a racionalidade prescritiva da professora, que representa uma metainstância, dominam inequivocamente nesta sequência. Todas as frases neste parágrafo servem para a formulação de prescrições, para o cumprimento das mesmas ou reforço deste cumprimento. As frases que ultrapassam o cumprimento estrito da prescrição, requerida pelo discurso da professora, são interrompidas. Nesta sequência não se pode desenvolver um diferendo aberto dos discursos, ou seja, das diferentes racionalidades. Por conseguinte, também não existe um espaço para o desenvolvimento da racionalidade dos alunos.

Análise de discurso a partir da teoria da linguagem de J.-F. Lyotard: um procedimento fecundo para a análise de processos da educação filosófica

Na análise de discursos e, consequentemente, de racionalidades nas aulas de Filosofia, foi identificado o tipo de relacionamento entre racionalidades: a manifestação do diferendo. Na área da Educação, e, sobretudo, no contexto da condição pós-moderna que provoca, frequentemente, uma desorientação na pluralidade dos diferentes discursos, uma consciência do diferendo entre os mesmos e da importância deste diferendo torna-se necessária. Hans-Christoph Koller afirma: "Partir desta ideia poderia ser a primeira condição para uma Pedagogia cuja orientação mais importante consistiria no reconhecimento e no testemunho do diferendo. Ela poderia levar os pedagogos e os pesquisadores das Ciências da Educação a abandonar a ideia de uma unidade fictícia da Pedagogia [...] e, em substituição, reconhecer que o diferendo é desde sempre inerente a cada situação pedagógica" (1996, p. 134).

Qual é a instância que tem a responsabilidade de formar a consciência da existência do diferendo entre os discursos, e que o diferendo não se soluciona, fazendo apelo a uma metanarrativa com caráter autoritário? Lyotard encontra esta instância no discurso filosófico. O encadeamento das frases que pertencem ao discurso filosófico não se orienta segundo uma determinada regra, como acontece em relação a outros gêneros de discurso, mas de acordo com a procura de uma regra (LYOTARD, 1989, p. 168). Desta forma, o discurso filosófico está numa procura permanente de suas regras e das regras de outros gêneros de discurso, ou seja, de racionalidade. Por conseguinte, a relação entre o discurso filosófico e os outros discursos é de natureza reflexiva. Ao reconstruir as regras do encadeamento das racionalidades, o discurso filosófico ou a racionalidade filosófica revela casos do diferendo entre discursos, esforçando-se para mantê-lo em aberto de forma a evitar uma supressão dos discursos.

Os processos da educação filosófica consistem, consequentemente, na consciencialização crescente da importância da existência declarada do diferendo, que possibilita desenvolver os discursos e as racionalidades dos participantes da aula. Nesse sentido, a educação filosófica contribui para uma aceitação de diferentes discursos, racionalidades, orientações e até de diferentes modelos culturais. No entanto, esta aceitação não pode ser entendida como uma aceitação acrítica de um relativismo irracional. A educação filosófica significa, por outro lado, desenvolver uma consciência crítica em relação a discursos que tentam suprimir outros modelos de vida que são alheios. Sendo assim, a educação filosófica contribui, de uma forma particular, para a verdadeira aceitação de diferentes discursos e racionalidades e, dessa maneira, reage construtivamente ao desafio pós-moderno. Verifica-se que a teoria de Lyotard sobre o diferendo constitui uma base fecunda para a análise de processos da educação filosófica.

BIBLIOGRAFIA

BOURDIEU, P. (1982). *Ce que parler veut dire* – L'Économie des échanges linguistiques. Paris: Fayard.

BUSSE, D. (1987). *Historische Semantik* – Analyse eines Programms. Stuttgart: Klett-Cotta.

BUSSE, D.; HERMANNS, F. & TEUBERT, W. (orgs.) (1994). *Begriffsgeschichte und Diskursgeschichte* – Methodenfragen und Forschungsergebnisse der historischen Semantik. Opladen: Westdt.

BUSSE, D.; NIEHR, T. & WENGELER, M. (orgs.) (2005). *Brisante Semantik* – Neuere Konzepte und Forschungsergebnisse einer kulturwissenschaftlichen Linguistik. Tübingen: Niemeyer.

DEPPERMANN, A. (2001). *Gespräche analysieren* – Eine Einführung. Opladen: Leske/Budrich.

FAIRCLOUGH, N. (2003). *Analysing Discourse* – Textual Analysis for Social Research. Londres: Routledge.

_____ (1995). *Critical Discourse Analysis* – The Critical Study of Language. Londres: Longman.

FORMOSINHO, M. & BOAVIDA, J. (1999)."'Náufragos' ou 'astronautas'? – Pós-modernidade e Educação". *Revista Portuguesa de Pedagogia*, XXXIII (1), p. 5-17.

FOUCAULT, M. (2005). *L'ordre du discours* – Leçon inaugurale au Collège de France prononcée le 2 décembre 1970. Paris: Gallimard.

_____ (2004). *Surveiller et punir* – Naissance de la prison. Paris: Gallimard.

_____ (1975). *Folie et déraison* – Histoire de la folie à l'âge classique. Paris: Union Gén. d'Editions.

HABERMAS, J. (1985). *Theorie des kommunikativen Handelns*. Frankfurt am Main: Suhrkamp.

JÄGER, S. (1993). *Kritische Diskursanalyse* – Eine Einführung. Duisburg: Diss.

KANT, I. (1991). Kritik der reinen Vernunft. In: KANT, I. *Kant's gesammelte Schriften*. Vol. III. Berlim: Georg Reimer.

KELLER, R. (2007). *Diskursforschung* – Eine Einführung für SozialwissenschaftlerInnen. Wiesbaden: VS-Verlag für Sozialwissenschaften.

KOLLER, H.-C. (1999). *Bildung und Widerstreit* – Zur Struktur biographischer Bildungsprozesse in der (Post-)Moderne. Munique: Fink.

_____ (1996). Der pädagogische Diskurs und sein Verhältnis zu anderen Diskursarten – Eine diskursanalytische Alternative zur systemtheoretischen Betrachtung des Erziehungswesens? In: LUHMANN, N. & SCHORR, K.-E. (orgs.). *Zwischen System und Umwelt*: Fragen an die Pädagogik. Frankfurt am Main: Suhrkamp.

KOLLER, H.-C. & STOFFERS, P. (1996). Interkulturelle Kommunikation als Widerstreit? – Zur Analyse eines Konflikts aus der Perspektive Jean-François Lyotards. In: KOKEMOHR, R. & KOLLER, H.-C. (orgs.). *Jeder Deutsche kann das verstehen* – Probleme im interkulturellen Arbeitsgespräch. Weinheim: Deutscher Studien.

LYOTARD, J.-F. (2003). *A condição pós-moderna*. Lisboa: Gradiva.

_____ (1993a). Nota sobre os sentidos de "pós". In: LYOTARD, J.-F. *O pós-moderno explicado às crianças* – Correspondência 1982-1985. Lisboa: Dom Quixote.

_____ (1993b). Resposta à pergunta: O que é o pós-moderno? In: LYOTARD, J.-F. *O pós-moderno explicado às crianças* – Correspondência 1982-1985. Lisboa: Dom Quixote.

_____ (1989). *Der Widerstreit*. Munique: Fink.

_____ (1983). *Le différend*. Paris: De Minuit.

MÜNNIX, G. (2000). Philosophie. In: REICH, H.H.; HOLZBRECHER, A. & ROTH, H.J. (orgs.). *Fachdidaktik interkulturell* – Ein Handbuch. Opladen: Leske/Budrich.

PHILIPPS, N. & HARDY, C. (2002). *Discourse Analysis* – Investigating Processes of Social Construction. Thousand Oaks: Sage.

SARASIN, P. (2003). *Geschichtswissenschaft und Diskursanalyse*. Frankfurt am Main: Suhrkamp.

SCHIPPLING, A. (2009). *Vernunft im Bildungsgang* – Eine qualitative Studie zum europäischen Philosophieunterricht am Beispiel von Portugal. Opladen: Barbara Budrich.

SCHNÄDELBACH, H. (2001). Vernunft. In: MARTENS, E. & SCHNÄDELBACH, H. (orgs.). *Philosophie* – Vol. 1: Ein Grundkurs. Reinbek bei Hamburg: Rowohlt.

VAN DIJK, T. (1997a). *Discourse as Structure and Process* – Vol. 1: Discourse Studies. Londres: Sage.

_____ (1997b). *Discourse as Social Interaction* – Vol. 2: Discourse Studies. Londres: Sage.

_____ (1993). "Principles of Critical Discourse Analysis". In: *Discourse & Society*, 4, p. 249-283.

VAN DIJK, T. (org.) (1985). *Handbook of Discourse Analysis*. Londres: Academic Press.

WELSCH, W. (1993). *Unsere postmoderne Moderne*. Berlim: Akademie-Verlag.

_____ (1990). Vernunft im Übergang. In: REESE-SCHÄFER, W. & TAURECK, B.H.F. (orgs.). *Jean-François Lyotard*. Cuxhafen: Junghans.

WENGELER, M. (2003). *Topos und Diskurs*. Tübingen: Niemeyer.

WODAK, R. (1996). *Disorders of Discourse*. Londres: Longman.

WUTHNOW, R. (1989). *Communities of Discourse*. Cambridge: Harvard University Press.

Capítulo 4

A reconstrução etnográfica de um percurso de pesquisa transatlântico

Rogério Moura

Notas introdutórias

O relato a seguir se refere a uma pesquisa conduzida no Brasil e na Alemanha no período de 2002 a 2006, nas cidades de Berlim e São Paulo, com programas de formação para o trabalho para jovens de 15 a 20 anos em situação de risco ou de desfavorecimento social (cf. MOURA, 2006). A escolha da expressão *formação para o trabalho,* ao invés de *formação profissional,* está associada à discussão filosófica proposta por Hannah Arendt (1981) em torno da ideia de vida ativa, cujos elementos constitutivos são o trabalho, o labor e a ação.

Por se tratar de uma reconstituição, vale lembrar alguns marcos teóricos que delimitam uma pesquisa qualitativa, reiterando a importância da Etnografia como técnica de pesquisa para o campo educacional. André (1995, p. 18) destaca a Etnografia e a Etnometodologia como caminhos estratégicos da pesquisa qualitativa, lembrando a importância do conceito de *self*, que seria – segundo a autora – "a visão de si mesmo que cada pessoa vai criando a partir da interação com os outros". Pode-se afirmar que o *self* vai sendo reconstruído pelo sujeito-pesquisador na medida em que este avança no campo de pesquisa, e é neste contexto que a ação pode ser compreendida como o único dos três componentes da vida ativa propostos por Arendt (1981) que ocorre diretamente entre os sujeitos, ou seja, "sem mediação da matéria". Trata-se de destacar a importância da convivência dos iguais na esfera pública, por meio da ação e do pensamento, mas também de compreender a complexa teia de relações que se estabelece entre indivíduos e sociedade, que para Elias (1994) é marcada por três tipos de controle: social, sobre a natureza e autocontrole.

A mudança entre sujeito e objeto, entre geral e particular, entre indivíduo e sociedade no processo de construção e descoberta de novos lugares epistemológicos, concede, portanto, importante papel à Etnografia (cf. SERVA & ANDION, 2006). Trata-se de – paralelamente à dimensão quantitativa dos dados – desenvolver um plano de pesquisa que adote como ferramentas a aplicação de entrevistas que possam ser gravadas sempre com o consentimento expresso dos informantes. O diário de bordo, as anotações, mas também os materiais do campo aparentemente menos importantes como desenhos, fotos antigas, pequenos materiais colhidos em espaços de socialização e aprendizagem, servem para balizar aspectos como: Em que medida poderei construir uma relação de confiança e reciprocidade com os sujeitos da pesquisa? Quais os passos a tomar, como utilizar o *rapport* com coordenadores e educadores? Como me aproximar dos jovens e criar situações de interação que favoreçam minha convivência com eles e, ao mesmo tempo, o registro desta convivência nas oficinas de aprendizagem para que possa prosseguir com minha investigação científica? É claro que as respostas a estas questões afetam o rendimento do trabalho e precisam ser levadas a sério por alguém que terá de se deparar constantemente com este duplo papel social do observador e do ator. A simples ideia, já há muito veiculada pelos físicos, de que um elétron "muda seu comportamento" ao ser observado, dá o tom da magnitude do trabalho do observador-participante nas sociedades complexas.

Reconstruindo os passos da pesquisa: "Políticas de formação de jovens em situação de risco em São Paulo e Berlim"

Reconstituir o percurso de uma pesquisa corresponde a um exercício ético de relatar os fatos com clareza e rigor, de trazer a discussão para a esfera pública, disponibilizando dados e enfatizando descobertas que contribuam para aumentar o estoque de conhecimento na área. Isto não é fácil quando o sujeito-pesquisador esteve frente a frente com os informantes em países, tempos e espaços diferenciados, pensando cada passo, sob condições e variáveis que sempre podiam mudar. Este sujeito não é um construto fora do tempo e do espaço e, ao relatar a pesquisa, reconstitui a experiência de coleta de dados, análise do material e os passos da interpretação, com o uso de suas anotações e da memória referente aos contextos e caminhos de investigação científica escolhidos.

Rever os passos de uma pesquisa sobre juventude e, especificamente, sobre políticas de formação de jovens, representa tomar o diálogo entre as gerações como um horizonte temático central, em algum nível lidando com a ideia de que o pesquisador pode resgatar sensações e impressões já vividas, muitas vezes propiciadas pela convivência com os educadores e com os próprios jovens na circulação pelas oficinas de aprendizagem, em meio às conversas, entrevistas e mesmo bate-papos informais. O interesse pela juventude, o qual Pierre Bordieu um dia afirmou ser *apenas uma palavra*, pode surgir também do fascínio de tentar compreender como se dá a transmissão de valores e de saberes entre as gerações por meio dos processos de trabalho e labor num mundo regido, por um lado, pela lógica do consumo e pelo filisteísmo cultural, e, por outro, pela vigorosa presença das contra-hegemonias e da força das margens propiciadas pelo que Giroux (2006) chamou de contexto de rupturas pós-coloniais.

Ainda que exista este fascínio pelo tema, é certo que os conflitos ou contradições que surgem no desenrolar de uma pesquisa sobre juventude não são poucos. Esta escolha temática foi marcada pelas discussões presentes na obra de Pochman (1998, 2003, 2004) e Bernardo (1991), que se concentraram na discussão da inserção ocupacional dos jovens e na transição entre as gerações por meio da transmissão de saberes do mundo do trabalho, as quais conduzem a um conjunto de reflexões inevitavelmente associadas ao arquétipo do *homo faber* e reafirmam a centralidade do papel dos adultos na formação dos jovens. Também os estudos mais voltados para a compreensão da *condição juvenil* (cf. entre outros: SPÓSITO, 1997 e 2005; ABRAMO, 2005; DAYRELL, 2007) exerceram forte influência no momento de nos decidirmos pela realização desse estudo comparativo entre jovens paulistanos e berlinenses.

Indagações iniciais do pesquisador diante do contexto complexo da pesquisa

Inicialmente nos questionamos até que ponto seria possível realizar um estudo comparativo das políticas de formação para o trabalho existentes em ambos os países, considerando-se que as assimetrias e diferenças dentro e entre eles eram relativamente grandes. Estas assimetrias estavam presentes tanto na forma como as ações institucionais eram estruturadas nos níveis federal, estadual e municipal, como na relação entre organizações da sociedade civil (OSC) e o Estado nas cidades de São Paulo e Berlim. No lado alemão havia uma regulação e a presença de uma arquitetura política institucional relativamente estruturada; no lado brasileiro coexistiam mecanismos difusos de regulação e uma falta de clareza na diferenciação entre esfera pública e privada.

O desafio entre realizar um estudo mais voltado para uma discussão sobre as políticas de formação para o trabalho aliado à necessidade de conhecer por dentro as organizações que trabalhavam com a educação profissional de jovens já havia levado a um experimento ou estudo de caso de uma grande OSC brasileira (cf. MOURA, 2001). Isto contribuiu para constatar que as organizações da sociedade civil são importantes atores na arena das políticas públicas para a formação de jovens no Brasil e para confirmar que algumas delas possuíam uma amplitude de ações que poderiam ser caracterizadas ora pelo seu alcance internacional, ora intranacional. Este miniestudo de caso contribuiu para a elaboração das ferramentas da pesquisa posterior, aproximando-a de um horizonte mais qualitativo, tendo surgido desta experiência os roteiros para entrevistas com os coordenadores dos programas, os professores/instrutores e os jovens aprendizes.

Primeiros passos da pesquisa e realização do trabalho de campo

A constatação da internacionalidade e a intranacionalidade das ações de grandes OSCs brasileiras e sua ancoragem teórica com a Unesco e com atores ligados à ONU somavam-se à necessidade de expandir a pesquisa sobre "Políticas de formação de jovens em situação de risco" para um outro país, com um vasto histórico no campo das políticas de formação para o trabalho, como era o caso da Alemanha. Ainda na fase inicial, para consolidar e organizar as primeiras informações, foram cruzados dados como abandono escolar de jovens do Ensino Médio, inserção ocupacional da população de 15 a 20 anos e outras informações de grandes bancos de dados disponíveis no Brasil, por exemplo, aqueles disponíveis no IBGE, na Fundação Seade, nas Secretarias de Educação ou ainda em outras instituições, como o Núcleo de Estudos da Violência da USP. Posteriormente, realizou-se uma coleta de informações e documentos em secretarias de governo, bancos de dados, relatórios, portais da rede e em 12 organizações da sociedade civil que, trabalhando com ou sem a presença do Estado, ofereciam programas de formação para o trabalho para jovens. Nessa segunda fase estendemos a pesquisa e coletamos informações sobre a Alemanha. Para compor o panorama das 12 instituições, foi preciso combinar questões do roteiro de entrevistas com perguntas de ordem técnica do tipo valor das bolsas pagas aos jovens, número de vagas oferecidas, orçamento social, idade média dos jovens que as frequentavam, tipos de oficinas existentes e longevidade das ações (programas), com outras perguntas de cunho mais biográfico-narrativo ou qualitativo (cf. MOURA, 2006, p. 15).

As perguntas estavam divididas, portanto, em três grandes blocos ou eixos temáticos e variavam, dependendo do grupo (dirigentes de secretarias e órgãos da administração pública, coordenadores pedagógicos, educadores e jovens). Para dirigentes, as perguntas eram muito mais quantitativas e voltadas para o formato e o desenho das ações. Para os coordenadores das ações nas instituições, as perguntas eram divididas em três blocos (biografia da instituição, biografia profissional e visão pessoal das políticas de formação profissional para jovens e sobre os jovens). No caso dos professores/instrutores, o roteiro se concentrava mais na biografia profissional e nos procedimentos, técnicas e metodologias de ensino-aprendizagem com os jovens. No caso específico dos jovens-aprendizes, as perguntas estavam mais relacionadas ao significado dos programas em suas vidas e à relação do programa com a escola e o trabalho. O trabalho de campo com os jovens foi realizado em duas oficinas de aprendizagem, localizadas na zona sul da cidade de São Paulo e em um bairro afastado localizado na parte leste de Berlim (antiga Alemanha Oriental). Nessas oficinas foram realizados miniestudos de caso, entrevistas, grupos de discussão, registro fotográfico e videográfico (quando permitido).

Nas entrevistas, era cada vez mais desejável chegar à mundivisão dos coordenadores pedagógicos, educadores e jovens sobre os programas de formação nas duas cidades e, simultaneamente, reconstruir parte de suas biografias. Dada a amplitude da pesquisa e os momentos diferenciados de coleta, o número de instituições para a fase posterior de análise e tratamento de dados e informações foi reduzido para três em cada cidade, ainda que tenhamos realizado entrevistas nas 12 instituições e em outros órgãos em ambas as cidades. Este processo de coleta e análise de dados durou três anos e foi marcado pela intensa transcrição, tradução e interpretação das entrevistas, bem como por tradução e análise de outros documentos.

Algumas passagens importantes da pesquisa merecem ser reconstituídas por apontarem a relevância das escolhas do pesquisador, muitas delas tomadas de maneira solitária, à frente do computador, quando já se havia constatado que o caminho de investigação científica precisava de uma depuração, de um afunilamento, neste caso, de uma passagem ainda mais enfática para uma dimensão qualitativa, de um mergulho nas instituições, na ação e nas relações dos indivíduos. Como consequência deste, muitas vezes, lento processo de tomada de decisões perante as variáveis que se apresentavam, também os materiais e abordagens metodológicas adotadas traziam desafios e dilemas. Mas era preciso persistir para conquistar as possíveis boas contribuições que uma pesquisa qualitativa de alcance transatlântico poderia gerar.

A decisão de desenvolver a pesquisa numa relação de maior aproximação com as instituições não significava que as perguntas aos coordenadores de projetos nas duas cidades deixariam de possuir a complexidade e a abrangência necessárias, muitas vezes orientadas para se aprofundar "o que" – enquanto política pública – significavam aquelas ações. Portanto, o pesquisador tinha de deixar para um segundo momento o desafio de compreender "como" este objeto (programa, ação ou realidade social) se manifestava ou ainda como o coordenador ou o professor/instrutor percebia e pensava as ações que conduzia.

Assim, a primeira leva de entrevistas, com gestores, coordenadores gerais de programas, assessores de governo vinculados a órgãos e secretarias ligadas à formação profissional de jovens nas duas cidades era rica em quantidade de dados, mas também trazia um dos principais dilemas da pesquisa, já que realizar o trabalho em períodos diferentes consumia um tempo precioso, que poderia ser usado para uma inserção maior nas oficinas nas quais os jovens estavam aprendendo um ofício ou realizando um curso profissionalizante. Estes espaços das oficinas de aprendizagem foram considerados por Moura (2006), a partir do estudo das obras de Goffman (1985) e Foucault (1983), como espaços de encenação social em função de seu caráter híbrido: nem escola, nem família, nem trabalho, mas um misto dos três.

O contato com os entrevistados e o desenvolvimento da pesquisa

O uso das ferramentas e estratégias de pesquisa estava constantemente condicionado pela língua, pela distância geográfica entre os dois países e pelas especificidades que os programas de formação para o trabalho para jovens em situação de risco social traziam. Entre estas questões estava também a necessidade de controle social das instituições sobre os jovens e sobre os dados coletados pelo pesquisador, o que incluía, por exemplo, restrições em relação ao registro fotográfico e videográfico das atividades dentro das oficinas de aprendizagem para o trabalho. Isto derivava da legislação restritiva nos dois países, bem como, em certa medida, da biografia escolar e profissional não linear de boa parte dos jovens-aprendizes, inclusive no caso alemão, alguns deles provenientes de instituições prisionais. Em outras palavras: nas duas cidades, em diferentes graus, havia problemas de transparência ou de excessivo controle da informação, sendo que em São Paulo, onde a situação era mais grave, chegava-se mesmo a pedir ao pesquisador que desligasse o gravador em alguns momentos das entrevistas.

Em uma instituição paulistana, embora o primeiro contato tenha sido cordial, o bloqueio às informações posteriormente era constante. A instituição não somente prestava poucas informações sobre os programas para jovens como o contato com a coordenadora pedagógica do programa foi o mais difícil em São Paulo. Em Berlim, as dificuldades de inserção envolviam a superação do estranhamento inicial, como destacado por uma educadora que afirmou o seguinte: "Os jovens nunca viram alguém assim como o senhor, um brasileiro [...]"; ou em uma outra situação, na qual a subcoordenadora repetia insistentemente nas entrevistas que "Não tenho mais nada a dizer" sobre um programa para mil jovens, totalmente financiado com dinheiro do Estado. No primeiro caso relatado, a coordenadora foi gentil e o *rapport* funcionou bem, como em quase todas as outras entrevistas na Alemanha. O esforço em se comunicar de maneira apropriada, embora nem sempre com sucesso, ajudava nas entrevistas e criava, contraditoriamente, fôlego para que as próximas entrevistas ocorressem em atmosfera de menor formalismo.

A afirmação da coordenadora em Berlim de que os jovens nunca haviam visto um brasileiro demonstrava o desafio vivido pelo leste alemão e pelo leste da cidade de Berlim, do ponto de vista do processo de acomodação cultural vivido no período pós-queda do Muro de Berlim e pós-unificação das duas Alemanhas. As novas formas de socialização, entre os próprios jovens e destes com outros estratos do mundo adulto, requeriam deles um empenho constante, o que nem sempre era possível por conta do efeito do desfavorecimento social ou da conversão do risco social em dano sobre as biografias juvenis, o que terminava por levar as instituições a enquadrá-los em rótulos/programas sociais justamente para combater o desfavorecimento ou risco. Portanto, tratava-se ainda de uma fase de transição ou de construção de convivência cultural num ambiente novo no contexto da reunificação da Alemanha.

Estas situações reforçaram a convicção de que o trabalho com várias instituições, antes de escolha de uma oficina em cada cidade para a realização das entrevistas e observação participante junto aos educadores e jovens-aprendizes, foi necessário. A dificuldade na obtenção de informações junto aos coordenadores pode ser compensada pela intensa coleta de dados sobre programas para jovens em Berlim. Esta coleta, a partir de vários catálogos de instituições organizados pela prefeitura, fornecia previamente a quantidade de jovens, o tipo de oficina de preparação profissional e o enquadramento político-institucional de cada uma delas.

As entrevistas com os coordenadores dos programas de formação para o trabalho

As entrevistas com os coordenadores marcaram o início da fase qualitativa propriamente dita, representando a figura deles uma espécie de meio-termo entre o nível mais abrangente, o que até então se considerava o das políticas públicas de formação para o trabalho nos dois países e a realidade das oficinas de aprendizagem e preparação dos jovens, estas marcadas pela interação entre professores, instrutores, pedagogos, assistentes sociais e alunos (aprendizes), num ambiente institucional que combinava a ação do Estado (apoio financeiro/institucional) com a de OSCs (Organizações da Sociedade Civil ou *Freie Träger*, como são denominadas as organizações da sociedade civil na Alemanha, que recebem recursos públicos para atuarem no campo da formação profissional ou da assistência social (por exemplo a idosos ou a portadores de deficiência).

A questão central dirigida aos coordenadores envolvia as seguintes perguntas: "Como estão organizadas as políticas de formação para o trabalho direcionadas aos jovens nesta cidade? Quais são os fundamentos didáticos e pedagógicos das ações que sua instituição/organização apresenta?" No entanto, essas perguntas eram formuladas com a flexibilidade necessária para que o coordenador narrasse a história da instituição ou de sua própria biografia profissional. O tempo da entrevista variava de acordo com o entrevistado, de um viés mais técnico, político e institucional para uma abordagem mais voltada para aspectos biográficos dos jovens-aprendizes, para os fundamentos de ensino-aprendizagem e suas percepções sobre estes.

A partir do estudo de passagens das entrevistas com os coordenadores, observou-se que o forte controle social presente nestas ações nas duas cidades obrigava os mesmos a pensarem o processo de aprendizagem como correção da própria biografia e das trajetórias de insucesso desses jovens nas instituições de ensino. Nesse sentido, a formação profissional era vista como uma "última chanche" de reinseri-los no mundo do trabalho e da escola e, assim, justificar o investimento do Estado e da sociedade:

> Eles vêm, ficam este tempo aqui e aí estão mais velhos e enquanto isso há uma grande quantidade de jovens que conduzem uma vida de forma muito normal, que têm conclusão de curso muito normal e que vêm aqui também fazer a formação, porque existem muito poucos lugares de formação nas empresas. Há

concorrência... Os jovens que recebem formação a partir de medidas empreendidas pela Secretaria do Trabalho ou pela Secretaria da Juventude não têm a mesma oportunidade de alguém que tem uma vida completamente normal. Porque naturalmente o empregador diz (*incorpora o empregador*): "Este é um jovem que eu pego para a formação". Ele procura alguém que tenha o menor número de problemas. O jovem com uma história complicada, é possível já prever (*incorpora o empregador*): ' Isto pode dar problemas'. Não é porque o jovem foi para a formação (três anos), que corre tudo sem problemas. Ao contrário, ele precisa de apoio especial na escola e precisa de uma coordenação/orientação no contexto das atividades práticas de formação (M, coordenador, Berlim, 22/03/04).

Então o que eu percebo é isso ... Isso que você falou, enfim, subliminar, um controle, não sei!!! O que cê vê é ... nossa, que alegria que todo mundo tem, quando a gente vê que eles não estão na rua. Porque se sai na rua oferece risco para os outros que não estão na rua... (*Risos*) Para quem tá integrado numa atividade de estudo ou de trabalho e tal ... Então a única coisa que eu percebo é assim, um pouco preconceituosa ... Vamos tirar os riscos da rua ... No fim o jovem, quando entra numa sala de aula ...seja lá o que ele tá fazendo, numa sala de aula, numa quadra, em qualquer coisa, pra ele não ficar nos perturbando na nossa liberdade social... Porque o mesmo jovem que eu atendo aqui, ele é o jovem que é considerado violento, em conflito com a lei, sabe, é difícil achar esse limite, para nós que estamos na ação pedagógica (*paradoxo entre cuidar e controlar*). E para que eles não cheguem lá, né?! E o que eu pude perceber, principalmente nesse movimento com LA, medida socioeducativa, voltada para esse jovem, que esteve em conflito com a lei, é que ainda é uma medida de repressão (RC, coordenadora, OA, São Paulo, 22/11/04).

As entrevistas com os atores nas oficinas de formação profissional

As barreiras para se chegar aos professores, instrutores, assistentes sociais e aos jovens eram de diversas naturezas. Nos dois países, os cursos de formação para o trabalho são regulados por instituições específicas para este fim. Tal fato obrigava o pesquisador a percorrer um caminho burocrático, uma teia kafkiana, que se iniciava com um contato telefônico, o envio de uma correspondência formal e, posteriormente, a realização de uma visita para entrevista junto aos coordenadores. Sem estes trâmites, a visita às oficinas propriamente ditas era impossível. E é justamente este conjunto de procedimentos, de natureza burocrática e institucional e que requerem constantemente o uso do *rapport*, seja por e-mail, telefone ou pessoalmente, que postergam ou atrasam o trabalho efetivo de pesquisa com o público-alvo principal, os jovens. Estes instrumentos, verdadeiras películas burocrático-linguístico-institucionais, também precisam ser compreendidos se optarmos pela realização da pesquisa junto, ou melhor, dentro das instituições.

No que diz respeito ao trabalho de campo junto aos professores e profissionais que atuavam nas oficinas, cabe destacar que o trabalho se concentrou mais em entrevistas com um ou dois educadores do que em rodas de discussão, embora de maneira informal, tanto em Berlim quanto em São Paulo, tenham sido realizadas rodas de discussão com estes e com jovens. A esta altura já estava clara a impossibilidade de se realizar entrevistas e grupos de discussão nos três níveis (coordenadores, professores e jovens), mesmo com a redução do número de instituições investigadas.

A maior dificuldade em relação a uma comparação entre professores/instrutores está relacionada à diversidade de formações e classificação. No Brasil, encontramos professores (homens ou mulheres) com formação que variava de nenhuma, nível médio e, em alguns casos, até nível superior, mas com predominância de baixa qualificação. Na Alemanha, haviam instrutores especializados, alguns deles com formação adicional para atuarem como professores em cursos de formação profissional e que são denominados como *Meister* (mestre de ofícios). Estes mestres de ofício lecionam em oficinas que seguem as deliberações da Câmara de Artes e Ofícios da cidade de Berlim, e os SGB, Livros das Leis Sociais, assim como a Lei Federal de Educação Profissional.

Cabe observar ainda a relação número de professores/instrutores e demais profissionais por aluno: em Berlim, para cada 12 ou 15 jovens havia um assistente social responsável e um instrutor para cada 5 ou 6 jovens; em São Paulo, ainda que houvesse assistentes sociais acompanhando os trabalhos em uma parte das oficinas de aprendizagem, o número – tanto de instrutores como de assistentes sociais – era bem menor. A educação profissional estatal na Alemanha se dá ainda pelo Sistema Dual, o qual, de forma indireta, condiciona e influencia a estrutura dos cursos das oficinas extraescolares acompanhadas (para mais detalhes cf. FÜHR, 1997; DORNBACH, 2000). No Brasil, pela inexistência do Sistema Dual, torna-se difícil fazer o enquadramento político-institucional e pedagógico das ações, assim como discutir a certificação. Apesar dessa relação com o sistema formal, os programas na Alemanha como no Brasil permanecem classificados como programas que ocorrem fora do ambiente escolar tradicional.

O contato com os educadores em Berlim, apesar da diversidade da formação dos mesmos, era frutífero e possibilitava compreender parcialmente, por meio das entrevistas, como eles viam seu papel social na formação dos jovens com biografias escolares e profissionais não lineares. Neste quesito, ficava claro que os educadores construíam um círculo de mediação no entorno dos jovens, tendo os pedagogos sociais ou assistentes sociais um papel importante no fortalecimento deles para executar as tarefas ou apreender os saberes demandados pelos *Meister* (mestres de ofício). Assim, quando um mestre acreditava que o jovem não tinha condições de concluir uma preparação profissional, um pedagogo social ou assistente social intervinha para criar um suporte extra para o aprendiz, ensaiando uma ZDP, Zona de Desenvolvimento Proximal.

Diferente dos coordenadores, observou-se que os educadores (professores, instrutores e assistentes sociais ou pedagogos) estabeleciam um nível de cumplicidade e solidariedade maior com os jovens em ambas cidades, por conta da construção de um espaço de experiência comum aos dois grupos, mas também porque as atividades sempre se iniciavam pela prática para depois passarem ao campo da teoria. A atividade prática e o trabalho com materiais criavam um elo, uma atmosfera de mediação entre os jovens e os educadores que, em maior ou menor grau, mobilizava-os cognitivamente, por vezes pelo uso do próprio corpo, por meio da manipulação de materiais, para a aprendizagem. Neste quesito está uma importante constatação da pesquisa: o fato de que as oficinas, tanto em Berlim como em São Paulo, iniciavam as atividades com os jovens a partir da prática, ou seja, por meio de atividades diretas de aprendizagem com madeira, metal, vidro e outras, próximas do campo da construção civil, revestimento, pintura e reforma no caso da oficina visitada em Berlim. Já em São Paulo, a diversificação das áreas de aprendizagem era muito maior, entre outros motivos também pela inexistência de um Sistema Dual de Ensino-aprendizagem profissional. Assim, o que era desvantagem no caso paulistano, portanto, também poderia ser visto como vantagem, dada a criatividade e inventividade das oficinas oferecidas para jovens (meio ambiente, artes, comércio, tecnologia da informação, empreendedorismo social, fotografia, madeira, reciclagem).

O fato de realizarem atividades práticas nas oficinas possibilitava aos jovens criarem outra relação com a aprendizagem, relativizando a experiência de insucesso vivido anteriormente nas escolas que frequentaram. Esta convivência entre jovens-aprendizes (em sua maioria homens) e educadores (mestres de ofício e assistentes sociais), registrada por meio da observação nas oficinas, demonstrava que as organizações da sociedade civil estavam possivelmente propondo uma nova abordagem para a re-socialização dos jovens pelo trabalho, partindo das experiências práticas para a teoria e, com isso, aproveitando o estoque de conhecimento que já havia entre os próprios jovens, os quais traziam em si uma mistura complexa, mas rica, de processos de trabalho e labor em suas biografias.

Embora extraescolares, os programas de formação na Alemanha mantinham uma relação com o sistema escolar que não existia no Brasil na época em que se realizou a pesquisa[1], porque os jovens lá podiam passar um tempo na preparação profissional, para então prestarem o *Gesellenprüfung* (Exame Final) do Sistema Dual, retornando assim à educação formal ou ingressando no mercado de trabalho com algum aumento de sua qualificação. Outra diferença importante é que os jovens berlinenses recebiam uma bolsa-salário durante a formação para o trabalho, o que não era o caso dos jovens paulistanos. Em São Paulo, infelizmente as oficinas de preparação profissional visitadas não certificavam estes alunos e não propiciavam um retorno direto ao sistema formal de ensino, o que, por sua vez, estava diretamente ligado à qualificação dos educadores que neles atuavam e, conforme dito, a quesitos relacionados à regulação institucional.

As entrevistas e registros etnográficos com os jovens

O encontro com os jovens sempre apresentava uma relação de aproximação e afastamento, o que demonstrava a importância de aprofundar o cunho qualitativo da pesquisa, pois quanto mais o pesquisador se aproximava deste público-alvo, ou seja, os jovens, mais a ideia de uma política pública de formação para o trabalho nos dois países desaparecia ou se esvaziava. Quanto

---

[1] Importante lembrar que a Lei 9.394/96 dá início ao processo de articulação ou integração entre Educação Básica e Educação Profissional. Contudo, somente a partir de 2004 o "Sistema S" (sobretudo Sesi e Senai), assim como os antigos Centros Federais de Educação Tecnológica (que recentemente passaram a ser denominados de Institutos Federais de Educação, Ciência e Tecnologia), adotaram novas diretrizes para a formação "articulada" (Sistema S) ou "integrada" (IFs), na qual o jovem estuda um período na escola regular ou na modalidade Educação de Jovens e Adultos e outro período é dedicado à formação profissional. Para mais detalhes, cf. Decreto 5.154/2004 e Resolução CNE/CEB 1/05.

mais próximo dos sujeitos, dos jovens envolvidos nas ações institucionais de ambas as cidades, mais forte era a ideia de que existiam ações ou um conjunto de ações, mas que não necessariamente poderiam ser definidas como uma política pública de formação para o trabalho. A ideia de controle social assim também perdia importância durante as sessões de observação dos jovens nas oficinas, e ganhava espaço a observação da relação deles com o ambiente de aprendizagem e consigo mesmos, num nível mais cognitivo. No que diz respeito às entrevistas com os jovens, elas apresentavam diferentes tipos de rendimento, mas os resultados não podem ser generalizados por conta da pequena amostra de entrevistas realizadas, traduzidas e transcritas. No entanto, vale a pena citar pelo menos alguns aspectos desta parte do trabalho em São Paulo e em Berlim.

O primeiro refere-se ao registro por meio de fotografias e vídeo numa oficina de aprendizagem com madeira em uma das organizações da sociedade civil em São Paulo. A proposta de uso da filmadora era um desafio, e por meio dela seria possível estender e aprofundar um dos aspectos mais importantes da pesquisa: observar e documentar o processo de aprendizado dos jovens, atendo-se principalmente aos seguintes aspectos: observação, ação e repetição. Manter a observação-participante era, no entanto, um desafio, pois era preciso investigar formas de registrar o processo de trabalho dos jovens a partir dos quesitos citados anteriormente e lidar ao mesmo tempo com o fato de que eles sabiam que estavam sendo filmados, o que, por sua vez, poderia interferir em sua espontaneidade durante a realização das ações. A pergunta era então: "Como convencer os jovens da importância do registro das atividades por meio de fotografia ou vídeo, criando um espaço de experiência com eles que pudesse envolver, por um lado, o recurso à tecnologia para o registro e, por outro, o aproveitamento da espontaneidade dos sujeitos na manipulação dos materiais dentro das oficinas?"

A solução para esta questão envolveu estratégias como jogos teatrais (com objetos), bate-papo sobre o significado do registro fotográfico e videográfico, assim como a partilha na composição de fotos e imagens. Ao dividir com eles o trabalho de registro visual das oficinas, o pesquisador pode manter-se participante durante a observação, evitando um processo de observação total ou distante que levaria à destruição de um espaço de experiência comum conquistado. Um outro aspecto dizia respeito à necessidade de realizar o registro respeitando a legislação existente. Este problema pode ser parcialmente contornado por meio do diálogo com os jovens e pelo consentimento por escrito. Sem isto, dificilmente o registro fotográfico ou videográfico poderá se tornar uma ferramenta de pesquisa. Este fato levanta uma série de questões éticas em torno do registro das atividades de formação, já apontadas por André (1995), mas sobretudo por Gaskell (2002). Cabe levantar perguntas simples como: "Por que e como quero fotografar" e "Por que e como quero filmar?" Ou ainda: "Isto é relevante para minha pesquisa?" Após responder estas questões e estabelecer este ambiente de troca na produção de imagens com os jovens, é possível avançar para uma discussão teórica que destaca a importância da imagem perante o texto no contexto das metodologias qualitativas e exercitar uma classificação da interpretação de imagens.

No caso de Berlim o registro das atividades com máquina fotográfica teve maior êxito. Foi possível fotografar uma parte dos jovens em ação e fazer entrevistas gravadas. Justamente nesta situação de entrevista com um jovem de 18 anos, que estava fazendo um curso de preparação profissional como *design* de ambientes, surgiu uma situação instigante: Algumas perguntas relacionadas à sua história de vida dispararam nele um processo narrativo de lembrança do passado de migração da família. Ao narrar a história de migração de sua família da Turquia para a Alemanha, *Ali* dizia que na Turquia ele era considerado alemão e na Alemanha um turco. Da entrevista concedida por ele, surgiu a pergunta: "Você acha que eu me pareço com um turco ou com um alemão?"

A pergunta de *Ali* demonstrava, por fim, que a pesquisa de campo começava a se encerrar ali. Era necessário recomeçar outra, na qual seria preciso refazer o exercício de colocar o jovem e a juventude no centro da discussão. Aquela pergunta levou o pesquisador a querer conhecer um pouco mais a fundo a experiência e as vivências de jovens de origem turca da segunda ou terceira geração na Alemanha para compreender a difícil constelação identitária que faz com que perguntem a um brasileiro se guardam mais semelhanças com um turco e com a cultura de origem, ou com um alemão e a cultura na qual estão inseridos por meio das instituições socializadoras. Sua pergunta instiga a concepção de outros modelos de formação para o trabalho que considerem as identidades culturais, que permitem aos jovens manifestarem sua mundivisão, que favoreçam um aprendizado profissional que não esteja controlado apenas por adultos ou por pessoas cultural e socialmente distantes dos jovens.

BIBLIOGRAFIA

ABRAMO, Helena W. (2005). Condição juvenil no Brasil contemporâneo. In: ABRAMO, Helena W. & BRANCO, Pedro P. (orgs.). *Retratos da juventude brasileira*. São Paulo: Fundação Perseu Abramo, p. 37-72.

ANDRÉ, M.E.D.A. (1995). *Etnografia da prática escolar*. Campinas: Papirus.

ARENDT, H. (1981). *A condição humana*. Rio de Janeiro: Forense Universitária.

BERNARDO, J. (1991). *Economia dos conflitos sociais*. São Paulo: Cortez.

BOHNSACK, Ralf (2008). *Rekonstruktive Sozialforschung*. Opladen: Barbara Budrich/Farmington Hills.

BOHNSACK, Ralf; NENTWIG-GESEMANN, Iris & NOHL, Arnd-Michael (2001). *Die dokumentarische Methode und ihre Forschungspraxis*. Opladen: Leske/Budrich.

DAYRELL, Juarez (2007). "A escola 'faz' as juventudes? – Reflexões em torno da socialização juvenil". *Educação & Sociedade*, vol. 28, n. 100, out., p. 1.105-1.128.

DORNBACH, Stefan (2000). *Beruf und berufliche Ausbildung in Brasilien* – Historisch- soziale Voraussetzungen und politische Konzepte: Magisterarbeit. Berlim: Fachbereich Erziehungswissenschaften der Humboldt Universität.

ELIAS, N. (1994). *A sociedade dos indivíduos*. Rio de Janeiro: Zahar.

FÜHR. Cristoph (1997). *Deutsches Bildungswesen seit 1945* –rundzüge und Probleme. Berlim: Luchterhand.

GASKELL, G. & BAUER, M. (2002). *Pesquisa qualitativa com texto, imagem e som*. Petrópolis: Vozes.

GIROUX, H. (1999). *Cruzando as fronteiras do disurso educacional*. Porto Alegre: Artmet.

GOFFMAN, E. (1985). *A representação do eu na vida cotidiana*. Petrópolis: Vozes.

LA MENDOLA, Salvatore (2005). "Sentido do risco". *Tempo Social* – Revista de Sociologia da USP, vol. 17, n. 2. São Paulo.

LUHMANN, Niklas (2003). *Soziologie des Risikos*. Nova York/Berlim: Walter de Gruyter.

MANNHEIM, K. (1964). *Beiträge zur Theorie der Weltanschaungsinterpretation* – Wissenssoziologie. Neuwied: Luchterland, p. 91-154.

MOURA, Rogério A. (2006). *Programas de formação para o trabalho para jovens em São Paulo e Berlim*. São Paulo: USP [Tese de doutorado em Educação].

_____ (2001). O *teatro que se joga entre a margem e o centro* – A pedagogia do teatro na periferia da cidade global. São Paulo: ECA/USP [Dissertação de mestrado em Artes].

POCHMANN, Márcio (2004). "Juventude em busca de novos caminhos no Brasil". *Juventude e sociedade*. São Paulo: Instituto Cidadania/Fundação Perseu Abramo.

_____ (2003). *Outra cidade é possível*. São Paulo: Cortez.

SERVA, C. & ANDION, M. (2006). "A etnografia e os estudos organizacionais" – A pesquisa-ação como estratégia de pesquisa qualitativa. In: GODOI, C.K.; BANDEIRA DE MELLO, R. & BARBOSA, A.B. (orgs). *Pesquisa qualitativa em estudos organizacionais*. São Paulo: Saraiva.

SPÓSITO, Marília P. (2005). Algumas reflexões e muitas indagações sobre as relações entre juventude e escola no Brasil. In: SPÓSITO, Marília P. & BRANCO, Pedro P. (orgs.). *Retratos da juventude brasileira*. São Paulo: Fundação Perseu Abramo, p. 87-128.

WELLER, W. (2005). "A contribuição de Karl Mannheim para a pesquisa qualitativa: aspectos teóricos e metodológicos". *Sociologias*, 13, p. 260-300.

Parte VI

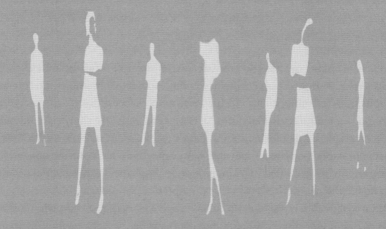

Retorno social e integração da
pesquisa qualitativa na formação de
professores e
pedagogos sociais

Capítulo 1

A integração da pesquisa qualitativa na formação de pedagogos sociais: etnógrafos e educadores refletindo sobre seu próprio objeto*

Gerhard Riemann

Observações preliminares

Fazer uma análise de casos de profissionais, enquanto profundamente absorto no trabalho com pacientes, é um processo epistêmico complexo que não pode ser interpretado como uma mera aplicação do conhecimento técnico e abstrações científicas de alta categoria: isso foi demonstrado – sob a influência de John Dewey – por Donald Schon (1983), cujo trabalho em o *Profissional reflectivo* deu forte impulso para a extensão da "reflexão crítica" nas profissões em países anglo-saxões e na Escandinávia. Como é mostrado nas contribuições ao longo do livro, havia muito interesse no desenvolvimento de arranjos sociais que encorajassem o desenvolvimento de habilidades de "reflexão crítica" na prática profissional.

Meu trabalho com estudantes do curso de Serviço Social[1] está pautado na ideia de que se os futuros assistentes sociais se familiarizarem com práticas e procedimentos diferentes na pesquisa social qualitativa ou interpretativa, e se forem encorajados a realizar seus próprios estudos de campo ou estágios supervisionados de forma qualitativa, eles adquiririam competências úteis para trabalhar com os pacientes. Quando assistentes sociais se envolvem em análises de casos complexos, que geram consequências em seus trabalhos com pacientes "atuais", a familiaridade com a pesquisa

---

* Tradução de Tatyani de Torres Quintanilha. Revisão de Angela Correia Dias e Wivian Weller.

[1] Meu estilo de trabalho com estudantes do curso de Serviço Social se desenvolveu em uma longa colaboração com Fritz Schütze, especialmente enquanto estávamos no Departamento de Serviço Social da Universidade de Kassel. Em Kassel, começamos a trabalhar com estudantes nos *workshops* de pesquisa (RIEMANN & SCHÜTZE, 1987; RIEMANN, 2005c). Nós continuamos a organizar workshops de pesquisa em nossos respectivos ambientes de trabalho nas universidades de Magdeburg e Bamberg. Uma fonte importante para minha pesquisa e ensino foi o trabalho do recentemente falecido Anselm Strauss e a tradição do Interacionismo de Chicago.

biográfica, a análise narrativa e outros procedimentos qualitativos tornam-se importantes para uma pesquisa de prática autorreflexiva, autocrítica e responsável (SCHUTZE, 1994). Isso também se aplica ao trabalho de outros profissionais (professores, profissionais da saúde etc.).

Eu gostaria de apresentar um elemento de meu trabalho que consiste em encorajar os estudantes a se tornarem etnógrafos de seus próprios objetos na medida em que passam a observar suas próprias experiências de trabalho (por exemplo, no contexto de estágios) bem como a prática de instituições e de profissionais que eles encontram nesses espaços. Num outro momento, escrevi sobre as premissas básicas dessa diligência: o trabalho e os arranjos sociais de encorajar estudantes a "estranhar suas práticas" para, dessa forma, poderem tomá-las como objeto de estudo (RIEMANN, 2005a, 2005b). Escolhi um ponto de partida diferente neste artigo para tornar as questões do trabalho mais visíveis. Apresentarei anotações de campo de um estudante e resumirei algumas das reflexões propostas durante um seminário com estudantes no qual este material foi discutido. O exemplo que seleciono deriva de uma fase anterior desse tipo de trabalho. Naquele tempo, pensar sobre as mudanças e limites do trabalho com tais dados foi útil para que eu pudesse refinar "minha forma de trabalhar com estudantes". As anotações de campo serão acessíveis neste capítulo; assim, os leitores poderão analisá-las e, por meio delas, terão possibilidade de abrir um diálogo crítico com o escritor-estudante, com os participantes desse seminário e comigo mesmo. Meu resumo não deveria ser considerado como "a pedra filosofal", mas como um relatório provisório de algo que pode ser continuado.

Notas de campo de estudantes: um exemplo

As seguintes anotações de campo foram escritas por um estudante do Serviço Social com cerca de 25 anos de idade durante seu estágio de quarenta semanas em um centro de aconselhamento familiar que pertence a uma das maiores associações de assistência social confessional localizada em uma pequena cidade ao sul da Alemanha. Os serviços são gratuitos. Os estudantes do meu departamento passam o quarto e o quinto semestres de graduação realizando estágios. O estagiário em questão era membro de um grupo de dez estudantes que se encontraram comigo quatro vezes durante esse período para refletir e dividir experiências sobre a prática da assistência social em seus respectivos ambientes. Cada um de nossos encontros durava uma semana. Ainda que os estudantes tivessem a chance de narrar espontânea e extensivamente suas experiências durante a primeira semana (assim todos eles podiam saber o que estava acontecendo com todos os outros estudantes), nós passávamos a segunda e a terceira semanas discutindo anotações de campo que eles haviam preparado para o seminário. As notas de campo que se seguem foram debatidas durante nossa terceira semana, em outubro de 1998.

Eu havia dito aos estudantes para que focassem sua atenção em certos eventos e processos de seus ambientes de estágio, o que eles consideraram especialmente interessante, e para que escrevessem anotações de campo sobre as ocorrências que revelaram "como tudo foi desenvolvido". Percebam que essa recomendação era um tanto quanto vaga. Não dei a eles qualquer categoria exata de estrutura observacional, mas apenas enfatizei, sequencialmente, sobre a necessidade de se pensar em voz alta sobre coisas que nós, às vezes, não damos a devida atenção por julgarmos como algo corriqueiro da rotina dos locais de trabalho, por exemplo, a necessidade de explicar como alguém está pessoalmente envolvido nesses eventos e como alguém os experimenta. Minhas recomendações se tornaram, de alguma forma, mais precisas posteriormente (cf. a seguir); após aprender mais sobre os limites e as possibilidades de se trabalhar com essas notas, descobri que algumas delas vieram a se tornar solo mais fértil para a reflexão e para a teoria fundamentada (cf. GLASER & STRAUSS, 1997) do que outras. Porém, essas diretrizes não deveriam se tornar uma "camisa de força", sufocando a criatividade e expressão pessoal dos estudantes. Estes então escolheram focos diferentes: alguns deles, por exemplo, decidiram reconstruir como sua relação tinha se desenvolvido com um determinado paciente em algum tempo, enquanto outros descreveram um dia de trabalho em sua instituição ou se concentraram em tipos de ação ou discursos que eram típicos de seu instituto. O escritor das anotações de campo que se seguem escolheu a segunda variante.

Ao apresentar os seguintes apontamentos, não pretendo definitivamente dar a impressão de que as considero como um modelo de "trabalho perfeito". Elas foram escolhidas porque ainda me lembro de como eu e os estudantes discutimos as anotações de campo e porque essa discussão, que irei sumarizar em seguida, ajudou-me a refletir sobre meu trabalho com os estudantes e a aprender sobre o envolvimento da criação de "etnografias sobre as questões de outrem"[2]. Não mudei nada no texto que o estudante nos entregou; apenas traduzi as notas do alemão para o inglês. Vocês irão perceber que, de vez em quando, o estudante utilizou itálicos para marcar alguns de seus estados interiores, reflexões retrospectivas e informações de fundo. Michael, o conselheiro que ele menciona, é um psicólogo[3]. Havia tanto assistentes sociais como psicólogos trabalhando no mesmo centro.

> É sexta-feira, dia 17 de julho de 1998, cerca de uma hora da tarde. Quando olho na grande agenda no balcão de recepção, na qual normalmente todos os funcionários anotam seus encontros, descubro uma primeira sessão "azul" com a família Olschewski que está marcada para as 14 horas. Todos os funcionários usam canetas de cores diferentes, azul é a cor de Michael. Como procuro participar de todas as sessões de aconselhamento que me são possíveis (além disso, minhas próprias sessões são preenchidas com ludoterapia e com formas diferentes de treinamento), pergunto a Michael se posso participar dessa sessão. Considerando que essa seria a primeira sessão – acompanhar um processo de aconselhamento já iniciado pode ser irritante para os pacientes, consequentemente, isso não seria possível nesse centro – e eu provavelmente não conhecia as pessoas, Michael não fez qualquer objeção (visto que minha cidade natal fica no mesmo país, pode ser que os pacientes novos e eu nos conheçamos). No entanto, ele me disse que seria necessário a permissão da família. Até a sessão começar, eu passei o tempo atendendo ao telefone, uma vez que a secretária já havia ido embora.

---

[2] Eu gostaria de cordialmente agradecer a este estudante por permitir uso destas notas de campo. Ele gostaria de ficar em anonimato.

[3] Seu nome foi mudado pelo autor das anotações de campo (assim como o nome de todas as pessoas que aparecem em suas anotações de campo).

Os Olschewskis chegaram dez minutos mais cedo. Então, eu os convido para sentarem-se na sala de espera antes de entrarem na sala do Michael, pois assim tenho tempo para procurá-lo. Ele me perguntou quantas pessoas já haviam chegado para que pudéssemos colocar o número certo de cadeiras em círculo. Eu disse que havia um menino, uma mulher e dois homens esperando, um deles tinha cerca de 40 e o outro em torno de 20 anos. Nós não sabíamos se o mais velho era membro da família e qual o tipo de relacionamento que ele tinha com a família. A informação no formulário de registro (que é preenchido durante um contato inicial, na maioria das vezes, feito por telefone) é escassa, o que significa que, dessa vez, Michael não irá esclarecer a situação da família e nem prosseguir, como costuma fazer em outras situações. *Certamente, isso não quer dizer que a informação no formulário de registro é usada para planejar o encontro de forma detalhada, mas, algumas vezes, pode-se chegar a pretensões sobre a direção do encontro; algumas vezes uma situação nova pode se abrir para o conselheiro na base de novas percepções originadas na conversação, assim ele deve reajustar mais ou menos as coisas.*

Caminhamos para onde eles estão à espera, Michael se apresenta. Depois, ele me apresenta como "estagiário e futuro colega" antes de convidar as quatro pessoas a segui-lo até sua sala.

Depois de entrarmos na sala, o homem mais velho, Sr. Mueller, toma a palavra. Ele se apresenta como um vizinho que apoia a família polonesa Olschewski em seu contato com as autoridades. Diz que tinha sido solicitado pelo Sr. Olschewski para marcar a data e para acompanhá-los, a fim de descrever a situação familiar. Ele gostaria de fazer isso agora. Ele diz que considera isso como sua obrigação civil, uma vez que ele acredita que a família foi tratada da pior forma, devido à sua origem, e não seria assim se os mesmos incidentes tivessem ocorrido a uma família alemã.

Sr. Mueller fala de forma bem elaborada (foi revelado durante a conversa que ele havia sido um comerciante independente), mas, inicialmente, não pude entender claramente a base de suas afirmações, o porquê de eles irem ao centro de aconselhamento.

Ele diz que eles vieram por causa de Agnieszka, filha de quase 16 anos dos Olschewskis. Embora a visse raramente, sempre a notava como "muito digna" e "muito eloquente". Ele diz que ela não tinha problemas na escola, que havia sido boa estudante e que era triste a forma com que as coisas tenham se desenvolvido.

Passam-se cinco minutos e ainda não sei qual é o problema.

Sr. Mueller diz que não pode imaginar o porquê dela fazer aquilo, uma vez que ela recebeu de seus pais o que precisava. Ele diz que o pai dela faz um bom serviço ao ajudá-lo com o jardim.

Eu digo a mim mesmo que ela provavelmente roubou alguma coisa em algum lugar.

Ele continua dizendo que os pais dela tinham ficado surpresos ao serem intimados a se apresentar perante o tribunal familiar quando, finalmente, o direito de custódia dela foi revogado.

Bom! Fico perplexo quando sei sobre a revogação repentina do direito de custódia. Essa informação está quase paralisada numa causa subordinada, depois dele ter falado sobre a eloquência de Agnieszka por dez minutos. Parece-me que Michael sente o mesmo que eu, uma vez que ele tenta estruturar a informação.

Ele pergunta e anota quem pertence à família, o que os pais fazem como meio de vida, como eles vieram para a Alemanha. Ao ser perguntado, ele informa que: os Olschewskis têm mais dois filhos além de Agnieszka; Marek, que tem quatorze anos (ele estava presente) e Lech, que tem cinco anos de idade. O Sr. Olschewski está desempregado e a mãe é garçonete substituta. Ele mora na Alemanha há oito anos, sua família se juntou a ele dois anos depois. Agnieszka foi pega enquanto roubava alguma coisa em uma loja de departamento, e então ela entrou em contato com o escritório de assistência social juvenil, onde, aparentemente, contou o ocorrido a um funcionário. Como consequência, os pais foram intimados a comparecer perante o tribunal. Eles tiveram apenas uma pequena audiência e, no final, sua filha lhes foi "roubada" (para citar Olschewski). O Sr. Olschewski tem uma ordem judicial. Michael pergunta se ele pode ler e fazer uma cópia. Os pais lhe dão o papel, ele o passa a mim e eu o levo para a fotocopiadora que fica no corredor. Olho os papéis e descubro algumas acusações sérias contra o Sr. Olschewski, por exemplo, que ele consome excessivamente álcool; batia na mãe; trancava Agnieszka no porão, batia nela, até mesmo quando um funcionário do serviço social juvenil estava presente. Quando retorno à sala com as cópias, o Sr. Olschewski reclama da lei alemã, gesticulando de maneira vivida. É permitido que as crianças façam qualquer coisa, é permitido que Agnieszka fume, pinte seus cabelos e visite discotecas enquanto seus pais não têm qualquer direito. Na Polônia é diferente. Sua filha havia sido roubada e ele não a via desde março. Ele disse que havia requerido o endereço da família adotiva, mas nada tinha recebido. Michael reconhece que algumas circunstâncias infelizes durante o contato com o tribunal levaram a um agravamento da situação. Ele disse, por exemplo, que não tinha nenhum intérprete durante a audiência da Sra. Olschewski, que não fala muito alemão, e que Agnieszka só queria falar alemão com sua mãe. Disse que a situação caminhou de tal forma que a Sra. Olschewski quase teve um esgotamento nervoso e o segurança teve de intervir. Ao mesmo tempo, Michael menciona que, na Alemanha, não é fácil tirar o direito de guarda dos pais e que havia algumas coisas erradas no comportamento do Sr. Olschewski.

Michael quer saber o que a família espera dele agora. Sr. Mueller disse que a família gostaria de ter uma conversa com Agnieszka e também de dar uma chance para que o Sr. Olschewski se desculpasse com ela.

Agora Michael desenha um genograma da família num quadro e anota como ele vê o relacionamento entre os membros da família. Diz que consegue ver as preocupações do pai, mas também a insegurança de como o pai deveria se comportar em relação à sua filha e como a filha deveria se comportar em relação ao pai. Michael explica que ele só pode aceitar o pai como uma pessoa completa, com lados positivos e negativos. Aprecia as preocupações do pai como pontos positivos e explica que muitos pais que são inclinados a bater geralmente se arrependem quando machucam suas filhas, mas não conhecem alternativas para educar seus filhos. Michael continua, dizendo que pais abusivos frequentemente procuram um "falso amigo" no álcool, o que impediria a passagem para opções educacionais adequadas. Ele acredita que este é o caso do Sr. Olschewski e vejo que a Sra. Olschewski concorda com Michael (porque ela balança a cabeça levemente).

Sr. Olschewski, cujo rosto parece inchado e um pouco roxo, diz que não tem problema algum com álcool, mas durante a conversa já havia mencionado que o doutor de sua antiga firma mandou-lhe para o hospital por causa de pressão alta. Michael se oferece para conversar durante a próxima sessão sobre como ele pode se comportar se sua filha voltar para a família e promete entrar em contato com o centro de assistência social juvenil.

Depois que a família e o Sr. Mueller saíram da sala, Michael discute o caso comigo. Nós concordamos que as tentativas do Sr. Olschewski de mostrar a situação (ele mencionou que bebe um pouco às vezes ou que Agniezska realmente precisa de um pouco de disciplina) não parecem ser verdadeiras. Mas, é possível que a versão da Agnieszka não seja verdadeira, mas é fato que o Sr. Olschewski tinha batido em Agnieszka quando um funcionário da assistência social juvenil estava presente. Michael diz que considera a situação como um ponto de partida para manter o alcoolismo do pai sob controle. Na verdade, ele o considera como uma pessoa amável, mas que é alguém que vê a ação de bater como solução dos problemas quando se está sob a influência do álcool. Michael diz que não pôde dizer isso ao Sr. Olschewski, mas que apenas poderia se mover passo a passo: da família como um todo ao invés das relações mútuas dos membros da família com o pai, e com os componentes diferentes de sua personalidade. A conversa por telefone com a agência de assistência social juvenil confirmou as acusações contra o Sr. Olschewski que foram informadas na ordem judicial. Michael contatou o centro de aconselhamento para tóxico-dependentes e marcou uma data para uma sessão na qual ele quer ir junto com o Sr. Olschewski, se ele concordar (durante a próxima sessão no centro de aconselhamento familiar).

Quinta-feira, 30 de julho, de 1998

Desta vez, o Sr. e a Sra. Olschewski estavam sozinhos quando chegaram ao centro. Michael me diz rapidamente que ele quer sugerir ao Sr. Olschewski que vá com ele para o Centro de Aconselhamento de Dependência Tóxica.

O Sr. Olschewski não está muito entusiasmado com a sugestão. Ele diz que não tem problema quando bebe uma cerveja de vez em quando. O Sr. Olschewski quer sua filha que lhe foi "roubada" de volta e pergunta quem é a Sra. Seiffert (a juíza familiar responsável pelo caso) que nem conhece Agniezska, mas que pode tirar sua filha dele. *Acredito que é difícil para alguém do leste-europeu aceitar essa constelação formada exclusivamente por funcionárias do sexo feminino, no que diz respeito à aceitação da autoridade. O comportamento do Sr. OLschewski diante do tribunal (não cooperativo e agressivo) se torna mais entendível se levarmos isso em conta.*

Sr. Olschewski pergunta se é correto que sua filha fume e as crianças na Alemanha tenham mais poder do que seus pais. Michael responde perguntando como ele reagiria se Agniezska voltasse, mas ainda fumasse e pintasse seus cabelos. Sr. Olschewski ignora a questão e a conversa anda em círculos. Por fim, o Sr. Olschewski ameaça retornar para a Polônia junto com sua família se não tiver sua filha de volta. Michael, por fim, oferece continuar trabalhando com Sr. Olschewski, mas apenas se ele for para o Centro de Aconselhamento para Toxicômanos. O Sr. Olschewski não responde, a sessão termina sem a marcação de uma nova data.

Um dia depois o Sr. Olschewski volta a telefonar. Eu pergunto a Michael se há algo de novo, mas ele diz que não.
Três meses depois: "[...] Ele (Michael) diz que o Sr. Mueller tinha telefonado há pouco tempo e mencionou que Agniezska havia voltado para sua família".

Nossa discussão

Não é possível entrar em detalhes sobre nossa discussão no seminário sem que antes os estudantes tenham se familiarizado com essas anotações de campo, porém posso disponibilizar apenas um pequeno resumo que trará dúvidas e questões entre os leitores. Esta é a ideia: ao fazer anotações de campo acessíveis aos leitores e ao resumir algumas questões e comentários que emergiram durante nosso seminário, os leitores são convidados a participar e continuar um diálogo crítico[4]. Eu encorajei os estudantes a dividirem livremente e discutirem suas impressões em relação aos seus vários comentários com base nos seguintes itens: (a) as características do material em si, (b) o que alguém poderia aprender sobre os eventos representados, especialmente durante o trabalho do profissional e (c) o próprio escritor. Embora o escritor não tenha participado na primeira fase de declarações, quando todos os outros tiveram a oportunidade de expor espontaneamente o que lhes vinha em mente, ele, depois de algum tempo, entrou no debate para prover detalhes mais descritivos e esteve envolvido no desdobramento da discussão que elencou questões gerativas (cf. STRAUSS, 1987, p. 82-108) sobre os problemas do trabalho profissional.

O material

A utilização desse tipo de material é muito criticada por parte dos cientistas sociais, que a considera como "tecnologicamente ultrapassada." O sociólogo alemão Ulrich Oevermann critica as notas de campo como inevitavelmente manchadas devido à sua deficiência metodológica no que diz respeito à falta de interação circular no momento da coleta e interpretação dos dados (2001, p. 85). É claro que esses dados não substituem procedimentos analíticos que podem ser realizados por meio da transcrição de uma gravação em áudio de uma sessão de aconselhamento, por exemplo, a análise detalhada da estrutura da tomada de turnos (*turn taking*), das transições entre as diferentes fases ou da produção de tensões e incompreensões. No entanto, boas anotações de campo revelam aspectos significativos da ordem ou desordem potencial na interação e prestam-se a perguntas críticas e percepções observadas na prática profissional e no trabalho em geral (para além das particularidades das cenas mostradas). Uma virtude especial desse material consiste na qualidade de revelar o interior dos estados do escritor – em suas experiências e em suas perspectivas durante e após o evento. Notas de campo e narrativas improvisadas são o melhor material para aprender alguma coisa sobre as experiências e reflexões do escritor (RIEMANN, 2005b).

Embora todos os estudantes do seminário concordassem que as anotações de campo eram intensas, eles tinham se colocado dentro dos eventos representados e revelaram muito sobre

---

[4] Cf. Riemann (2003). Trata-se de uma tentativa semelhante, no contexto de fazer uma investigação biográfica baseada em uma entrevista narrativa autobiográfica.

as experiências e as atitudes do colega. Haviam muitas questões que se referiam ao que os outros participantes consideraram como lacunas ou sequências vagas no material. Algumas das lacunas puderam ser completadas pelas lembranças do estagiário, outras ficaram vazias porque ele não conseguiu lembrar dos detalhes (já haviam se passado três meses) ou porque não lhe foi possível dispensar mais atenção ao fenômeno em questão. É melhor reconhecer, perceber, compreender e memorizar do que inventar artefatos que visam produzir um texto intenso e animado. Porém, naturalmente os limites podem ser ampliados, ou não haveria razão alguma para um discurso crítico. Apresentarei a seguir os principais comentários dos estudantes que participaram da discussão sobre as notas de campo:

> Há uma discrepância entre o texto e os eventos representados. De acordo com as anotações de campo, o psicólogo havia mencionado que iria perguntar aos pacientes se eles permitiriam que o estudante participasse, mas não há menção de que ele realmente tenha perguntado.
> Existem referências obscuras no início, na transição, ou no fim de certas atividades, por exemplo, como o Sr. Mueller assumiu a situação no início da sessão do conselho? Em que ponto e como o Sr. Mueller começa a participar da apresentação do problema? A quem o conselheiro se dirige quando ele "quer saber o que a família espera dele agora" (é notável que o Sr. Mueller fala em nome da família)? Como a sessão do aconselhamneto termina e o que os participantes combinam no final (sabe-se que o casal retorna em duas semanas depois)? A lista poderia ser estendida.
> As anotações de campo não focaram suficientemente a presença ou perspectiva de certos participantes (Sra. Olschewski e Marek). O que o observador pode saber sobre eles?
> Não há consideração suficiente da dimensão intercultural do encontro. O Sr. Mueller apareceu como um "representante" e mediador, mas aparentemente é possível "de algum modo" se comunicar com os outros sem a presença dele (por exemplo, durante o segundo encontro). O "de algum modo" não se torna um tópico. Como resolver os problemas de entendimento e de divergência sob tais circunstâncias?
> A performance de certas atividades da "pessoa que está no lado de dentro" não é suficientemente explicada e marcada como um fenômeno interessante para um observador (por exemplo, "desenhar um genograma").

Um conjunto crítico não serve para degradar as habilidades observacionais do estudante, mas para criar uma consciência das complexidades da interação comunicativa e de como os profissionais estão envolvidos no desdobramento de eventos. Mesmo se uma questão específica sobre lacunas ou referências vagas não pode ser respondida, questões relevantes e gerais sobre prática profissional e a comunicação podem ser discutidas de forma autorreflexiva e autocrítica. Uma leitura seletiva dos estudos na tradição de Etnografia da Comunicação (KEATING, 2001) e da Análise da Conversação (TEN HAVE, 1999) pode auxiliar os estudantes a se tornarem observadores mais astutos, bem como escritores de notas de campo. Note, por exemplo, que as lacunas antes mencionadas podem ser frequentemente descritas como referências incompletas para os "pares de adjacência", como são chamados na Análise da Conversação (cf. SCHEGLOFF & SACKS,

1973). O termo se refere a uma única sequência de elocuções de diferentes oradores, em que a primeira elocução (a "primeira parte do par") constrange a segunda elocução (a "segunda parte do par") de alguma forma, ou seja, tem-se um certo tipo de resposta esperável. Uma leitura dos estudos por etnógrafos da comunicação (cf. GUMPERZ, 1982) pode ser especialmente sensibilizante no que tange à fragilidade da comunicação intercultural e interétnica.

O trabalho e a sessão de aconselhamento – Observações críticas

Em geral, a atitude dos estudantes em relação ao trabalho profissional, como mostrado nos dados, foi crítica. Estes foram os pontos principais:

> Uma crítica geral ao conselheiro sugere que o mesmo não tentou desenvolver suficientemente uma relação verdadeira com o Sr. e a Sra. Olschewski e não dedicou tempo para que um genuíno processo de aconselhamento fosse desenvolvido. Eles tiveram a impressão de que ele fez o "aconselhamento com pressa". Neste ponto, o estudante-escritor oferece uma interessante informação de base: devido ao grande número de pessoas que procuraram ajuda no centro de aconselhamento e ao fato de que os profissionais não queriam criar listas de espera, decidiu-se trabalhar no estilo da "solução focada", limitando, por exemplo, o número de sessões reservadas a indivíduos, casais ou famílias. O estagiário mencionou que, em sua opinião, a pressa durante o processo de aconselhamento e a falta de uma averiguação maior do problema junto ao paciente tem relação com essas restrições estruturais[5].
>
> Os estudantes tiveram a impressão de que o espaço do aconselhamento não estava suficientemente protegido quando o "representante da família ficou por perto durante a sessão e a vida da família foi discutida mesmo quando os pacientes (os Olschewskis) e o psicólogo poderiam "de algum modo" se comunicar na língua alemã. O foco do processo do aconselhamento ficou obscuro: Quando o Sr. Mueller respondeu pelo Sr. e a Sra. Olschewski à pergunta de Michael sobre "o que a família espera dele", é possível que a resposta tenha sido desviada da mãe e do pai de Agniezska (e possivelmente do irmão), ou seja, não fica claro se a definição da situação como busca por ajuda representa a perspectiva dos pais da jovem envolvida no caso.
>
> Os estudantes criticaram o conselheiro por não haver realizado uma averiguação cuidadosa das experiências dos membros da família: as experiências na condição de imigrantes referida pelo Sr. Olschewski; as reclamações sobre uma sociedade (suas instituições e representantes) que ele não entende e na qual se sente estranho; as queixas de não ser tratado com o devido respeito. Pelo contrário, o psicólogo aparentemente usou um documento oficial (a ordem do tribunal) como recurso para desacreditar e desencorajar uma versão diferente. O documento, aparentemente, dá testemunho a problemas de entendimento graves, mal-entendidos (cf. a referência à perda de controle do Sr. Olschewski) e a exclusão das expectativas (cf. ausência de um intérprete). O Sr. Olschewski parecia procurar o centro de aconselhamento como um possível aliado na luta pela volta de sua filha ao lar. O profissional não deveria se distanciar do tribunal familiar ou do centro de assistência juvenil, mas também

---

[5] Acho interessante que o termo "solução focada", que se tornou influente no contexto da "terapia de solução focada" (p. ex., GEORGE et al., 1999), foi utilizado neste caminho e serve para legitimar uma prática.

não havia necessidade de se tornar parceiro de coalizão e ajudar a "hierarquia da credibilidade" (BECKER, 1977) estabelecida imediatamente.

Mesmo se o Sr. Olschewski apresentasse problemas com a bebida e se fosse propenso à violência, a base empírica para esta definição dominante e categorização ("alcoólatra") é questionável. O psicólogo evitou o desenvolvimento de uma relação de confiança ao posicionar seu cliente em uma categoria. Ele esperava que o Sr. Olschewski "se rendesse" e cedesse a essa definição dominante que o cliente (até este ponto) considerou como uma humilhação e desvalorização. Uma relação de aconselhamento com o Sr. e Sra. Olschewski poderia ter sido desenvolvida se o casal tivesse a oportunidade de narrar livremente seus problemas com a filha e mencionar o quanto estavam envolvidos nesse processo. Sob tais circunstâncias, o Sr. Olschewski poderia ter se tornado mais receptivo a comentários críticos sobre si e sobre sua contribuição no desentendimento.

O escritor-estudante

As notas de campo demonstram que o estudante está ansioso para aprender algo do profissional: ele quer observar e participar do evento que considerou importante para sua socialização profissional. É também muito cuidadoso ao perceber o que o psicólogo faz e como interpreta a situação. Acredito que seja importante que os professores universitários respeitem a lealdade e a identificação com profissionais em seus locais de trabalho e evitem um estilo ridicularizante/desilusivo de criticismo. Essas notas de campo, em contraste às de outros estudantes, não contêm dúvidas nem autorreflexões críticas. Embora os outros estudantes tenham desenvolvido uma linha bastante crítica no seminário, o escritor-estudante estava muito aberto e não reagiu defensivamente. Foi importante que tudo tenha ocorrido em um discurso amistoso e igualitário; ninguém esperou que o escritor-estudante se desculpasse por revelar não ter sido suficientemente "erudito". Se os estudantes estivessem envergonhados, degradados, ou se fossem caçoados, tal discussão seria em vão ou teria se tornado um exame isolador e humilhante, que não teria encorajado o estagiário a buscar respostas críticas de outros membros de sua profissão. O fato de o escritor-estudante ter reconstruído suas experiências e estados interiores de forma vívida e aberta significa que ele proporcionou dados importantes ao trabalho profissional, seus possíveis erros e desenvolvimentos indesejados.

Esses foram os principais pontos da discussão:

> Os participantes criticaram seu colega-estudante dizendo que ele havia privilegiado a perspectiva do profissional e das instituições, considerando que a perspectiva do Sr. Olschewski foi posta em dúvida (cf. as observações do escritor sobre a "verdade"). O estudante tornou-se consciente de como havia se apossado do ponto de vista do profissional e como suas próprias observações foram formadas pela categorização anterior da condição de "alcoólatra" do Sr. Olschewski (sua suspeita na descrição do rosto do cliente e sua pressão alta como evidências de alcoolismo).
> Quando os outros estudantes prestaram atenção ao estereótipo étnico de um homem "europeu do leste" (que ele tinha verbalizado num comentário que provavelmente foi introduzido em retrospecto, mas que possivelmente esteve em sua mente durante a cena que testemunhou), o escritor-estudante reconheceu que

tal tipificação foi problemática e que derivou de sua distância cultural de pessoas sobre as quais ele não sabia muito. Em outros casos, ele poderia ter usado o termo "turco", "africano" etc. em referência a um estrangeiro. Ao usar esta categoria, ele contou com um estoque de categorizações coletivas que foram formadas pela história europeia e pela Guerra Fria.

Além disso, é possível que os membros da "família polonesa" nem se identifiquem como poloneses, mas como alemães. No entanto, são simplesmente categorizados como "poloneses" pelos autóctones (o que caracteriza uma negligência da experiência coletiva dos assim denominados *Spätaussiedler*[6] vindos da Europa Central e Oriental que "retornam" a "seus" países ou para o país de onde seus predecessores partiram há muito tempo).

Sobre as anotações de campo dos estudantes: algumas recomendações

Para refletir criticamente sobre o que alguém pode – e, às vezes, não pode – aprender das anotações de campo e como elas podem ser utilizadas no treinamento de futuros assistentes sociais como etnógrafos de seus próprios objetos, habituei-me a recomendar alguns elementos que devem ser lembrados pelos estudantes ao realizarem suas anotações e observações durante os estágios. Eles são aconselhados a:

- Escrever anotações para leitores complacentes, os quais, o escritor supõe, não estão familiarizados com o campo de prática específica ou com a história de seus locais de estágio, e que querem aprender mais sobre estes como atores no campo respectivo e como escritores que estão, respectivamente, dando sentido a suas experiências e refletindo sobre elas.
- Dominar a tendência de não dar atenção a algumas coisas por julgá-las óbvias.
- Usar o pronome pessoal em primeira pessoa e diferenciar claramente o "eu" em momentos diferentes (na situação descrita, mais tarde, e durante a "inscrição" e reflexão sobre suas próprias experiências).
- Evitar a tendência de "autoabsorção" (como num diário privado) e focar na descoberta de processos sociais num campo de prática profissional da qual eles fazem parte como atores.
- Focar em sequências com intuito de descobrir a ordem, mas também a desordem dos processos sociais. A desordem pode consistir na violação de reciprocidade interacional e em infrações e irritações de sequências de ação e de comunicação (cf. RIEMANN, 2005d).
- Levar em conta e diferenciar as perspectivas dos diferentes atores sem privilegiar certas expectativas poderosas, estabelecidas como naturais, autoritárias e normais.
- Anotar e marcar ("...") a linguagem do campo e diferenciá-la de sua própria linguagem observacional.
- Apresentar processos sociais, situações e contextos de organização, estados e reflexões íntimas, de tal maneira que seja possível aos leitores externos a análise do texto por si mesmo.

---

[6] O termo *Spätaussiedler* se refere aos descendentes de alemães que viviam no leste europeu e migraram para a Alemanha após o declínio do regime da antiga União Soviética na década de 90 do século passado [N.R.].

Desenvolvi um tipo de treinamento para os estudantes durante os últimos anos no qual extratos de anotações de campo oriundo dos estágios são utilizados em "seminários de análise de dados". Este é o cenário no qual os estudantes têm a oportunidade de apresentar e discutir seus materiais (cf. RIEMANN, 2005a, p. 95-97), receber comentários e informações dos colegas que irão auxiliar na elaboração dos relatórios de pesquisa, nos quais parte dos dados são integrados e discutidos.

Observações finais

Este capítulo representou um exercício de rememoração e reflexão sobre o que aconteceu nesse seminário realizado com estudantes do Serviço Social para discutir as anotações de campo que haviam sido realizadas por um dos estagiários. Minha própria memória do encontro em que "nós fizemos alguma coisa com as notas dele" é um tanto vaga. Eu me lembro do bom humor e da intensidade de nossa discussão, mas eu não consigo restabelecer detalhes de nossa interação. No entanto, ainda tenho as anotações que resumem as ideias e questões que surgiram. Essas anotações foram fundamentais para a elaboração deste capítulo.

Lembro-me de que a reação inicial de um estudante que se mostrou muito reservado quando surgiu a discussão relativa à crítica dirigida ao trabalho do conselheiro. Eu anotei o que ele disse: "Ele é um psicólogo. Ele sabe o que está fazendo". Como um futuro assistente social, ele foi muito respeitoso a um membro de uma profissão que ele considerava mais prestigiosa (HUGHES, 1984). Eu disse a ele que não importa a profissão do conselheiro; o importante é o que ele faz e o que não faz. Michael poderia ser um assistente social também. Nenhuma prática profissional deveria ser imune à crítica ou à autocrítica[7].

Talvez alguns leitores pensarão que os estudantes foram tendenciosos demais – que etnógrafos "reais" deveriam se comportar de forma mais neutra e imparcial, priorizando o que está acontecendo no encontro observado e como os participantes realizam seu encontro. Quando refleti sobre minha própria pesquisa e ao discuti-la com Fritz Schütze, também descobri que um componente crítico foi tecido em meu tipo de análise (RIEMANN 2005d, p. 408), ou seja, existem critérios implícitos em minhas análises críticas e nos casos específicos do trabalho de profissionais que estão enraizados na ordem sequencial, assim como na reciprocidade interativa dos processos de interação, comunicação, ação e trabalho. Os estudantes também confiaram em tal critério quando perceberam que as coisas tinham "dado errado" no trabalho de aconselhamento e que houve falta de imparcialidade. Ao chegarem a uma certa conclusão, eles não precisaram de um modelo explícito prévio do que constitui um trabalho profissional. Eles aprenderam a descobrir e a considerar alternativas de ação encontradas em seus próprios dados e nos dados de seus colegas.

A discussão de anotações de campo pode encorajar um discurso autocrítico e igualitário entre profissionais em seus próprios trabalhos, tratando de seus paradoxos e de seus erros (SCHÜTZE,

---

[7] Por questão de trivialidade, o psicólogo foi informado pelo aluno no estágio que ele usaria as anotações de campo naquele encontro particular para o seminário de discussão. O psicólogo queria saber sobre as críticas do seminário e concordou com os pontos principais. É importante que essa crítica seja construtiva, desmontada e não pode ser tomada como um ataque *ad hominem*.

1992; RIEMANN, 2000, 2005d). Além disso, o projeto etnográfico que realiza uma prática de estranhamento pode ser essencial para o desenvolvimento de competências profissionais que sirvam como base para a análise prática de casos. Tal projeto requer tarefas diferentes, por exemplo, o exame de si mesmo e das situações das quais participa, para que se possa adquirir habilidades descritivas de escrita em anotações de campo etnográficos (SANJEK, 1990; EMERSON et al., 1995), especialmente anotações com ênfase na autorreflexão. Para desenvolver tais habilidades, é necessário apropriar-se de seu próprio trabalho, ganhar novos *insights*, e fazer-se visível para um discurso escolar. Se futuros pedagogos e assistentes sociais se ativerem a tais projetos, poderão trazer contribuições significativas para o desenvolvimento de teorias fundamentadas empiricamente (GLASER & STRAUSS, 1967). Ao invés de apenas aplicar prestigiadas "teorias recebidas" às suas práticas com o intuito de assegurar, legitimar e "enobrecer" suas habilidades, poderão desenvolver teorias fundamentadas em suas próprias experiências.

BIBLIOGRAFIA

ATKINSON, Paul et al. (orgs.) (2001). *Handbook of Ethnography*. Londres/Nova Delhi: Thousand Oaks/Sage.

BECKER, Howard S. (1967). "Whose Side are We on?" *Social Problems*, vol. 14 (Winter), p. 239-247.

BOHNSACK, Ralf; MAROTZKI, Winfried & MEUSER, Michael (orgs.) (2003). *Hauptbegriffe Qualitativer Sozialforschung*. Opladen: Leske/Budrich.

BREIDENSTEIN, Georg et al. (orgs.) (2002). *Forum Qualitative Schulforschung 2* – Interpretative Unterrichts- und Schulbegleitforschung. Opladen: Leske/Budrich.

CHAMBERLAYNE, Prue; BORNAT, Joanna & APITZSCH, Ursula (orgs.) (2004). *Biographical Methods and Professional Practice*. Bristol: The Policy Press.

CLIFFORD, James (1990). Notes on (Field)notes. In: SANJEK, R. (org.). *Fieldnotes* – The Makings of Anthropology. Ithaca/Londres: Cornell University Press, p. 47-70.

CORBIN, Juliet & STRAUSS, Anselm (1988). *Unending Work and Care*: Managing Chronic Illness at Home. São Francisco: Jossey-Bass.

EMERSON, Robert M.; FRETZ, Rachel I. & SHAW, Linda L. (1995). *Writing Ethnographic Fieldnotes*. Chicago/Londres: The University of Chicago Press.

FISCHER, Wolfram (2004). Fallrekonstruktion im professionellen Kontext: Biographische Diagnostik, Interaktionsanalyse und Intervention. In: HANSES, Andreas (org.) (2004). *Biographie und Soziale Arbeit* – Institutionelle und biographische Konstruktionen von Wirklichkeit. Baltmannsweiler: Schneider Verlag Hohengehren, p. 62-86.

FROMMER, Jörg & RENNIE, David L. (org.) (2001). *Qualitative Psychotherapy Research* – Methods and Methodology. Lengerich/Berlim/Riga/Roma/Viena/Zagreb: Pabst Science.

GARFINKEL, Harold (1967). *Studies in Ethnomethodology*. Englewood Cliffs, N.J.: Prentice Hall.

GARFINKEL, Harold & SACKS, Harvey (1970). On Formal Structures of Practical Action. In: McKINNEY, J.C. & TIRYAKIAN, E.A. (orgs.). *Theoretical Sociology: Perspectives and Developments*. Nova York: Appleton-Century-Croft, p. 337-366.

GLASER, Barney & STRAUSS, Anselm (1967). *Discovery of Grounded Theory*. Chicago: Aldine.

_____ (1965). *Awareness of Dying*. Chicago: Aldine [*Interaktion mit Sterbenden*. Göttingen, 1974].

HANSES, Andreas (org.) (2004). *Biographie und Soziale Arbeit* – Institutionelle und biographische Konstruktionen von Wirklichkeit. Baltmannsweiler: Schneider Verlag Hohengehren.

HIRSCHAUER, Stefan & AMANN, Klaus (orgs.) (1997). *Die Befremdung der eigenen Kultur* – Zur ethnographischen Herausforderung soziologischer Empirie. Frankfurt am Main: Suhrkamp.

HUGHES, Everett C. (1984). "Work and Self". *The Sociological Eye. Selected Papers*. Chicago: Aldine, p. 338-347.

JAKOB, Gisela & VON WENSIERSKI, Hans-Jürgen (orgs.) (1997). *Rekonstruktive Sozialpädagogik* – Konzepte und Methoden sozialpädagogischen Verstehens in Forschung und Praxis. Weinheim/Munique: Juventa.

KALLMEYER, Werner & SCHÜTZE, Fritz (1977). Zur Konstitution von Kommunikationsschemata der Sachverhaltsdarstellung. In: WEGNER, D. (org.). "Gesprächsanalysen". *IKP-Forschungsberichte*, I (65), p. 159-274. Hamburgo: Buske.

NITTEL, Dieter (1997). "Die Interpretationswerkstatt – Über die Einsatzmöglichkeiten qualitativer Verfahren der Sozialforschung in der Fortbildung von Erwachsenenbildnern/-innen". *Der pädagogische Blick*, 5 (3), p. 141-151.

OEVERMANN, Ulrich (2001). "Das Verstehen des Fremden als Scheideweg hermeneutischer Methoden in den Erfahrungswissenschaften". *Zeitschrift für qualitative Bildungs-, Beratungs- und Sozialforschung*, 1, p. 67-92.

POLLNER, Melvin & EMERSON, Robert M. (2001). Ethnomethodology and Ethnography. In: ATKINSON, Paul et al. (orgs.) (2001). *Handbook of Ethnography*. Londres/Nova Delhi: Thousand Oaks/Sage, p. 118-135.

REIM, Thomas (1995). *Die Weiterbildung zum Sozialtherapeutenberuf* – Bedeutsamkeit und Folgen für Biographie, professionelle Identität und Berufspraxis: Eine empirische Untersuchung von Professionalisierungstendenzen auf der Basis narrativ-autobiographischer Interviews. [s.l.]: Universität Gesamthochschule Kassel [Dissertação de mestrado].

REIM, Thomas & REMANN, Gerhard (1997). Die Forschungswerkstatt. In: JAKOB, Gisela & VON WENSIERSKI, Hans-Jürgen (orgs.) (1997). *Rekonstruktive Sozialpädagogik* – Konzepte und Methoden sozialpädagogischen Verstehens in Forschung und Praxis. Weinheim/Munique: Juventa, p. 223-238.

RIEMANN, Gerhard (2004). Die Befremdung der eigenen Praxis. In: HANSES, Andreas (org.) (2004). *Biographie und Soziale Arbeit* – Institutionelle und biographische Konstruktionen von Wirklichkeit. Baltmannsweiler: Schneider Verlag Hohengehren, p. 190-208.

_____ (2003a). Fallanalyse in der sozialen Arbeit. In: BOHNSACK, Ralf; MAROTZKI, Winfried & MEUSER, Michael (orgs.) (2003). *Hauptbegriffe Qualitativer Sozialforschung*. Opladen: Leske/Budrich, p. 59.

_____ (2003b). Forschungswerkstatt. In: BOHNSACK, Ralf; MAROTZKI, Winfried & MEUSER, Michael (orgs.) (2003). *Hauptbegriffe Qualitativer Sozialforschung*. Opladen: Leske/Budrich, p. 68s.

_____ (2003c). "Erkenntnisbildung und Erkenntnisprobleme in professionellen Fallbesprechungen am Beispiel der Sozialarbeit". In: *Zeitschrift für qualitative Bildungs-, Beratungs- und Sozialforschung*, 2, p. 241-260.

_____ (2002). Biographien verstehen und missverstehen – Die Komponente der Kritik in sozialwissenschaftlichen Fallanalysen des professionellen Handelns. In: KRAUL, M.; MAROTZKI, W. & SCHWEPPE, C. (orgs.). *Biographie und Profession*. Bad Heilbrunn: Julius Klinkhardt, p. 165-196.

_____ (2000). *Die Arbeit in der sozialpädagogischen Familienberatung* – Interaktionsprozesse in einem Handlungsfeld der sozialen Arbeit. Weinheim/Munique: Juventa.

_____ (1999). Ein Blick von innen – ein Blick von aussen – Überlegungen zum Studium der Sozialarbeit/Sozialpädagogik. In: KIRSCH, R. & TENNSTEDT, F. (orgs.). *Engagement und Einmischung* – Festschrift für Ingeborg Pressel zum Abschied vom Fachbereich Sozialwesen der Universität Gesamthochschule Kassel. Kassel: Gesamthochschul-Bibliothek, p. 71-85.

RIEMANN, Gerhard & SCHÜTZE, „Fritz (1987). Some Notes on a Student Research Workshop on Biography Analysis – Interaction Analysis, and Analysis of Social Worlds. In: VON HOERNING, E.M. & FISCHER, W. (orgs.) "(Biography and Society) of the International Sociological Association Research Committee". *Newsletter*, 8 (38), jul., p. 54-70.

SCHÜTZE, Fritz (2000). "Schwierigkeiten bei der Arbeit und Paradoxien professionellen Handelns – Ein grundlagentheoretischer Aufriss". In: *Zeitschrift für qualitative Bildungs-, Beratungs- und Sozialforschung*, 1, p. 49-96.

_____ (1996). Organisationszwänge und hoheitsstaatliche Rahmenbedingungen im Sozialwesen: Ihre Auswirkungen auf die Paradoxien des professionellen Handelns. In: COMBE, A. & HELSPER, W. (orgs.). *Pädagogische Professionalität* – Untersuchungen zum Typus pädagogischen Handelns. Frankfurt am Main: Suhrkamp, p. 183-275.

_____ (1994). Ethnographie und sozialwissenschaftliche Methoden der Feldforschung – Eine mögliche methodische Orientierung in der Ausbildung und Praxis der Sozialen Arbeit? In: GRODDECK, N. & SCHUMANN, M. (orgs.). *Modernisierung Sozialer Arbeit durch Methodenentwicklung und -reflexion*. Friburgo: Lambertus, p. 189-297.

_____ (1992). Sozialarbeit als "bescheidene" Profession. In: DEWE, B.; FERCHHOFF, W. & RADTKE, F.-O. (orgs.). *Erziehen als Profession* – Zur Logik professionellen Handelns in pädagogischen Feldern. Opladen: Leske/Budrich, p. 132-170.

_____ (1987). *Das narrative Interview in Interaktionsfeldstudien I* – Studienbrief der Fernuniversität Hagen, Fachbereich Erziehungs- und Sozialwissenschaften [s.n.t.].

SCHULZE-KRÜDENER, Jörgen & HOMFELDT, Hans Günther (2002). Praktikum im Diplomstudiengang Erziehungswissenschaft. In: OTTO, H.-U.; RAUSCHENBACH, T. & VOGEL, P. (orgs.). *Erziehungswissenschaft*: Lehre und Studium. Opladen: Leske/Budrich, p. 127-142.

SHARROCK, Wes & ANDERSON, Bob (1986). *The Ethnomethodologists*. Chichester/Londres: Ellis Horwood/Tavistock.

STRAUSS, Anselm (1987). *Qualitative Analysis for Social Scientists*. Cambridge: Cambridge University Press.

STRAUSS, Anselm & GLASER, Barney (1970). *Anguish* – The Case History of a Dying Trajectory. Mill Valley, CA: The Sociology Press.

STRAUSS, Anselm et al. (1985). *Social Organization of Medical Work*. Chicago/Londres: The University of Chicago Press.

Capítulo 2

A integração da pesquisa qualitativa na formação de professores: compreensão e reflexão da ação pedagógica através de um estudo de caso*

Christine Wiezoreck

Com frequência, os estudantes esperam sugestões concretas de seus docentes sobre como lidar com situações específicas de um problema pedagógico, de modo que eu e uma colega fomos constantemente interpeladas em um seminário para estudantes das licenciaturas. Por repetidas vezes o tema do relatório de aula foi abordado, bem como o motivo pelo qual se devia refletir tão intensivamente sobre ele. Uma estudante nos explicou a falta de motivação do grupo quando colocou claramente as expectativas dos estudantes: ao invés de dedicarem todo o tempo às suas próprias observações, eles esperavam que nós lhes déssemos muito mais dicas, que disséssemos o que poderia ser feito; por exemplo, como adquirir o controle de sala de aula.

Uma formação científica sólida para professores, sociólogos ou pedagogos não alcançaria seu objetivo caso lhes fossem concedido este desejo. Do ponto de vista dos estudantes, isto é inteiramente compreensível. O estudo pedagógico, entendido como uma introdução a uma profissão pedagógica, precisa romper exatamente aqui com os mitos implícitos da ação pedagógica como uma causa oriunda dos conhecimentos dos padrões gerais válidos e dos procedimentos-padrão dirigidos.

A familiarização com os métodos de pesquisa qualitativos durante os estudos pedagógicos – que representa o foco central deste capítulo – dá uma contribuição relevante ao desenvolvimento destas capacidades. A fim de não ser mal compreendida: não é meu interesse, a seguir, manipular o significado central dos métodos de pesquisa qualitativos como métodos de geração de reconhecimento pedagógicos e geração de teoria, visto que não iriei me ocupar do tema; entretanto, interessa-me muito mais apresentar o potencial oculto nos procedimentos de pesquisa, os quais são extremamente importantes para a formação pedagógica e que serão formulados a seguir em torno de quatro teses:

---

* Revisão da tradução para o português: Vinícius Liebel.

1) *O trabalho prático de pesquisa de um caso individual possibilita aprender, por meio de exemplos, a superar as diferenças entre as teorias (científicas) por um lado, e a prática pedagógica, por outro.*

Adriane Garlichs escreve em seu trabalho *Discurso por uma outra formação no magistério* (1998): "Certamente que os atuais estudantes de magistério sabem muito mais do que antes. Eles podem falar com excelência sobre os mecanismos de seleção social, os processos de estigmatização dos grupos, o papel social dos gêneros, e isto é muito bom. Contudo, quando eles se confrontam com a necessidade de uma criança, tornam-se impotentes. A formação teórica não os prepara para isto" (GARLICHS, 1998, p. 1). O que será criticamente abordado aqui é a discrepância entre a aquisição do conhecimento científico teórico, preparado durante os estudos pedagógicos, e a aplicação das capacidades casuísticas, isto é, o poder da "compreensão de um caso". Com isto, ao meu ver, observa-se uma dicotomização: de um lado a teoria científica e, de outro, a ação pedagógica prática.

O trabalho prático com resultados de pesquisas qualitativas pode contribuir para a superação desta discrepância. Este é o primeiro ponto que quero abordar. Do meu ponto de vista, a análise sociológica científica de um caso, devido à sua capacidade de transmissão da teoria à prática, contém um grande potencial para a prática pedagógica. Com referência ao caso, no que se refere à reflexão científico-teórica, este permanece, para além da análise e da teorização, um caso concreto, pois é "palpável", ao contrário dos conceitos teóricos abstratos.

Segundo minha experiência, um caso concreto facilita aos estudantes o acesso às conexões teóricas, as quais inicialmente não se evidenciam sem problemas, pois parecem não corresponder à valorização das experiências diárias. Inicialmente ele possibilita a tematização (desmistificação dos tabus) e a análise de padrões de interpretação implícitos, isto é, que seguem padrões de significado lógicos, teóricos do cotidiano, tanto em seu processo de constituição como em seu efeito (permanentemente implícito). Com isto, permite-se um trabalho de pesquisa prático em um caso, como também o acesso e a análise conjunta de diferentes conceitos e conhecimentos teóricos.

Um exemplo de tal acesso teórico é o estudo das biografias profissionais. A partir da pesquisa de profissões orientada por análises de biografias, sabemos que o exame de dados biográficos para o uso profissional cria um potencial de compreensão e interpretação que, se não refletido, pode conduzir a deturpações específicas dos casos. Para os estudantes é, segundo minha experiência, um tanto estranho lidar com este tema, uma vez que o desejo profissional está ligado a determinados valores normativos (por exemplo, da família) ou padrões interpretativos (de comportamentos anormais) que estejam relacionados com a análise de dados da própria biografia. Por trás disto, em minha opinião, supõe-se que haja neste tipo de reflexão, em verdade, uma problematização individual e uma análise pedagógica destes valores e padrões interpretativos que são vivenciados pelos estudantes como algo cotidiano e compatíveis com as normas de seu mundo, portanto, visto como algo totalmente normal (e não passível de reflexão). No exemplo seguinte, gostaria de esboçar o potencial que está contido nos trabalhos exemplares de casos empíricos qualitativamente gerados; o exemplo foi retirado de uma entrevista feita em conjunto com Werner Helsper em um projeto de pesquisa realizado com um diretor de uma escola de Ensino Médio. No início da entrevista aplicamos um estímulo em duas vertentes orientado à biografia profissional: de um lado, o diretor deveria justificar, ou seja, fazer um balanço do porquê de ele se tornar professor; de outro lado – e aqui houve a exigência de relato em sentido estrito – deveria contar "como é que ele chegou a isto", como foi que finalmente se tornou diretor desta escola:

> 1: [...] conte-nos [...] por favor por que o senhor se tornou professor e como aconteceu de o senhor depois se tornar diretor desta escola ou trabalhar aqui.
> G: tja@
> 1 : @ [...]@
> G: @por que@ eu me tornei professor...bem... eu mesmo @sempre@ me pergunto [...] apesar de eu precisar dizer que eu realmente gosto de fazer isto [...] e além disso devo dizer que ...
> I: hmhm
> G: eu gosto muitíssimo de ensinar na escola e eu gosto também [...] isto é realmente sincero, nao gostaria de dirigir nenhum outro tipo de escola, ähh. (1) porque simplesmente o tipo de clientela me agrada e eu acredito que...
> I: hmhm
> G: esta clientela necessita sem sombra de dúvidas [...] ser bem dirigida [...] sim, talvez eu deva...
> I: hmhm
> G: para contar alguma coisa sobre a minha carreira profissional... bem... eu venho de uma.
> I: hmhm
> G: ...família de trabalhadores e quando criança vivi experiências ruins com professores [...] como, por exemplo, o seguinte: eu fui matriculado pelos meus pais depois da escola primária, antigamente era ainda a escola popular, depois da quarta série num ginásio... meus pais queriam que eu começasse com latim [...]

Depois do diretor, inicialmente rindo, apontar sua ambivalência em relação à escolha da profissão, ele enfatiza de forma bastante clara sua preferência pela *Hauptschule* (5ª à 9ª série), antes de começar o relato da sua biografia profissional. A referência feita ao fato de ele vir de uma camada social pouco privilegiada – isto se expressa no relato que aqui se segue –, da discriminação a que ele foi submetido por um professor, parece ter relação direta com o fato de ele trabalhar como diretor de uma *Hauptschule*. Logo no começo da entrevista, fica clara a ligação entre profissão e biografia. Esta ligação é determinável no material pelo trabalho conjunto: as próprias experiências discriminatórias devido ao fato de pertencer a um milieu marginalizado são experiências que o professor divide com a maioria de seus alunos. Para ele, o resultado disso é uma compreensão específica de seu trabalho pedagógico: ele se vê explicitamente como professor e diretor de uma *Hauptschule*. Seu trabalho pedagógico é definitivamente um trabalho de lobby para as crianças e jovens desfavorecidos.

O trabalho neste caso empírico concreto possibilita junto a uma introdução metodológica três pontos: primeiro, o trabalho empírico oferece também a introdução em um campo da teoria científica relacionada aos objetos; assim, poder-se-ia explicar no caso, por exemplo, de padrões interpretativos pedagógicos e orientações normativas ligadas à sociedade, destacados entre a biografia e a profissão, e conceitos teóricos básicos, como o de *habitus* ou da profissionalidade pedagógica Os trabalhos de seminário com dados qualitativos, ou seja, com reconstrução de casos, constrói uma espécie de ponte para a ocupação com a "seca" teoria científica.

Em segundo lugar, cada caso empírico apresenta também espaço para reflexões formais ou metateóricas básicas. Assim, uma entrevista sobre a biografia profissional vinculada com a proposição temática "Biografia e profissão" e com uma atitude de resistência em relação a esta por parte dos estudantes, convida, em minha opinião, a uma reflexão metateórica das relações do individual e do coletivo. No caso empírico, pode-se destacar o enraizamento dos padrões interpretativo e de orientação individual do diretor em seu corpo de conhecimento específico – milieu, família ou região – e, deste modo, tornar evidente que a constituição das orientações e dos padrões de valores (também dos estudantes) só podem ser adequadamente compreendidos a partir da vinculação de cada um nas relações coletivas, quer dizer, na pressuposição de relações sociais e, portanto, não apenas de forma individual.

E, em terceiro lugar, o trabalho prático de pesquisa em um caso também se mostra importante pelo fato dos diferentes aspectos (aparentemente contraditórios) e dimensões de um determinado caso não poderem ser trabalhados aqui apenas para gerar teoreticamente dimensões típicas de uma esfera temática, o que leva afinal à decomposição (analítica) do objeto de estudo. Ao contrário, os aspectos e dimensões trabalhados podem ser nele integrados como uma lógica inerente. Eles permanecem, assim, diretamente relacionados ao caso e geram, portanto, uma compreensão casuística.

2) A ocupação com os métodos qualitativos e com pesquisas recontrutivas conduz à reflexividade, a qual é um elemento importante no posicionamento profissional.

A necessidade de uma forma de observação casuística resulta, por outro lado, da necessidade prática de conhecimentos e saberes ligados a problemas que não concernem a simples fenômenos sociais abstratos (por exemplo, desigualdade social, pobreza, criminalidade), mas que são relevantes para o próprio caso. Um caso concreto como exemplo: a biografia do diretor de escola expressa aqui a possibilidade de ligação entre biografia e profissão pedagógica. Mas aponta também que, assim como as dimensões concretas em cada caso, derivam da prática pedagógica; estas dimensões, por outro lado e ao mesmo tempo, refletem as possibilidades da prática pedagógica. No caso do diretor de escola, isto se torna evidente, por exemplo, na indicação específica da necessidade de direção das crianças e adolescentes que frequentam a escola.

Uma reflexão desta concepção pedagógica implícita enquanto possibilidade de interpretação da necessidade situacional pelos estudantes possibilita, ao mesmo tempo, a reflexão da própria (também futura) prática profissional, pois as experiências próprias ou a própria prática profissional (antecipada) representam o horizonte contrastivo, no qual transparece a prática pedagógica que se torna evidente no estudo do caso. O estudo exemplar de um caso possibilita, portanto, ao mesmo tempo, a reflexão do próprio caso; ele incentiva assim, ao lado do estudo ligado a um caso ou objeto, a autorreflexão. E isto gera consequências para o desenvolvimento do próprio comportamento profissional.

Este potencial dos métodos de pesquisa qualitativos em relação à formação de um posicionamento autorreflexivo é acentuado na discussão sobre a significação dos métodos qualitativos na formação pedagógica cientificamente fundamentada. Fritz Schütze (1993, 1997) chamou a atenção sobre a importância para a prática profissional da análise de caso nas Ciências Sociais, para o fato de que o processo analítico de fatos tem sua origem, da mesma forma, na pesquisa sociocientífica da Escola de Chicago dos anos 20, como também na prática do trabalho social deste tempo, em especial o "Case-Work" desenvolvido por Mary Richmond. Assim constitui o procedimento de reconstrução de caso tanto um processo de produção de conhecimentos como também um processo de diagnose e reflexão da prática profissional.

Sobre a produtividade do procedimento reconstrutivo em relação à prática pedagógica (antecipada) no campo de ação escolar, escrevem também Ohlhaver e Wernet: "As análises de casos [...] estimulam a construção de teorias próprias e o controle dos resultados da pesquisa apresentada. Ocorre uma incoerência nos padrões de interpretação e procedimentos internalizados no que concerne à escola e ao ensino, assim como na reflexão compreensível destes padrões. Resulta-se uma sensibilização para com a complexidade do processo de interação escolar (e seus problemas), bem como a construção de possibilidades de interpretação e ação alternativas relativas à ação prática escolar. Exatamente a confusão com elementos evidentes e não interrogados, a transição para uma compreensão mais profunda, a construção de modelos de interpretação e de ação alternativos e, finalmente, a sensibilização para a complexidade da prática dão uma contribuição importante para o desenvolvimento de um *habitus* adequado à profissão docente" (OHLHAVER & WERNET, 1999, p. 15).

Por outro lado, isto não acontece simples e espontaneamente. Para que uma consideração de caso científica realmente conduza às capacidades de reflexão profissionais, são necessárias uma postura metódica e formas específicas de trabalho que se deixem identificar pelos princípios da abertura bem como da comunicação (HOFFMAN-RIEM, 1980), da forma que elas valem para os métodos de pesquisa reconstrutivos. O ponto central aqui é a "compreensão do outro" (*Fremdverstehen*) metodicamente controlada, que conta entre os critérios de qualidade da pesquisa qualitativa. A introdução aos métodos de pesquisa qualitativos e o trabalho com estes métodos proporcionam, através do estudo metodicamente controlado do "outro", uma competência metódica de uma compreensão de caso pedagógica, isto acima de tudo em relação à questão do diagnóstico ou de sua compreensão, o que é, de fato, "o caso". Neste sentido, chegamos à minha terceira tese de que:

3) O emprego dos métodos qualitativos contribui para a metodização pedagógica da compreensão de caso

Os processos de reflexão requerem um afastamento: tanto o afastamento das relações com outros bem como o afastamento de si mesmo. Este afastamento pode ser "provocado" metodicamente: no centro está primeiro o controle sobre as diferenças entre as línguas, os sistemas de relevância dos pesquisadores e dos pesquisados e, com isto, em segundo lugar, o reconhecimento da própria lógica, a própria referencialidade ao outro assim como, em terceiro lugar, a atenção às condições de constituição do caso (no levantamento e valorização) (BOHNSACK, 2005, p. 69). Finalmente, em quarto lugar, o critério de percepção segundo as convenções próprias/familiares procede com o distanciamento frente às interpretações tidas como óbvias ou autoevidentes. Isto significa que a reconstrução do caso com o auxílio dos métodos de pesquisa qualitativos não direcionam simplesmente para o entendimento enfático das práticas cotidianas do "outro". Refere-se muito mais à explicação das próprias regularidades inerentes a esta prática (de vida), portanto, à sua pragmática formal.

Isso é uma exigência genuína às compreensões dos casos pedagógicos: por um lado, na perspectiva de conseguir acesso compreensivo ao campo de experiências dos clientes e, por outro lado, refletir a partir de uma postura observadora e distante sobre a própria regulação desta prática de vida, assim como sobre a constiuição formal do campo de experiências dos clientes, pois só é possivel compreender adequadamente – no processo de pesquisa, assim como prática – por meio da observação do contexto, do campo de experiências, nos quais a expressão do outro acontece ou um comportamento específico é mostrado. A afirmação do diretor da escola de que "ele gosta muito de ensinar na escola (*Hauptschule*)" só é compreensível em retrospectiva às sua experiências biográficas como filho de fúncionário de uma escola ginasial de elite que ele, ao final, nos relata. A compreensão do caso significa, nesse sentido, a dedução gerada do reconhecimento do caso único, e isto ao mesmo tempo significa a renúncia de uma subordinação lógica do caso individual como "um caso típico". Exatamente em relação ao "poder de definição" dos profissionais de Pedagogia (e tendo como plano de fundo a reprodução da desigualdade também por meio do sistema de educação) é que se torna necessária essa sensibilizacão resultante do emprego de métodos de pesquisa qualitativos.

4) *O emprego dos métodos de pesquisa qualitativa leva à promoção da capacidade própria de lidar com a insegurança.*

O ponto de partida da pesquisa qualitativa se assemelha no início a uma relação de trabalho pedagógico, no qual se apresenta uma pergunta cuja validade deva ser testada, e não uma tese. Também isto muitas vezes é marcado fortemente pelo fato de existir uma sequência de perguntas abertas, um problema difuso assim como uma necessidade difusa de ajuda. A utilização dos métodos de pesquisa qualitativos contribui aqui com o desenvolvimento da confiança na própria capacidade de atuação, pois a competência metódica será suportada e exercitada por meio da prática de pesquisa qualitativa em referência à compreensão do caso pedagógico. Os métodos de pesquisa qualitativos proporcionam os princípios e o procedimento de trabalho, que garantem um controle metódico da capacidade de "compreensão do outro" por parte do intérprete. Dausien (2007) elenca três competências que, segundo seu ponto de vista, serão construídas a partir dos trabalhos com os métodos de pesquisa qualitativos e que, ao mesmo tempo, são importantes para o ato pedagógico. A primeira é "a capacidade de mudança de perspectiva e triangulação [...] [a segunda seria] a orientação de processo básica e [em terceiro lugar] a propriedade para tratar com a complexidade e processos abertos, bem como trabalhar em problemas de interpretação que não podem ser definitivamente resolvidos".

No seminário, sobre o qual eu falei no início deste texto, após a manifestação da estudante seguiu-se uma longa discussão entre os docentes e os estudantes, na qual nós tivemos de explicitar com clareza este potencial (frequentemente implícito) dos métodos de pesquisa qualitativos. Depois do seminário, um dos alunos se aproximou e nos disse que ele foi de fato surpreendido pelo tema. Ao final conseguimos, com nossa argumentação, convencer os estudantes da importância da formação pedagógica ter um lugar onde seja possível aliviar-se da pressão da ação. Um lugar onde se possa em seguida entender (novamente) o que é "a coisa", "o caso", e a partir daí formular ações educativas diferentes, comparar suas possibilidades potenciais e riscos e desenvolver, por meio disso, uma compreensão de que não há na verdade qualquer receita pronta, mas que é possível, contudo, lidar sistematicamente com a insegurança e a exposição no trabalho pedagógico.

BIBLIOGRAFIA

BAUER, P. & WIEZOREK, C. (2006). *Die Rolle von Interviews bei der Untersuchung professionellen pädagogischen Handelns.* [s.l.]: Universidade de Jena [mimeo.].

BOHNSACK, R. (2005). "Standards nicht-standardisierter Forschung in den Erziehungs- und Sozialwissenschaften". *Zeitschrift für Erziehungswissenschaft,* 8 (4), p. 63-81.

DAUSIEN, B. (2007). "Reflexivität, Vertrauen, Professionalität – Was Studierende in einer gemeinsamen Praxis qualitativer Forschung lernen können". *Forum Qualitative Social Research* [*Online Journal*], vol. 8, n. 1 [Disponível em http://www.qualitative-research.net/fqs/deb/07-1-D4Dausien-d.htm].

GARLICHS, A. (1998). *Plädoyer für eine andere Lehrerausbildung.* [s.n.t.].

HOFFMANN-RIEM, C. (1980). "Die Sozialforschung einer interpretativen Soziologie – Der Datengewinn". *Kölner Zeitschrift für Soziologie und Sozialpsychologie,* 32, p. 339-372.

OHLHAVER, F. & WERNET, A. (1999). "Zwischen Pädagogik und Erziehungswissenschaft: Ansätze zur systematischen Begründung eines interpretativ-fallanalytischen Vorgehens in der Lehrerbildung". *Schulforschung Fallanalyse Lehrerbildung* – Diskussionen am Fall. Opladen: [s.e.], p. 11-30.

SCHÜTZE, F. (1993). Die Fallanalyse. Zur wissenschaftlichen Fundierung einer klassischen Methode der Sozialen Arbeit. In: RAUSCHENBACH, T. & ORTMANN, F. & KARSTEN, M. (orgs.) (1993). *Der sozialpädagogische Blick* – Lebensweltorientierte Methoden der Sozialen Arbeit. Weinheim/Munique: [s.e.], p. 221.

Capítulo 3

Contribuições da história oral em processos de transformação social e empoderamento de grupos

Olga Rodrigues de Moraes von Simson

Introdução: a pesquisa com memórias orais

Como afirma Alessandro Portelli (1997), para realizarmos uma experiência de pesquisa com memórias orais é necessário nos aproximarmos com transparência e sinceridade dos depoentes, na busca da construção de uma relação aprofundada e sincera. Para que a relação se fortaleça, é necessário esclarecer aos depoentes os objetivos da pesquisa e explicitar os prováveis produtos que dela resultarão, construindo assim, com eles, uma "comunidade de destino" que lhes permita sentirem-se como coparticipantes na construção do conhecimento sobre o passado, por via da oralidade. Também é verdadeiro que tal compromisso, construído na fase inicial do processo de pesquisa e reforçado ao longo da realização dos depoimentos, não se esgotará com a publicação de um artigo ou livro ou ainda com a estreia de um videodocumentário ou com o lançamento de um CD-Rom que consubstanciem os resultados da investigação científica.

Na realidade, ao longo de um processo de múltiplos contatos que aprofundam as relações interpessoais com os indivíduos e com o grupo social, constrói-se um compromisso que não se esgota numa data pré-definida, mas permanece por meio de relações que, embora geralmente se tornem mais espaçadas no tempo, envolvem um grau de responsabilidade e veracidade que as tornam sempre intensas e importantes para ambos os lados dessa relação: pesquisador e depoente (cf. VON SIMSON, 2003). Tendo por base experiências de pesquisa realizadas pela autora, ou experimentadas por meio de seus orientandos, pretende-se discutir ao longo deste capítulo como, em várias ocasiões, as reconstruções compartilhadas de processos histórico-sociais, via memória oral, podem redundar em argumentos políticos capazes de fornecer um certo poder aos grupos sociais estudados, permitindo a eles ganhos em suas lutas, sejam elas de caráter político, social ou cultural, constituindo assim claros processos de empoderamento[1].

O empoderamento das lideranças do carnaval popular paulistano

O primeiro exemplo se refere à reconstrução da trajetória do carnaval popular paulistano realizada por mim, ao longo dos anos de 1970 e 1980, a partir do recolhimento de depoimentos orais e fotos históricas das lideranças do carnaval negro. Esses levantamentos foram contrastantemente completados pelos testemunhos dos participantes do carnaval operário-imigrante do Brás, Água Branca e Lapa, contemporâneo dos folguedos negros. As manifestações carnavalescas brancas, entretanto, acabaram desaparecendo após a II Guerra Mundial, com o crescimento urbano experimentado pela cidade de São Paulo (cf. VON SIMSON, 2007).

Embora, ao realizar tal processo de pesquisa nos anos 80 do século passado, não tivesse como objetivo claramente definido retornar, de maneira acessível e constante, os resultados de pesquisa ao grupo pesquisado, a comunidade afro-paulista ligada ao samba – com a qual foi construída uma forte relação de parceria no desenrolar dos muitos anos de construção dos relatos orais – praticamente exigiu que esse retorno acontecesse de várias maneiras e soube tirar proveito das informações que faziam parte da memória subterrânea do grupo e que agora se encontravam registradas, organizadas e analisadas.

Um processo quase natural de retorno das conclusões do estudo ao grupo pesquisado aconteceu pelas palestras realizadas anualmente, desde o início dos anos de 1990, a pedido da Uesp (União das Escolas de Samba de São Paulo), nos cursos de formação de juízes de carnaval promovidos por essa entidade. De posse de um farto material audiovisual – fornecido pelas fotos históricas recolhidas durante as pesquisas e transformadas em transparências –, foi possível reconstruir a formação e o crescimento do carnaval paulistano focalizando principalmente a trajetória do folguedo negro e seu desenvolvimento a partir da dança dos Caiapós, passando pelos cordões e chegando às escolas de samba da atualidade. Procurava-se enfatizar que aquilo que julgariam proximamente não se tratava de uma simples manifestação de cultura popular, mas sim o resultado, expresso culturalmente, de um longo processo de resistência étnico-cultural do povo negro de São Paulo. Essa etnia, através da folia carnavalesca, afirmou-se como criativa no âmbito da cultura (dança, música e artes plásticas) conquistando, dessa forma, autonomia e liberdade em uma cidade constituída majoritariamente por população branca e imigrante e, por isso, mesmo intensamente discriminadora.

A finalização desse processo de pesquisa coincidiu com a elaboração da proposta de construção do Sambódromo paulistano, durante a administração da Prefeita Luiza Erundina, pela equipe do arquiteto Oscar Niemayer, um desejo acalentado há muito tempo pelos sambistas de São Paulo. Ora, tanto os dirigentes das escolas de samba como alguns profissionais ligados

---

[1] Para mais informações sobre o conceito de empoderamento entendido como "processo de emancipação individual, mas também de aquisição de uma consciência coletiva da dependência social e da dominação política", cf. http//:www.eicos.psycho.ufrj.br/portugues/empoderamento/ empoderamento.htm • PERKS, R. & THOMSON. A. (2006). *The Oral History Reader*. 2. ed. Londres/Nova York: [s.e.].

à direção do Instituto dos Arquitetos de São Paulo, que também eram participantes ativos dos desfiles carnavalescos, ao examinarem o anteprojeto do Sambódromo, diagnosticaram problemas de segurança devido a um fosso estreito e profundo projetado nas laterais da pista de desfile e também na área de dispersão das escolas que, situando-se no final da pista era muito pequena e ficava próxima de um posto de gasolina.

Os arquitetos insistiram junto aos jovens dirigentes do samba de São Paulo para que interpelassem os setores responsáveis da prefeitura, visando obter uma revisão do projeto que sanasse os problemas detectados. Estes, temerosos de que o processo de construção do Sambódromo fosse mais uma vez interrompido, não se animavam a fazer reclamações. Isto então coube a um dos arquitetos do Instituto, que conhecia nosso trabalho com as antigas lideranças do samba e acreditava que o conhecimento dos resultados de nossas pesquisas permitiria conscientizar os jovens dirigentes quanto à importância da longa luta engendrada por seu grupo étnico-social na manutenção e crescimento das festividades carnavalescas paulistas. Apostando nessa possibilidade de empoderamento, solicitou que fizéssemos duas palestras para grupos de jovens diretores de escolas de samba, no sentido de encorajá-los a dialogar, de igual para igual, com a municipalidade. Assim, um maior conhecimento do longo passado de luta, em prol do carnaval popular de seus ancestrais, forneceu-lhes o necessário empoderamento para enfrentar os representantes do município, afirmando sua competência para detectar falhas e, assim, reivindicar uma revisão de aspectos específicos da proposta arquitetônica.

Transformação social e empoderamento por meio da produção compartilhada da história local

Um outro exemplo de luta em prol do patrimônio arquitetônico, mas agora sob o ponto de vista histórico, aconteceu mais recentemente em decorrência de um projeto desenvolvido por uma equipe multidisciplinar do Centro de Memória. Mediante convênio com a Diretoria de Educação e Cultura da Prefeitura de Jarinu, uma pequena cidade da região metropolitana de Campinas, reconstruiu-se a história recente do município utilizando-se a história oral e a análise de fotos históricas. Esse trabalho, realizado a partir de oficinas de formação pedagógica oferecidas quinzenalmente aos professores das escolas municipais, teve estes profissionais como vetores da transformação. Atuando junto aos alunos e suas famílias, os professores provocaram uma conscientização gradativa da população, o que, aos poucos, conduziu a uma mudança de mentalidade na cidade quanto à importância dos fragmentos do passado para os processos de reconstrução histórica. Esse esforço conscientizador levou a uma ampliação da identidade local, chegando assim a uma explicitação de atitudes reveladoras de uma cidadania consciente e responsável.

Tal processo se deu de forma contínua, ao longo de quatro anos, tendo sido intensificado por uma exposição de objetos, fotos, filmes históricos, a qual divulgou uma primeira versão do passado recente da cidade. Escrito em parceria com os professores, produziu-se um primeiro livro que, a partir da memória dos bairros que formam a cidade, apresentou uma versão compartilhada da história local. Essa obra editada pela prefeitura se tornou ferramenta didática nas escolas e instrumento de propaganda turística da cidade[2] (cf. PARK, 2003).

A presença da história local na vida cotidiana da cidade, como um assunto relevante, gerou artigos em jornais regionais, programas de rádio envolvendo aspectos da memória e a recriação de antigas festas populares, já quase esquecidas – como a Dança de São Gonçalo e a Congada. Essas preocupações com o patrimônio, tanto material como imaterial, levou à suspeição, por parte da população mais religiosa, de que o edifício da igreja matriz se encontrasse em más condições de conservação, necessitando de urgentes reparos (cf. TOGNON, 2003). As suspeitas, a partir de uma assessoria especializada de pesquisador do Centro de Memória envolvido no projeto, confirmaram-se e três empresas foram convidadas a orçar os trabalhos de restauração da igreja matriz. Ganhou a concorrência uma empresa que já realizara trabalhos semelhantes na cidade histórica mineira de Ouro Preto. Com orçamento em mãos, elaborado por firma gabaritada, o grupo foi ao prefeito solicitar seu apoio para recuperar a matriz. A autoridade alegou falta de fundos para cobrir as despesas do trabalho, apesar de o orçamento ser bem compatível com a amplitude da restauração a ser realizada. A negativa do poder público não desanimou o referido grupo que, consciente da necessidade do restauro da igreja, e como cidadãos responsáveis e envolvidos com a manutenção dos "lugares de memória", passaram então a organizar uma série de eventos sociais na cidade (bingos, noites de pizza, festas) conseguindo assim, em curto espaço de tempo e por meio do convencimento de seus conterrâneos, contratar a empresa e realizar a recuperação da igreja matriz contando com a contribuição de toda a população e dispensando assim o próprio poder público.

Vemos neste exemplo que o conhecimento do passado local e a consciência da importância da manutenção dos "lugares de memória" conduziu a população local a encontrar, em si mesma, o poder para reunir o capital necessário a essa empreitada. A equipe de pesquisadores acompanhou todo o processo, auxiliando com a análise de fotos antigas recuperadas e legendadas (cf. MARCONDES, 2003), com depoimentos orais registrados e transcritos, e se comprazendo com as transformações que indiretamente provocavam na vida local de Jarinu, numa troca benéfica que confirmava o compromisso existente entre pesquisadores e grupos pesquisados, na preocupação comum com a história e o patrimônio.

O empoderamento do grupo que foi objeto desta pesquisa pode ganhar outro nível de força quando, dominando a metodologia da história oral, ele passou a produzir autonomamente o conhecimento sobre seu próprio passado. Tal estágio foi alcançado pelo grupo mais intelectualizado da cidade de Jarinu, que havia tido a anos atrás a iniciativa de procurar o Centro de Memória para solicitar às equipes desse centro a reconstrução da história do tempo presente da cidade. Formado pela diretora de Educação e Cultura, pelo juiz de Direito e por professores universitários residentes na cidade, ele reunia descendentes de diferentes etnias que formaram a população local: lusos, italianos e espanhóis.

Ao acompanhar as pesquisas de reconstrução da história recente da cidade, realizadas ao longo de quatro anos e expressas em dois livros publicados pela prefeitura (PARK, 2000 e 2003), esse grupo

---

[2] A cidade foi apontada pela Unesco como detentora de um dos melhores climas do mundo. Nesse sentido, o livro passou a ser utilizado para atrair turistas para seus hotéis ou famílias de São Paulo que adquirem chácaras de fim de semana no município.

observou que faltava ainda recuperar as trajetórias dos diversos grupos étnicos que contribuíram para formação e crescimento do município. Procuraram novamente o Centro de Memória solicitando que desenvolvêssemos um novo projeto, focando agora a história das principais famílias de origem não brasileira que formaram a cidade de Jarinu. Argumentando que ninguém melhor do que eles mesmos para selecionar as famílias e delas se aproximar, com sinceridade e transparência, visando colher os testemunhos para a reconstrução de suas trajetórias na vida da cidade, sugerimos que procurassem as professoras que haviam participado das oficinas de história oral oferecidas pelo Centro de Memória, pois elas não só conheciam como já haviam aplicado essa metodologia em pesquisas anteriores. Seriam assim um auxílio valioso para levar avante a investigação desejada.

Procedendo dessa forma e após a coleta dos vários testemunhos, o juiz de Direito se encarregou de escrever a saga dos luso-brasileiros em Jarinu; a diretora de Cultura cuidou de investigar o importante papel desempenhado pelas famílias afro-brasileiras na história local e um professor aposentado da Universidade Estadual Paulista retraçou a grande importância das famílias italianas, primeiro na agricultura da região e depois não só na industrialização, como também na vida sociocultural da cidade. Um outro professor da Universidade Estadual Paulista se dedicou à reconstrução da trajetória de famílias espanholas por ser ele mesmo descendente de espanhóis, enquanto um bacharel em turismo focalizou as etnias que em menor número integraram a população local: japoneses, alemães, norte-americanos, franceses, poloneses e suíços. Dessa forma surgiu o livro *Travessias: memórias do povoamento e da imigração de uma cidade paulista: Jarinu* que foi prefaciado pela autora deste capítulo (cf. WILD, 2004). O livro, ricamente ilustrado com fotos antigas, demonstrou para a população local a riqueza e a importância da diversidade cultural no processo de formação da cidade[3].

Assim, o domínio de uma metodologia de pesquisa, somado à consciência que a história, sendo obra dos grupos que formam a sociedade, pode por eles mesmos ser rememorada e organizada de maneira compartilhada, ajudou-os a compreender os problemas do presente e permitiu pensar possíveis soluções futuras que certamente serão desenvolvidas de maneira mais consciente e responsável.

A importância da memória compartilhada na construção do sentimento de pertencimento

Um terceiro exemplo nos mostra como a força política da memória é capaz de tecer laços intensos entre os membros de uma comunidade escolar, formada por famílias de bairros populares de Poços de Caldas, para se opor aos processos de expropriação de um equipamento educacional importante, construído e mantido a partir de uma longa trajetória de luta sociopolítica. Nessa cidade mineira, famosa por suas águas minerais, floresceu nos anos 30 e 40 do século passado um complexo turístico que incluía, além das termas, bons hotéis e um grande cassino, fatores que atraíam famílias de dinheiro do Rio de Janeiro, Belo Horizonte e São Paulo, as quais passavam longas temporadas de veraneio na cidade.

---

[3] O livro foi mais uma vez editado pela prefeitura local e, tal como as outras publicações, passou a ser utilizado como material didático nas escolas do município.

Pe. Carlos Henrique Neto, religioso que desde os anos 40 cuidava da vida espiritual da população mais pobre da cidade (fonte da mão de obra necessária ao funcionamento do complexo turístico), começou a observar, ao redor das instalações do cassino, grupos de meninos pobres, vindos de bairros afastados ou mesmo da zona rural. Eles vinham para mendigar trocados dos turistas endinheirados que gastavam grandes somas no jogo e talvez fossem, por isso, mais generosos do que a população local. Preocupado com o que ele denominava "seus anjos de cara suja", Pe. Carlos decidiu criar em 1947, num bairro periférico da cidade, uma escola profissional para educar e preparar para o trabalho os jovens pobres, afastando-os assim do vício da mendicância. Auxiliado por D. Maria, uma professora talentosa nas artes manuais (desenho, bordados e pintura), o sacerdote, por meio de doações tanto da população como de empresas locais, criou e gradativamente foi ampliando, em grandes instalações especialmente construídas, a Escola Profissional Dom Bosco. Essa instituição foi a responsável pela educação, desde a pré-escola até a formação técnica de nível médio, de um considerável contingente da mão de obra local. Essa juventude formada durante décadas na escola do Pe. Carlos teve um importante papel no posterior desenvolvimento industrial da cidade, quando uma lei federal fechou os cassinos no Brasil, determinando uma grande recessão da atividade turística local nos anos 50 e 60 do século passado.

No início dos anos de 1990, Pe. Carlos, já com idade avançada, e após longa e frutífera existência, veio a falecer e o bispo da Diocese, considerando que a filosofia educacional de Dom Bosco sempre fora a grande fonte de orientação da obra social desse sacerdote, decidiu entregar o complexo educacional à Ordem Salesiana. Ora, essa ordem religiosa vem se notabilizando em nosso país, nas décadas mais recentes, pela criação de grandes complexos educacionais de caráter religioso, porém voltados às classes média e média alta. Tal fato criou na comunidade de professores, funcionários, alunos, ex-professores e ex-alunos da Escola Profissional Dom Bosco o temor de que a instituição escolar (original e historicamente voltada à educação de qualidade das classes populares) pudesse se transformar num colégio de elite. Hipótese esta que era acentuada pelo fato de que o bairro onde ela se situa, com o notável crescimento da cidade nos últimos decênios, havia se tornado mais central e a vizinhança ascendido às classes médias.

Ante essa realidade, entraram em contato com uma doutoranda da Unicamp que, por meio do método biográfico e pela coleta de muitos depoimentos orais dos membros mais antigos da comunidade escolar e do próprio padre, havia reconstruído a história da instituição e salientado a importância do Pe. Carlos em sua criação e manutenção, em sua dissertação de mestrado (ALVISI, 2000). Por indicação da referida pesquisadora, o Centro de Memória da Unicamp foi procurado pela direção da FAM – Fundação de Amparo ao Menor (criada para administrar a escola profissional), após o falecimento de seu fundador, solicitando que uma equipe de pesquisadores e técnicos em documentação histórica deste centro os auxiliasse a recuperar para mostrar, de maneira concreta, a trajetória de educador responsável e socialmente consciente do Pe. Carlos. Esse trabalho seria realizado a partir da organização de um memorial a ser constituído na casa, que outrora fora habitada por ele e se situa dentro do terreno ocupado pela escola.

Por meio de um convênio, entre a Unicamp e a fundação e com financiamento obtido junto às grandes empresas locais e também junto à prefeitura, uma equipe de pesquisadores e técnicos do Centro de Memória, durante quatro anos, deslocou-se regularmente a Poços de

Caldas para ensinar alunos, ex-alunos, ex-professores e funcionários da escola (que voluntariamente escolheram trabalhar no projeto) a organizar e recuperar os fragmentos do passado das duas figuras fundadoras da escola (Pe. Carlos e D. Maria) e, assim, possibilitar a montagem do memorial escolar. Dessa forma, textos (tanto manuscritos como impressos), fotografias antigas e farta reália foram higienizados e organizados e um amplo leque de depoimentos orais gravados com as pessoas que com eles conviveram para integrar as exposições que têm sido montadas nos aposentos da antiga moradia, adaptada para sediar o Memorial Pe. Carlos.

Os representantes da Ordem Salesiana, agora integrando a FAM, acompanharam, *pari e passu*, os esforços da comunidade escolar para obter os fundos necessários à formação de técnicos em conservação e organização de documentação histórica e na gravação dos depoimentos orais, constituindo um acervo que é hoje a memória viva do padre e da escola e atua como reforçador do desejo da comunidade de que a escola permaneça à serviço das classes populares da cidade. Os salesianos tentaram, numa primeira investida, convencer os professores da escola a adotarem os livros didáticos por eles produzidos, mas não obtiveram sucesso e, ante a capacidade de organização da comunidade escolar e aos apoios da sociedade local, mas também diante da força empoderadora do Memorial Pe. Carlos, inaugurado em 2007[4], resolveram enviar uma carta ao bispo informando que a partir de 2008 não mais estariam presentes no conselho da FAM e afirmando textualmente que: "O carisma do Pe. Carlos continua presente e a escola caminha muito bem, segundo a filosofia de Dom Bosco" (cf. ALVISI, 2008).

Essa função política que a memória foi capaz de preencher foi sendo reafirmada periodicamente pelo compromisso que a equipe de pesquisadores e técnicos construiu com a comunidade da escola e que os levou, durante os quatro anos de duração do trabalho, a organizar várias exposições fotográficas e a exibir vídeos na cidade relembrando, para um público mais amplo, a saga do padre-educador e a importância da escola na formação da mão de obra técnica da cidade, cumprindo assim o desejo expresso de seu fundador antes de falecer, "de que essa obra social voltada para as classes populares não sofresse interrupção" (cf. ALVISI, 2008). Também durante a duração desta pesquisa-ação realizamos palestras, tanto em auditórios da cidade como na própria escola, destacando sempre a importância da memória compartilhada na construção do sentimento de pertencimento e na formação da identidade, seja de jovens ou de adultos, e ressaltando ser esse o caminho mais seguro na elaboração de uma cidadania consciente e responsável.

Desse esforço consciente de organização da memória escolar e de formação de pessoal especializado para dela cuidar, resultou também a realização de uma tese de doutorado (ALVISI, 2008) e uma dissertação de mestrado (ALVISI, 2001) sobre o tema. Ambos os trabalhos se valeram do material levantado e dos depoimentos orais colhidos. Há um outro mestrado sendo realizado, por uma das técnicas da equipe do CMU, sobre o tema casa-museu, cuja ideia surgiu dessa experiência concreta. Dentre as jovens alunas que atuaram como voluntárias na organização do memorial e hoje são funcionárias contratadas pela escola para dele cuidar, duas já estão cursando a universidade em cursos que se relacionam com o tema da memória escolar.

---

[4] Em 2007 a escola completou sessenta anos. A equipe tem sido incansável no sentido de organizar exposições e produzir vídeos que circulam não só na própria escola, mas também em vários espaços da cidade.

Considerações finais

A possibilidade de viabilizar, via metodologia da História oral, um certo empoderamento dos grupos pesquisados pelo conhecimento e incorporação dos resultados de pesquisa em suas lutas políticas – como nos exemplos anteriormente relatados –, certamente dependerá da relação de confiança e partilha que o pesquisador for capaz de construir durante o processo de pesquisa. Afirma-se, entretanto, que o fator determinante do sucesso desse processo de construção conjunta de um conhecimento novo está na capacidade do pesquisador tanto em partilhar os resultados da investigação com o grupo pesquisado como em dividir a responsabilidade das decisões mais importantes, no desenvolvimento da pesquisa, com as lideranças do grupo, envolvendo-os assim na construção do conhecimento. Também é de fundamental importância nesse processo ser capaz de traduzir as conclusões da investigação científica numa linguagem que seja facilmente compreendida pelo conjunto de todos os pesquisados. Estes podem assim incorporar os resultados da investigação ao seu capital cultural, fazendo deles os usos que julgarem mais compatíveis e favoráveis às lutas sociais que empreendem. Esse processo tem sido denominado, por alguns autores, de autoridade compartilhada (cf. FRISCH, 1990).

Quando trabalhamos com populações provenientes das classes populares que vivem processos discriminatórios, geralmente detentoras de um capital cultural muito diverso daquele vigente no âmbito da universidade, uma estratégia de devolução de resultados que tem se mostrado muito efetiva é aquela que se vale da utilização de recursos audiovisuais. Não podemos ignorar que nossa sociedade vive atualmente uma fase de intensa disseminação da informação, fazendo com que sua compreensão alcance todos os níveis socioculturais. Nesse processo típico da sociedade da informação, a imagem ocupa, sem sombra de dúvida, um papel fundamental.

Quando tanto o texto quanto a fala não conseguem transmitir adequadamente a mensagem desejada, os meios de comunicação de massa se valem das imagens para realizar a comunicação entre classes sociais com capitais culturais diversos. Com base nessas observações, surgiu a preocupação de incorporar a imagem ao processo de pesquisa, fato que enriqueceu todas as fases de sua realização mas propiciou, principalmente, um ganho muito significativo na etapa final de devolução dos resultados ao permitir um diálogo rico, tanto com os grupos pesquisados como com a sociedade mais ampla, pois a imagem aproxima os atores sociais responsáveis pela elaboração do conhecimento, isto é, o pesquisador e os depoentes.

Para que o empoderamento dos grupos pesquisados aconteça, via aquisição de conhecimentos novos e com auxílio de texto e de imagem, faz-se necessário que ambos estejam presentes já na fase de construção do próprio conhecimento. Portanto, não só testemunhos orais devem ser captados, mas também fotos históricas que serão analisadas, em conjunto, pelo pesquisador e pelo grupo pesquisado, além de filmagens em vídeo que permitam contextualizar as discussões abordadas pela pesquisa.

Kathy Davis (2003), em um artigo intitulado "Biografia como metodologia crítica", discute a reflexividade na pesquisa social desenvolvida via metodologia biográfica. Segundo a autora, uma preocupação com a reflexividade produz um novo tipo de pesquisa crítica com caráter autobiográfico, uma pesquisa que não só concede voz ao outro mas também torna claro como o sociólogo, embora não intencionalmente, pode também estar envolvido no silenciamento de algumas vozes. Prestar atenção às interconexões entre as biografias do pesquisador e do sujeito da pesquisa permite à investigação de caráter sociológico ser mais responsável e mais crítica, precisamente porque ela é capaz de ser também autocrítica (p. 158).

Como afirma Mercedes Vilanova (2003), "as possibilidades de entrevista em grande parte dependerão de nossa capacidade para gerar confiança e empatia, para compreender e participar com paixão das experiências que nos são relatadas". Examinando os três exemplos de pesquisa, anteriormente descritos, que permitiram um certo empoderamento dos grupos pesquisados, observa-se que existiram interconexões favoráveis entre as biografias dos pesquisadores e as trajetórias dos grupos que foram objeto de tais investigações.

No primeiro caso (cf. VON SIMSON, 2007), embora fossem de classes sociais diferentes, tanto pesquisador como muitos dos pesquisados haviam vivenciado a experiência da migração de cidades interioranas para a grande capital e, na metrópole, constituíram seus grupos de sociabilidade em bairros que guardavam marcas culturais das etnias que os formaram. A referida pesquisadora viveu as fases da infância e juventude em um setor da cidade habitado majoritariamente por famílias de origem europeia (com predominância de italianos), cujo carnaval possuía acentuada conotação imigrante e operária. A mesma investigadora teve a possibilidade de ter sua curiosidade infantil aguçada pela realidade das famílias do bairro negro da Barra Funda, observadas quando cruzava quinzenalmente a região em direção ao Bairro dos Campos Elíseos, onde ia visitar sua avó paterna. Esses dois bairros foram os locais da cidade em que primeiro surgiram os famosos cordões, manifestações que caracterizam o carnaval popular paulistano.

A coordenadora do projeto "Jarinu tem Memória" (cf. PARK, 2004), à semelhança da maioria da população da cidade, descende de família italiana e foi criada numa pequena localidade com hábitos e costumes semelhantes aos da população pesquisada. Assim, a empatia entre pesquisador e pesquisados surgiu naturalmente e a construção de objetivos comuns de pesquisa se deu de maneira fácil e rápida.

Na terceira experiência examinada, a coordenadora da organização do Memorial Pe. Carlos e pesquisadora responsável pelo setor de história oral (cf. ALVISI, 2008) nasceu e se criou em Poços de Caldas e, embora não tenha estudado na Escola Profissional Dom Bosco, conheceu Pe. Carlos desde a adolescência. Nascida em família de classe popular, foi pela educação (realizada no colégio das Irmãs Dominicanas, com clara orientação da Teologia da Libertação) que a pesquisadora conseguiu realizar uma trajetória de ascensão social, chegando à carreira universitária. Esse passado, que se assemelha ao de muitos ex-alunos da Escola Profissional Dom Bosco, criou entre ela e a comunidade da escola uma forte relação de compromisso, o que lhe permitiu penetrar todos os meandros da memória do grupo sem qualquer entrave e fez dela a líder do processo político de construção do memorial.

Nestes três exemplos, a construção das pesquisas se aproximou daquilo que Mercedes Vilanova (2003) chamou de "uma submersão numa dupla reflexão biográfica", tal era a proximidade entre a vida do pesquisador e a dos pesquisados, quando, como diz a autora, "ocorre que mirando as pessoas descobrimos entre seus silêncios o não dito, ou como quando em seus olhos e mãos intuímos o essencial" (p. 32).

BIBLIOGRAFIA

ALVISI, L. (2008). *Memória, resistência e empoderamento* – A constituição do Memorial Escolar Pe. Carlos de Poços de Caldas/MG. Campinas: Unicamp [Tese de doutorado].

_____ (2001). *Memórias de vivências infantis* – A Escola Profissional Dom Bosco de Poços de Caldas/MG (1940-1960). Campinas: Unicamp [Dissertação de mestrado].

DAVIS, K. (2003). "Biografía como metodología crítica – Historia, antropologia y fuentes orales". *Memoria Rerum*, 30, 3ª época, p. 133-160. Barcelona.

FRISCH, M. (2008). "Towards a Post-Documentary Sensibility: the Democratic Uses of a Broadned Conception of Method and Practice in Oral History". Seminário *Sharing Authority, Building Community Alliances Through Oral History, Digital Story-telling and Collaboration*. Montreal: University of Concordia [mimeo.].

_____ (1990). *A Shared Authority* – Essays on the Craft and Meaning of Oral and Public History. Albânia: State University of Nova York.

MARCONDES, M. (org.) (2003). *Catálogo de coleções fotográficas da Cidade de Jarinu*. Jarinu/Campinas: Prefeitura de Jarinu/CMU.

PARK, M.B. (org.) (2003). *Formação de professores:* memória, patrimônio e meio ambiente. Campinas: CMU/Mercado de Letras.

_____ (2000). *Memória e movimento na formação de professores* Campinas: Mercado de Letras.

PERKS, R. & THOMSON, A. (org.) (2006). *The Oral History Reader*. 2. ed. Londres/Nova York: Routlegde.

PORTELLI, A. (1997). "Forma e significado na história oral – A pesquisa como um experimento de igualdade". *Revista Projeto História*, 15, abr., p. 13-19. São Paulo: PUC-SP.

SCARPELINI, R. (2007). "Lugar de morada X lugar de memória: a construção museológica de uma casa-museu". *Anais do V Seminário de Memória do CMU*: Memória, Ciência e Arte. Razão e Sensibilidade na Produção do Conhecimento [Disponível em http://www.preac.unicamp.br/memoria/textos html].

TOGNON, M (2003). Patrimônio: entre o presente e o passado. In: PARK, M.B. (org.) *Formação de educadores*: memória, patrimônio e meio mbiente. Campinas: Mercado de Letras, p. 163-177.

VILANOVA, M. (2003). "Rememoración en la historia – Historia, antropologia y fuentes orales". *Memoria Rerum*, 30, 3ª época, p. 23-40. Barcelona.

VON SIMSON, O. (2007). *Carnaval em branco e negro* – Carnaval popular paulistano: 1914-1988. São Paulo/Campinas: Edusp/Unicamp/Imprensa Oficial.

_____ (2003). Memória e identidade sociocultural: reflexões sobre pesquisa ética e compromisso. In: PARK, M. (org.). *Formação de educadores*: memória, patrimônio e meio ambiente. Campinas: Mercado de Letras, p. 85-105.

WILD, L.C.L. (org.) (2004). *Travessias* – Memórias do povoamento e da imigração de uma cidade paulista. Jarinu/Campinas: Mercado de Letras.

Sobre os autores

Alexander Geimer, doutor em Educação pela Freie Universität Berlin. Professor Júnior no Departamento de Sociologia da Universität Hamburg, onde leciona Métodos Qualitativos na Pesquisa Social.

Ângela Álvares Correia Dias, doutora em Educação pelo Institute of Education, UK, Grã-Bretanha. Professora adjunta do Departamento de Métodos e Técnicas e do Programa de Pós-Graduação em Educação da Universidade de Brasília.

Anne Schippling, doutora em Educação pela Martin-Luther-Universität Halle-Wittenberg. Docente e pesquisadora na Martin-Luther-Universität Halle-Wittenberg.

Arnd-Michael Nohl, doutor em Educação pela Freie Universität Berlin e livre docente pela Otto-von-Guericke-Universität Magdeburg. Professor do Departamento de Educação da Helmuth Schmidt Universität, Hamburgo.

Astrid Baltruschat, doutora em Educação pela Freie Universität Berlin. Docente no Instituto de Pedagogia da Julius-Maximilians-Universität Würzburg e coordenadora do projeto "Docência nas produções cinematográficas".

Bernardete Angelina Gatti, doutora em Psicologia pela Universite de Paris VII - Universite Denis Diderot; estudos de pós-doutorado na Pennsylvania State University e Universite de Montreal. Foi professora da Pontifícia Universidade Católica de São Paulo (1978-2006) e desde 1974 é coordenadora do Departamento de Pesquisas Educacionais da Fundação Carlos Chagas, São Paulo.

Christine Wiezoreck, doutora em Educação pela Friedrich-Schiller-Universität Jena. Professora no Instituto de Ciências da Educação da Justus-Liebig-Universität Gießen.

Eliane dos Santos Cavalleiro, doutora em Educação pela Universidade de São Paulo. Foi professora do Departamento de Planejamento e Administração e do Programa de Pós-Graduação em Educação da Universidade de Brasília.

Fritz Schütze, doutor em Sociologia pela Universität Münster e livre docente pela Universität Bielefeld. Foi professor da Universität Bielefeld (1972-1980), da Universität Gesamthochschule Kassel (1980-1993) e da Otto-von-Guericke-Universität Magdeburg (1993-2009). É membro do ZSM (Zentrum für Sozialweltforschung und Methodenentwicklung – Centro de Pesquisa Social e Desenvolvimento de Métodos) da Universidade de Magdeburg.

Gerhard Riemann, doutor em Sociologia pela Universidade de Kassel e livre docente pela Otto-von-Guericke-Universität Magdeburg. Professor da Faculdade de Ciências Sociais da Technische Hochschule Nürnberg Georg Simon Ohm.

Heinz-Hermann Krüger, doutor em Educação pela Universidade de Bochum. Professor do Departamento de Educação da Martin-Luther-Universität Halle-Wittemberg, tendo sido um dos fundadores dessa Faculdade após o processo de reunificação da Alemanha. Membro do conselho do ZSB (Centro de pesquisa sobre a educação) da Universidade Halle-Wittenberg.

Karin Schittenhelm, doutora em Sociologia pela Freie Universität Berlim e livre docente pela Humbolth-Universität Berlin. Professora do Instituto de Sociologia da Universität Siegen.

Karine Pereira Goss, doutora em Sociologia Política pela Universidade Federal de Santa Catarina. Professora do Instituto Federal de Educação, Ciência e Tecnologia de Santa Catarina.

Marília Carvalho, doutora em Antropologia Social pela Universidade de São Paulo e pós-doutorado pela Université de Technologie de Compiègne, França. Foi professora da Universidade Federal do Paraná (1970-1994) e desde 1998 é professora do Programa de Pós-Graduação em Tecnologia – PPGTE da Universidade Tecnológica Federal do Paraná - UTFPR.

Marli Eliza Dalmazo Afonso de André, doutora em Educação pela University of Illinois, pós-doutorado pela University of Illinois e livre docência pela Universidade de São Paulo. Foi professora da Pontifícia Universidade Católica do Rio de Janeiro (1978-1986) e professora titular da Faculdade de Educação da Universidade de São Paulo (1987-1999). Desde 2000 é professora do Programa de Pós-Graduação em Psicologia da Educação da Pontifícia Universidade Católica de São Paulo e coordenadora do Grupo de Estudos sobre Formação de Professores.

Nicolle Pfaff, doutora em Educação pela Martin-Luther-Universität Halle-Wittemberg. Foi pesquisadora visitante no Programa de Pós-Graduação em Educação da Universidade de Brasília (05/2007 a 04/2008). Professora da Faculdade de Ciências da Educação da Universität Duisburg-Essen.

Olga Rodrigues de Moraes von Simson, doutora em Ciências Sociais pela Universidade de São Paulo e pós-doutorado pela Universidade de Tübigen. Desde 1989 é professora do Departamento de Ciências Sociais Aplicadas à Educação e do Programa de Pós-Graduação em Educação da Faculdade de Educação e diretora do Centro de Memória da UNICAMP.

Ralf Bohnsack, doutor em Sociologia pela Universität Bielefeld e livre docente pela Universität Erlangen-Nürnberg. Foi professor da Universidade Erlangen-Nürnberg (1981-1990) e desde 1990 é professor da Faculdade de Educação e Psicologia da Universidade Livre de Berlim desde 1990. Foi coordenador do curso de especialização em "Métodos Qualitativos nas Ciências Sociais" (1991-1999). É coordenador do Departamento de Pesquisa Qualitativa em Educação na Faculdade de Educação e Psicologia, fundador e membro do conselho do CES (Centro de avaliação qualitativa e de pesquisas sociais).

Rogério Adolfo de Moura, doutor em Educação pela Universidade de São Paulo. Professor do Departamento de Educação, Conhecimento, Linguagem e Arte do Programa de Pós-Graduação em Educação da Faculdade de Educação da Universidade Estadual de Campinas.

Ulrike Selma Ofner, doutora em Educação pela Freie Universität Berlin. Docente do Departamento de Educação da Helmuth Schmidt Universität, Hamburgo.

Vinícius Liebel, doutor em Ciências Políticas pela Freie Universität Berlin. Pós-doutorando em História na Universidade de São Paulo.

Wivian Weller, doutora em Sociologia pela Freie Universität Berlin, com estudos de pós-doutorado na Stanford University. Professora do Departamento de Teoria e Fundamentos e do Programa de Pós-Graduação em Educação da Universidade de Brasília. Leciona as disciplinas Pesquisa em Educação e Metodologias Qualitativas e Interpretação de Dados além de ministrar minicursos sobre o tema em universidades no Brasil e America Latina.